中国改革开放史料丛书

社会保障体制改革

宋晓梧　邢　伟　主编

中国工人出版社

“中国改革开放史料丛书”
编委会

总序

铭记改革开放历史
奋进新时代新征程

历史是一面镜子，也是一部教科书。重视历史，研究历史，借鉴历史，是中华几千年文明的一个优良传统。当代中国是历史中国的延续和发展，书写着中国人民和中华民族不懈奋斗的宏伟篇章。历史的无穷魅力在于包含了大量丰富的史料。史料是保存历史、记述历史、再现历史的基本素材和重要依据。重视历史的学习、研究和传承，必须重视史料的收集、整理、汇辑。

改革开放是中国人民和中华民族发展史上一次伟大革命，正是这场伟大革命推动了中国特色社会主义事业的伟大飞跃。1978 年底，中国共产党召开具有重大历史意义的十一届三中全会，开启了改革开放历史新时期。从那时以来，中国共产党带领全国人民以一往无前的进取精神和波澜壮阔的创新实践，谱写了壮丽史诗。改革开放 40 多年来，从农村到城市，从生产到投资、流通、分配、消费，从所有制结构到企业形式，从经济领域到生产关系和上层建筑的某些环节，都进行了系统和全面改革，成功实现了从高度集中的计划经济体制到充满活力的社会主义市场经济体制的伟大历史性转变；对外开放从建立经济特区到沿海、沿江、沿边，从东部到中西部地区，再到加入世界贸易组织，从大规模“引进来”到大踏步“走出去”，成功实现了从封闭半封闭到全方位开放的伟大历史性转变。我们在深化经济体制改革的同时，不断深化政治体制、文化体制、社会体制、生态文明体制改革和其他领域改革，不断推进国家治理体系和治理能力现代化。在改革开放推动下，我国经济和社会发展取得了举世瞩目的辉煌成就，实现了人民生活由温饱不足到小康宽裕的伟大历史性转变。事实雄辩地证明，改革开放是决定当代中国前途命运的关键一招，是当代中国发展进步的动力之源，是大踏步赶上时代前进步伐的重要法宝，为实现中华民族伟大复兴提供了充满新活力的体制保障和快速发展的物质条件，中华民族迎来了从站起来、富起来到强起来的伟大飞跃。

现在，我国在广袤大地上全面建成小康社会，正阔步迈向全面建设社会主义现代化国家的新征程。在庆祝中国共产党成立 100 周年大会上，习近平总书记强调，“以史为鉴，可以知兴替。我们要用历史映照现实、远观未来，从中国共产党的百年奋斗中看清楚过去我们为什么能够成功、弄明白未来我们怎样才能继续成功，从而在新的征程上更加坚定、更加自觉地牢记初心使命、开创美好未来”。改革开放以来的岁月将彪炳于中华民族发展的壮丽史册。40 多年来，中国共产党从理论到实践的伟大创造，探索和积累的宝贵经验是党和人民弥足珍贵的精神财富，对于新时代坚持和发展中国特色社会主义有着极为重要的指导意义，应当倍加珍惜。

2022年，党的二十大召开。“中国改革开放史料丛书”的出版，为了铭记改革开放以来的光辉历史过程，收集、保存、传承40多年的宝贵历史资料，也为了以实际行动落实党中央关于加强改革开放史教育的部署要求，展示改革开放历史的史料价值。

这套丛书共有20卷。分别是：《中国特色社会主义市场经济体制形成与发展》《计划投资体制改革》《农业农村改革》《对外开放》《行政体制改革》《财政税收体制改革》《价格体制改革》《经济特区发展》《城市改革与发展》《国有企业改革》《金融体制改革》《教育体制改革》《收入分配改革》《科技体制改革》《外贸体制改革》《商品与要素市场改革》《就业体制改革》《社会保障体制改革》《民营经济发展》《改革开放大事记》，力求从不同领域、不同角度，全面、系统、客观记录我国改革开放40多年的历史进程，重点收录具有重要价值的史料，特别是历史文献、重要人物和事件、实物和口述史料，以期在服务全面深化改革开放事业、加强改革开放史研究和教育中提供参考、发挥作用。

这套丛书的各卷主编和参与者大多是相关领域知名的专家学者，也是我国改革开放的亲历者、见证者。丛书集结了他们长期亲历和研究我国改革开放的重要成果，凝聚了他们对改革开放伟大事业的深厚情怀和责任担当。中国工人出版社对这套丛书的出版给予了大力支持，集全社之力，不舍昼夜，为本书如期付梓出版不辞辛劳；中国（海南）改革发展研究院作为30多年如一日勇立改革开放潮头、以建言改革为己任的改革智库，为此书的策划、组织和出版作出了重要贡献，彰显出改革智库记录好、传播好改革开放历史的初心使命。我作为这套丛书的编委会主任，在此向为本套丛书付出艰辛努力的各位编委会成员、作者，对中国工人出版社的领导、编辑表示由衷的敬意和感谢！

这套丛书内容时间跨度大，涉及领域多，涵盖方面广，力图史料全面、翔实、准确，任务艰巨。由于时间较紧，难免有不足之处，恳请读者批评指正。

魏礼群

2024 年 3 月

前言

社会保障是改善民生、维护社会公平、增进民生福祉的基石，发挥着民生保障安全网、收入分配调节器、经济运行减震器的作用，是关涉治国安邦和全面建设社会主义现代化强国的重要制度。

改革开放以来，我国把社会保障作为改善人民生活的基础民生工程，稳步推进社会保障体系建设，取得了重大进展。特别是党的十八大以来，党中央对我国社会保障体系建设作出顶层设计，改革的系统性、整体性、协同性进一步增强。统一城乡居民基本养老保险制度，实现机关事业单位和企业养老保险制度并轨，建立企业职工基本养老保险基金中央调剂制度。整合城乡居民基本医疗保险制度，全面实施城乡居民大病保险。推进全民参保计划，降低社会保险费率，划转部分国有资本充实社保基金。积极发展养老、托幼、助残等福利事业，人民群众在面对年老、疾病、失业、工伤、残疾、贫困等风险时都有了相应的制度保障。迄今为止，我国已经基本建成以社会保险为主体，包括社会救助、社会福利、社会优抚等制度在内，世界上规模最大的社会保障体系。总体而言，我国社会保障构建理念已经明晰，框架体系基本形成，权责关系更为成熟，保障水平明显提高，为打赢脱贫攻坚战提供了坚强支撑，也为实现第二个百年奋斗目标，以中国式现代化全面推进中华民族伟大复兴提供了有利条件。

本书主要从养老保障改革、医疗保障改革、失业保险改革、工伤保险改革、社会救助改革、社会福利和社会优抚改革六个领域进行梳理和阐述。编写团队广泛搜集文献、数据等相关资料，力图通过发展阶段划分、发展成效总结、问题分析以及改革发展政策建议充分展现 40 多年我国社会保障发展成就。在编写过程中，我们深切感到我国社会保障制度建设和发展的不易。在理论基础和实践探索中仍存在一些争论，有些方面尚未达成广泛共识。

参与本书编写的成员共有六位，按照其负责的内容顺序排列分别为：宋晓梧负责总论、前言，邢伟负责社会救助改革，关博负责养老保障改革，李颖负责医疗保障改革，翁仁木负责失业保险、工伤保险改革，王皓田负责社会福利和社会优抚改革。邢伟负责全书的统稿，宋晓梧负责全书的修改与定稿。

在写作过程中，非常感谢中国工人出版社，为本书的编写、修改和出版提供了有利条件并给予具体指导。

本书不成熟之处在所难免，我们恳请读者提出宝贵意见，集思广益、共同探讨，为深入开展我国社会保障问题研究贡献一份力量。

宋晓梧

2024 年 2 月 18 日

目录

第一部分

历程篇

第二部分
史料篇

CHINA'S REFORM AND OPENING UP

第一部分

历程篇

总　论
中国社会保障制度的演变与展望

▼

改革开放40多年来，与经济体制的深刻变革相适应，我国社会保障制度也经历了波澜壮阔、艰辛曲折的改革与发展历程。从计划经济的劳动保险制度向适应社会主义市场经济的社会保障制度平稳转型，这是世界社会保障史上前所未有的独特创举。40多年来，我国社会保障制度覆盖面稳步扩展，体制机制逐步完善，经办管理能力不断增强，相关法制建设进一步健全。在体制大幅转轨、经济高速增长、结构急剧调整的过程中，社会保障制度为维护我国的社会稳定和可持续发展，发挥了不可替代的作用。我国社会保障制度所取得的历史性成就，也得到了国际社会的高度认同。同时也应清醒看到，我国社会保障体系建设还存在许多不平衡、不充分的问题。构建更加公平、可持续的社会保障体系，实现共同富裕，构建共享社会，仍然任重道远。

一、我国社会保障体制改革的成就

改革开放以来，我国发生了三重基础性转变：从计划经济体制向社会主义市场经济体制转变、从农业社会向工业服务业社会转变、从年轻人口结构向老龄人口结构转变。在这三重急剧转变造成的错综复杂的发展过程中，我国不仅保持了社会的总体稳定，还创造了举世瞩目的经济增长奇迹，社会保障体系建设功不可没。

（一）构建了世界上最大的社会保障网络和适应社会主义市场经济的社会保障体系框架

综合人力资源和社会保障部发布的《2021年度人力资源和社会保障事业发展统计公报》、国家医疗保障局和民政部等有关统计资料，截至2021年末，全国基本养老保险参保人数为10.29亿人，其中城镇职工参保人数为4.8亿人；基本医疗保险参保人数为13.64亿人；参加失业保险人数为2.3亿人；参加工伤保险人数为2.83亿人；有4400万城乡居民领取最低生活保障。这项重要的社会经济制度从20世纪80年代的国有企业劳动保险制度改革起步，覆盖面逐步扩大到城镇所有就业者、城乡居民和在我国就业的外国人士，构筑了全世界覆盖人数最多的社会保障网络。

经过40多年的改革发展，适应社会主义市场经济的社会保障体系框架在我国基本建立，形成了以国家立法实施的社会保险、社会救助、社会福利、优抚安置为基础，以城乡基本养老、基本医疗、最低生活保障制度为重点，以商业保险、慈善事业为补充的多层次社会保障体系。不同层次的项目，在整个保障体系中分工明确，发挥了不同作用。以城乡居民最低生活保障制度为核心的城乡社会救助体系基本形成，可视为保障体系中的第一支柱，发挥兜底保障作用。社会保险制度发挥保基本的作用，可视为社会保障体系框架的第二支柱，也是主要支柱。社会保险体系主要包括养老、医疗、失业、工伤和生育五大险种，其中医疗保险延伸出了大病保险和长期护理保险。商业保险等发挥补充作用，在多层次社会保障体系框架中属于第三层次，满足部分人群更高的保障需求，国家通过各种政策来支持和鼓励其发展，主要包括职业年金、企业年金、商业健康保险等。

（二）社会保障法律法规体系逐步完善

改革开放以来，与社会主义市场经济相适应的社会保障法律、法规逐步建立，形成了以《中华人民共和国宪法》为根本大法，以《中华人民共和国劳动法》《中华人民共和国社会保险法》《中华人民共和国慈善法》《中华人民共和国军人保险法》等为主干，以相关法律法规为配套，以部门规章为补充的社会保障法律法规体系。社会保障法律法规体系以立法形式总结和巩固了我国社会保障制度改革经验，为未来实际工作奠定了坚实基础。

《中华人民共和国宪法》明确规定国家应建立健全同经济发展水平相适应的社会保障制度，在第四十四条和第四十五条对社会保障制度作出总体规定。国家依照法律规定实行企业事业组织的职工和国家机关工作人员的退休制度。退休人员的生活受到国家和社会的保障。中华人民共和国公民在年老、疾病或者丧失劳动能力的情况下，有从国家和社会获得物质帮助的权利。国家发展为公民享受这些权利所需要的社会保险、社会救济和医疗卫生事业。

《中华人民共和国劳动法》的作用是保护劳动者的合法权益，调整劳动关系，建立和维护适应社会主义市场经济的劳动制度，在社会保障制度方面，主要是对与劳动者有关的社会保险和福利方面进行了法律规定。《中华人民共和国社会保险法》是中华人民共和国成立以来我国第一部社会保险制度的综合性法律，是党和政府履行“让人人享有社会保障”承诺的法律保证。它的内容涉及养老、医疗、失业、工伤、生育等多项社会保障制度，其中基本养老保险制度和基本医疗保险制度覆盖了我国城乡全体居民。

在行政法规方面，主要有《全国社会保障基金条例》《社会保险费征缴暂行条例》《失业保险条例》《工伤保险条例》《社会救助暂行办法》《城市居民最低生活保障条例》《农村五保供养工作条例》《自然灾害救助条例》等，这些法规对社会保障制度相关方面做了更加详细的界定。为落实相关社会保障法规，有关部门相继出台了一系列部门规章，对具体的社会保障业务进行规范、指导。

（三）社会保障管理经办服务体系不断完善

构建覆盖13亿人口的社会保障网络，必须建设一支合格的社会保障经办服务机构。20世纪80年代由“企业自保”向社会统筹转变的初期，各地养老、医疗管理经办机构还要“说破嘴皮子、跑破鞋底子、撕破脸皮子”到企业收缴社会统筹费用，经过40多年的发展，从中央到地方已经建立了一支经得起考验的社会保障经办队伍。我国不断加大对基层劳动就业和社会保障服务平台的建设，着力提升基层服务基础设施和服务能力，有效改善了基层劳动就业和社会保障服务条件，提高了基层公共服务能力和办事效率。

随着科技的迅速发展，我国社会保障经办管理的信息化建设步伐加大。2004年金保工程开始启动，截至2011年底，覆盖全国的人力资源和社会保障信息网络架构初具规模。社会保障“一卡通”建设排在信息化工作的首位，全国30个省份和新疆生产建设兵团已发行全国统一的社会保障卡。在社会保障经办管理方面，建立健全社会保险基金预算管理制度，规范基金收支，明确政府投入责任。2010年试行社会保险基金预算管理，2013年首次正式编制了全国社会保险基金预算，接受全国人大监督。

二、我国社会保障制度改革的分期

与经济社会发展的历史阶段相适应，我国社会保障制度改革大致可以分为四个阶段：初步探索阶段（1978—1992年）、制度框架构建阶段（1993—2002年）、全面建设阶段（2003—2012年）、全面深化改革阶段（2012年迄今）。

（一）社会保障制度改革的初步探索阶段

1984年，党的十二届三中全会通过了《中共中央关于经济体制改革若干问题的决定》，以国有企业改革为中心的经济体制改革拉开序幕。把国有企业推向市场，使之成为自主经营、自负盈亏的商品经济主体，长期以来实行的“企业自保”模式就无法进行下去。当时许多地方相继出现一些老企业甚至整个行业都发不出养老金、报销不了医疗费的情况。这一阶段社会保障制度改革主要集中在与国有企业改革紧密相关的养老、失业、医疗领域。

（1）探索企业养老保险社会统筹。1984年国务院批准了劳动人事部等五部门《关于统筹全民所有制单位退休基金的报告》，首先在广东、四川、江苏、辽宁等省的一些县市开始进行退休费用社会统筹试点，随后在全国逐步推开。1991年6月，国务院颁布《关于企业职工养老保险制度改革的决定》，提出逐步建立基本养老保险与企业补充养老保险和职工个人储蓄性养老保险相结合的制度；基本养老保险费用实行国家、企业、个人三方共同负担；基本养老保险费实行社会统筹；基本养老保险基金按照以支定收、略有结余、留有部分积累的原则统一筹集。

（2）探索医疗保险制度改革。20世纪80年代初，一些企业和地方自发地对传统的劳保医疗制度和公费医疗制度进行改革，如医疗费用定额包干或仅对超支部分按一定比例报销，以及实行医疗费用支付与个人利益挂钩的办法等。1984 年 4 月，卫生部和财政部联合发出《关于进一步加强公费医疗管理的通知》，提出积极慎重地改革公费医疗制度。当时一些地方政府的主要做法是通过社会统筹这种方式对费用进行筹集、管理。1988 年，经国务院批准，成立了由卫生部牵头，八个部门参与的医疗制度改革方案研究小组并对医疗改革试点进行指导。1988 年，国务院还批转国家体改委《关于 1989 年经济体制改革要点的通知》，提出在丹东、四平、黄石、株洲进行医疗保险制度改革试点。

（3）探索建立失业保险制度。20 世纪 80 年代中期，国有企业改革迫切要求改变制约企业发展的固定工制度，国务院决定对国有企业新招工人实行劳动合同制度，并允许企业辞退违纪职工。同时，一些企业因经营不善、缺乏竞争活力，不可避免地走向破产或濒临破产。为适应国有企业经营机制的转换和劳动制度的重大改革，保障职工失业后的基本生活，1986 年 7 月，国务院印发《国营企业职工待业保险暂行规定》。此后，国家有关部门相继发布近 10 个失业保险相关规定，对失业保险制度建设进行了有益探索。

回顾这一阶段我国社会保障制度改革，主要成绩是在与企业改革紧密相关的一些项目上突破了计划经济的束缚，如企业养老保险和职工医疗保险实行社会统筹，实际上承认社会主义初级阶段存在失业。当然，在为国有企业改革排忧解难的同时，揭开了社会保障制度改革的序幕。

而这一阶段我国存在的主要问题是社会保障改革的理论准备严重不足。在 20 世纪 80 年代的重大理论研讨和政策建议中，很难找到有关社会保障制度改革的指导思想，大政方针。社会保障制度改革处于被动应付企业改革的状态，有的项目还走了较大的弯路。例如，1984 年曾决定全民所有制企业职工养老保险由劳动部管理，城镇集体所有制企业职工养老保险由中国人民保险公司管理，事实证明这种以所有制为标准区分社会保障管理体制的思路是不可取的。为解决这一问题，后来又花了近十年的时间。

（二）社会保障制度的框架构建阶段

1993 年 11 月，党的十四届三中全会通过《中共中央关于建立社会主义市场经济体制若干问题的决定》，将社会保障制度作为构筑我国社会主义市场经济的五大子体系之一，提出建立包括社会保险、社会救济、社会福利、优抚安置、社会互助和个人储蓄保障的多层次社会保障体系，社会保障制度改革进入体系框架构建阶段。这一阶段改革的重点是养老保险、医疗保险、失业保险和城镇居民最低生活保障。

（1）建立统账结合的企业职工养老保险制度。1995 年 3 月，国务院下发《关于深化企业职工养老保险制度改革的通知》，提出社会统筹与个人账户相结合的模式，并拟定了两个具体实施办法，供各地选择实施。在办法实施过程中，由于允许各地在 3%~17%的范围内自行设定个人账户规模，分散化个人账户又对劳动力流动造成了阻碍。为此，国务院决定统一企业职工基本养老保险制度。1997 年 7 月，国务院印发《关于建立统一的企业职工基本养老保险制度的决定》，统一企业和职工个人缴纳基本养老保险费的比例；统一企业职工的个人账户规模；统一基本养老金的计发办法；提出了“老人老办法、新人新办法、中间人逐渐过渡”的过渡方案。

2000年12月，国务院下发《关于印发完善城镇社会保障体系试点方案的通知》，决定首先在辽宁省试点，将个人账户从11%调整为8%，全部由职工缴费。由于历史等原因所产生的个人账户基金缺口，由中央财政和地方财政按75∶25的比例给予补助。

（2）建立统账结合的职工基本医疗保险制度。1994年4月，国家体改委、财政部、劳动部、卫生部发布《关于职工医疗制度改革的试点意见》，经国务院批准，在江苏省镇江市、江西省九江市进行社会统筹与个人账户相结合的社会医疗保险制度的试点。1996年4月，国务院办公厅转发国家体改委、财政部、劳动部、卫生部《关于职工医疗保障制度改革扩大试点的意见》，进行更大范围的试点，进一步探索统账结合的具体方式和运行机制，总结各地试点经验。1998年12月，国务院印发《国务院关于建立城镇职工基本医疗保险制度的决定》，明确城镇职工基本医疗保险制度改革的目标任务、基本原则和政策框架，要求1999年在全国范围内建立覆盖全体城镇职工的统账结合职工基本医疗保险制度。同时，各地职工医疗保险改革的实践证明，医疗保险支出在很大程度上受制于医疗服务机构和医生的行为，而长期实行的“以药养医”的财务机制既不符合公立医疗机构的行为需求，也与统账结合的城镇职工基本医疗保险制度相悖。为此2000年2月，国务院办公厅转发国务院体改办等部门《关于城镇医药卫生体制改革的指导意见》，决定同步推进医疗保险体制与医疗卫生体制、药品生产流通体制的改革。

我国在构建城镇职工养老保险制度框架的过程中，农村因病致贫、因病返贫问题突出反映出来。为此，1999年国务院组织有关部门对农村卫生状况进行深入调研。2002年，中共中央、国务院印发《关于进一步加强农村卫生工作的决定》，提出建立新型农村合作医疗制度，并开始在一些省市进行试点。

（3）建立工伤和生育保险制度。改革开放后，我国许多企业仍然沿用《中华人民共和国劳动保险条例》中规定的企业职工工伤补贴制度，但随着经济体制改革和劳动用工制度改革，原有工伤保障制度明显无法适应新形势需要。1996 年 8 月，劳动部印发《企业职工工伤保险试行办法》，首次把工伤预防、工伤康复和工伤补偿三项工伤保险的任务结合起来，变企业自保为社会保险，扩大覆盖范围，规范待遇项目和标准，并实行行业差别费率和企业浮动费率。

与此同时，生育保险同样面临企业自保的诸多弊端，20 世纪 80 年代末 90 年代初，各地分别进行了试点探索。在试点基础上，1994 年 12 月，劳动部发布《企业职工生育保险试行办法》，对生育保险的基本原则、实施范围、待遇标准、基金管理、监督机制等作出明确规定，使生育保险的内容、标准、形式等初步规范。

（4）建立城市最低生活保障制度。20 世纪 90 年代，一些国有企业严重亏损，下岗职工大量增加，面对新的贫困群体，传统的社会救济制度难以发挥作用。为此，一些地方政府探索改革传统社会救济制度。1993 年 5 月，上海市民政局发布《关于本市城镇居民最低生活保障线的通知》，宣布从 1993 年 6 月 1 日起正式开始实施城市居民最低生活保障制度，成为我国城市居民最低生活保障制度的开端。随后，青岛、厦门、大连、广州、无锡、海口等开始试点。1997 年 9 月，国务院下发《关于在全国建立城市居民最低生活保障制度的通知》，要求 1997 年底以前，已建立这项制度的城市要逐步完善，尚未建立这项制度的要抓紧做好准备工作；1998

年底以前，地级以上城市要建立起这项制度；1999 年底以前，县级市和县政府所在地的镇要建立起这项制度。1999 年 9 月，国务院印发《城市居民最低生活保障条例》，标志着城市居民最低生活保障制度走向规范化、法治化。在这一时期，全国城市低保对象从 2000 年的 403 万人，迅速增长到 2002 年的 2065 万人，增长 412%。此后，城镇享受低保的人数长期保持在两千万人左右。

（5）完善失业保险制度。1993 年 4 月，国务院印发《国有企业职工待业保险规定》，与 1986 年的《国营企业职工待业保险暂行规定》相比，把覆盖范围扩大到被撤销、解散的企业职工及停产整顿企业被精简的职工两类。1999 年 1 月，国务院发布《失业保险条例》，首次在法规上明确将待业保险正名为失业保险，待业救济金正式改为失业保险金，进一步将保险对象扩大到城镇所有企业事业单位及其职工。该条例在体现失业保险的性质、完善失业保险制度、强化失业保险的保障功能、建立三方筹资机制、保障职工合法权益、促进再就业功能等方面有重大意义。

回顾这一阶段我国社会保障制度改革，构建制度框架是突出成果。在建立适应社会主义市场经济要求的社会保障体系框架方面，理论研究取得明显进展。在实际工作中，建立社会保障制度曾连续几年列为国务院重点工作，城镇职工基本医疗保险制度、新型农村合作医疗制度、失业保险和城镇居民最低生活保障制度的建立，生育保险、工伤保险制度进一步完善，标志着我国城镇社会保障体系的制度框架基本形成。

这一阶段虽然在理论上明确了社会保障制度是社会主义市场经济的一个独立的子体系，实际工作中仍延续以国有企业改革为中心环节的改革路径，将其作为国有企业改革的配套措施。在当时历史条件下这是正确的，但难免产生以下弊端：一方面，政府以及各方面的注意力主要集中在国有企业职工身上，对城镇其他人员难免忽视，造成城市中不同人群基本保障待遇不平等。其中，机关事业单位与企业基本养老保险改革不同步造成的职工基本养老保险“双轨制”是一个较为突出的问题。另一方面，国有企业绝大多数设在城镇，造成农村的社会保障制度建设长时期难以进入视野。这也使社会保障最基本的原则——公平性未得到显现，导致社会保障的覆盖面较小。例如，2002 年，全国享有基本养老保险的人口不到 1.5 亿人，享有基本医疗保险的人口只有 0.9 亿人。

（三）社会保障制度的全面建设阶段

党的十六届三中全会之后，以国有企业改革为中心环节的提法逐步淡出，政府职能转变日渐成为改革的主线。在这一大背景下，社会保障体系建设突破了长期以来作为国有企业改革配套措施的局限，进入以政府基本公共服务均等化为主线的全面建设阶段，覆盖面扩展到城乡居民。

（1）建立覆盖城乡的养老保险制度。一方面，完善城镇企业职工养老保险制度。2005 年 12 月，国务院印发《关于完善企业职工基本养老保险制度的决定》，统一城镇个体工商户和灵活就业人员参保缴费政策，以非公有制企业、城镇个体工商户和灵活就业人员参保为重点，扩大基本养老保险制度的覆盖面。另一方面，建立覆盖城乡居民的社会养老保险制度。从 2003 年开始，各地在总结“老农保”经验的基础上，开始探索新型农村养老保险制度。2005 年 12 月，中共中央、国务院印发《关于推进社会主义新农村建设的若干意见》，要求探索建立与农村经济发展水平相适应、与其他保障措施相配套的农村社会养老保险制度。2007 年 10 月，党的十七大报告更是明确将“覆盖城乡居民的社会保障体系基本建立、人人享有基本生活保障”作为 2020 年实现全面建成小康社会的奋斗目标之一。2009 年 9 月，国务院印发《关于开展新型农村社会养老保险试点的指导意见》，决定从 2009 年开始在 10%的县（市、区、旗）实行新型农村社会养老保险的试点。城镇居民养老保险制度也随后开展试点。2011 年 6 月，国务院印发《关于开展城镇居民社会养老保险试点的指导意见》，决定在全国逐步推行城镇居民社会养老保险。这标志着在制度设计层面上，实现了全体国民人人“老有所养”的全覆盖。

（2）建立覆盖城乡的医疗保障制度。一方面，扩大城镇职工医疗保险制度覆盖面。2003 年和 2004 年，劳动和社会保障部办公厅相继发布《关于城镇职工灵活就业人员参加基本医疗保险的指导意见》《关于推进混合所有制企业和非公有制经济组织从业人员参加医疗保险的意见》，将灵活就业人员、混合所有制企业和非公有制经济组织从业人员以及农村进城务工人员纳入医疗保险范围。2006 年 5 月，劳动和社会保障部办公厅发出《关于开展农民工参加医疗保险专项扩面行动的通知》，把职工医疗保险制度覆盖面扩大到农民工。另一方面，建立覆盖城乡居民的社会医疗保险制度。2003 年 1 月，国务院办公厅转发卫生部、财政部、农业部《关于建立新型农村合作医疗制度的意见》。新型农村合作医疗制度一般采取以县（市）为单位进行统筹，实行个人缴费、集体扶持和政府资助相结合的筹资机制。2006 年 1 月，卫生部等七部门联合发出《关于加快推进新型农村合作医疗试点工作的通知》，要求各地认真总结试点经验，扩大新型农村合作医疗试点，2010 年实现新型农村合作医疗制度基本覆盖农村居民的目标。2007 年 7 月，国务院发布《关于开展城镇居民基本医疗保险试点的指导意见》，填补了我国基本医疗保险制度覆盖面的最后一块空白。这标志着在制度层面上，实现了全体国民人人“病有所医”的全覆盖。

（3）建立覆盖农村的最低生活保障制度。20 世纪 90 年代以来，一些地方在定期定量救助制度的基础上，开始探索建立农村最低生活保障制度。进入 21 世纪以后，我国农村最低生活保障制度逐步向中西部地区延伸。截至 2006 年底，全国共有 25 个省（自治区、直辖市）的 2133 个县（市、区）实行了农村最低生活保障制度。鉴于农村最低生活保障制度已在较大范围内实行，其他没有实行最低生活保障制度的地方也有多年的定期定量救助经验，2007 年 7 月，国务院下发《关于在全国建立农村最低生活保障制度的通知》，决定在全国范围内建立农村最低生活保障制度。这标志着覆盖城乡的最低生活保障制度得以建立。

我国这一阶段的改革，以社会保险、社会救助、社会福利为基础，以基本养老、基本医疗、最低生活保障制度为重点，以商业保险为补充，建立覆盖城乡居民的社会保障体系取得了重大进展。其间，社会保障法制建设也取得了突破性进展。2010 年 10 月，十一届全国人大常委会第十七次会议通过《中华人民共和国社会保险法》，将公民的社会保险权利、义务以法律形式固定下来，保障了全体人民享有社会保险的合法权益，是社会保障法制建设的一个里程碑。

由于在不同时期按不同群体分类建立各项社会保障制度，不同群体之间的法定社会保障水平不够平衡，管理方式不够衔接。例如，城镇企业职工与机关事业单位职工的基本养老保障水平差距较大；又如，为城乡居民建立了养老和医疗保险制度，但在制度设计上仍然采用城乡分立的做法，尤其是城乡居民医疗保险制度由不同部门管理，与城乡统筹发展的要求还有一定的距离。

（四）社会保障制度的全面深化改革阶段

党的十八大对社会保障工作高度重视，摆在了更加突出的位置。党的十八大报告提出，"要坚持全覆盖、保基本、多层次、可持续方针，以增强公平性、适应流动性、保证可持续性为重点，全面建成覆盖城乡的社会保障体系"①。根据党中央对社会保障制度建设的任务要求，我国全面统筹推进城乡社会保障体系建设，步入全面深化改革阶段。

（1）深化养老保险制度改革。第一，统一城乡居民基本养老保险制度。2014 年 2 月，国务院印发《关于建立统一的城乡居民基本养老保险制度的意见》，将现行新型农村社会养老保险制度与城镇居民社会养老保险制度合并实施，建立全国统一的城乡居民基本养老保险制度。这对统筹城乡社会保障制度发展、推进基本公共服务均等化具有重要的意义。第二，统一机关事业单位和企业职工养老保险制度。机关事业单位职工一直沿用传统的养老保险制度，与企业职工基本养老保险制度的差距越来越大。经过多年的调研，2015 年 1 月，国务院发布《关于机关事业单位工作人员养老保险制度改革的决定》，破除职工养老保障"双轨制"。这有利于促进机关事业单位深化改革，有利于体现制度公平和规则公平。第三，

---

① 胡锦涛：《坚定不移沿着中国特色社会主义道路前进 为全面建成小康社会而奋斗——在中国共产党第十八次代表大会上的报告》，北京：人民出版社，2012 年版，第 36 页。

衔接城乡养老保险关系转移接续。在制度分立、全国统筹未实现的情况下，为适应参保人员流动性需要，2014年2月，人力资源社会保障部、财政部发出《关于印发〈城乡养老保险制度衔接暂行办法〉的通知》，确保城乡养老保险制度衔接工作平稳实施。

（2）深化医疗保障制度改革。第一，统一城乡居民医疗保险制度。2016年1月，国务院印发《关于整合城乡居民基本医疗保险制度的意见》，提出要按照“统一制度、整合政策、均衡水平、完善机制、提升服务”的总体思路，整合制度政策、理顺管理体制、提高服务效能，实现统一覆盖范围、统一筹资政策、统一保障待遇、统一医保目录、统一定点管理、统一基金管理，从而建立起城乡统一的居民医疗保险制度。[①] 第二，医疗保险与生育保险合并实施。《中华人民共和国国民经济和社会发展第十三个五年规划纲要》明确提出，将生育保险和基本医疗保险合并实施。世界上绝大多数国家并未将生育保险列为独立险种，而是将其与医疗保险合并管理，因为生育保险与医疗保险之间有着十分紧密的联系。第三，建立城乡居民大病保险制度。2012年8月，国家发改委等六部委发布《关于开展城乡居民大病保险工作的指导意见》，明确针对城镇居民医保、新农合参保人大病负担重的情况，引入市场机制，建立大病保险制度，减轻城乡居民的大病负担，大病医保报销比例不低于50%。[②] 2015年7月，国务院办公厅发布《关于全

① 《国务院关于整合城乡居民基本医疗保险制度的意见》，《中华人民共和国国务院公报》，2016年03期。

② 《关于开展城乡居民大病保险工作的指导意见》，《中国人力资源社会保障》，2012年10期。

面实施城乡居民大病保险的意见》，对大病患者发生的高额医疗费用给予进一步保障。第四，开展长期护理保险制度试点。2016年6月，人力资源社会保障部办公厅发布《关于开展长期护理保险制度试点的指导意见》，决定在河北省承德市、吉林省长春市等15个城市开展长期护理保险制度试点，并明确试点阶段原则上主要覆盖职工基本医疗保险参保人群，资金筹集可通过调整职工基本医疗保险统账结构、划转职工医保统筹基金结余、调剂职工医保费率等途径，并逐步探索建立互助共济、责任共担的长期护理保险多渠道筹资机制。[①]

（3）深化城乡最低生活保障和社会救助制度改革。2012年9月，国务院印发《关于进一步加强和改进最低生活保障工作的意见》，对城乡享受低保人员的对象认定、标准制定、规范管理、能力建设等提出明确要求。2014年2月，国务院印发《社会救助暂行办法》，将最低生活保障、特困人员供养、受灾人员救助、医疗救助、教育救助、住房救助、就业救助、临时救助八项制度和社会力量参与作为社会救助的基本内容，构建分工负责、相互衔接、协调实施、政府救助和社会力量参与相结合的具有中国特色的社会救助制度体系。[②]为落实《社会救助暂行办法》相关规定，国务院及有关部门连续发布《关于全面建立临时救助制度的通知》《关于进一步完善医疗救助制度全面开展重特大疾病医疗救助工作意见的通知》《关于进一步健全特困人员救助供养制度的意见》等文件，完

① 《人力资源社会保障部办公厅关于开展长期护理保险制度试点的指导意见》，人社部网站，2016年7月8日。

② 《中华人民共和国国务院令 第649号》，国务院办公厅网站，2014年2月27日。

善社会保障体系的“兜底”线。

（4）发展多层次社会保障体系。2013 年 11 月，党的十八届三中全会通过《中共中央关于全面深化改革若干重大问题的决定》，提出“制定实施免税、延期征税等优惠政策，加快发展企业年金、职业年金、商业保险，构建多层次社会保障体系”[①]。2013 年，人力资源社会保障部等部门相继下发《关于扩大企业年金基金投资范围的通知》和《关于企业年金养老金产品有关问题的通知》，通过放开投资范围和投资比例，鼓励发展企业年金。此后相关部门连续发布了多个促进企业年金、职业年金和商业健康保险的文件，为建立多层次社会保障体系提供政策支持。

这一阶段我国社会保障制度改革以公平与可持续作为目标方向，“整合”、“统筹”、“统一”、“合并”等成为社会保障制度改革的关键词，向城乡基本公共服务均等化迈出了坚实的步伐。在这一阶段，为适应经济从高速度发展转向高质量发展的要求，社会保障为减轻企业负担作出了贡献，如降低企业的社会保险缴费率，增加失业保险支持就业的措施等。

同时也应看到，全面深化改革正处在进行时，在人口老龄化、经济新常态等背景下，我国社会保障制度的公平性和可持续性都面临挑战，需要进一步深化改革。

---

① 《中共中央关于全面深化改革若干重大问题的决定》，北京：人民出版社，2013 年版，第 47 页。

三、我国社会保障体系建设的展望

回顾40多年我国社会保障制度改革与体系建设的进程，我国取得了历史性、里程碑式的成绩。展望这一体系未来的发展，又应当看到其还面临着严峻的挑战，如何适应社会经济环境的变动，进一步完善我国社会保障体系，依然任重道远。

（一）社会保障制度面临的挑战

面对世界百年未有之大变局，我国经济发展由追求高速度转向追求高质量，人口结构从改革初期的年轻化转向老龄化，农业社会向工业服务业社会转变带来的二元经济结构调整，互联网科技迅猛发展造成的新经济就业者社会保障缺失，诸多问题对我国社会保障体系建设提出了前所未有的新挑战。

（1）人口老龄化对社会保障的压力日益增大。2010—2020年，我国60岁及以上人口占比上升5.44个百分点，65岁及以上老龄人口占比13.5%。老龄化加速到来，速度和规模前所未有。2022年，我国65岁及以上人口占比首次超过14%，这标志着我国总体进入深度老龄化阶段，预计2033年左右将进入超级老龄化社会。这对养老、医疗以及相关社会保障的收支平衡构成极大压力。

（2）社会保障的公平性有待提高。社会保障水平在不同群体之间、地区之间、城乡之间还存在不合理的差距。相关统计资料显示，在22个欧洲国家中，经过社会保障和福利制度的调节，收入差距的基尼系数平均降幅在30%左右。相比之下，我国社会保障和福利制度的调节力度有限，初次分配的基尼系数仅仅下降了8%。在一次分配差距过大的背景下，我国社会保障的共济性明显不足。

（3）多层次社会保障体系亟待健全。40多年来我国基本社会保险发展相对较快，补充社会保险、商业保险发展相对滞后。例如，2021年全国企业年金基金累计结存2.6万亿元，有较大增长，但只有11.7万家企业建立了企业年金，参加职工人数仅为2875万人，加上参加职业年金的人数，总共7200万人，与4.8亿城镇职工参加的基本养老保险相比，提升的空间还很大。

（4）经济转型对社会保障的新挑战。我国经济发展进入新阶段，由高速发展转向高质量发展。为适应这一经济转型过程中企业，尤其是中小企业发展的需要，借鉴发达国家的经验，我国连续几年降低企业社会保险缴费率，并加大失业保险金支持职工转业培训及扩大就业的力度。如何发挥好社会保障平抑经济波动的功能同时又兼顾中长期收支平衡，是社会保障体系建设面临的新问题。

（5）新经济尤其是互联网经济创造的灵活就业岗位对社会保障建设提出了新课题。从生产组织方式、价值交换方式、劳动场所和劳动参与等方面来看，我国涌现出的新就业形态与传统工业服务业领域就业相比，具备显著的“非标准”特征。其特点是：生产活动非正规化、劳动价值交换平台化、劳动场所非固定化、劳动方式多元化、劳动参与低门槛化、职业周期短期化。这对劳动关系的认定标准提出挑战，对部分劳动基准适用提出挑战，对劳动关系协调机制提出挑战，同时使劳动者社会保障保权益更加困难。这是一个世界性难题，期待作为互联网开发与应用的大国，中国在新经济就业者的社会保障制度建设方面作出独特的贡献。

（二）完善社会保障制度的重点项目

面对上述压力和挑战，为构建共享社会，实现共同富裕，我国社会保障制度改革和体系建设必须遵循二次分配应缩小一次分配差距的原则，在“更加公平”上下功夫，健全覆盖全民、统筹城乡、公平统一、安全规范、可持续的多层次社会保障体系，为实现中华民族伟大复兴奠定坚实的社会经济基础。当前应尽快在以下几方面取得突破。

（1）尽快实现职工基本养老保险全国统筹。2017 年 10 月，党的十九大报告提出养老保险全国统筹的目标。2018 年 5 月，国务院下发《关于建立企业职工基本养老保险基金中央调剂制度的通知》，要求抓紧制定养老保险全国统筹的时间表、路线图，这是职工基本养老保险全国统筹迈出的第一步。职工基本养老保险全国统筹，要打破多年来形成的既得利益格局，困难重重。但这对于全国建立统一的劳动力市场，为不同地区企业提供公平、平等的竞争环境，同时发挥社会保险大数法则作用，举全国之力抵御老龄化风险具有重大意义。在“十四五”时期全面实现职工基本养老保险全国统筹，相关事权要适当集中到中央，统一缴费率、统一缴费基数、统一经办服务机构、统一划拨国有资本补充养老基金，并明确地方政府的责任。

（2）延迟退休年龄。延迟退休年龄是世界各国应对老龄化的重要措施。1951 年 2 月，政务院发布《中华人民共和国劳动保险条例》时，我国人均预期寿命不到 40 岁，2022 年我国人均预期寿命达 77.93 岁。为适应我国人均预期寿命的提高，“十四五”时期将启动延迟退休年龄政策。借鉴国际经验，延迟退休年龄可分步推进，并对苦脏累险等工种分别确定合理的退休年限。同时应大力进行全民应对老龄化社会的宣传教育，做好舆论引导工作。

（3）调整职工基本社会保险项目中的个人账户。20 世纪 80 年代末至 90 年代初，在研究建立统账结合的职工基本养老保险和基本医疗保险时，出发点是要把一次分配的激励机制引入二次分配，并为职工养老、医疗储备基金。现在我国一次分配差距过大，而个人账户制度缩小了养老和医疗这两个最重要的社会保障项目的共济性，应当适时进行调整。此外，实践证明个人账户基金积累对需要即时支付的医疗保险没有多大作用，而职工养老保险个人账户空账由于种种原因始终难以做实，实际蜕变为现收现付基金。有鉴于此，可以把职工基本医疗保险中的个人账户分离出去，用于大病保险或长期护理，把职工基本养老保险中的个人账户比例调整为 3%至 5%，实行名义账户。

（4）完善多层次的养老保险体系。国务院和有关部门出台了多个关于促进企业年金、个人储蓄性商业养老保险的财税金融政策，但仍未改变国家法定养老保险唱“独角戏”的局面。应尽快落实关于促进企业年金、个人储蓄养老保险的政策，结合职工基本养老保险中个人账户的调整，把 3%或 5%的个人账户转划到企业年金，与现行的职业年金衔接，立法强制实施。这将有利于进一步消除职工基本养老保险“双轨制”遗留的问题。

（5）加大医养结合的康养体系建设。老年康养体系建设应当纳入多层次养老保障体系之中。我国养老服务供给侧不足，致使许多领取了养老退休金的人员聘请不到家庭服务员，购买不到社区和机构的养老服务。2022 年 2 月，国务院印发《“十三五”国家老龄事业发展和养老体系建设规划》，提出构建和完善兜底性、普惠型、多样化的养老服务体系。在此基础上，应进一步加大政府投入，同时引导社会力量加大投入，大力发展老年康养服务体系，以适应我国即将步入重度老龄化阶段的需要。

（6）加大儿童福利制度建设。儿童成长是关系我国未来人力资源供给的长远、重大问题，在老龄化社会中更应高度重视儿童福利体系建设。针对家庭保障功能弱化、生育政策调整以及人口流动性加大等特点，应加快建立与我国经济发展水平相适应的儿童福利体系。应以满足儿童保护需求为重点，加强国家保护、家庭保护、社会保护等儿童保护型福利制度安排。扩大儿童保障范围，分类设立儿童津贴标准，完善大病救助，为重病儿童提供补助；加大政府投入力度，引导社会慈善资金投入，完善儿童福利行政管理体系。

此外，经济减速和结构调整带来的失业压力、新经济对社会保障体系建设的影响、城乡统筹发展与社会保障体系建设、建立全国统一的社会保险公共服务平台、进一步完善社会保障法制建设等重大问题，都应设专项研究并出台相关政策，为我国社会保障体系的中长期建设做好理论和政策储备。

第一章
养老保障改革

▼

养老保险是我国社会保障的主体制度，贯穿着我国社保体系改革发展的主线。养老保险改革的启动，发端于社会主义市场经济体制建设的配套。伴随着我国市场化改革的启动，传统依赖于单位制运行的退休制度固有矛盾和缺陷进一步暴露，对企业公平参与市场竞争和劳动市场改革的推进，都带来了制约效应。在此背景下，启动养老保险改革成为社会主义市场经济体制建设的重要组成。

第一节　养老保险的改革探索（1979—1996 年）

一、养老保险迈向系统性结构性改革

在改革初期，我国在摸索中前进，伴随着改革的深化，我国建立并不断完善社会统筹与个人账户相结合的职工基本养老保险制度，推进新型农村社会养老保险、城镇居民养老保险制度并实现了制度并轨，破解了养老金“双轨制”等一系列难点问题，养老保险制度的主体性和改革能动性也不断增强，制度进一步健全完善，实

现了从制度覆盖向人群覆盖的重大转变。并按照兜底线、织密网、建机制的总体要求，以构建覆盖全民、城乡统筹、权责清晰、保障适度、可持续的多层次社会保障体系为目标，瞄准制度发展中不平衡、不充分的关键问题和重点领域，深化改革不止步，制度建设亮点频现，结构性改革取得突破性进展，把十多亿中国人的民生安全网织得更牢、更密。

伴随着我国经济体制改革的深化，养老保险改革从简单的“小修小补”，迈向系统性结构性改革，从原劳动保险制度下退休费用社会统筹，逐步建立社会统筹与个人账户相结合的养老保险制度。

我国的改革之路并非一帆风顺，起伏曲折是改革常态。养老保险改革虽然方向明确，但在具体路径选择上也同样一波三折。在明确社会统筹与个人账户相结合的基本制度模式的同时，也出现了“大账户”与“小账户”的改革之争。个人账户比例结构背后，是对养老保险再分配功能和经济激励作用的再定义与再调整。此外，我国这一阶段改革还受到了国际社会保障私有化思潮的影响，以世界银行为代表的部分私有化理念也被当时我国养老保险改革所吸收。

二、统账结合模式与老农保

（一）重新开展退休费用社会统筹

1．试点退休费用社会统筹管理

1979 年 7 月，我国启动了扩大企业自主权试点，为适应国有企业改革的需要，由各单位各行其是的退休制度改革也被提上了议事日程。20 世纪 80 年代，我国财税制度改革稳步推进。1980 年

1月，国务院印发《关于实行“划分收支，分级包干”的财政管理体制的规定》，规定除北京、天津和上海三个直辖市外，全国其他地区实行财政包干体制，打破了原公有制单位的预算“软约束”。[①] 1986年，我国开展企业劳动用工制度改革，重新将用人权赋予了企业，并给予一定的职工自主择业权，这就使“文化大革命”时期已蜕化为企业保障的劳动保险弊端越来越多地暴露出来。

（1）企业之间养老负担的畸轻畸重。纺织、粮食、制盐、搬运等行业中的老企业，退休费用相当于在职职工工资总额的50%以上，个别企业甚至超过工资总额；而在一些新兴行业和新建企业中，如电子、仪表、化工等企业，退休费用不到工资总额的5%。这就要求建立社会化的养老保障制度，使养老保险从单位责任向社会责任过渡，使老企业摆脱不平等的赡养结构，能够在同一起跑线上与新企业和新兴行业竞争。

（2）覆盖范围狭窄不适应劳动市场改革需要。全民所有制企业和大型集体企业实现了全员加入劳动保险制度，职工退休待遇明确。但是一些街道、乡镇办的“小集体”经济，则没有加入劳动保险制度，职工退休后是否能够获得养老金待遇，取决于企业的经营情况和上级管理部门的态度，存在很大程度上的不确定性。退休职工的老年福利待遇，也存在类似的问题，行业统筹性企业的福利往往好于地方企业，全民所有制企业的福利水平高于集体企业，“大集体”的职工福利待遇又好于街道和乡镇办的“小集体”。养老保障制度根据行业、企业被切割为支离破碎的“碎片”，既不利于劳

---

① 《国务院关于实行“划分收支、分级包干”财政管理体制的通知》，《中华人民共和国国务院公报》，1980年01期。

动力自由流动，也对改革后农村劳动力资源释放参与城镇化和工业化进程带来了制约。

此外，退休制度自身赡养结构失衡，也是推进改革启动的重要原因。由于传统养老保障制度的非社会化和当期平衡的特点，制度负担对于企业在职职工和退休职工的结构非常敏感。当时社会总的人口年龄结构比较年轻，在正常情况下，养老保障制度的老化应该是缓慢的。但 1978 年 5 月国务院印发的《关于工人退休、退职的暂行办法》开放了“子女顶替”政策，即国营企事业单位职工退休后，允许其一名子女顶替就业。时值知识青年（以下简称“知青”）下乡运动结束，数以百万计的知青返城，缺乏灵活性的劳动计划体制无法短期内吸纳这么多富余劳动力，大量“知青”没有被安排工作。为了保证自己的子女就业，同时考虑当时比较稳定、较高水平的退休待遇承诺，很多国营单位职工选择自己提前退休，为子女腾岗。这直接导致传统养老保障制度迅速老化，劳动保险的制度内赡养率直线下降，离退休人数和离退休费用以较快的速度增长。

从 20 世纪 80 年代初开始，部分地区的集体所有制企业就开始探索区域内退休费用的社会统筹管理。1982 年，部分地方更是进一步将退休费用统筹延伸至本地的全民所有制企业。1986 年 7 月，国务院正式下发《关于发布改革劳动制度四个规定的通知》，通知要求对劳动合同制工人退休养实行社会保险制度，企业按劳动合同制工人工资总额的 15%缴纳退休养老基金，退休养老基金转入社会保险专户管理。[①] 相关政策的出台，为退休费用社会统筹提供了顶层设计

① 《国务院关于发布改革劳动制度四个规定的通知》，中国政府网，2012 年 9 月 21 日。

依据，也是我国重新建立社会化养老保险制度的“政策先河”。

2．形成退休费用社会化管理体制

我国计划经济时期经济体制的条块分割也阶段性延伸到了养老保险改革。在退休费用社会化过程中，形成了地方统筹和行业统筹两种统筹模式，构成了条块交错的管理体制。其中，地方统筹是指在县市范围内，对区域内国有经济单位退休费用进行统一提取和支付。根据 1987 年劳动人事部对 2146 个县市调查显示，已经有 1100 多个县市实行了国营企业职工退休费用统筹或者实行集体所有制企业退休费用统筹。其中，在劳动合同制工人范围内开展退休费用统筹的地方占多数。到 1988 年底，全国实行退休费用统筹的县市达 2200 个，占全国县市总数的 93%，参加统筹的职工 5000 万人，其中离退休人员 900 多万人。

而行业统筹则是指，在垂直管理行业系统内部所属企业进行退休费用统筹。根据当时国民经济发展和计划调控要求，相当一批基础行业和重点行业是中央垂直管理，与地方行政管理体系互不隶属，一些行业也具有跨行政区域经营、全程全网作业、职工流动性强的特点，难以适应县市级层面分散统筹管理的实际。从 1986 年开始，我国逐步在水利水电、铁道、邮电、建筑、交通、煤炭、银行、民航、石油天然气、有色等 11 个中央直属行业企业进行退休费用的直接统筹管理。

（二）养老保险制度模式的第一次重大选择：统账结合

1981 年，智利推行养老金私有化改革，使智利成为世界上第一个对传统现收现付制度进行根本性变革，建立以个人账户为基础完全积累制模式养老金计划的国家。“智利模式”也在世界范围内受到普遍关注。1991 年 6 月，国务院印发《关于企业职工养老保险制度改革的决定》(以下简称《决定》)，这是我国养老保险改革中第一个“里程碑”式的文件。《决定》提出，企业职工养老保险制度改革要处理好国家利益、集体利益和个人利益，眼前利益和长远利益，整体利益和局部利益的关系，并要求对现行的制度办法进行调整、完善。[①] 这是养老保险全国顶层系统性改革的要求，对中国养老保险制度进行了初步勾勒。

1993 年 11 月，党的十四届三中全会通过《中共中央关于建立社会主义市场经济体制若干问题的决定》，提出城镇职工养老和医疗保险金由单位和个人共同负担，实行社会统筹和个人账户相结合，进一步健全失业保险制度，保险费由企业按职工工资总额一定比例统一筹交[②] 。从而使我国职工养老保险基本架构发生了根本性改变。在制度结构上，从完全的社会统筹转向社会统筹与个人账户相结合的双层架构；在筹资模式上，从代际转移推动转向部分积累；在待遇确定办法上，个人账户内含了多缴多得与长缴多得的激励要求。从发展历程来看，把个人账户引入养老保险制度并不是一蹴而就，受国际背景、国内劳动用工改革和社会价值取向变化的影响，在退休费用社会统筹改革的同时，我国部分地区就以不同形式推动养老保险基本制度下个人账户的建立和引入，为统账结合模式的选择提供了现实依据。

① 《国务院关于企业职工养老保险制度改革的决定》，《中华人民共和国国务院公报》，1991 年 27 期。

② 《中共中央关于建立社会主义市场经济体制若干问题的决定》，北京：人民出版社，1993 年版，第 20–21 页。

（1）广东试水“个人专户”。20世纪90年代初期，在推进各类所有制企业职工普遍加入养老保险的过程中，广东省部分地市率先探索了职工个人缴费办法，并将职工缴费纳入了个人银行账户。例如，1990年7月，佛山市人民政府发出《关于实行固定职工个人缴纳少量退休养老保险费的通知》，将个人缴费范围扩大至参加退休费社会统筹的市属企业、事业单位（含三资、承包、联营企业及省属驻市单位）的所有在职固定职工，缴费比例为2%。考虑到计算的简便性，定额为每人每月2元4角。在佛山市相关文件中，个人缴费并未进入统一的财政专户，用于支付退休人员的相关费用，而是规定职工个人缴费全部记入个人财务专户，并登记于《个人社会保险基金手册》。个人缴费金额可以继承，如职工在职期间死亡，个人所缴保险费扣除1%管理费后全部发还死者家属。事实上，已经具备了个人账户个人所有、独立记账、可继承等特点，是我国养老保险个人账户的最早探索。

（2）上海探索“个人账户”。1993年2月，上海市政府发布《上海市城镇职工养老保险制度改革实施方案》，以建立“个人储存与统筹互济相结合，兼有保障和激励效能，并覆盖全社会的养老保险制度”为改革目标，使养老保险的范围逐步扩大到全体劳动者，养老保险基金的筹集拓宽渠道，并有所积累，也让养老金的计发办法既能保障退休人员的基本生活，又能激励广大职工的积极性。为达到基金有所积累，并激励职工积极性的目标，在上海的改革方案中，要求按照个人储存与统筹互济相结合的原则，建立个人养老保险账户。

与广东“个人专户”的政策设计相比，上海提出相对完整的个人账户设计。在财务上明确了个人账户权益与个人缴费关联的性质。个人养老保险账户筹资包括按职工本人工资收入3%缴费的部分、从退休统筹费中记入个人缴费基数的8%部分以及从退休统筹费中记入本市职工平均工资的5%部分，从而使个人账户总规模达到了缴费的16%，其中11%与个人缴费基数完全挂钩。同时，提出了个人账户养老金的计发办法，即按照个人积累权益总额除以120，按月计发。与统账结合基本制度不同的是，上海将个人账户作为养老保险的终极改革方案，即在不断提高个人账户记入比例的同时，最终实现企业单位和个人缴费全部进入个人账户，改革后参加工作职工的养老金水平完全取决于个人账户的积累规模。但上海方案依然具有一定的社会共济功能，一方面，制定城镇退休人员养老金的最低标准，达不到最低标准的予以补足。职工退休后，养老保险账户的储存额已领完时，由退休统筹费继续支付养老金。另一方面，提出建立基本养老金的物价补偿制度，要求参照在职职工实际工资的增长情况，不定期地对退休人员普遍增加生活补贴。

（三）统账结合模式的全面落地与“大小账户”方案选择

1995年3月，以建立“统账结合”的养老保险制度为目标，国务院下发《关于深化企业职工养老保险制度改革的通知》，进一步强调深化企业职工养老保险制度改革对于完善社会保障体系，促进改革、发展和稳定的重要意义。根据各地的不同情况，在社会统筹与个人账户相结合的方式上，形成了两个推荐方案，全国各地区自行选择方案进行试点。其中，两个方案均提出，基本养老保险费用筹集由单位和个人共同负担，建立基本养老保险个人账户，主要区别在于账户规模的大小和养老金计发办法的不同。

在方案一中，个人账户规模大致相当于总筹资的16%，职工本人缴纳的全部养老保险费，从企业缴纳的养老保险费中按个人缴费工资基数的一定比例划转记入的部分，两者合计为 11%，还包括从企业缴纳的养老保险费中按当地职工月平均工资的 5%左右划转记入个人账户。据此，方案一的筹资主要进入了个人账户，被称为“大账户”方案。在计发上，新制度实施后参加工作人员的养老金全部来自个人账户，按照个人账户积累额除以 120 支付。对于已参加工作的职工，按照视同缴费年限按比例计算个人账户调节系数，增发账户积累额。从制度设计可以看出，方案一目标是建立完全积累型的个人账户养老保障制度，统筹账户的供款规模没有明确要求，主要作用为在制度过渡期对“老人”筹资给付养老保险待遇，在制度转型稳定后，只发挥为待遇调整筹资等辅助功能。在基本制度设计、待遇计发、过渡方式等方面，方案一与上海改革方案有一定的关联性和延承性。由于方案一主要观点来自国家体改委，所以也被称为“体改委方案”。

在方案二中，对个人账户规模没有明确规定，提出的是职工个人缴费的全部或者一部分记入个人账户，企业缴费中，职工缴费工资基数高于当地职工平均工资 200%至 300%的部分，可以全部或者一部分记入个人账户。总体以职工个人缴费为个人账户的资金来源，考虑各地制度个人缴费起步期的实际缴费比例，那么个人账户规模在 2%～3%，并随着个人缴费而提高。由于账户规模小，方案二也被称为“小账户方案”。在待遇计发办法上，方案二较好地继承了 1993 年劳动部发布的《关于基本养老金计发办法改革试点工作的通知》，在退休人员社会性养老金、缴费性养老金基础上，根据个人账户建立情况，增加了个人账户养老金。其中社会性养老金按当地职工平均工资的 20%～25%计发，缴费性养老金按个人及企业缴费每满 1 年，按缴费工资基数的 1.0%～1.4%计发。由此可见，方案二不仅在筹资方面坚持统筹账户与个人账户并行，而且在待遇支付方面坚持社会共济与个人积累并重。方案二由于较多制度设计来自劳动部的相关改革政策，也被称为“劳动部方案”。

为了深化制度改革，推行统账结合和保证试点工作的顺利推进，劳动部成立了养老保险制度改革试点指导小组。从 1995 年 2 月中下旬开始，试点指导小组分 5 路赴 16 个省、自治区、直辖市和 11 个行业统筹部门进行了 3 轮调查研究。同年 12 月，在上海、合肥分别召开座谈会，交流研讨实施中的政策和技术问题，并确定了 49 个城市作为改革的重点联系和指导城市。截至 1995 年底，已有 29 个省、自治区、直辖市出台了统账结合方案。

1996 年，我国养老保险改革方案开始实施，但各地方案差距较大。在 29 个推动养老保险向统账结合模式过渡的省份和部门中，实际上出现了多种实施方案：上海、吉林、黑龙江、江西、河南、云南、青海 7 个省、市选择了“体改委方案”；北京、天津、浙江、湖南、广东 5 个省、市选择了“劳动部方案”；湖北、河北、陕西、山西、内蒙古、辽宁、江苏、安徽、福建、山东、广西、四川、贵州、甘肃、宁夏、新疆 16 个省、自治区及电力、水利、石油、交通、煤炭 5 个部门则综合借鉴了两个办法，并结合本地区、本部门实际情况制定了第三种方案。海南省则采用了具有当地特色的办法。

（四）统账结合模式引入的原因

（1）改革初期的效率优先导向与个人账户设计兼容。改革开放不仅是经济、社会和政治体制的巨大变革，而且对我国的社会价值理念也产生了冲击。在计划经济时期，我国以追求绝对平等的平均主义为主要价值导向，任何扩大收入差距的政策都被认为是对社会主义政治理念的背离。改革开放打破了计划经济的资源配置模式，市场机制开始在资源配置中发挥基础性作用。市场机制是以效率为基本导向的，这一时期的各项公共政策为了配合改革，释放市场活力，也都以促进经济效率为基本出发点。在当时普遍认为，个人账户明确了养老金所有权，并实现个人经济效率与待遇分配的完全关联，促进更多的劳动参与，并对资本市场的发展起到促进作用。在这种价值理念的指引下，社会养老保险制度会尽量减小社会共济成分，扩大个人账户规模。

（2）国际社会保障改革思潮的渗透。从 20 世纪 80 年代开始，伴随着新自由主义经济学的兴起，国际社会保障学界产生了强烈的社会保障私有化思潮。在我国，部分学者建议放弃以现收现付制为融资方式、以政府为管理主体的公共养老金制度，通过建立竞争性的私营积累型养老金计划为劳动者提供更为充分、更为有效率的经济保障。社会保障私有化思潮的蔓延，与我国养老金体系改革正好处于同一时间窗，而我国当时的改革进程较为开放、包容，积极吸纳外方智库和专家学者的意见，并为他们的研究提供条件。早在 1990 年，国家体改委在联合国开发计划署的支持下，邀请弗里德曼、希尚等世界一流经济学家对我国的海南和深圳的养老保障改革方案进行评估。1992 年 5 月，国家体改委又邀请了 14 位外方专家为我国养老保险下一步改革提出建议。1995 年，世界银行在我国相关部门和研究机构的协助下，完成了题为《中国：养老金制度改革》的专题研究报告。2000 年，在朱镕基的提议下，国务院体改办和劳动保障部共同邀请斯蒂格利茨、费尔德斯坦等一流经济学家，对《国务院关于完善城镇社会保障体系的试点方案》进行论证。通过这些交流活动，外国专家直接或者间接参与到我国的决策制定活动中，他们的社会保障私有化理念也被当时的改革所部分吸收，成为推动个人账户建立的重要智力基础。

从后期制度运行来看，个人账户获得了社会比较广泛的认可，统账结合模式也成为我国养老保险制度不动摇的架构基础。但在制度改革不断深化过程中，个人账户的功能定位和基本作用也发生着深刻调整，个人账户对于养老保险制度的含义与制度设计初的期待已有较大变化。对统账结合模式是否实现制度预期实际保障绩效和功能发挥，还需要审慎判断和评价。

（五）老农保的探索

1. 老农保的基本制度设计

在国家“七五”计划中，提出了“抓紧建立农村社会保险制度”的要求，1986 年，民政部开始进行相关局部探索。1992 年 1 月，民政部在总结前期试点经验基础上，发布《县级农村社会养老保险基本方案（试行）》，在全国有条件的地区逐步推广农村社会养老保险制度。这一制度也被称为老农保。

老农保以保障老年人基本生活为目的，坚持自助为主、互济为辅，资金以个人缴纳为主，集体补助为辅，国家予以政策扶持。在参保对象上，以不由国家供应商品粮的农村人口为主要对象，缴纳保险年龄不分性别，20 周岁至 60 周岁均可参保，领取养老保险金的年龄一般在 60 周岁以后。

在财务管理上，老农保是完全的个人账户制，由个人缴纳保费，月交费标准设 2 元、4 元、6 元、8 元、10 元、12 元、14 元、

16元、18元、20元十个档次，供不同的地区以及乡镇、村、企业和投保人选择，个人缴费全部记入个人账户管理。同时，在个人缴费之外，集体可根据其经济状况予以适当补助，补助主要从乡镇企业利润和集体积累中支付，国家予以政策扶持，主要是通过对乡镇企业支付集体补助予以税前列支体现。但在实际实施中，由于当时乡镇集体自给能力薄弱，基本没有集体补助。

在基金增值和待遇领取方面，要求基金以县为单位统一管理。保值增值主要是购买国家财政发行的高利率债券和存入银行，不直接用于投资，并要求基金除需现金支付部分外，原则上应及时转为国家债券。国家以偿还债务的形式返回养老金。在待遇领取时，从60周岁开始，根据缴费的标准、年限，确定支付标准，投保人领取养老金，保证期为十年。领取养老金不足十年身亡者，保证期内的养老金余额可以继承，超过十年则继续支付。

在我国，老农保政策实施后，由于填补了农村居民、乡镇集体企业等群体的保障空白，很快形成了一定规模。到1995年，全国已有30个省市区的1400多个县（市、区、旗）开展了老农保工作，26个省份发布了地方性的开展农村社会养老保险的文件，全国参保农村人口已近5000万人。

2．老农保失败的原因

老农保实行个人账户制，待遇主要依赖于个人缴费水平和基金增值水平，但由于缴费水平赶不上居民收入增长速度，再加上基金增值能力薄弱，老农保很快丧失了保障能力。并且，在实施中存在一定的不规范摊派现象，不少基层为了追求参保率，将自愿参保变成了强制性参保，并在基金运行中暴露了一定的风险。1995年10月，国务院办公厅转发民政部《关于进一步做好农村社会养老保险工作意见的通知》，提出少数地方出现挪用保险基金的问题，要求切实加强基金的管理和监督，要保证基金安全无风险并规范运营加大增值，任何部门不能挪作他用或用于直接投资，造成基金严重损失者，要按党纪政纪严肃处理，触犯刑律的要移送司法。[①] 1999 年，国务院批转整顿保险业工作小组《保险业整顿与改革方案的通知》，对老农保制度进行了同步整顿，业务暂停，将其管理对象也由民政部移交至劳动和社会保障部。此后，老农保参保对象呈现出下滑态势，再加上保障能力不足以支撑居民养老的实际需要，制度陷于停滞。

老农保制度失败的主要原因在于个人账户制度难以支撑有效的保障能力，特别是在我国经济处于高速发展阶段，个人账户的“艾伦条件”* 完全不满足。农村社会养老保险虽然设计了 10 档缴费标准，且投保后所积累的养老金可以年金方式领取。但实际中大部分参保人员普遍选择 2 元的档次，保障效果微乎其微。从投资来看，“老农保”资金主要用于购买国债和银行存款，作为保值增值手段。但 20 世纪 90 年代中期之后，我国利率一直维持在较低水平，一年期存款利息最低时只有 1.78%，这也导致老农保记账利率不高，增值功能受到影响，参保时设计的保障承诺无法兑现，也不适应保障需要。此后，伴随着新型农村社会养老保险（以下简称新农保）的建立，老农保启动了清退工作，或者将权益合并入新农保，或者核退参保人的本金和利息，这一制度正式终结。

*“艾伦条件”源于养老保障代际交叠理论。亨利·艾伦在萨缪尔森“生物收益”理论基础上进一步提出“艾伦条件”，即当人口增长率与工资增长率之和大于实际市场利率时，在不提高缴费率的情况下，实行现收现付制比基金制能够使退休者享受更高的退休金，同时有利于养老保险福利的帕累托改进。

① 《国务院办公厅转发民政部关于进一步做好农村社会养老保险工作意见的通知》，《中华人民共和国国务院公报》，1995 年 26 期。

三、养老保险改革的起步

（一）确立改革方向与制度模式

（1）确立社会养老保险制度的改革方向。我国养老保险制度改革是我国社会主义市场经济体制的重要配套。伴随着我国经济体制改革的深入，我国选择建立起以社会保险制度为基础，在全社会共担老龄化风险的制度安排，改变了养老保障由国家和企业完全包下来的做法。与传统劳动保险制度相比，社会养老保险制度统筹范围更加广泛，有利于平衡企业间养老负担，有利于劳动要素跨地区、跨部门流动，也为改革后多种所有制经济形态的职工享受“老有所养”保障提供了政策“入口”。截至1996年底，国有企业和城镇集体企业的基本养老保险已覆盖全国所有地区，参加养老保险费用统筹的职工达8800万人，离退休人员达2300万人。[①]

（2）确立“统账结合”的制度模式。从各国养老保险模式选择来看，第一支柱基本养老保险更多采用现收现付的方式，第二支柱企业年金和职业年金普遍按照个人账户进行组织，并进行基金积累。而我国在养老保险改革中，创新性地在基本养老保险框架下将社会统筹与个人账户进行了有机结合。从财务稳定性角度考虑，希望统筹现收现付与基金积累制两种制度模式，兼顾代际赡养与应对老龄化风险。从制度功能来看，希望平衡再分配效应与经济激励效应，实现公平与效率兼顾。但必须指出，个人账户在引入时并未充分实现制度设计功能，替代率远不及预期，账户未能做实，成为养

① 《1996年度劳动事业发展统计公报》，人社部网站，2006年2月7日。

老保险制度不能成熟定型发展的重要结构性原因。

（二）明确养老保险的发展道路

这一阶段的改革是我国养老保险改革的“起步期”，养老保险改革的出发点在于社会主义市场经济体制的配套需要，也是解放劳动要素、平衡企业负担的制度安排。这就需要摆脱原来单位为基础的劳动保险制度，建立现代意义上的养老保障体系。从制度发展来看，这一阶段我国解决了制度改革方向的根本性问题，明确了走社会养老保险的发展道路。从制度模式来看，统筹借鉴国际社会保障实践经验，选择社会统筹与个人账户相结合的制度架构，作为我国职工养老保险的基本制度模式。统账结合模式是具有中国特色的改革实践创新，反映了改革初期效率兼顾公平的发展理念。

我国养老保险制度改革牵连广泛，改革初期采用了“试点先行”的方法，通过一些地方先行先试积累了有益的改革经验，但是基本制度模式在各地存在较大差异。同时，统账结合制度改革未能配套转制成本清偿机制，也使个人账户财务风险面临集聚压力。

（1）基本制度尚未统一。我国个人账户的引入，既受国际思潮影响，各地也进行了自主创新，在建立社会统筹与个人账户相结合的养老保险模式中，不仅中央层面推荐了“大账户”、“小账户”模式，各地也根据推荐模式做了进一步调整，造成制度模式普遍不一致。同时，一些垂直管理的行业自行建立开展养老保险统筹，制度与属地独立，加大了制度结构的“碎片化”问题。

（2）农村养老保障还需破题。这一阶段我国以个人账户为基础建立了老农保制度，但事实证明，由于我国不满足“艾伦条件”的基本要求，完全通过个人储蓄方式积累的养老金规模过低，并不能真正实现养老保障的功能作用。再加上实际经办管理中存在一些问题，导致老农保失败。

（3）个人账户隐含着改革财务风险。根据我国统账结合模式的制度设计，社会统筹部分采用现收现付制模式，个人账户制采用基金积累制模式，养老保险改革在财务上是从现收现付制向部分基金积累制转轨的过程，必然会带来部分隐性债务显性化，形成制度的转制成本。但我国并未专门安排转制成本的化解办法，本应进入个人账户部分的缴费，又有相当比例被统筹基金使用，个人账户面临“空账”运行问题，随着制度覆盖范围的扩面和个人账户积累额的增加，个人账户空账规模也会不断滚存扩大，使养老保险制度在诞生之初就面临着巨大的财务风险压力。

第二节　养老保险制度改革的发展（1996—2012年）

一、养老保险制度改革的背景

（一）制度统一规范的自身要求与城乡统筹发展的宏观政策环境

在我国养老保险改革深化的同时，制度结构不统一问题已经成为影响我国制度发展的关键“梗阻”。虽然都名为职工基本养老保险制度，但各地方社会统筹、个人账户的筹资比例不一致，待遇计发方式也有所差异，影响了制度的保障功能的发挥，也使各地方劳动者正常流动受到制约，统一社会统筹与个人账户的比例结构、功能定位，已经成为我国养老保险改革的当务之急。在此背景下，我国逐步推进形成统一的职工养老保险制度框架，并在此过程中不断深化试点，做小个人账户，明确了养老保险制度的建制取向。

2003 年 10 月，党的十六届三中全会提出了统筹城乡发展的要求。2008 年 10 月，党的十七届三中全会进一步提出着力破除城乡二元结构、形成城乡经济社会发展一体化新格局，并明确健全农村社会保障体系的改革任务。为此，需要在养老保险改革中坚持城乡统筹发展，形成适应我国国情、财政负担能力和农村居民实际的农村社会养老保险政策方案，回应农村居民的养老保障期待。同时，我国着力解决城乡居民这一“夹心层”的养老问题，推进养老保险制度从单一制度、单一人群覆盖向全制度、全人群覆盖迈进。

（二）适应流动性的改革拉力，更好保障和改善民生的内在动力

我国改革历程与城镇化发展近乎同步，特别是 1996 年至 2010 年，进入了常住人口城镇化率的提速期。到 2011 年底，我国常住人口城镇化率已经突破了 50%，异地居住、异地就业越来越普遍。但是养老保险制度长期以来统筹层次不高，甚至具有一定的“地方粮票”特征，完善制度跨统筹地区间的待遇转移和接续机制，成为改革的重要任务。

党的十六大以后，保障和改善民生在我国经济社会发展中被摆在了更加重要的位置，把社会建设作为与经济建设、政治建设、文化建设并重的“四大建设”之一。在此背景下，我国养老保险制度改革也在逐步弥补前期“欠账”，连续调涨退休人员养老金待遇，把提高有效保障能力作为改革的主线之一。

二、养老保险制度的统一

（一）统一企业职工基本养老保险制度框架确立

伴随着职工基本养老保险制度的广泛建立，各地基本制度不统一问题的弊端充分暴露，既导致待遇计算各行其是，影响了劳动力的自由流动，又导致企业负担重、统筹层次低、管理制度不健全等问题。因此，统一基本制度被正式提上了改革议程。1997 年 7 月，国务院印发《关于建立统一的企业职工基本养老保险制度的决定》（以下简称《决定》），提出到 20 世纪末，基本建立起适应社会主义市场经济体制要求，适用城镇各类企业职工和个体劳动者，资金来源多渠道、保障方式多层次、社会统筹与个人账户相结合、权利与义务相对应、管理服务社会化的养老保险体系。《决定》强调多层次、统账结合、社会化管理等养老保险制度构建的基本原则，并对制度结构做了初步规范统一。

一是统一企业职工基本养老保险的缴费比例。企业缴纳基本养老保险费（以下简称企业缴费）的比例，一般不得超过企业工资总额的 20%，个人缴纳基本养老保险费（以下简称个人缴费）的比例，最终达到本人缴费工资的 8%。二是统一个人账户规模。在“统账结合”的基本框架下，调整所谓“大账户”、“小账户”的制度模式，统一个人账户规模。“按本人缴费工资 11%的数额为职工建立基本养老保险个人账户，个人缴费全部记入个人账户，其余部分从企业缴费中划入。”① 三是统一待遇计发办法。确定最低缴费年

① 《国务院关于建立统一的企业职工基本养老保险制度的决定》，《中华人民共和国国务院公报》，1997 年 28 期。

限办法，个人缴费年限累计满 15 年的，退休后按月发给基本养老金。形成适应统账结合模式的养老金支付机制，明确基本养老金由基础养老金和个人账户养老金组成。其中，退休时的基础养老金月标准为省、自治区、直辖市或地（市）上年度职工月平均工资的 20%；个人账户养老金月标准则由个人账户储存额决定，为本人账户储存额除以 120。四是统一养老金过渡办法。统一的企业职工基本养老保险制度建立后，必须考虑制度平稳转轨，解决原来未参保职工的保障待遇计算问题。为此，《决定》提出“新人新办法、老人老办法、中人发过渡养老金”的改革思路。其中，“新人”指《决定》实施后参加工作的职工；“老人”指已经离退休的人员，这一群体仍按国家原来的规定发给养老金，同时执行养老金调整办法；“中人”是指在《决定》实施前参加工作、实施后退休且个人缴费和视同缴费年限累计满 15 年的人员，按照新老办法平稳衔接、待遇水平基本平衡等原则，在发给基础养老金和个人账户养老金的基础上再确定过渡性养老金，过渡性养老金从养老保险基金中解决。

虽然账户规模较所谓“大账户”模式明显缩减认但是就目标替代率而言，社会统筹账户对应基础养老金所提供的替代率为 20%，个人账户依然被赋予主要的保障功能。同时，基础养老金规模过小、替代率占比过低，也约束了养老保险再分配功能的实现。

（二）基本养老保险行业统筹企业移交地方管理

受计划经济时代“条块分割”的影响，我国基本养老保险管理也一度存在“属地管理”、“行业统筹”分立的格局，铁道部、交通部、信息产业部、水利部、民航总局、煤炭局、有色金属局、国家电力公司、中国石油天然气集团公司和中国石油化工集团公司、银行系统*、中国建筑工程总公司等垂直管理行业，进行基本养老保险自我统筹管理和经办。截至 1997 年底，参加 11 个行业基本养老保险行业统筹的在职职工有 1393 万人，离退休人员有 421 万人。这造成基本养老保险行业统筹（以下简称“行业统筹”）与属地基本制度不统一，缴费负担不一致，行业统筹企业的养老保险费率远低于属地水平，对退休人员社会化管理、基金风险分担和制度规范统一带来不利影响。

* 银行系统包括：中国工商银行、中国农业银行、中国银行、中国建设银行、交通银行、中保集团。

1998 年，国务院进行了政府机构改革，一方面，成立劳动和社会保障部，实现了社会保障的统一管理；另一方面，合并、撤销一批产业部门，原由这些部门组织的行业统筹已难以为继。在此情况下，将行业统筹纳入地方管理已势在必行。

1998 年 8 月，国务院下发《关于实行企业职工基本养老保险省级统筹和行业统筹移交地方管理有关问题的通知》（以下简称《通知》），要求在 1998 年 8 月 31 日以前，实行行业统筹企业的基本养老保险工作全部移交至属地。1998 年企业和职工个人缴纳基本养老保险费的比例保持不变，1999 年起，调整企业缴纳基本养老保险费的比例，起步时不低于企业工资总额的 13%，以后逐步过渡到与地方企业相同的比例。职工个人缴纳基本养老保险费的比例则一次调整到位。① 这样，在行业统筹移交地方的改革中，第一次提出了推进养老保险省级统筹的改革任务。同时，《通知》提出建立基本养老保险省级调剂机制，调剂金的比例以保证省内企业离退

① 《国务院关于实行企业职工基本养老保险省级统筹和行业统筹移交地方管理有关问题的通知》，《中华人民共和国国务院公报》，1998 年 21 期。

休人员基本养老金足额按时发放为原则；到2000年，要基本实现省域内缴费比例的统一，以及基金统一管理和调度使用，并要求对社会保险经办机构进行省级垂管，对我国养老保险统筹层次的提高路径做了初步勾勒。

劳动保障部和财政部于1998年8月14日至21日，分两批在北京召开基本养老保险行业统筹移交地方管理工作会议，组织11个行业的15个单位，分别与31个省、自治区、直辖市直接进行移交。为保证移交工作的顺利进行，确定了以下原则：一是先移交后调整的原则。行业统筹企业经济效益和人员结构、负担水平等方面差异很大，在统筹项目、企业费率、待遇标准和管理体制上都有各自的办法，与地方养老保险统筹接轨需要一个过程，许多问题难以在移交前全部解决，必须先移交后调整。二是移交后实行省级管理。行业统筹移交地方管理，直接纳入省级统筹，由省级社会保险经办机构负责管理。三是移交的基本数据以财政部核定的1997年度财政决算为准，具体数字各地在接收之后的实际工作中，边运行边审计核实，并逐步实现规范管理。

到1999年底，全国有29个省、自治区、直辖市实现了养老保险省级统筹或建立了省级调剂金制度。[①]

（三）统账结合制度的完善

《国务院关于建立统一的企业职工基本养老保险制度的决定》印发后，养老保险基本制度得到了切实统一，统账结合结构基本趋

① 《1999年度劳动和社会保障事业发展统计公报》，人社部网站，2006年2月7日。

于一致，“大统筹”、“小账户”的模式得以确立。但是依然暴露出单位缴费与个人缴费责任不清，个人账户规模也依然偏大，既使制度再分配功能不能得到有效体现，也使进入统筹账户的基金规模远不能满足基础养老金的发放需要，“转借”个人账户资金情况非常普遍。在此背景下，进一步调整优化社会统筹与个人账户的基本制度结构成为我国统一制度之后的迫切任务。2000 年 11 月，国务院下发《关于印发完善城镇社会保障体系试点方案的通知》，作为养老保险改革启动的又一纲领性文件，对进一步完善基本养老保险制度提出了改革要求，调整了统筹账户与个人账户的比例，缩小了个人账户规模；个人账户规模由本人缴费工资的 11%调整为 8%。基础养老金替代率也有所调整，规定职工达到法定退休年龄且个人缴费满 15 年的，基础养老金月标准为上年度职工月平均工资的 20%，以后缴费每满一年增加一定比例的基础养老金，总体水平控制在 30%左右。① 实现了个人账户养老金与基础养老金替代率比例大致一致，并内含了长缴多得的改革思路。

在总结前期改革经验的基础上，2005 年 12 月，国务院印发《国务院关于完善企业职工基本养老保险制度的决定》（以下简称《决定》），标志着职工养老保险制度基本定型，进一步坚持了“做小”个人账户的改革方向，将个人账户规模控制在个人缴费筹资水平，即 8%，单位缴费全部进入统筹账户。② 此后，养老保险单位费

① 《国务院关于印发完善城镇社会保障体系试点方案的通知》，中国政府网，2010 年 11 月 12 日。

② 《国务院关于完善企业职工基本养老保险制度的决定》，《中华人民共和国国务院公报》，2006 年 03 期。

率虽有所调整，但“大统筹”和“小账户”的结构稳定并延续至今。同时，根据统账结合筹资结构的变化，《决定》也进一步优化了待遇计发结构。基础养老金月标准以各地上年度在岗职工月平均工资和本人指数化月平均缴费工资的平均值为基数，缴费每满 1 年发给 1%。个人账户养老金月标准为个人账户储存额除以计发月数，计发月数根据职工退休时城镇人口平均预期寿命、本人退休年龄、利息等因素确定。计发公式的调整，既强调了长缴多得与多缴多得，也更加体现统筹账户作为养老金的主要构成。

此外，《决定》还在扩大基本养老保险覆盖范围方面作出了积极的政策规定，提出城镇各类企业职工、个体工商户和灵活就业人员都要参加企业职工基本养老保险，其中个体工商户和灵活就业人员缴费基数为当地上年度在岗职工平均工资，但缴费比例有所优惠，总费率为 20%，其中 8%记入个人账户，退休后按企业职工基本养老金计发办法计发基本养老金。

（四）规范完善待遇调整机制，破题待遇转移接续

在企业职工养老保险建立后，由于替代率水平本就低于原来的退休制度，再加上没有规范的待遇调整机制，造成机关事业单位与企业间的养老金“剪刀差”不断放大，机关、事业单位、企业退休人员的养老金水平，已由 1993 年的 1∶1.03∶0.94，变为 2004 年的 1∶0.92∶0.49，企业人员退休待遇偏低矛盾较为突出。2005 年，我国开始把退休人员养老金待遇调整作为改革重点，在国务院印发的《关于完善企业职工基本养老保险制度的决定》中，也明确要求建立基本养老金正常调整机制，并根据职工工资和物价变动等情况调整待遇，调整幅度则为当地在岗职工平均工资年增长率的一定比例。

2005年，我国启动了养老金第一轮“三连涨”，其中2005年调待幅度为企业在岗职工平均工资的60%，2006年为100%，2007年为70%左右。2008—2010年，我国启动了第二轮养老金“三连调”，待遇调整依据有所变化，按照月人均基本养老金的10%确定，在具体落地上采用普遍调整与特殊调整相结合的方式。其中，普遍调整是指每位退休人员都能不同程度地调增养老金，调整幅度与缴费年限、缴费水平和年龄挂钩；特殊调整是指面向退休早、基本养老金相对偏低人员倾斜。此后，我国继续逐年提高企业退休人员养老金水平，目前已经历了“17连涨”，但随着养老金“剪刀差”的收窄，调待幅度有所收敛，增幅由10%降至4.5%，调待方案也更加精准，针对高龄退休人员、企业高级工程师等重点群体差异化制定待遇调整办法。

在改革初期，劳动部就制定发布《关于企业职工基本养老保险基金转移问题的通知》，规定职工在统筹范围内流动时，只转关系不转基金，跨统筹地区转移时，只转个人账户基金不转统筹账户基金。但由于统筹层次过低，我国职工基本养老保险事实上长期存在“地方粮票”问题，待遇关系被固化在了参保地。出现了劳动者流动时，由于统筹基金不转移，导致转出、转出地权利义务不平等，出现转出地不愿转关系转基金，转移地也不愿意收关系的情况，使劳动者不能根据就业地变化而进行有效的权益转移和待遇接续。

“十一五”时期，伴随着我国城镇化推进加速，全国进城务工的农民工总数超过1亿人，跨地区就业、流动就业情况越来越普遍。由于转移接续机制不畅，不少地方出现了农民工“退保潮”现象，在逢年过节时，农民工规模化终止养老保险关系，退回个人账户资金，年后再就业时重新参保，这种不稳定的参保方式已经影响了社保制度的平稳运行。

为解决养老保险制度适应流动性不足的问题，2009 年 12 月，国务院办公厅转发人力资源社会保障部、财政部《城镇企业职工基本养老保险关系转移接续暂行办法》，对于企业职工养老保险转移的资金转移办法、待遇领取和经办流程，做了专门规定。一是有利于维护参保人员特别是广大农民工的养老保险权益，真正实现了参保人员“不论你在哪里干，养老保险接着算”。二是有利于完善社会保障体系。明确跨省流动就业的养老保险关系转移接续政策，进一步打破了地区分割、城乡分割的壁垒，向着完善覆盖城乡居民的社会保障体系、人人享有基本生活保障的目标迈出了坚实的一步。三是有利于促进城乡统筹。农民工在城镇之间流动就业或间断性在城镇就业，只要参保缴费并达到规定条件，与城镇职工享受同样的养老保险待遇。这对统筹我国城乡和区域发展，引导农村富余劳动力向城镇有序转移就业，推动工业化和城镇化进程，具有深远影响。

（五）努力做实“个人账户”

我国建立统账结合的养老保险制度的时候，期待兼顾现收现付制与基金积累制两套财务制度在再分配、促进经济增长和提高制度可持续性方面的优势，平衡两套制度的局限性，统筹账户按照现收现付方式当期平衡，个人账户部分承担积累保障功能。从国际社会保障实践来看，当养老金体系从现收现付制，全部或者部分转向基金积累制时，由于可用于支付当期退休人员待遇的筹资下降，必然会带来养老金体系的“隐性债务”部分显性化，形成了制度转制的成本。清偿养老金转制成本，是实现养老金体系筹资结构转型的前提。

养老金转制成本存在变现国有资产偿还、税收或者债券融资偿还等多种途径，我国在养老保险改革中，希望通过制度自身的调整逐步消化这一债务，但在实际运行中，筹资增长部分远不能弥补统筹筹资下降，特别是一度把个人账户与统筹账户等权重看待，造成个人账户转制成本缺口进一步放大。于是，养老保险的个人缴费被用于当期养老金支付，大部分没有进入个人账户，基金实际积累远达不到记账水平，个人账户长期“空账”运行。其中，东北地区尤其严重，这给实现制度统一和未来养老金给付带来阻碍和隐患。

“空账”运行，使养老保险制度与制度设计初衷有所背离。因此，在改革初期将其作为重点的改革攻关对象。当然，我国政府也有能力弥补养老保险“空账”。一是构建社会主义和谐社会已经成为国家既定的社会发展目标，执政为民、以人为本也已成为党和政府施政的核心理念，实现“学有所教、劳有所得、病有所医、老有所养、住有所居”和让人人享有社会保障已经成为党和政府对人民的庄严政治承诺，做好养老保险工作已经成为国家发展的重要目标指向；二是经过30年经济快速增长，我国综合国力大大增强，GDP总量从1978年的3600亿元增长到2009年的33.5万亿元，人均GDP进入中等发达国家行列，国家财政收入从1978年的1100亿元增长到2009年的6.8万亿元，为弥补养老保险“空账”准备了物质基础。

2000年11月，国务院印发《关于完善城镇社会保障体系试点方案》，提出社会统筹基金不能占用个人账户基金，明确了做实养老保险个人账户的改革要求；并强调个人账户基金由省级社会保险经办机构统一管理，按国家规定存入银行，全部用于购买国债，以实现保值增值，运营收益率要高于银行同期存款利率；同时，选择辽宁作为试点省份，率先探路做实个人账户。[①] 2004 年，改革扩大至吉林、黑龙江两省。在第一批试点省份中，辽宁与吉林、黑龙江的做实方案有所不同。辽宁采用的是财政直接补助统筹账户中支出不足部分，个人缴费全部进入个人账户，被称为“补缺口”模式。而吉林、黑龙江，则是直接补助个人账户资金，每做实 1 个点，中央财政补助 0.75 个百分点，被称为“补账户”模式。东北三省的试点既是为了解决东北地区特殊的历史遗留问题，也是对建设具有中国特色的社会保障体系进行的有益探索。

在总结前期试点经验基础上，2005 年 11 月，劳动保障部和财政部发出《关于扩大做实企业职工基本养老保险个人账户试点有关问题的通知》。同年 12 月，国务院印发《关于完善企业职工基本养老保险制度的决定》，把做实个人账户作为重要改革任务。同时，在扩大做实个人账户试点的改革中，对做实范围、财政补助政策、基金运营管理都做了明确规定。此后，天津、陕西、上海、山东、河南、湖北、湖南、新疆、浙江、江苏、广东等省市区开始了做实个人账户的试点。到 2008 年底，共积累基本养老保险个人账户基金 1100 多亿元。

（六）多层次保障体系结构初现

在我国养老保险建立之初，就明确了多层次的发展方向。当时将基本养老保险之上的补充保障形式，命名为企业补充养老保险。1995 年，劳动部发布《关于建立企业补充养老保险制度的意见》，

① 《国务院关于印发完善城镇社会保障体系试点方案的通知》，中国政府网，2010 年 11 月 12 日。

对实施主体和条件、组织管理方式、资金来源、记账方式和计发办法等做了初步勾勒，虽明确补充养老保险采用个人账户模式，但对于税收优惠比例、补充养老保险计划管理办法等关键内容规定不明确，且允许企业自管、自办和社会保险基金经办机构举办，企业补充养老保险客观上存在一定的财务风险。

2000 年 12 月，国务院印发《关于完善城镇社会保障体系试点方案》，明确试点地区企业可举办企业年金以及 4%的税收优惠比例，制度初步迈向正规化发展轨道。2004 年 1 月，劳动社会保障部发布《企业年金试行办法》，在参照国际经验基础上，形成了具有中国特色的、个人账户为基础的企业年金制度。在基本制度上，企业年金基金实行完全积累，采用个人账户方式进行管理。在覆盖范围上，所有参加基本养老保险的企业及职工均可以建立企业年金。在基金筹集上，企业年金基金由企业和职工共同缴纳，供款标准以本企业上年度职工工资总额为基数，企业和职工缴费合计一般不超过职工工资总额的六分之一，其中企业缴费不超过二分之一。同时，还完善了企业年金的治理结构，形成了“四个人”*共同承接的治理架构。

* “四个人”即受托人、账户管理人、企业年金托管人和投资管理人。

企业年金作为基金积累制的养老保障形式，基金投资增值情况是决定制度保障能力和保障水平的关键。从国际经验来看，作为养老保险第二支柱的企业年金也应进行市场化投资运营。2004 年 2 月，劳动和社会保障部、中国银监会、中国证监会、中国保监会联合发布《企业年金基金管理试行办法》，要求企业年金基金遵循谨慎原则，分散投资；企业年金基金财产可投资银行存款、国债和其他具有良好流动性的金融产品，包括短期债券回购、金融债、企业债、可转换债券、投资性保险产品、证券投资基金、股票等。

2011年2月，人力资源社会保障部、中国银监会、中国证监会、中国保监会修订发布《企业年金基金管理办法》，针对资本市场的具体情况，进一步优化调整企业年金基金的投资范围和比例。一方面，进一步厘清了“四个人”的治理结构要求，同意企业年金计划中，受托人与托管人、托管人与投管人不能为同一人，且关键岗位之间也不能见人，从而有效防范了法律和财务风险。另一方面，根据我国资本市场的发展程度，明确和拓展了投资产品的外延边界，包括银行存款、国债、中央银行票据、债券回购、万能保险产品、投资连结保险产品、证券投资基金、股票以及金融债、企业（公司）债、可转换债、短期融资券和中期票据等金融产品。并对每个投资组合中的金融产品配置上限作出了要求，以进一步监管年金基金财产的安全性、收益性和流动性。

（七）基本养老保障城乡统筹发展

由于老农保制度保障能力薄弱，再加上运行中存在一些不规范现象，从1999年开始进入了清理整顿。在新型农村合作医疗、农村最低生活保障制度、新型五保供养制度建立实施后，农村居民在“老有所养”方面依然没有规范性的制度安排，加快实现制度全覆盖亟待提上日程。劳动和社会保障部于2006年1月选择北京市大兴区、山东省烟台市招远市、菏泽市牡丹区、福建省南平市延平区、安徽省霍邱县、山西省柳林县、四川省巴中市通江县、云南省南华县开展建立新农保的试点工作。养老金由个人、集体和政府三方共同筹资，各级政府和农村集体经济应逐步加大对新农保的资金投入力度，并且财政投入力度将随着社会的进步、经济的发展逐渐增强。到2007年底，全国已有31个省市区的近2000个县（市、区、旗）不同程度地开展了新农保试点工作，有5000多万农民参保，积累养老保险基金300多亿元，有300多万参保农民领取了养老金。

2008年10月，党的十七届三中全会通过《中共中央关于推进农村改革发展若干重大问题的决定》，提出按照个人缴费、集体补助、政府补贴相结合的要求，建立新农保制度。从而在中央文件中提出了新农保的概念，并对制度外延性框架做了初步勾勒。以此为依据，全国各地开展了各种探索，到2008年底，试点县级单位达到500个。

2009年6月，国务院常务工作会议决定从2009年开始在10%的县（市、区）实行新型农村社会养老保险的试点，到2020年前基本实现全覆盖。这是中央财政承担农村养老责任的开始，也是中国亿万农民有史以来第一次可以享受到有国家财政补贴的养老生活。同年9月，国务院印发《关于开展新型农村社会养老保险试点的指导意见》，标志着全国新农保试点工作正式启动。其中要求探索建立个人缴费、集体补助、政府补贴相结合的新农保制度；年满16周岁且未参加城镇职工基本养老保险的农村居民都可以参加新农保。[①]新农保实行社会统筹与个人账户相结合，与家庭养老、土地保障、社会救助等其他社会保障措施相配套，保障农村居民老年基本生活。与老农保相比，新农保在基金筹集、待遇结构、待遇调整等方面，呈现出明显的政策改进。

与此同时，在企业职工基本养老保险制度走向统一规范、新农保制度全面推广的背景下，城镇未就业居民成为养老保障的“夹心

---

①《国务院关于开展新型农村社会养老保险试点的指导意见》，《中华人民共和国国务院公报》，2009年26期。

层”，他们既没有在正规的企业单位就业，也没有从事所谓灵活就业，不符合职工养老保险的参保条件。同时，这一群体也没有农村户籍，无法在新农保框架下覆盖解决。

2010年10月，十一届全国人大常委会第十七次会议通过《中华人民共和国社会保险法》，其中规定“国家建立和完善城镇居民社会养老保险制度”①。2011年3月，《中华人民共和国国民经济和社会发展第十二个五年规划纲要》明确提出，“完善实施城镇职工和城镇居民养老保险”②。以相关规划和法律为依据，城镇居民养老保险制度建设正式启动。2011年6月，国务院印发《国务院关于开展城镇居民社会养老保险试点的指导意见》，指出城镇居民社会养老保险虽然在基本制度结构上与新农保高度相似，但是考虑了城镇居民的社会特征和经济负担能力，对主要政策进行了适宜性调整。从覆盖范围来看，主要覆盖不符合职工养老保险参保条件的城镇非从业居民。从缴费标准上来看，以100元起步，每100元为1个档次，最高缴费标准1000元，共10个档次。从筹资来源来看，除个人缴费外，地方政府给予30元参保补助。从待遇结构来看，采用与新农保相同的基础养老金、个人账户养老金计发办法。

---

①《中华人民共和国社会保险法》，《人民日报》，2011年2月11日。

②《中华人民共和国国民经济和社会发展第十二个五年规划纲要》，中国政府网，2011年3月16日。

三、覆盖全民的养老保障体系

（一）养老保障的制度全覆盖

（1）推进养老保障制度向“广覆盖”迈进。这一时期，我国的养老保障体系建设不再是城镇职工“单兵突进”，而是根据统筹城乡的要求，在充分考虑我国基本国情、政府财政负担能力和农村居民保障需求的前提下，建立起了新农保制度，并进而面向城镇“夹心层”居民建立了城镇居民社会养老保险制度，实现了养老保障的制度全覆盖，覆盖全民的养老保障体系已经雏形初现。截至 2011 年底，全国有 27 个省和 4 个直辖市开展国家新农保试点和城镇居民社会养老保险试点，新农保参保人数 32643 万人，其中实际领取待遇人数 8525 万人；城镇居民社会养老保险试点地区参保人数 539 万人，其中实际领取待遇人数 235 万人。[①]

（2）统一并完善企业职工基本养老保险统账结合的基本架构。在改革初期，我国允许各地在统账结合的基本框架下，自主确定主要政策参数，既激发了地方建立个人账户机制、鼓励职工参保缴费的积极性，但也带来了制度结构不统一问题，严重影响了保障效果和劳动力的流动。在总结各地试点经验的基础上，我国于 1997 年推动建立了统一的企业职工基本养老保险制度，并根据制度的实际运行情况不断完善、优化、调整统账结合模式的运行结构，使个人账户比例规模恢复至适宜水平，互助共济功能进一步强化，制度结构基本定型。

---

① 《2011 年度人力资源和社会保障事业发展统计公报》，中国政府网，2012 年 6 月 5 日。

（3）积极提高养老保障制度的有效保障能力。在这一时期，保障和改善民生被摆在了前所未有的重要位置，在养老保险制度中体现为加快弥补前期制度保障能力的“欠账”，不断完善政府责任。一方面，建立了退休人员养老保险待遇调整机制，2005—2011 年，国家连续 7 次调增企业职工基本养老保险待遇水平，年均增长 13.40%，由 2005 年的每人每月 713.25 元提高到 2011 年的每人每月 1516.68 元，比同期居民消费价格指数（CPI）平均上涨幅度高出 10.03 个百分点。[①] 同时，以财政补助为支持迅速建立了覆盖城乡居民的养老保障制度。从基金收入构成来看，2011 年新农保基金收入 1070 亿元，其中财政补助资金占 61.2%，城乡居民基本养老保险基金收入 40 亿元，财政补助资金约占 85%。

（二）制度改革亟待深化

在制度发展方向明确后，养老保险改革的重点由制度有无，转向了制度建设的内涵，重点解决主体制度定型和“广覆盖”问题。一方面，着力统一职工养老保险的基本制度结构，并在此基础上明晰统账结合的功能定位与保障责任边界，确定了做小、做实个人账户的方向。另一方面，按照统筹城乡发展的要求，建立新农保制度、城镇居民社会养老保险制度，使各类群体都有与之对应的养老保险制度，基本实现了广覆盖的发展目标。但也要看到，企业职工基本养老保险制度还未实现真正的成熟定型，在制度层面仍然有着一系列的内在结构性矛盾尚未解决，做实个人账户的努力未达到预

① 《2012 年第 34 号公告：全国社会保障资金审计结果》，审计署网站，2012 年 8 月 2 日。

期成效，制度改革亟待进一步深化。

（1）制度覆盖面尚有较大“空白”。在这一阶段，我国建立了面向农村居民的新农保制度与面向城镇居民的城居保制度，已经实现养老保障的制度全覆盖，但实际覆盖范围仍有较多空白点。2011年，我国三项基本养老保险制度合计参保人数为61573万人，即使不考虑其中的重复参保情况，覆盖人数也不足应参保对象的60%。

（2）基本制度改革尚有待于进一步深化。我国企业职工基本养老保险虽然在1997年实现了制度结构的基本统一，并不断完善统账结构，但基本制度关键参数尚不能做到全国统一，部分低赡养负担省份费率水平低于全国平均标准，造成了全国制度负担不平衡。统筹层次偏低，省级统筹尚未完全做实，严重影响制度的公平性和抗风险能力。转制成本问题未能得到有效回应，大量视同缴费年限成本由制度自身内化消化，导致养老保险运行“负担”较重。基金市场化管理运行机制不完善，大量资金无效沉淀的同时“持米叫饥”，财政补助压力不断加大。相关梗阻性问题不断暴露，已经制约了基本养老保险功能实现，需在下一阶段改革中系统发力，综合解决。

（3）养老金“双轨制”等历史遗留问题亟待破题。在企业职工基本养老保险改革走向深入的同时，机关事业单位则继续保留着原来的退休金制度，造成制度分割、待遇差距拉大等一系列问题，不仅不利于劳动要素的正常流动和优化配置，也成为重要的社会矛盾点，加快制度统一的呼声日益强烈。

第三节　养老保障制度改革的深化（2012—2022 年）

一、社会经济水平不断向前发展

（一）我国经济迈向高收入发展阶段，基本公共服务均等化加快推进

“十二五”和“十三五”时期，我国经济持续保持着中高速增长，2012 年我国人均GDP约 6100 美元，到 2021 年增至 12551 美元，已经逐步跨越中等收入发展阶段，向高收入国家迈进。经济结构深度调整，发展动力加快转换，带来社会保障的物质基础不断夯实，为养老保障改革进一步深化提供了更加充分的基础条件。同时，伴随着社会收入增长，社会对于养老保障质量、养老金标准有着更高的期待，保民生兜底线的任务更加艰巨。

2012 年 7 月，国务院印发《国家基本公共服务体系“十二五”规划》，此后又先后印发《“十三五”推进基本公共服务均等化规划》《“十四五”公共服务规划》，把养老保障作为基本公共服务的重要内容，明确基本养老保险保障人人享有是基本公共服务的基本要求。在基本公共服务均等化改革的指引下，我国养老保险制度不断扩大覆盖范围，实现从制度全覆盖向人群全覆盖迈进，逐步推进养老保险制度间有效衔接，稳步提高养老金待遇水平。

（二）养老保障自身发展不平衡、不充分，制度发展的外部环境有所变化

从我国主体制度建设来看，企业职工基本养老保险统筹层次偏

低、制度结构“碎片化”、城乡区域间制度设计不衔接等问题亟待解决。从保障公平性来看，养老保险“双轨制”问题带来严重的“待遇差”现象，地区间负担和待遇轻重不一，农村地区、城市“夹心层”群体、新就业形态从业人员的保障权益尚未得到充分体现。从可持续发展的角度来看，职工养老保险历史债务沉重、基金运行管理效率不高。

此外，我国人口老龄化“再提速”，社会赡养结构持续，主体制度的财务可持续风险逐步放大。经济增速下行，全球经贸形势出现新的变化，都使我国经济发展的不确定性加大，也影响了养老保障制度的筹资稳健性。新经济发展促使就业形态发生明显变化，对养老保险制度的有效覆盖提出了挑战。

二、新时代的养老保障制度

（一）职工养老保险关键领域改革取得突破性进展

1. 养老金“双轨制”全面破除

在计划经济时代，企业执行劳动保险制度，机关事业单位工作人员执行退休制度。当时，由于工资水平差异不大，两项制度的替代率也相似，所以退休人员基本没有明显的待遇差。我国社保制度改革启动后，把建立与社会主义市场经济体制相适应的社会养老保险制度作为改革的主要攻坚方向，在企业职工基本养老保险改革不断深化的同时，机关事业单位则继续保留传统退休制度，从而形成了养老金“双轨制”问题。“双轨制”不仅人为分割了单位就业人员的养老保障安排，还造成了机关事业单位工作人员流动不便。由于退休制度根本上属于“单位保障”，一些财政困难的事业单位经常无法保障待遇。同时，企业职工基本养老保险目标替代率为60%，而机关事业单位在旧制度下的替代率为90%。“双轨制”还带来了不同部门职工退休“待遇差”问题，成为社会关注的焦点。

2015年1月，国务院印发《关于机关事业单位工作人员养老保险制度改革的决定》，改革机关事业单位工作人员的退休制度，与企业职工统一实行社会统筹与个人账户相结合的企业职工基本养老保险制度。这标志着存在了近二十年的养老金“双轨制”的终结，全国公务员、医生、教师、科研人员等近4000万机关事业单位人员养老将告别“免缴费”时代，和企业职工一样缴纳养老金，曾经被许多人羡慕的“铁饭碗”被打破。

其中，以机关事业单位工作人员身份参加企业职工基本养老保险的，单位费率为单位工资总额的20%，个人费率为缴费工资的8%，按照国家统一规定的记账利率计算利息。在待遇调整上，纳入国家统一的待遇调整政策。但必须指出，以机关事业单位工作人员身份参加的企业职工基本养老保险，在基金管理上与企业职工基本养老保险仍然是相互独立的，基金单独建账，实施省级统筹管理。基金管理的独立性也影响了制度的转移接续便利。机关事业单位在同一统筹地区内部机关事业单位流动的，可以只转移养老保险关系，但如果跨统筹地区流动，或者统筹地区内从机关事业单位向企业流动的，需转移基金，接续的时效性和便捷程度远不及以企业职工身份参加基本养老保险的人员。

2．养老保险基金全国统筹全面起步

党的十八大后，我国开始制定“改革和完善养老保险制度总体方案”，也被认为是养老保险的顶层设计，其中把提高社会养老保险基金统筹层次作为重要的改革内容。

从社会保险基本原理来看，统筹层次越高，基金池越大，制度的抗风险能力越强。相反，统筹层次偏低，就会影响制度的规范统一，制约养老保险制度的定型发展。早在 1991 年 6 月，国务院印发《关于企业职工养老保险制度改革的决定》，要求企业职工养老保险由当时的市、县统筹逐步过渡到省级统筹。1998 年 6 月，国务院下发《关于实行企业职工基本养老保险省级统筹和行业统筹移交地方管理有关问题的通知》，又进一步重申了推进省级统筹的改革要求。2005 年 12 月，国务院印发《关于完善企业职工基本养老保险制度的决定》，再一次强调在完善市级统筹的基础上，尽快提高统筹层次，实现省级统筹。2007 年 1 月，劳动和社会保障部发出《关于推进企业职工基本养老保险省级统筹有关问题的通知》，要求统一缴费基数和比例，规范基本养老金计发办法，统一养老保险数据库和业务流程，确保基本养老金发放的责任，健全省、市、县三级基金缺口分担机制，逐步实现在全省范围内统一调度和使用基金。[①] 到 2009 年，全国 31 个省份和新疆生产建设兵团已不同程度地建立养老保险省级统筹制度。

在省级统筹改革深化的同时，全国统筹也逐渐被提上改革日程。2010 年 10 月，十一届全国人大常委会第十七次会议通过《中华人民共和国社会保险法》，提出“基本养老保险基金逐步实行全国统筹”[②]。大部分省仅处于省级调剂状态，采取省级统一核算、省

① 《关于推进企业职工基本养老保险省级统筹有关问题的通知》，人社部网站，2007 年 1 月 18 日。

② 《中华人民共和国社会保险法》，《中华人民共和国全国人民代表大会常务委员会公报》，2010 年 07 期。

和地（市）两级调剂，结余基金由省级授权地（市）、县管理的方式运行，尚未实现省内的基金统收统支统管，直接推进全国统筹的基础条件并不具备，改革需循序渐进。2018 年 6 月，国务院印发《关于建立企业职工基本养老保险基金中央调剂制度的通知》，养老保险全国统筹迈出了关键性的第一步。

企业职工基本养老保险基金中央调剂制度（以下简称中央调剂制度）就是在企业职工基本养老保险的省级统筹的基础上，建立中央政府通过转移支付和养老保险中央调剂基金（以下简称中央调剂基金），对各省份的企业职工基本养老保险基金进行一定的调剂，确保各地区的养老金能按时足额发放。中央调剂基金由各省养老保险基金上缴的基金组成。中央调剂制度是一个“1+N”的改革安排，在明确中央调剂基金的筹集、支付和管理办法的同时，对完善省级统筹机制、强化基金预算管理等方面进行了规范。特别是提出做实省级统筹制度，要求在统一基本养老保险制度、缴费政策、待遇政策、基金使用、基金预算和经办管理的基础上，推进养老保险基金统收统支工作，并建立地方各级政府养老保险基金缺口责任分担机制。

此后，各地纷纷启动了省级统筹“六统一”*的工作，统一的社会保险经办平台也在推进建设，全国统筹制度基础、管理基础进一步成熟。而中央调剂基金提取比例也不断提高，到 2020 年，中央调剂基金比例提高到了 4%，总体调剂金为 7400 亿元，跨省调剂达到 1768 亿元。制度已开始具备全国统筹的功能。

* “六统一”是指统一养老保险政策、统一基金收支管理、统一责任分担机制、统一集中信息系统、统一经办管理服务、统一考核奖惩机制。

3．养老基金市场化投资运营

实现基本养老保险基金入市，提高积累基金的运行效率，是养老保险顶层设计的又一项重要改革任务。截至 2014 年底，我国城镇职工基本养老保险基金累计结余达到 3.18 万亿元。长期以来，我国对基本养老保险基金实施比较严格的财务管理，主要投资方向为银行存款，结余存入银行的达96.5%。较为保守的投资办法虽然名义上保障城镇职工基本养老保险基金安全，却严重限制了基金的保值增值能力，实际年化收益在3%左右，既不能发挥基金的规模性效应提高收益水平，也存在难以克服通货膨胀压力的风险。同时，2000年我国建立了全国社会保障基金，作为我国应对人口老龄化的战略储备。全国社会保障基金进行了较为积极的市场化运营，年均投资收益率为8.51%。两种基金管理方式的绩效差异已经得到充分显现。

在推进“做实”个人账户的改革试点中，部分地方已将个人账户资金委托全国社会保障基金理事会运营管理。2012年，作为城镇职工基本养老保险基金地方积累“大户”，广东省将1000亿基金委托全国社会保障基金投资运营，正式开启了城镇职工基本养老保险基金“入市”的试点。2015年8月，国务院下发《关于印发基本养老保险基金投资管理办法的通知》，允许企业职工、机关事业单位工作人员和城乡居民养老基金进行市场化专业运营，确保资产安全，实现保值增值。其中，要求各省基本养老保险基金可在预留一定支付费用后，确定具体投资额度，委托给国务院授权的机构进行投资运营。在基金投资管理上，建立规范的委托代理治理结构。省级人力资源社会保障和财政部门需与养老基金投资受托机构签订委托投资合同，受托机构与养老基金托管机构签订托管合同、与养老基金投资管理机构签订投资管理合同。[①] 这与此前以银行存

① 《国务院关于印发基本养老保险基金投资管理办法的通知》，《中华人民共和国国务院公报》，2015年26期。

款为主的管理方式相比，基本养老保险基金投资范围有了极大拓展。但投资股票、股票基金、混合基金、股票型养老金产品的比例，合计不得高于养老基金资产净值的30%，这既为基金市场化运营增值提供了空间，也避免了基金过度承载市场波动性风险。同时，为提升基本养老保险基金对实体经济的支撑作用，可以通过适当方式参与投资国家重大工程和重大项目建设，也可以股权投资方式参与国有重点企业改制、上市。

从2016年开始，在之前已试点委托资金的基础上，各地自行运行的基本养老保险基金逐步归集至省级社保专户进行统一委托投资。截至2021年6月，全国31个省（自治区、直辖市）都与全国社会保障基金理事会签署了《基本养老保险基金委托投资合同》，签约规模1.25万亿元，到账金额1.09万亿元。截至2021年9月，基本养老保险基金自2016年12月受托运营以来，累计投资收益额1986.46亿元，年均投资收益率6.89%，较好地实现了保值增值目标。

4．划转国有资本充实社保

在企业职工基本养老保险制度逐步完善过程中，受多种因素影响，形成了一定的企业职工基本养老保险基金缺口。构成基金缺口的主要原因，既有制度转轨带来的转制成本，也有制度对历史负担的消化成本。前者是指从传统退休制度向统账结合的基本养老保险制度转制过程中，由于制度筹资结构与待遇结构发生变化，带来的收入缺口，在我国表现为参保人员中“老人”群体的视同缴费年限*。后者是指养老保险制度将厂办大集体、下岗职工等群体以“低成本补缴”方式纳入制度覆盖范围，造成制度背负了一定的历史成本。伴随着制度内老化程度加深和待遇支付标准的提高，养老保险基金

* 视同缴费年限指职工全部工作年限中，其实际缴费年限之前的按国家规定计算的连续工龄时间。

支出压力不断加大，各类转制成本、历史债务成为影响养老保险基金稳定运行的风险性因素。

从国际经验来看，解决养老保险改革成本有三种路径，一是提高当期费率水平，二是通过制度长期运行自我消化，三是通过国有资本清偿。其中第一、第二种路径都会带来在职人员赡养负担的加重，而国有资本清偿在代际影响上更加中性。我国国有资本总量庞大，在形成过程中凝结着退休一代职工的劳动积累，具备国有资本清偿的基础条件。为此，我国在推进养老保险顶层设计改革过程中，就设计划转部分国有资本充实社会保障基金，实现代际公平，增强制度的可持续性，同时也是弥补基本养老保险基金缺口和应对人口老龄化的重要举措。

2017 年 11 月，国务院印发《划转部分国有资本充实社保基金实施方案》，明确了划转范围、对象、比例和承接主体。其中，将中央和地方国有及国有控股大中型企业、金融机构纳入划转范围。在划转规模和划转比例上，以弥补企业职工基本养老保险制度转轨时期因企业职工享受视同缴费年限政策形成的“隐性债务”为目标，据此测算确定划转比例为企业国有股权的 10%。在承接主体上，中央企业股权由全国社会保障基金统一承接，划转的地方企业国有股权，由地方设立国有独资公司集中持有、管理和运营。[①] 2021 年 1 月，中央层面划转部分国有资本充实社会保障基金工作全面完成，共划转 93 家中央企业和中央金融机构国有资本总额 1.68 万亿元。

---

① 《国务院关于印发划转部分国有资本充实社保基金实施方案的通知》，《中华人民共和国国务院公报》，2017 年 33 期。

与此同时，各省划转工作也全面启动。例如，2020 年 12 月，江苏省财政厅、省人力资源社会保障厅、省国资委、省市场监管局、省税务局、江苏证监局等六部门发出《关于划转省级部分国有资本充实社保基金的通知》和《关于划转市县部分国有资本充实社保基金的通知》，将全省 59 户国有及国有控股大中型企业的部分国有资本划转至省财政厅，用于充实社会保障基金，共划转国有资本 155.01 亿元，涉及归属母公司所有者权益 556.63 亿元。① 再如，2020 年 11 月，江西省充实社会保障基金国有股权划转工作已全面完成，共划转国有企业 9 家，划转国家资本 51.07 亿元，对应享有归属母公司所有者权益 218.44 亿元。②

（二）多层次保障体系蓬勃发展

1．企业年金制度更加定型

2017 年 12 月，人力资源社会保障部和财政部联合发布《企业年金办法》，标志着企业年金基本制度更加规范、完善发展。与原来政策相比，《企业年金办法》着重解决了制度中权益归属、权益分配的“漏洞”，并完善了筹资和待遇支付政策，提高了年金制度的普惠性，强化了保障功能。在权益归属方面，根据缴费来源确定权益归属方式。明确个人缴费及其投资收益属于职工个人，企业缴费及其投资收益，可以通过企业与职工约定的方式直接归属职工个人，也可以按照职工工作年限逐步归属职工个人，从而更好保护了

---

① 《我省划转国有资本 155 亿元充实社保基金》，江苏政府网，2020 年 12 月 24 日。

② 《江西全面完成充实社保基金国有股权划转工作》，《中国财经报》，2020 年 11 月 26 日。

职工利益，也更充分体现了年金制度的人力资源管理激励性。

在权益分配方面，之前各项办法均未明确企业缴费如何分配计入，出现职工权益“少计”、高管权益“多计”的情况，使企业年金制度成为少数高层福利，普惠性体现不足。为此，《企业年金办法》规定当期缴费计入职工个人账户的最高额与平均额差距不得超过5倍。同时，明确了年金企业账户部分的资金最终仍需按照分配比例计入个人账户，通过“限高”和“限分”政策更好保障了大多数职工权益。在筹资和待遇支付方面，一方面，完善了筹资比例和结构，改变了原来制度“十二分之一”、“六分之一”等不好操作的比例，调整为企业缴费不超过企业职工工资总额的8%，合计缴费不超过企业职工工资总额的12%，更加强调了企业责任；另一方面，优化了待遇支付方式，既允许企业年金按月、分次或一次性领取，也允许企业年金资金全部或部分购买配置商业养老保险产品，从而强化了企业年金对长寿风险的管理，并内含着打通第二、第三支柱的可能。

《企业年金办法》助力企业年金制度建设积极推进。2021年末全国有11.75万户企业建立企业年金，参加职工2875万人。年末企业年金投资运营规模2.61万亿元，当年投资收益额1242亿元。[①] 企业年金制度已成规模，但与企业职工基本养老保险相比，覆盖面仍不广泛，且年金计划更多集中于少数大企业，推进制度扩面仍需进一步努力。

2．职业年金制度普遍建立

在推进机关事业单位工作人员养老保险制度改革的同时，由于

---

① 《2021年度人力资源和社会保障事业发展统计公报》，人社部网站，2022年6月7日。

统账结合新制度的目标替代率约为60%，与原来的退休制度有明显替代率差距，需要通过补充保障进行待遇“补差”。2015年1月，国务院印发《关于机关事业单位工作人员养老保险制度改革的决定》，要求机关事业单位在参加基本养老保险的基础上，应当为其工作人员建立职业年金。同年3月，国务院办公厅印发《机关事业单位职业年金办法》。职业年金采用个人账户方式管理，由单位缴费、个人缴费、职业年金基金投资运营收益、国家规定的其他收入组成；在机关事业单位工作人员退休时，依据其个人账户职业年金积累情况领取职业年金待遇。

职业年金制度设计在很大程度上参照了企业年金，但作为“后发”政策，在制度设计上较企业年金更加规范，缴费供款等方面的统一性更强，也充分考虑了企业单位与机关事业单位在单位特征和财务管理方面的差异。一是为强制性制度安排，所有参加养老保险改革的机关事业单位及工作人员都需参加职业年金并缴费。二是明确固定的缴费比例，单位缴费比例为本单位工资总额的8%，个人缴费比例为职工缴费工资的4%。三是采用“虚实”结合的账户管理办法，对财政全额供款的单位，单位缴费根据单位提供的信息采取记账方式，事实上是虚账管理，利率水平依照国家公布记账利率确定利息。对于非财政供款单位，单位缴费实行实账积累，利率水平由基金投资收益确定。此外，职业年金制度还为企业年金规范发展提供了先期实践，在供款比例、待遇领取方式方面的规定被2017年12月人力资源社会保障部和财政部联合发布的《企业年金办法》所继承。到2018年，我国已有2977万人参加了职业年金制度，实现我国养老保险第二支柱大幅扩面。截至2021年末，职业年金基金投资运营规模 1.79 万亿元，当年投资收益额 932 亿元。[①]

3．养老第三支柱试水

多层次保障体系建设是我国养老保障体系建设的重要发展方向，结合 20 世纪 90 年代各国多支柱养老金体系建设的经验，税收优惠是发展第三支柱养老保障的重要激励。2013 年 11 月，党的十八届三中全会通过《中共中央关于全面深化改革若干重大问题的决定》，提出“制定实施免税、延期征税等优惠政策，加快发展企业年金、职业年金、商业保险，构建多层次社会保障体系”[②]。2018 年 4 月，财政部、人力资源社会保障部等五部门发出《关于开展个人税收递延型商业养老保险试点的通知》，在上海市、福建省（含厦门市）和苏州工业园区实施个人税收递延型商业养老保险试点，个人通过个人商业养老资金账户购买符合规定的商业养老保险产品的支出，允许按照每月 1000 元或者工资劳务性报酬的 6%标准内税前扣除，在领取环节予以补征。在个人达到退休年龄时，可按月或按年领取商业养老保险。[③]这标志着我国开始探索运用税收优惠引导个人开展养老金积累，也开启养老第三支柱的探索历程。

由于税收递延商业养老保险采用的是产品制设计，保险产品在参加环节、税收优惠享有环节便利性差，再加上递延税率高于大部分劳动者当期的边际税率水平，税收递延商业养老保险推出后，并未获得积极反响。截至 2020 年末，共有 23 家保险公司参与试点，

---

① 《2021 年度人力资源和社会保障事业发展统计公报》，人社部网站，2022 年 6 月 7 日。

② 《中共中央关于全面深化改革若干重大问题的决定》，北京：人民出版社，2013 年版，第 47 页。

③ 《关于开展个人税收递延型商业养老保险试点的通知》，中国政府网，2018 年 4 月 2 日。

19 家公司出单，参保人数仅 4.88 万人，累计实现保费收入也仅 4.26 亿元。[①] 此后，关于养老第三支柱应采取产品制还是账户制，我国在一定范围内进行积极讨论。所谓产品制，是指个人只有配置补充商业养老保险产品，才能按额度享受税收优惠，因此第三支柱被视为补充商业养老保险。而账户制是指有意愿参加养老保险第三支柱的个人可以开具补充养老保障账户，基于账户可以配置符合条件的养老金融产品，并享受税收优惠政策，养老金融产品不再局限于商业养老保险，符合条件的基金、理财、储蓄等均可以被视为养老保险第三支柱的组成形式。后在参照国际经验的基础上，选择了更加有包容性的账户制作为我国养老第三支柱发展的基础，第三支柱也被正式称为“个人养老金”。

在账户制发展方向确定后，相关养老金融产品也先行先试。2018 年 2 月，中国证监会发布《养老目标证券投资基金指引（试行）》，养老目标基金是指以追求养老资产的长期稳健增值为目的，鼓励投资人长期持有，采用成熟的资产配置策略，合理控制投资组合波动风险的公募基金类养老金融产品。到 2022 年 1 月，全国市场上已成立的养老目标基金共 174 只，其中，养老目标日期基金 78 只，养老目标风险基金 96 只，市场规模已突破千亿元。[②]

在银行理财方面，2021 年 8 月，中国银保监会办公厅发出《关于开展养老理财产品试点的通知》，选择工银理财有限责任公司在武汉市和成都市、建信理财有限责任公司和招银理财有限责任公司在深圳市、光大理财有限责任公司在青岛市开展养老理财产品

① 《商业保险精准发力 撑起第三支柱养老保险》，《经济日报》，2021 年 12 月 15 日。
② 《规模破千亿 养老目标基金应该怎么选》，《经济参考报》，2022 年 1 月 19 日。

试点。[①] 2022 年 2 月，中国银保监会办公厅发出《关于扩大养老理财产品试点范围的通知》，养老理财产品试点地区扩大至北京、沈阳、长春、上海、武汉、广州、重庆、成都、青岛、深圳十地，养老理财产品试点机构扩大至工银理财有限责任公司、建信理财有限责任公司、交银理财有限责任公司、中银理财有限责任公司、农银理财有限责任公司、中邮理财有限责任公司、光大理财有限责任公司、招银理财有限责任公司、兴银理财有限责任公司和信银理财有限责任公司十家理财公司。[②] 截至 2022 年 4 月，已有 16 只养老理财产品发售，投资者达 16.5 万人，累计认购约 420 亿元，其中 40 岁以上投资者占比超过七成，认购金额 20 万元以下投资者占比超过六成。[③] 此外，针对税收递延商业养老保险所暴露出的参保“不友好”等问题，2021 年 5 月，中国银保监会办公厅发出《关于开展专属商业养老保险试点的通知》，同时配发《专属商业养老保险业务方案》，由中国人民人寿保险股份有限公司、中国人寿保险股份有限公司、太平人寿保险有限公司、中国太平洋人寿保险股份有限公司、泰康人寿保险有限责任公司、新华人寿保险股份有限公司在浙江省（含宁波市）和重庆市开展专属商业养老保险试点。2022 年 3 月，专属养老保险试点扩大至全国。专属商业养老保险同样是养老保险第三支柱的组成部分，与之前税收递延商业养老保险相比，

---

① 《中国银保监会办公厅关于开展养老理财产品试点的通知》，中国政府网，2021 年 8 月 31 日。

② 《中国银保监会办公厅关于扩大养老理财产品试点范围的通知》，中国政府网，2022 年 2 月 21 日。

③ 《国务院新闻办就 2022 年一季度银行业保险业运行发展情况举行发布会》，中国政府网，2022 年 4 月 16 日。

其养老金积累和领取服务更加灵活。

4．个人养老金“中国方案”出台

在大量的理论准备与试点实践的基础上，2021 年 12 月，中央全面深化改革委员会第二十三次会议审议通过《关于推动个人养老金发展的意见》，提出发展多层次、多支柱养老保险体系，是积极应对人口老龄化、实现养老保险制度可持续发展的重要举措；要完善制度设计，合理划分国家、单位和个人的养老责任，为个人积累养老金提供制度保障。①

2022 年 4 月，国务院办公厅印发《关于推动个人养老金发展的意见》，框定了个人养老金的基本制度模式，养老第三支柱的“中国方案”正式推出。个人养老金实行个人账户制度，缴费完全由参加人个人承担，实行完全积累。参加人通过人社部搭建的个人养老金信息管理服务平台，建立个人养老金账户，并享受税收优惠政策。在缴费规模方面，参加人每年缴纳个人养老金的上限为 12000 元，并以这一供款规模享受税收优惠政策。合理确定缴费水平。②既兼顾中等收入群体的普遍覆盖性，同时避免高收入群体以此为通道避税，控制这一制度对收入再分配的影响，实现了效率与普惠的平衡。在制度运行方面，个人养老金以账户制为基础，账户资金可用于购买符合规定的银行理财、储蓄存款、商业养老保险、公募基金等运作安全、成熟稳定、标的规范、侧重长期保值的养老

① 《习近平主持召开中央全面深化改革委员会第二十三次会议强调：加快建设全国统一大市场提高政府监管效能 深入推进世界一流大学和一流学科建设》，中国政府网，2021 年 12 月 17 日。

② 《国务院办公厅关于推动个人养老金发展的意见》，《中华人民共和国国务院公报》，2022 年 13 期。

金融产品，并由参加人自主选择。个人养老金的“账户”包含双重含义，一是在个人养老金管理服务平台建立的个人养老金账户，侧重后台信息归集，记录参加人的缴费管理、投资配置、领取管理信息情况，并以此为依据享受税收政策和领取待遇；二是在商业银行机构指定或者开立的资金账户，承担参加人的缴费、投资行为等前端服务功能。养老金账户与资金账户是唯一对应、相互校验的，共同为个人养老金保障功能的实现提供基础支撑。

我国个人养老金制度虽然出台了顶层设计办法，但在具体落地上仍需要一系列配套政策。包括税收优惠政策实施的具体办法，特别是领取阶段征税比例及税率；个人养老金资金账户的管理办法如何在资金封闭条件下兼顾资产配置的自主性；个人养老金合规金融产品的管理办法。在相关政策更加明晰，合规产品指导全面出台的情况下，个人养老金保障功能才能得到有序发挥。

（三）养老保险城乡统筹进一步深化

1．城乡居民基本养老保险全面并轨

党的十八大和党的十八届三中全会都提出统筹推进城乡社会保障体系建设，整合城乡居民基本养老保险的改革任务。由于城镇居民基本养老保险和新农保的制度结构基本一致、参保方式相同、待遇参数相似，覆盖人群在经济社会特征方面也较为相近，具备“合并同类项”的基础条件。

2014 年 2 月，国务院印发《关于建立统一的城乡居民基本养老保险制度的意见》，将城镇居民基本养老保险和新农保两项制度合并实施，在全国范围内建立统一的城乡居民基本养老保险。在推进新农保和城居保制度整合过程中，也对缴费标准、政府补助方

式、待遇政策等方面进行了适度的优化和调整。例如，在筹资结构方面，城乡居民基本养老保险继承了新农保和城镇居民基本养老保险的筹资方式，基金由个人缴费、集体补助、政府补贴构成，但标准有所调整。再如，在待遇领取条件方面，年满 60 周岁、累计缴费满 15 年，且未领取国家规定的基本养老保障待遇的，可以按月领取城乡居民基本养老保险待遇。

此后，人力资源社会保障部、财政部发布《城乡养老保险制度衔接暂行办法》，在城镇居民基本养老保险内部转移政策的基础上，进一步明确了跨制度间的接续办法。参保人从城镇居民基本养老保险转入城镇职工基本养老保险的，个人账户储存额全部并入职工个人账户，缴费年限不合并计算；参保人员从城镇职工基本养老保险转入城镇居民基本养老保险的，个人账户存储额转移的同时，缴费年限也合并计算。参保人重复参保的，只计算城镇职工养老保险缴费年限和待遇。①

2．城乡居民基本养老保险待遇确定和基础养老金正常调整机制更加规范

在城镇居民基本养老保险和新农保合并时，已经明确提出了根据经济发展和物价变动等情况建立基础养老金正常调整机制的任务。2013 年 11 月，党的十八届三中全会通过《中共中央关于全面深化改革若干重大问题的决定》，提出了建立健全合理兼顾各类人员的社会保障待遇确定和正常调整机制的改革要求。但在职工基本养老保险连续调整待遇的同时，城乡居民基本养老保险待遇水平长

① 《人力资源社会保障部、财政部关于印发〈城乡养老保险制度衔接暂行办法〉的通知》，人社部网站，2014 年 2 月 24 日。

期停滞，仅在2014年将城乡居民基本养老保险基础养老金标准从每人每月55元提高到了70元，此后，不少统筹地区虽然在因地制宜地调整提高待遇标准，但“国标”并未改变，分类保障制度下城乡待遇“双轨制”差距有增无减。

为进一步提高城乡居民基本养老保险待遇的规范性和有效保障能力，2018年3月，人力资源社会保障部、财政部发布《关于建立城乡居民基本养老保险待遇确定和基础养老金正常调整机制的指导意见》，对待遇确定、基础养老金正常调整、个人缴费档次标准调整、缴费补贴调整、个人账户投资运营等关系制度待遇水平的关键运行机制进行了明确与规范。既强调了基础制度的规范性、明确了财权事权管理主体，也更加突出长缴多得、多缴多得的激励机制，对多缴、长缴人员在“入口”、“出口”等环节予以倾斜。

三、养老保障体系不断完善

（一）养老保障迈向新时代

一是基本养老保险制度迈向人群全覆盖。在这一阶段，我国启动全民参保计划，不断扩大基本养老保险覆盖范围，使养老保障体系由“制度全覆盖”迈向“人群全覆盖”。截至2021年底，我国城镇职工基本养老保险参保人数达48074万人，城乡居民基本养老保险参保人数达54797万人。[①] 参保率稳定在90%以上，基本实现法定人员全覆盖，参保人数已占全球养老保障总人数的三分之一，

① 《2021年度人力资源和社会保障事业发展统计公报》，人社部网站，2022年6月7日。

是世界上覆盖人数最多的养老保险制度，织就了全世界最大的基本保障网络。[1]

二是基本养老保险制度迈向定型发展。2015 年以来，我国启动了养老保险顶层设计改革，着力解决制度发展中长期“悬而未决”的结构性梗阻问题，推进机关事业单位养老保险并轨，划转国有资本充实社保，开展养老基金市场化投资运营，实施养老保险中央调剂制度，推进全国统筹改革。一系列重大改革的实施，使我国养老保险统筹层次偏低、制度结构碎片化等长期制约制度公平可持续发展的问题得到了根本解决，职工养老保险制度的有效保障能力和抗风险能力进一步增强，制度规定也基本统一，主体制度已经逐步定型并成熟发展。

三是养老保障迈向多层次、多支柱。我国养老保障制度层次不均衡问题突出，基本养老保险“一家独大”，既增加了主体制度的长期风险，也使政府财政面临连带责任压力，发展多层次、多支柱养老金体系已成为改革必由之路。在推进机关事业单位养老保险改革的同时，我国同步建立了职业年金制度，已实现法定人员全覆盖。此外，自 2018 年以来积极探索个人养老金制度，养老保险第三支柱制度框架已初步明确。

（二）全民养老保障制度模式有待完善

我国养老保险主体制度逐步成熟定型，多层次、多支柱体系建设蓄势而发，制度进入了系统集成、协同高效的发展新阶段。但也

① 《织就世界最大的社会保障网》，国务院新闻办网站，2021 年 2 月 12 日。

要看到，我国养老保障基本制度环境正在发生着深刻变化。人口老龄化呈现出加快趋势，到 2035 年，我国 60 岁以上人口占比将超过 30%，主体制度赡养压力进一步加大。我国就业格局发生明显变化，灵活就业、非单位就业更加普遍，使单位制为基础的保障方式适用性不断削弱。此外，分类保障下城乡居民基本养老保险的有效保障能力不足，对财政依赖程度过高，适应我国国情的全民养老保障制度模式仍有待进一步健全完善。

一方面，要鼓励更多有条件的企业设立企业年金制度，积极创新适合中小型企业的企业年金计划，是提高企业年金参与率、扩大企业年金覆盖面的重要途径。另一方面，应加快发展商业养老保险，鼓励商业保险机构为个人和家庭提供个性化、差异化的养老保障。不断完善配套措施，大力推动发展有政府政策支持、个人自愿参加、市场化运营的个人养老金。加大财政金融的支持力度，调动个人参与商业养老保险和个人储蓄性养老保险的主动性和积极性。

扎实推进共同富裕是我国未来一段时期重要的历史性任务，积极应对人口老龄化也上升为国家战略。养老保障既是调节收入分配差距、推进社会财富公平分配的重要抓手，也是应对老龄化风险的基本制度安排。要进一步健全覆盖全民、统筹城乡、公平统一、可持续的多层次养老保障体系，推动十四亿人“老有所养”的民生安全网更加织密扎牢。

第二章
医疗保障改革

▼

改革开放 40 多年来，我国医疗保障制度逐渐形成以城镇职工医保和城乡居民医保为核心、以大病保险为补充、以医疗救助为托底的多层次医疗保障体系。医疗保障取得了覆盖人数不断扩大、筹资数额逐年增长、待遇水平稳步提高、管理服务不断优化等成就，未来中国医疗保障应向着更加注重城乡公平、保障制度可持续性、强化医疗保障法制化的方向发展，始终与时代共进，与人民健康同行。

第一节　重建医疗保障制度的探索（1977—1992 年）

一、公费、劳保医疗制度的不合理费用增长

1951 年 1 月，政务院公布《中华人民共和国劳动保险条例》，建立起劳保医疗制度，其保障对象是全民所有制企业正式职工及其供养的直系亲属，医疗经费主要来源于企业的福利基金。1952 年，政务院发布《关于全国各级人民政府、党派、团体及所属事业单位的国家工作人员实行公费医疗预防的指示》，在全国的各行政、事

业单位中建立了公费医疗制度，其经费由各级政府财政预算拨款。享受公费医疗的对象是各级政府机关、党派、人民团体及教科文卫等事业单位的工作人员及部分伤残军人，后来又扩大到高等学校的在校学生。

到20世纪70年代末，这两种医疗保障制度覆盖了全国75%以上的城镇职工以及离退休人员。公费医疗制度和劳保医疗制度在新中国成立初期，在发扬社会主义优越性、巩固人民政权以及保障群众健康方面发挥了非常重要的历史作用，但是随着时间的推移，公费、劳保医疗制度的弊端日益显现出来，医疗保障领域矛盾突出。

（1）医疗费用增长过快，医疗资源浪费严重。公费医疗制度和劳保医疗制度都缺乏费用分担机制，“不花白不花”的“大锅饭”思想严重，导致医疗费用增长非常迅速。全国人均公费医疗经费的开支从1986年的83.14元快速增长到1989年的145.18元，年平均递增20.40%。一些地方的公费医疗经费已经超过了总的卫生事业费。[①] 1978年，全国职工医疗费用为27亿元；1994年，达到558亿元，十几年间，医疗费用增长了28倍，年均增长速度达到19%，同期财政收入增长约为11%，医疗费用的增长速度远高于财政收入。[②]

（2）缺乏稳定的医疗保险基金来源。企业欠医疗费、机关挂

---

① 王东进：《回顾与前瞻：中国医疗保险制度改革》，北京：中国社会科学出版社，2008年版，第36页。

② 胡晓义主编：《走向和谐：中国社会保障发展60年》，北京：中国劳动保障出版社，2009年版，第189页。

账现象大量出现，部分职工的基本医疗没有保障。公费和劳保医疗基金来源是财政和企业，在企业发展状况比较好的情况下，职工基本医疗是有保障的，但是如果企业发展出现危机，职工基本医疗是得不到保障的，特别是一些经营困难企业或者破产企业，职工的医疗费用常年不能报销，直接造成因病致贫现象，各地拖欠职工医疗费用成为中央政府和地方政府最头疼的“难题”。根据历史资料，20 世纪 90 年代初期，我国一般中等城市拖欠职工医疗费用高达 1 亿～2 亿元，在一些老工业基地，甚至可以达到十几亿元。①

二、医疗保障制度初步探索

（一）公费、劳保医疗制度进行改革试点

1. 各地探索公费医疗制度改革路径

针对公费医疗制度医疗费用支出过快，各地探索实践主要有三个方面：

（1）改革公费医疗的管理体制。黑龙江省采取“下管一级、总额控制，医院管理与单位、个人利益挂钩”的管理办法，进行医疗费用的控制。20 世纪 80 年代中期，上海试行公费医疗经费按定额拨给单位自管或拨给医疗单位代管的办法。广东省采取单位包干管理、公费医疗办公室统管和医疗单位包干管理的办法。到 1989 年，全国有近三分之一的省市或单位实行由医院管理（或代管）公费医

① 王东进：《回顾与前瞻：中国医疗保险制度改革》，北京：中国社会科学出版社，2008 年版，第 31 页。

疗经费。

（2）探索公费医疗经费与个人自付费用挂钩的办法。主要的做法有三种：第一是个人就医时自付一定比例的医药费；第二是实行医药费补贴；第三是确定公费医疗经费定额，超支部分由个人自付一定比例。1982 年，北京市在北京医科大学第一附属医院试行门诊药费补贴与个人就诊时门诊药费支付 20%相结合的办法，门诊药费补贴节约归己，个人自付超过门诊药费补贴的仍由公费医疗报销。吉林、海南、新疆等地对公费医疗人员也实行了医疗费用与个人自付适当挂钩的办法。

（3）加强医疗费用监管。1989 年 8 月，卫生部、财政部联合发布《公费医疗管理办法》，要求通过组织自查、联查、互查、抽查、报审等方式，对医疗单位和医药销售单位的药品购销范围、医疗收费标准执行情况、医疗单位和公费医疗享受单位执行公费医疗人员享受范围、经费开支范围情况、医疗经费使用情况和报销情况等进行监督、检查。其间，卫生部、财政部还组织全国性的公费医疗联审互查工作。上海、重庆等地还补充完善《公费医疗药品报销范围》等有关规定。

总之，这一时期我国的公费医疗改革措施，大都是针对原有的公费医疗管理方式和费用分担方式，通过增强公费医疗各方管理的责任意识，以提高个人医疗费用节约意识，实现对医疗费用不合理增长的控制。但是，医疗费用包干的改革措施弱化了医疗基金的风险分担能力，并且管理方式相对简单。

2．各地探索劳保医疗制度改革路径

为了解决劳保医疗制度的医疗费用支出过快问题，各地主要是针对职工大病医疗费用进行了社会统筹的探索。20 世纪 80 年代中期，很多城市，比如辽宁省丹东市、吉林省四平市、湖北省黄石市、湖南省株洲市，进行大病医疗费用社会统筹的改革探索，主要做法是本着互助共济、以支定收、略有结余，严格制度、克服浪费的原则，医疗费用由国家、用人单位和职工三方共同负担，统筹范围为全体企业职工，统筹基金由个人医疗保险专户金、企业医疗保险调剂金和大病医疗保险统筹基金三部分组成。但由于历史的局限和实践经验的缺乏，这些改革探索不可避免地存在一些缺陷。尽管如此，这一改革探索仍具有重大的历史意义，为后来职工医疗保险制度的建立发挥了重要的、基础性的先导作用。

1987 年 5 月，北京市东城区蔬菜公司对全公司所有职工和退休人员实行大病医疗统筹制度，这为巨额医疗费用的棘手问题提供了一种操作性较强的解决思路。1988 月 3 月，国务院批准成立由卫生部牵头，国家体改委、劳动部、财政部、国家医药管理总局等部门参加的医疗制度改革方案研究小组。同年 7 月，该小组提出《职工医疗保险制度改革设想（草案）》，成为改革职工医保制度的最初设计框架。1989 年，四川省社会保险事业管理局制定《关于全民所有制小型工业企业和商业企业实行大病统筹的试行办法》，并在彭山县、长宁县、大邑县和宜宾地区的商业系统进行试点。同年 3 月，国务院确定在辽宁省丹东市、吉林省四平市、湖北省黄石市、湖南省株洲市进行医疗保险制度改革试点，同时在广东省深圳市和海南省进行社会保障综合改革试点。

对大病医疗费用进行社会统筹的改革探索路径，在医疗保险基金筹集、费用控制和风险共济等方面具有巨大优势。因此，各地在探索实践中逐步确定了企业职工大病医疗费用社会统筹的基础性地位，对医疗保险费用筹资方式进行社会统筹改革，实行医疗费用由国家、企业、个人三方负担，有的还为参保职工设立了医疗费用个人账户，强化个人费用自我约束意识。这一措施不仅提高了医疗基金的互助共济功能和抗风险的能力，更重要的是界定了国家、企业和个人对于医疗费用的责任。虽然劳保医疗制度进行社会统筹的改革仅限于企业离退休人员和职工大病医疗保险，统筹规模比较小，基金收缴率低，抗风险能力较弱。但是，社会统筹改革探索在医疗保险改革领域具有重大意义，为我国医疗保障制度从“单位保障”到社会保障的转变迈出了关键性的一步。

（二）传统合作医疗制度基本“塌陷”

早在1959年，山西省稷山县翟店公社太阳村开始实行社员每人每年交2元保健费、不足部分从公益金中补助的“大家集资，治病免费”的合作医疗制度。1960年2月，中共中央转发《关于全国农村卫生工作山西稷山现场会议情况的报告》及其附件《关于人民公社卫生工作几个问题的意见》，这是“合作医疗”第一次见诸中央文件，从此，合作医疗（即传统合作医疗制度）便逐渐成为我国农村医疗保障制度的主要指代名词。1978年3月，五届全国人大一次会议将“合作医疗”写入《中华人民共和国宪法》。1979年，传统合作医疗制度在全国农村的覆盖率在90%以上；同年12月，卫生部、农业部、财政部联合发布《农村合作医疗章程（试行草案）》，对传统合作医疗制度进行了规范。进入20世纪80年代初期，我国农村开始实行家庭联产承包责任制，人民公社政社合一的体制被取消，生产队的组织架构被村民委员会取代。农村基层医疗机构也开始实行业务收入与医务人员个人收入挂钩，使医疗费用快速上涨；原来的赤脚医生都各自承包土地，农村基层医疗队伍基本失散。在这种背景下，一方面，许多农民不再愿意缴费，人民公社时期的农村集体公益金也不足以支撑农村合作医疗的费用，合作医疗的筹资非常不易；另一方面，依靠集体经济支撑的赤脚医生低收费模式，也难以为继。农村合作医疗制度运行陷入困境，到 1989 年，全国的行政村中仅剩下 5%的农村仍在继续实行合作医疗。[①]

在这一时期，合作医疗制度基本全面“塌陷”，不是制度执行的问题，也不是工作不努力造成的。当时政府对农村合作医疗的性质、地位、作用等存在不同的认识，对传统合作医疗的发展方向也存在不同的判断，以至于在《中共中央关于制定国民经济和社会发展第七个五年计划的建议》和 1985 年 4 月国务院批转卫生部《关于卫生工作改革若干政策问题的报告》中，没有对传统合作医疗的未来进行规划，而是在文件中提出了探索多种形式的农村医疗保障制度。1990 年 6 月，卫生部会同农业部、国家计委、国家教委、人事部向国务院呈报《关于改革和加强农村医疗卫生工作的请示》，针对农民看病难、农村地区因病致贫返贫现象普遍的问题，建议继续提倡和稳步推行合作医疗保健制度，并得到批准。1991 年 11 月，党的十三届八中全会通过《中共中央关于进一步加强农业和农村工作的决定》，重提建立健全合作医疗制度。

（三）初步构建互助共济的生育保险基金

1980 年 9 月，中共中央发表《关于控制我国人口增长问题致全体共产党员共青团员的公开信》，围绕 20 世纪末把我国人口控

---

① 郭健：《劳动保险诞生记》，《中国社会保障》，2009 年 10 期。

制在12亿人的目标，提出“一对夫妇只生育一个孩子”的号召。1982年9月，党的十二大将计划生育“一对夫妇只生育一个孩子”确定为我国的基本国策。在国家推行计划生育的背景下，1986年5月，卫生部、劳动人事部、全国总工会、全国妇联联合发布《女职工保健工作暂行规定（试行草案）》（以下简称《试行草案》），对正在执行的《中华人民共和国劳动保险条例》关于生育保障的措施进行了调整，因为《中华人民共和国劳动保险条例》对妇女的生育保障已经不能适应妇女就业形势的快速发展。在《试行草案》里，还对女职工产假、产前检查次数以及女职工从事高危行业的限制性措施等问题重新进行了规定。1988年7月，国务院印发《女职工劳动保护规定》，这是新中国成立以来第一部比较完整、综合性的女职工劳动保护法规。该规定禁止在女职工怀孕期、产期、哺乳期降低其基本工资或者解除劳动合同，并明确女职工产前检查和在班内哺乳时间算作劳动时间，对孕期、产期、哺乳期的女职工的劳动强度、劳动环境、劳动时间作出具体规定。同年9月，劳动部发出《关于女职工生育待遇若干问题的通知》，进一步细化女职工流产的工资待遇、怀孕及分娩的检查和医药费开支渠道、产后体弱超过产假期的待遇等规定。

在这一时期，伴随着我国经济体制转轨，企业自主用人机制逐渐形成，女性由于承担生育职能在劳动力市场竞争中处于较弱势地位。用人单位认为，雇佣女职工的成本高于男性职工，当企业有了用人自主权后，更会倾向于雇佣男性职工，非常不利于女性的就业和职业发展。《女职工劳动保护规定》在保障女职工的劳动权、收入权、健康权等方面，虽起到了一定的积极作用，但没有从根本上解决问题。

针对劳动力市场性别歧视现象，地方政府开始探索解决问题的方式，主要有两种办法：一是生育费用由夫妻双方所在单位共同分担。具体操作方法是，生育女职工按国家规定在本单位领取生育期间的工资，报销各项费用，而其配偶所在单位按总费用的一半补偿给女职工所在单位。这种办法操作比较简单，在一定程度上改变了由女职工所在企业单独承担生育费用的状况，但仍局限于男女职工所在企业两两相对的“契约关系”，无法解决诸如双方企业使用女职工都很多或者经济效益都不好的筹资矛盾。二是所有企业无论男女职工多少，统一按工资总额的一定比例缴纳生育保险费，建立专项基金，实行统筹互济，所有参保单位的女职工生育后均由基金支付生育期间的各项待遇。在这一时期，两种生育基金共助的方式都处于探索之中。1989 年，全国总工会在江苏省苏州市召开部分省市参加的女职工生育费用补偿办法座谈会，研究、探讨这两种补偿办法的好处、局限性及推行的可行性。1990 年 6 月，全国政协提案委员会和全国总工会组成联合调查组，赴江苏、浙江进行了专题调查，了解两省 8 个市和 10 个县试行两种女职工生育费用补偿办法的实施情况。1991 年，劳动部保险福利司与全国总工会女工部在云南省昆明市召开生育保险工作交流会，就生育保险制度的发展模式以及改革目标进行研究和探讨。在这个期间，政府相关部门在保障女职工生育权利的方向上是一致的，但对于采用哪种制度模式还有一定分歧。

三、在探索中寻找出路

在这一时期，随着我国改革开放和经济体制改革的不断推进，公费医疗制度和劳保医疗制度已经失去了其赖以生存的经济基础和社会环境。改革原有的医疗保障制度、建立新型的医疗保障制度已经成为我国最迫切的需要。从 20 世纪 80 年代开始，全国许多地区开展了一些探索实践，寻求解决的路径和办法。

（1）在改革公费医疗制度方面。一是探索管理体制新举措，控制医疗费用的不合理增长，加大医疗服务提供方的责任，为下一阶段彻底改革医疗费的付费方式和结算方法积累了有益经验。二是增强公费医疗享受者的节约费用意识，减少医疗资源的浪费。一些地方开始探索公费医疗经费与享受者个人挂钩的办法，这对遏制“小病大治”、“无病滥治”等过度检查、过度治疗造成的医疗费用浪费问题起到了一定作用，也为后来费用分担机制的建立开辟了途径，奠定了基础。三是为减少医疗资源的流失和浪费，探索加强公费、劳保医疗费用监管的有效途径和办法。但由于这些措施和尝试只是在原有体制下的政策性微调，并没有从根本上触及原有的体制本身，虽然在短期和局部范围内，医疗费用的增长有所控制，但仍没有从根本上解决原有制度上和体制上的弊端。同时，一些地方医疗费用包干的政策不仅削弱了政府、企业的监管责任，还弱化了医疗基金的共济能力，加重了重病患者的个人负担。

（2）在改革劳保医疗制度方面。在这一时期，我国重点探索职工大病医疗费用社会统筹，使医疗保障的社会化程度有所提高，对控制医疗费用的过快增长、缓解财政经费紧张和企业之间医疗费用畸轻畸重的现象起到了一定的作用，为城镇职工基本医疗保险制度改革蹚出了路子，积累了经验。各地的职工大病医疗费用社会统筹制度都突出了社会共济，强调费用分担，其规范范围也不断扩大。一些地方规定，不仅国有企业和集体企业职工要参加大病医疗费用社会统筹，股份制企业、城镇私营企业及外商投资企业的中方职工等也必须参加。此外，在这一时期，各地在探索实践中逐步认识到对公费、劳保医疗制度进行“打补丁”式的调整和改良，已经无法适应新形势的要求，必须从根本制度和体制机制上进行改革，必须建立新型的医疗保障制度。

（3）在探索构建互助共济的生育保险基金方面。一方面，1984 年以后，城市经济体制改革全面展开并继续深化，而其中心环节是增强企业活力。但由企业承担妇女生育费用的生育保险制度严重阻碍了企业之间的公平竞争，也阻碍了企业改革的进一步深化。因此，探索构建生育保险基金，有利于均衡企业负担，缓解企业生育费用负担畸轻畸重的矛盾；也有利于企业自主发展，为企业改革的深化扫除障碍。另一方面，从妇女角度而言，探索构建生育保险基金在一定程度上可以减少企业对女职工的歧视和排斥，从而促进妇女就业；也可以避免妇女生育待遇因企业自身原因而不能落实，从而更好地维护妇女的合法权益。更为重要的是，20 世纪 80 年代我国关于生育保险基金的探索，廓清了人们对妇女生育的社会价值的认识，有助于增加人们对妇女的尊重，提高妇女的社会地位，有利于男女平等进一步实现。

第二节　重构医疗保障体系（1993—2002 年）

1993 年后的职工医疗保障制度改革出现了不同于此前的三个变化：一是由国务院直接领导和组织，超越了单个部门推进的格局；二是改革范围不限于企业，涵盖所有用人单位及其职工和退休人员；三是改革内容不限于费用统筹互济，而是建立起社会统筹与个人账户相结合的新模式。

一、“两江”试点的背景

1992 年 5 月，我国成立由国家体改委、卫生部、劳动部、财政部、人事部、国家医药局、国家物价局七个部门与全国总工会共同组成的医疗体制改革小组。这说明党中央深刻认识到，对于医疗保障制度改革而言，不仅需要医疗费用统筹互济、分散医疗风险，还需要与医疗卫生体制、药品流通体制和医药价格体系联动起来，综合布局、统筹规划。1993 年 10 月，劳动部发布《关于职工医疗保险制度改革试点的意见》，其中的核心政策之一是确定医疗保险基金由大病医疗保险统筹金、单位医疗保险调剂金和个人医疗保险专户金组成。同时规定职工在增加工资的基础上实行缴纳医疗保险费的制度，个人缴费进入职工个人医疗保险专户金。[①] 也就是说，个人医疗保险专户金由个人缴费的全部（当时没有规定具体费率）和单位缴费划入的一部分组成。如此算下来，单位缴纳医疗保险费的比例合计为 5%～8%，分为三个主要用途：职工大病支出、离退休人员医疗费支出、划转个人医疗保险专户金一部分。这个文件印发于党的十四届三中全会之前，虽然没有提出“个人账户”的概念，但可以看出，已经有了医疗保险基金社会统筹与个人自我保障相结合的“影子”，反映了当时的政策研究成果。

① 《关于职工医疗保险制度改革试点的意见》，《中国劳动科学》，1994 年 01 期。

1993 年 11 月，党的十三届四中全会通过《中共中央关于建立社会主义市场经济体制若干问题的决定》，正式提出城镇职工养老和医疗保险金由单位和个人共同负担，实行社会统筹和个人账户相结合。

1994 年 4 月，国家体改委、财政部、劳动部、卫生部发布《关于职工医疗制度改革的试点意见》(以下简称《试点意见》)，经国务院批准，决定在江苏省镇江市和江西省九江市（以下简称“两江”）开展职工医疗保险制度改革试点，自此职工医疗保险由地方探索进入国家层面改革阶段。国务院之所以选择“两江”进行试点，是经过认真考量的。

第一，镇江和九江具有较好的地域代表性。在“两江”进行试点是为了积累经验，检验政策、探索改革路径，可以在全国更大范围推广职工医保改革。因此，试点城市必须具有一定的代表性，才能发现改革中可能出现的共性问题，找到解决问题的办法，可以适用于更大范围的城市。试点城市的代表性，就是要看试点城市能否反映我国经济社会发展水平的一般状况，能否体现不同经济社会发展水平地区的基本特点。在经济发展水平方面，1994 年，全国人均GDP约为 3650 元，东、中、西部地区人均GDP则分别为 5352 元、2878 元、2320 元。其中，江苏省人均GDP约为 5800 元，镇江市人均GDP约为 8400 元；江西省人均GDP约为 2700 元，九江市人均GDP约为 2600 元。[①] 因此，江苏省和江西省基本上能够分别代表经济较发达地区和经济欠发达地区的发展水平，而镇江市基本能够

① 王东进:《回顾与前瞻：中国医疗保险制度改革》，北京：中国社会科学出版社，2008 年版，第 47 页。

代表苏南经济较为发达地区的水平，九江市基本能够代表江西的发展水平。在地理位置方面，江苏省为东部沿海地区，江西省为中部地区，在地域上都有较好的代表性。在城市人口规模方面，镇江市人口约为 260 万人（其中市区人口约为 63 万人），九江市人口约为 430 万人（其中市区人口约为 46 万人），能够代表我国中等城市的规模[①]。城市规模过小，试点意义不大，城市规模过大，情况复杂，试点难度大，难以推动，试点出现偏差，纠正起来也有很大难度，影响也会很大。因此，在中等规模城市试点较为稳妥。

第二，"两江"前期医疗保险基金社会统筹改革基础比较扎实。"两江"在被确定为国务院试点城市之前，都已经在医疗保障制度改革方面进行了一些有益探索，特别是在大病统筹方面积累了一些经验。例如，九江市在 1989 年就启动企业职工劳保医疗制度改革，开展企业离退休人员医疗费用社会统筹的试点。1991—1993 年，九江市在九江县、修水县等地进行了劳保医疗制度改革。1993 年，九江市实行了企业职工大病医疗费用社会统筹。在探索过程中，九江市上下思想认识比较一致，初步建立起新的运行机制和管理体制，培养和锻炼了一批改革的业务骨干，积累了工作经验，为开展试点打下良好的工作基础。

---

① 王东进：《回顾与前瞻：中国医疗保险制度改革》，北京：中国社会科学出版社，2008 年版，第 48 页。

二、从“试点”到全面推开

（一）职工医疗保障制度改革试点在“两江”地区推进

1994年，镇江市发布《职工医疗制度改革实施方案》，九江市也发布《职工医疗社会保险暂行规定》。“两江”医保改革在基本原则、制度结构、主要政策方面都与《试点意见》一致，许多政策相似度也很高。但是由于“两江”经济发展水平、基金承受能力和社会发展实际情况有所差别，所以在筹资、支付和管理等具体政策方面是有区别的。例如，个人医疗费用超过本人年工资5%以上部分自付比例，镇江自付比例较高。镇江市确定实行市县两级核算体制，市级提取统筹基金的10%作为调节基金；而九江市未明确市级调节政策。再例如，关于定点医院，九江市规定以参保单位为整体申请，除本单位选定的医疗机构外，参保职工还可以自行选择1～2家医疗机构；而镇江市允许职工个人选择医疗机构，对医疗机构的级别和数量不做具体限制。

两市对《试点意见》中的一些具体实施问题也作出适合本地的规定。例如，“两江”都落实了在企业破产清算财产时，要先缴足在职职工当年和离退休人员以后10年的医疗保险费，以切实保障企业参保人员的利益。又如，医疗收费标准要参照1993年度医保基金支付的平均门诊人次费用、平均住院天数、平均床日费用合理确定，实行定额管理。

1994年11月，国务院印发《关于江苏省镇江市、江西省九江市职工医疗保障制度改革试点方案的批复》，原则同意《镇江市职工医疗制度改革实施方案》和《九江市职工医疗社会保险暂行规定》，要求两市从1994年12月开始实施。国务院还就亏损企业职工医疗保险基金的筹集、私营企业职工参加职工医疗保险、个人账户划入比例的设定、离休干部医疗费用的管理和医疗保险基金的管理等具体问题做了规定。例如，关于亏损企业职工医疗保险基金的筹集问题。如果将亏损企业排除在医疗保险统筹范围之外，明显违背医疗保险社会统筹风险互济的原则；如果将这些亏损企业纳入职工医保改革试点，则会因为亏损企业的缴费能力不足，增加医保统筹基金的负担。这是一个两难的问题。因此，国务院将亏损企业纳入医疗保险改革试点，将这些职工的医疗保障从单位化变成社会化，既可以减轻企业的负担，又可以切实保障亏损企业职工的医疗卫生服务需求。并且，允许“两江”在试点过程中探索亏损企业筹集医疗保险基金的具体办法，可以先行先试。关于私营企业职工参加职工医疗保险问题，“两江”在实施性政策中一致建议暂时不将私营企业纳入统筹范围，待试点运行成熟，条件具备后逐步实行。国务院同意“两江”意见，先不将私营企业纳入职工医疗保险改革统筹。关于医保个人账户的不同计入比例问题，“两江”通过调查，提出45岁以上职工患病较多，但他们过去没有医疗账户的积累，个人负担比较重，建议在医保改革初期按照年龄进行个人账户划拨，年龄较大的，单位缴费计入个人医疗账户部分。因此，国务院提出单位缴费计入个人医疗账户的部分，可按职工年龄确定不同的比例，提高对年龄大的职工个人医疗账户的划拨比例。①

“两江”的改革准备工作，从党中央到地方都做了最充分的准备，充分尊重实践、尊重基层，既坚持改革的基本原则又允许地方

① 《国务院关于江苏省镇江市、江西省九江市职工医疗保障制度改革试点方案的批复》，中国政府网，2010年12月29日。

依据实际情况完善具体政策，也允许通过试点来对一些暂时不清晰的政策问题进行摸索。“两江”试点期间，国务院有关领导及相关部门人员20余次南下实地调研指导；其他城市到“两江”进行考察、咨询的队伍也络绎不绝，在与中央各部门和各地针对提出的问题进行探讨时，“两江”也得到了启发，进一步完善了改革措施。“两江”试点在这样上下互动、积极沟通的改革过程中，不断完善试点方案，在此基础上试验的各项政策措施，有更强的全国推广性和可复制性。

与传统医疗制度相比，“两江”试点是一个大胆的实验和探索，初步建立了职工医疗保险社会统筹医疗基金与个人医疗账户相结合（以下简称“统账结合”）的模式，扩大了医疗社会保险的实施范围，建立了稳定的费用筹措机制，均衡了企业负担，提高了医疗保险的社会化程度，并使医疗费用高速增长的势头得到了一定控制。

（二）扩大城镇职工医疗保险制度改革试点

1. 扩大试点城市

“两江”试点于1994年12月正式启动，实施到1995年12月，改革满一年，显现初步成绩。从医疗保险制度建设方面来看，“两江”都建立起医疗费用筹资新机制，加强了医疗保险基金的抗风险能力，提高了职工的基本医疗保障水平，有效控制了医疗费用的不合理增长。在医疗服务的利用方面，1995年，镇江市全市职工两周患病就诊率为75.4%，比1994年提高7.5个百分点，医疗全年费用的增长速度比1994年增幅下降18.61个百分点。1995年，九江市全市职工人均医疗费用370.14元，比1994年减少66.74元；职工医疗费支出总额1.68亿元，比1994年减少3000多万元。[①]

“两江”试点的实践证明，统账结合的职工医疗保险模式是可以推广的。但只有两个城市的试点，覆盖面和经验的价值不够全面。所以国务院决定，再挑选一部分具备条件的城市扩大试点。

1996 年 5 月，国务院办公厅转发国家体改委等四部委《关于职工医疗保障制度改革扩大试点的意见》(以下简称《扩大试点意见》)，决定在“两江”试点的基础上，在全国范围内再挑选一部分具备条件的城市扩大试点（以下简称“扩大试点”)。此外，《扩大试点意见》还总结了“两江”试点的改革经验，对改革中出现的问题进行解决和规范。到 1996 年底，全国参加职工大病医疗费用社会统筹的在职职工达 791 万人，参加离退休人员医疗费用统筹的离退休人员为 64 万人。到 1997 年 6 月，全国已有 32 个扩大试点的城市研究制定了实施方案并开始运转。到 1997 年末，全国已有 295.4 万职工和 73.9 万离退休人员参加了统账结合的医疗保险制度改革。[②]

1996—1997 年，全国 50 多个城市如火如荼地开展职工医疗保险制度改革扩大试点的工作，进一步积累在不同地区和不同经济发展条件下医保改革的经验，但是各个试点地区政策实施不平衡，在实践中进一步暴露了职工医疗保险改革最深层次的矛盾，主要是医保制度设计和机制体制的理顺，为城镇职工基本医疗保险制度改革在全国推行提供了重要的经验和教训。

---

① 王延中、沈志渔、杜莹芬:《医疗保险制度改革中的“两江”模式》,《中国工业经济》，1999 年 07 期。

② 《1997 年度劳动事业发展统计公报》，人社部网站，2006 年 2 月 7 日。

2．“通道式”和“板块式”的支付模式选择

扩大试点的总体效果是积极的，证明了医疗保险建立统账结合模式的可行性，但是在改革实践中出现一个共性的问题，即职工社会统筹医疗基金与个人医疗账户怎么结合的问题。《试点意见》和《扩大试点意见》设计的统账结合模式从筹资端和支付端来看，筹资端是将职工个人缴费全部记入个人账户，“单位缴费不低于50%”部分划入个人账户，其余部分作为社会统筹医疗基金；支付端是按照三阶段付费规则（即“通道式”支付模式），即个人医疗账户支付——个人医疗账户用完后职工自付——首付超过一定限度由社会统筹医疗基金支付，个人需要负担一定比例。

筹资端通过单位和职工双方缴费，重组后分为个人医疗账户和社会统筹医疗基金，实现了统账结合。各试点地区在实践中也是采取的这种模式。但在实践中发现的主要问题是，单位缴费划入个人医疗账户的比例偏高，影响社会统筹医疗基金互济功能的发挥。支付端的“通道式”支付模式，在制度设计之初是为了让职工从个人医疗账户角度节约资源。但是，出现了另外一个问题：当职工的个人账户年度余额接近用完时，倾向于多就诊、多开药，加快个人医疗账户清零，进入社会统筹医疗基金支付，甚至在有些地区出现了多人共用一个个人账户的现象，形成了逆向刺激。例如“两江”试点的第一年，镇江市社会统筹医疗基金就超支1000多万元，九江市社会统筹医疗基金超支600多万元。1995年，镇江市社会统筹账户超支、透支个人账户1800多万元，1996

年增加到4700多万元。[①]社会统筹医疗基金的持续超支，表明制度设计出现了问题。

针对“通道式”支付模式的隐患，一些地方开始采用“板块式”支付模式，即将医保个人医疗账户和社会统筹医疗基金划出不同的功能区；社会统筹医疗基金主要承担大病住院医疗费用的支付，个人医疗账户主要用于支付门诊、小病等费用。这个设计规避了“通道式”支付模式的风险，具有合理性，并且个人一般可以承受小病的医疗花费，不构成很大的家庭经济负担，只有大病才需要通过社会互济机制来化解风险。但“板块式”支付模式也存在一个问题，就是一些慢性病人或者长期需要用药的患者，虽然是小病，不需要住院，但是日积月累的花销也会带来巨大的医疗负担。如果没有适当政策，就会加重此类人员的经济负担，或者导致本可以门诊医治的小病也争相住院治疗以求社会统筹医疗基金支付费用。对此，一些试点地区调整医保政策，将那些需要长期用药治疗、可住院可不住院、累积花费高的疾病划为特殊病种，在门诊就医也可由社会统筹医疗基金支付一部分。

因此，采取“通道式”还是“板块式”的支付模式，在试点地区引起了很多讨论。但是，职工医疗保险统账结合的模式是经过了实践考验，并被一致认可的。讨论的焦点集中在哪种方法更有利于实现职工医疗保险统账结合的政策初衷，如何实现公平与效率、约束与激励、保障权益与资源节约相结合。

---

① 王东进：《回顾与前瞻：中国医疗保险制度改革》，北京：中国社会科学出版社，2008年版，第63页。

（三）全国推开统账结合的城镇职工基本医疗保险制度

在职工医疗保险制度改革的过程中，扩大试点地区出现了许多在“两江”试点中没有出现的问题，并且为此做出了许多新的尝试，不仅探索了我国职工医疗保险制度改革的具体路径、制度模式，而且在实践中对我国职工医疗保险制度改革的整体框架，包括思路、基本原则和基本政策都形成了共识：我国医疗保险制度改革不能照搬世界上其他国家的现成办法，必须从我国实际出发；医疗保障筹资标准和保障水平必须与社会主义初级阶段的经济发展水平、企业和职工的承受能力相适应；统账结合的社会医疗保险模式是可行的，是符合我国实际的；统账结合的实现形式可以而且应该是多种多样的，允许各地从实际出发，继续进行探索和创新；医疗保险制度改革必须全国推进，不能一部分地区改一部分地区不改；也不能在改革中人为将职工分群，采取不同的政策，医疗保险基金原则上应实行市级统筹、实行属地管理，基金要做到收支平衡、略有结余；必须同步推进医疗卫生体制改革和药品生产流通体制改革，必须依靠各部门的大力配合，协同推进，才能达到改革的预期效果。这些重要的共识，为此后的改革提供了前提条件和重要依据。

经过长达四年半的“两江”试点和50多个城市扩大试点工作，1998年11月，国务院在北京召开全国城镇职工医疗保险制度改革工作会议，准备在全国推行城镇职工基本医疗保险制度。同年12月，国务院印发《关于建立城镇职工基本医疗保险制度的决定》（以下简称《决定》），这是我国医疗保险制度改革进程的重要里程碑，标志着改革进入了一个全新的历史时期。《决定》部署了在全国范围内全面推进职工医疗保险制度改革的工作，要求在全国范围内建立与社会主义初级阶段生产力水平相适应、覆盖全体城镇职工、社会统筹和个人账户相结合的基本医疗保险制度，确定了我国医疗保险制度改革的基本目标、基本原则和主要政策。其中，在支付方式方面，采纳“板块式”支付模式，规定基本医疗保险统筹基金和个人医疗账户要划定各自的支付范围，分别核算，不得互相挤占。同时还明确了“两条线”，一是统筹基金的起付标准（即“起付线”）原则上控制在各地职工年平均工资的10%左右，强化了职工个人责任；二是统筹基金最高支付限额（即“封顶线”）原则上控制在各地职工年平均工资的4倍左右，适合不同经济发展水平的城市。对“起付线”、“封顶线”及各线段个人负担的比例，由统筹地区根据以收定支、收支平衡的原则自行确定。①

1999年，劳动和社会保障部会同有关部门发布6个配套文件，其中5个配套文件是完善职工医保在医疗服务管理方面的配套要求，包括《城镇职工基本医疗保险定点医疗机构管理暂行办法》《城镇职工基本医疗保险定点零售药店管理暂行办法》《城镇职工基本医疗保险用药范围管理暂行办法》《城镇职工基本医疗保险诊疗项目管理、医疗服务设施范围和支付标准意见》和《关于加强城镇职工基本医疗保险费用结算管理的意见》5个文件；1个配套文件《关于铁路系统职工参加基本医疗保险有关问题的通知》，是关于流动性较大企业职工异地参保的具体规定。

与此同时，劳动保障部将40个城市（地区）确定为职工医疗

---

① 《国务院关于建立城镇职工基本医疗保险制度的决定》，《中华人民共和国国务院公报》，1998年33期。

保障改革的重点联系城市，进行专业干部培训，开展宣传和政策咨询，并进行直接指导，对近 20 个省份、50 多个城市进行改革调研，加强督导。截至 1999 年底，绝大多数省份完成了本地区职工基本医疗保险制度改革总体方案的制定工作，部分地区启动实施，改革进入实质性运行阶段。

2000—2002 年，职工医疗保险制度改革进入全面深化阶段，相关配套政策密集出台发布。其中，有比较重要的两个政策：一是 2000 年 5 月劳动和社会保障部发布的《国家基本医疗保险药品目录》。在《国家基本医疗保险药品目录》制定的过程中，劳动保障部会同有关部门建立基本医疗保险用药信息库和全国各级医疗、医药机构的医药临床和药物学专家组成的 6000 多名遴选专家档案库，成立由 85 名全国知名专家、教授和两院院士组成的咨询专家小组，并对原公费、劳保医疗药品报销的情况进行了统计分析。首先拟订了药品分类和备选名录；其次组织全国 1000 多名专家无记名投票对药品进行遴选；最后产生的药品目录包括 913 种西药、575 种中成药和 47 种民族药，基本能够满足职工基本医疗保险用药需求，适合当时我国社会经济发展水平。在当时的制度设计中，《国家基本医疗保险药品目录》分“甲类目录”和“乙类目录”。“甲类目录”的药品是临床治疗必需、使用广泛、疗效好、同类药品中价格低的药品，各地不得调整，共有 327 种西药和 135 种中成药。“乙类目录”的药品是可供临床治疗选择使用、疗效好、同类药品中比“甲类目录”药品价格略高的药品，个人自付费用比例也高于甲类，各地具有 15%的调整幅度。二是 2000 年 9 月国务院办公厅印发的《关于城镇医药卫生体制改革的指导意见》，提出建立健全适应社会主义市场经济要求的城镇职工基本医疗保险制度和城镇医药卫生体制，以比较低廉的费用提供比较优质的医疗服务，努力满足广大人民群众基本医疗服务的需要的改革总目标，首次提出“三医联动”推进医疗保险制度、医疗卫生体制和药品流通体制三项改革。[①]

2000年，全国参保职工和退休人员人数比1999年猛增83%。全国349个地级以上统筹地区中，有320个出台医疗保险制度改革方案，有284个统筹地区组织实施，覆盖人数4332万人。全年基本医疗保险基金收入170亿元，支出124亿元。截至2000年底，全国基本医疗保险基金滚存结余89亿元。[②]医疗保险制度改革的积极效应显现。到2001年底，全国349个地级以上统筹地区中，有339个统筹地区组织实施了基本医疗保险制度改革，登记参保人数达7630万人，缴费人数7286万人，其中在职职工5471万人，退休人员1815万人；全年基本医疗保险基金收入384亿元，支出244亿元；全国基本医疗保险基金滚存结余253亿元。[③]

（四）生育保险走向社会统筹

改革开放以后，我国对女职工生育费用的补偿方式有两种模式，一是实行生育费用社会统筹模式，采取这种模式的地区逐步增加。1992年有156个市县；1993年发展到262个市县，参保职工557万人；而1994年更是增加到522个市县，参保职工916万

---

① 《国务院办公厅转发国务院体改办等部门关于城镇医药卫生体制改革指导意见的通知》，《中华人民共和国国务院公报》，2000年11期。
② 《2000年度劳动和社会保障事业发展统计公报》，人社部网站，2006年3月1日。
③ 《2001年度劳动和社会保障事业发展统计公报》，人社部网站，2006年3月1日。

人。二是采用“费用分担制”，即女职工的生育费用由女职工和其配偶的双方单位共同负担，采用这种模式的地区逐年缩减。

1993 年 11 月，党的十四届三中全会通过《关于建立社会主义市场经济体制若干问题的决定》，明确提出要建立多层次的社会保障制度，为城乡居民提供同我国国情相适应的社会保障，促进经济发展和社会稳定。这为社会保障制度改革指明了方向，也迎来了生育保险制度改革的春天。

1994 年 10 月，劳动部社会保险司、全国总工会女工部在山东曲阜召开生育保险制度改革工作座谈会，形成共识，认为实行生育保险基金统筹，有利于在市场经济体制下均衡不同单位和行业之间的生育成本，充分发挥对妇女劳动者的保护，对生育保险采用社会保险模式，被多地实践证明是可行的。这次会议是我国生育保障工作领域一次重要的会议，形成了对生育保障的制度模式的统一思想。同年 12 月，劳动部发布《企业职工生育保险试行办法》（以下简称《试行办法》），标志着城镇职工生育保险制度进入全面推行阶段，其确定的职工生育保障基本制度和主要政策一直沿用至今。《试行办法》使生育保险制度改革在内容、标准、形式等方面有了初步规范，成为我国推进生育保险制度改革的主要政策依据。其也有独特之处，一是生育津贴的支付主体。女职工生育津贴由生育保险基金支付，减轻了企业的经济负担。二是生育津贴的计发依据。生育津贴按照企业上年度职工月平均工资计发，而不是按本人原工资计发。这是因为考虑到女职工在怀孕时已经调换到轻便的劳动岗位工作，工资水平也有可能降低，如果按照本人工资来计算津贴标准，不利于保护女职工权益。三是生育医疗费。包括与女职工生育有关的检查费、接生费、手术费、住院费和药费，均由生育保险基金支付，还包括女职工生育出院后因生育引起疾病的医疗费以及女职工流产后的医疗费。这项规定充分考虑到了生育的特定风险。[①] 此后，各地生育保险制度的改革快速发展。1995 年，全国参保人数就比 1994 年增长 64%，达到 1500 万人；生育保险基金收入 3 亿元，比 1994 年增长 50%；生育保险基金支出 2 亿元，比 1994 年增长 15 倍。1996 年，全国参保人数进一步增加到 2016 万人，生育保险基金收入 6 亿元，支出 3 亿元。

此外，1995 年 7 月，国务院印发《中国妇女发展纲要（1995—2000 年）》，提出要改革女职工生育保障制度，将女职工生育保险费用由企业管理逐步改为社会统筹管理，也将这项改革由国有企业逐步扩展到所有企业，并将生育保险扩大覆盖面列为发展指标之一；并且到 2000 年在全国城市基本实现女职工生育费用的社会统筹。到 1998 年，全国有 1412 个县（市）实行了生育保险社会统筹，参保职工达 2777 万人，比 1995 年增长 85%，多数省市生育保险覆盖面在 60%以上。截至 1999 年底，全国 31 个省市中已有 27 个省市实行生育保险社会统筹，全国参加生育保险社会统筹的职工人数为 2930 万人；截至 2001 年底，新制度所覆盖的职工为 3455 万人，约占生育保险制度内职工的 30%。

2001 年 5 月，国务院印发《中国妇女发展纲要（2001—2010 年）》，生育保险再次被重点提起，确定 2010 年生育保险的覆盖面要达到 90%的发展目标。同年 12 月，九届全国人大常委会第二十五次会议通过《中华人民共和国人口与计划生育法》，其中第

① 《企业职工生育保险试行办法》，《中国劳动科学》，1995 年 03 期。

二十四条规定："国家建立、健全基本养老保险、基本医疗保险、生育保险和社会福利等社会保障制度，促进计划生育。[①]"从国家法律的高度正式把生育保险确定为一项社会保障制度。到2002年末，全国参加生育保险职工3488万人，生育保险基金收入21.8亿元，支出12.8亿元，基金滚存结余29.7亿元。[②]2003年以后，生育保险制度改革进入快速发展阶段。

三、医疗保障制度改革走向深入

改革开放以来，我国国民经济得到了持续发展，广大劳动者的生活水平得到了很大的改善，而与此同时，一些经济不发达地区和困难企业的职工医疗保障得不到解决的问题略显突出。因病得不到治疗和医疗费用以及无法及时报销的职工找企业和政府，影响了企业的正常生产经营和社会秩序，在一定程度上激化了社会矛盾，不利于社会的长治久安。因此，加强社会保障制度建设，全面建立新型的医疗保险制度成为这一时期最为重要的事情。

传统的公费、劳保医疗制度改革势在必行。从1994年开始，经过两年多的"两江"试点，改革取得了积极的进展和丰硕的成果。一是新的医疗保险制度使职工的基本医疗得到保障，医疗费用支出过快增长的势头有所遏制，财政、单位、个人的经济负担有所减轻。二是初步形成了医、患、供三方面相互制约，保证职工基本

---

① 《中华人民共和国人口与计划生育法》，《中华人民共和国全国人民代表大会常务委员会公报》，2002年01期。
② 《2002年度劳动和社会保障事业发展统计公报》，人社部网站，2003年6月1日。

医疗、减少浪费的新型医疗机制。实行新的医疗保障制度后，由于明确了职工基本医疗服务和基本用药目录及报销范围，使职工的基本医疗有章可循；对医院建立了以定额结算为核心的制约机制，规范了医疗行为，减少了不必要的用药和检查，在一定程度上杜绝了浪费；参保职工实行了个人医疗账户和按比例个人负担的制约办法，增强了费用意识、节约意识，自觉控制医疗费用。三是医疗卫生资源的利用率有所提高。新的医疗保障制度一般都实行有选择的定点医疗，因而促进了医院之间的竞争，使医院的工作效率保持了稳中有升的良好势头。1995 年镇江市各级各类医院共完成门诊、急诊 478 万人次，比 1994 年上升 1.48%；出院病人 14 万人次，与 1994 年基本持平；完成手术病人 1.26 万人次，比 1994 年增加 8.9%；出院病人平均住院天数下降 1.5 ~ 2.5 天，实际占用床日下降 12.5%。[①] 实施定点医疗使病人的流向逐步趋于合理。大多数轻症病人能够到指定的一、二级医疗机构就诊，重症病人则流向三级医院。四是促进了医院内部管理改革，医疗服务行为得以规范。许多医院已开始从过去以扩大外延为主的发展思路转向以加强内涵建设为主，通过各种措施优化内部医疗资源配置，调整收入结构和服务结构。过去那种争编制、争床位和争相购买大型医疗设备的现象得到扭转。医疗保障制度改革的实施，为医院引入了竞争机制，促进了医疗服务行为的规范化。以物代药、搭车开药、不合理的大处方及乱收费、滥检查等情况的发生率明显减少。但也要看到，在“两江”试点医疗保险改革的过程中，还存在着医疗保险基金收缴

① 王延中、沈志渔、杜莹芬：《医疗保险制度改革中的“两江”模式》，《中国工业经济》，1999 年 07 期。

困难；大病统筹的保险概率低；医疗保险社会统筹基金是在现收现付的基础上建立起来的，没有历史的积累，覆盖面过窄等问题。

此后，国务院印发《关于建立城镇职工基本医疗保险制度的决定》，在全国范围内推行统账结合的城镇职工基本医疗保险制度，为构建覆盖城乡的医疗保障体系建设打下了坚实的基础。从国际经验来看，先行建立医疗保险制度的国家，都会努力将医疗保险覆盖面从一般劳动者逐渐扩大到全体国民，这既是国民分享经济社会发展成果的必然要求，也是医疗保险制度发展的必然趋势。城镇职工基本医疗保险制度的建立，为建立有中国特色的覆盖全体国民的医疗保障体系的制度架构、政策体系、管理体制和运行机制奠定了基础。事实证明，城镇职工基本医疗保险制度所推动的改革实践和理论研究成果，对后来的城镇居民基本医疗保险制度和新型农村合作医疗制度的建立起到了重要的作用。此外，城镇职工基本医疗保险制度还有效保障了职工的基本医疗需求，减轻了企业的社会事务负担，在一定程度上缓解了国有企业改革的压力，为国有企业改革的顺利实施提供了体制环境，创造了良好的社会氛围。

在这一时期，城镇职工基本医疗保险制度的政策体系初步建立，覆盖范围稳步扩大、运行平稳。2002 年，全国城镇职工基本医疗保险参保人数达 9400 多万人。城镇职工基本医疗保险基金收支平衡。2002 年，全国城镇职工基本医疗保险基金收入 607.8 亿元，支出 409.4 亿元，当期结余 198.4 亿元。截至 2002 年底，城镇职工基本医疗保险基金累计结余 450.7 亿元。其中，统筹基金结余 262.0 亿元，个人账户结余 188.7 亿元。

城镇职工基本医疗保险制度是改革开放以来各地医疗保险制度改革的经验总结。改革适应我国社会主义市场经济体制的要求和国有企业改革的需要，实现由公费劳保医疗制度向医疗保险制度的转变，从机制上解决了职工的基本医疗保障问题。但也存在一些问题，如只覆盖职工，未就业的城乡居民缺乏医疗保障制度安排；关闭破产企业退休人员医疗保障等历史遗留问题尚未全部解决；难以适应人员流动性增强、城市化和人口老龄化等新情况。

在这一时期，随着社会主义市场经济的建立和发展，职工生育保险制度改革在全国范围内逐步展开，生育保险社会统筹制度的优越性逐步显现出来，并起到促进妇女就业、均衡企业负担、保障职工权益等方面作用。一方面，生育保险社会统筹制度是维护妇女平等就业的具体表现形式。用人单位不必担忧职工生育造成人工成本的提高以及经济上的损失；可以均衡各行业、企业生育费用负担；缓解用人单位对妇女就业的歧视，同时可以化解女职工因生育导致失业或减少工资收入的矛盾。在实施生育保险社会统筹的条件下，用人单位对男女雇员劳动能力的评价和用人标准会更为客观，更趋于合理。因此，可以说生育保险社会统筹是劳动力市场上男女公平竞争的一座平台。另一方面，生育保险社会统筹制度缓解了企业之间生育费用负担不均衡的矛盾，为企业平等参与市场竞争创造条件。过去由于女职工生育期间的费用均由所在企业负担，致使一些女职工多的企业在人工成本上高于其他企业。特别是纺织、服务等行业，由于企业性质决定女性职工比较多，一些单位女职工占总数的 70%～80%，多数女性处在生育的高峰期，这些单位生育费用负担沉重。实行生育保险社会统筹，在一定程度上缓解了这一矛盾，使企业支付的生育费用得到了相对的均衡，减轻了女职工集中企业的经济负担，也让女职工多的企业能和其他企业站在同一起跑线上参与市场竞争。但是职工生育保险制度改革还存在政策体系不健全，保障功能不能充分发挥；行政、经办管理体制不健全，社会化管理程度低，管理服务不到位等问题，需要在下一阶段的改革中重点发力。

第三节　医疗保障制度建设向全面医保迈进（2003—2012年）

进入21世纪之后，我国对医疗保险制度改革提出新的目标和任务，要求医疗保险制度改革要以努力满足广大群众的基本医疗需求作为改革的立足点和出发点，通过不断完善和健全医疗保险政策体系，使更多的人享有基本医疗保障。2005年10月，党的十六届五中全会提出基本建立新型农村合作医疗制度（以下简称新农合）。2006年10月，党的十六届六中全会提出建立以大病统筹为主的城镇居民医疗保险。新型农村合作医疗制度和城镇居民医疗保险制度的建立标志着我国医疗保险制度改革向全民医保迈出了重要一步。

一、经济发展与就业结构变化推动医疗保障制度改革

经济发展是医疗保障制度逐步完善和保障水平不断提高的物质基础，不论是从国家财政的支付能力看，还是从企业和个人的支付能力看，都是如此。改革开放以来，我国经济经过多年的持续增长，国内生产总值和城乡居民年均收入均保持10%以上的增长率，经济发展水平、人民收入水平和国家总体的综合国力不断提

高；伴随着财政税收制度改革，各级政府尤其是中央政府的财政收支能力也有较快增长。1978 年，我国国内生产总值仅为 3645.2 亿元，到 2002 年，国内生产总值已达 120332.7 亿元，增长了 32 倍；国家财政收入也从 1978 年的 1132.3 亿元增长到 18903.6 亿元，增长了 16 倍。与此同时，我国居民人均可支配收入也从 1978 年的 171 元增长到 2002 年的 4532 元。其中，城镇居民人均可支配收入由 1978 年的 161.7 元提高到 2002 年的 7702.8 元；农村居民人均可支配收入由 1978 年的 133.6 元提高到 2002 年的 2475.6 元。日益丰厚的物质基础为我国医疗保障制度改革创造了相应的经济条件，既增强了政府调度资源发展社会事业的能力，使得政府敢于作出投资社会保障制度的政治承诺，又能够在制度发展过程中不断加大投入力度。

进入 21 世纪后，我国国有企业改革和经济结构调整步伐加快，企业结构、所有制结构、就业结构都发生了深刻而巨大的变化。到 2002 年底，全国 4000 多家国有骨干企业的改制面已超过四分之三，在国有中小企业改革方面，通过多种形式放开搞活的国有小型工业企业已超过 80%，通过兼并破产等措施使一大批困难企业退出了市场，国有企业通过多种途径减员的比率已超过 40%。经济体制改革的不断深化，加快了国有企业向混合所有制企业转制的进程，个体、私营等非公有制经济迅速发展，成为吸纳就业人员的重要渠道。在国有企业改革和经济结构调整的大形势下，我国就业结构也发生了重大变化。一些国有企业下岗职工开始走向社会自谋职业，纷纷成为个体从业人员、自由职业者等灵活就业人员。同时，大量的农民进入城市务工。2002 年，全国非公经济从业人员* 达 6500 多万人，灵活就业人员达 4000 多万人，进城务工人员达

* 非公经济从业人员包括：有限责任公司、股份有限公司以及外商和港澳台商投资企业等其他经济类型单位就业人员与城镇私营个体就业人员。

9400 多万人。[①] 推动规模庞大的非公有经济单位就业人员和灵活就业人员、进城务工人员参加医疗保险，既是保障广大劳动者基本权益的需要，也是完善医疗保险体制的需要。

此外，改革开放以后，医疗保障制度的缺失和医疗费用的快速上涨给农村居民看病就医造成了经济负担，因病致贫、因病返贫逐步成为农村较为突出的社会问题。这都迫切需要建立新型农村医疗保障制度帮农村居民抵御疾病经济风险、保护自身健康，改变这种看不上病、看不起病的状况。

二、迈向全民医保

（一）建立新农合制度

1. 作出建立新型农村合作医疗制度的决策

1994 年 11 月，《国家卫生服务研究——1993 年国家卫生服务总调查分析报告》显示，84.11%的农村人口没有任何医疗保障。[②] 世界卫生组织 2000 年公布的各国卫生筹资与分配公平性评估排序中，我国列在 191 个成员国的第 188 位。[③] 2002 年 10 月，中共中央、国务院印发《关于进一步加强农村卫生工作的决定》（以下简称《决定》），《决定》指出当时农村卫生工作仍比较薄弱，存在很

① 王东进：《回顾与前瞻：中国医疗保险制度改革》，北京：中国社会科学出版社，2008 年版，第 108 页。

② 《国家卫生服务研究——1993 年国家卫生服务总调查分析报告》，国家卫健委网站，1994 年 11 月 20 日。

③ 陈竺、张茅主编：《中国新型农村合作医疗发展报告（2002—2012 年）》，北京：人民卫生出版社，2013 年版，第 9 页。

多问题，最突出的是农村合作医疗制度基本瓦解。对此，提出了一项重大决策，即逐步建立新型农村合作医疗制度；要求到2010年，新型农村合作医疗制度要基本覆盖农村居民。[①]《决定》较为清晰地描绘了建立新型农村合作医疗的基本目的、参与原则、筹资机制以及推进步骤。

新农合在名称上依然保留了“合作医疗”的元素，表明它与“老农合”*有着一定的承续关系，通过合作的方式帮助农民抵御重大疾病带来的经济风险；但又不是“老农合”的简单复制，而是在社会主义市场经济条件下农村基本医疗保障的制度创新，重点在“新”字上。所以党中央强调了两点：一是先行试点，取得经验，逐步推广；二是坚持农民自愿参加，不搞行政命令。2003年1月，国务院办公厅转发卫生部等部门《关于建立新型农村合作医疗制度的意见》，进一步明确建立新农合的目标和原则，提出新型农村合作医疗制度是由政府组织、引导、支持，农民自愿参加，个人、集体和政府多方筹资，以大病统筹为主的农民医疗互助共济制度；各省、自治区、直辖市至少要选择2～3个县（市）先行试点，取得经验后逐步推开。[②]

* “老农合”即传统合作医疗。

受“非典”疫情影响，原定于2003年启动的新农合试点工作计划，改为2003年7月，包括浙江、湖北、吉林、云南4个重点省试点在内的首批试点（市、区）新农合试点工作相继启动，

① 《中共中央、国务院关于进一步加强农村卫生工作的决定》，《中华人民共和国国务院公报》，2002年33期。
② 《国务院办公厅转发卫生部等部门关于建立新型农村合作医疗制度意见的通知》，《中华人民共和国国务院公报》，2003年06期。

新农合制度建设进入了实践阶段。截至 2003 年 10 月，全国有 29 个省、自治区和直辖市以及新疆生产建设兵团确定了 294 个新农合试点县（市）。其中，中西部地区确定了 227 个试点县（市），参合（即参加新农合）人数达 4576.49 万人，约占其农村人口的 73.13%。[①] 与此同时，各地也摸索出一些经验做法。例如，湖北省在新农合基金管理方面，通过省级招标确定农业银行作为代理银行，做到资金收支两条线，封闭运行；云南省实行地（市）药品集中招标采购，统一向医疗机构配送，免收代理费，确保农民用药安全和药品价格低廉。但部分地区试点过程中也暴露出一些问题，如部分地区对建立新农合的意义认识不够、管理经办部门对新农合政策理解出现偏差；很多农民认为自己一年不得病，白缴了一年费，参合积极性下降等。为此，2004 年 1 月，国务院办公厅转发卫生部等部门《关于进一步做好新型农村合作医疗试点工作的指导意见》，提出合理设置统筹基金与家庭账户的思路，允许试点地区根据实际情况，在建立大病统筹基金的同时，可用个人缴费的一部分建立家庭账户，由个人用于支付门诊医疗费用；个人缴费划入家庭账户的比例以及门诊费用的报销比例由各地区合理确定；家庭账户结余资金，可以结转到下一年度使用。[②] 这一措施有利于吸引更多农民参加新农合。

2004 年，各地在管理经办模式、农民个人参合缴费机制、新

---

① 陈竺、张茅主编：《中国新型农村合作医疗发展报告（2002—2012 年）》，北京：人民卫生出版社，2013 年版，第 23 页。

② 《国务院办公厅转发卫生部等部门关于进一步做好新型农村合作医疗试点工作指导意见的通知》，《中华人民共和国国务院公报》，2004 年 08 期。

农合基金分配原则与方法、新农合基金监管机制等方面开展探索。例如，在探索管理经办模式方面，河南省新乡市实行“政府组织引导，职能部门监督管理，保险公司承办业务，定点医疗机构提供服务”的运行模式，委托中国人寿保险股份有限公司新乡分公司。再如，在探索农民个人参合缴费机制方面，随着新农合制度不断推进，农民主动参合意识不断增强，农民个人缴费方式逐渐演变成“定期定点”、“代缴代扣”和“滚动筹资”三种主流形式。其中以安徽省岳西县为代表的定期定点筹资模式是当时最为普遍的缴费形式，这种模式一般由村委会负责在上一年的10月至12月期间完成下一年参合农民的缴费工作。“代缴代扣”主要是由银行或者其他收费部门通过银行卡或收缴其他费用时扣缴农民参合费用，到期将款项汇总结算，缴存到新农合基金专户。“滚动筹资”是指经参合农民同意，在新型农村合作医疗管理委员会办公室（或其他具体负责办理机构或部门，如各级定点医疗机构）报销医药费时，提前收取其下一年度参合费用。到2004年底，全国共有333个试点启动实施了新农合，覆盖农业人口1.07亿人，实际参合人口0.8亿人，全年共筹集新农合基金40.29亿元，人均筹资50元；支出总额26.37亿元，受益7600万人次。至此，新农合制度的建立极大改善了农村居民的医疗服务利用水平。

2．从扩大试点到全面普及

2005年上半年，新农合试点范围扩大。截至2005年6月底，全国有641个县（市、区）开展了新农合试点，达到每个市（地）至少有一个试点县（市、区）；覆盖2.25亿农民，其中有1.63亿农民参合，参合率为72.6%，比2004年底大幅增加。[①]与此同时，各地也在新农合基金筹集、新农合基金管理、补偿报销、费用控制等方面做了大量探索。例如，江苏、浙江、湖北等省的一些试点县，在坚持农民自愿的前提下，采取“滚动筹资”、“代理收缴”、“集体统缴”等方式筹集参合农民个人缴费，既方便群众，又降低了工作成本；再如，江西等地的一些试点县，对定点医疗机构用药实行严格管理，规定基本用药目录以外的药品费用不得超过药品总费用的15%，并实行对参合农民告知制度，防止医疗机构多收费的行为，较好控制了医药费用的增长。

2005年8月，国务院常务会议听取卫生部关于新型农村合作医疗试点工作有关情况的汇报，一方面，要求加快推进新农合制度建设步伐，2006年将试点县由当时占全国的21%扩大到40%左右，到2008年在全国农村基本建立新农合制度。这比原定2010年的时间节点提前两年。另一方面，决定提高财政补助标准，从2006年起，中央财政对参合农民的补助增加10元，达到每人每年20元；地方财政也要增加10元，但可根据财政承受能力，一年或分两年到位。[②]

2006年1月，卫生部等七部门联合发出《关于加快推进新型农村合作医疗试点工作的通知》，对此后三年扩大新型农村合作医疗试点作出安排，提出2006年全国试点县（市、区）数量达到全国县（市、区）总数的40%左右；2007年扩大到60%左右；2008年在全国基本推行；2010年实现新农合制度基本覆盖农村居

① 《全国新型农村合作医疗试点工作取得明显成效》，中国政府网，2005年12月30日。
② 《温家宝主持国务院会议 建立新型农村医疗》，中国政府网，2005年8月11日。

民的目标。其中，我国东部地区可在规范管理的基础上加快推进速度。[①]

经过多年试点，新农合的制度、政策、标准、经办管理措施逐渐成熟。2006 年 3—7 月，由北京大学、中国社会科学院、农业部农村经济研究中心和卫生部统计信息中心组成的评估工作组，受国务院新型农村合作医疗部际联席会议委托，对新农合试点运行情况进行了评估。评估工作组收集了全国 29 个省、自治区、直辖市 257 个第一批试点县的新农合管理机构、县医院和 238 个乡镇卫生院的资料以及 17 个省 32 个县 19195 户共 69208 人的入户调查资料，并在 18 个县开展了典型调查，进行了近 500 人（次）的深入访谈或专题小组讨论。[②]这次评估报告的基本结论提出的新农合在组织体系、筹资机制、资金管理和监督管理等方面的制度框架和基本原则是在总结历史教训和试点经验的基础上逐步形成的，符合大多数农村实际，在一个时期内可以保持基本稳定；并且从运行情况看，新农合资金运转安全，制度运行平稳，农村居民的服务利用率明显改善，医药经济负担得到了减轻，农民对合作医疗的信心有所增强，促进了农村卫生的发展。入户资料调查表明，有 90%的参合农民家庭表示下一年愿意继续参加，在未参加的农民中，有 51%的人表示下年度要参加合作医疗。到 2006 年底，全国有 1451 个县（市、区）开展了新农合试点，达到全国县总数的 51%，比

① 《卫生部、国家发展改革委等 7 部门联合印发关于加快推进新型农村合作医疗试点工作的通知》,《中华人民共和国卫生部公报》，2006 年 02 期。

② 《卫生部发布会通报我国新型农村合作医疗试点情况》，中国政府网，2006 年 9 月 28 日。

计划的40%左右高出10多个百分点；参合农民达4.1亿人，参合率为80.7%；新农合筹资总额213.6亿元。[①]人均筹资52.1元，比2005年增加10元，显示出提高财政补助标准后的效应；新农合基金支出155.8亿元，受益2.72亿人次。[②]参合人数、筹资额度、支付总额、受益人次都比2005年有所增长，农民医疗负担有所减轻，因病致贫有所缓解。

3．新农合进入全面推进阶段

2006年，我国财政收入39344亿元，比2005年增加7694亿元，增长24.3%，比预算超收3920亿元。[③]其中，中央财政约超收2573亿元，财力基础更加雄厚，因此，把原定三年三步走、每年增加20%左右的新农合扩面节奏调整为两年两步走、每年增加30%左右。2007年1月，2007年全国新型农村合作医疗工作会议在陕西省西安市召开，部署了2007年新农合覆盖全国80%以上县（市、区）的任务，标志着新农合制度由试点阶段转入全面推进阶段。到2007年底，全国新农合试点县（市、区）达到2451个，占全国县（市、区）总数的85.64%，参合农民7.26亿人，参合率为86.2%；新农合筹资总额427.96亿元，比2006年增长一倍；加上农民个人缴费，2007年新农合人均筹资水平达59元；新农合支出347亿元，受益4.54亿人次。人均待遇和收益次数都大幅度增加，更多农民群众得到实惠。全国已有20个省份实现了新

---

① 陈竺、张茅主编:《中国新型农村合作医疗发展报告（2002—2012年）》，北京：人民卫生出版社，2013年版，第32页。

②《陈啸宏：新型农村合作医疗要兼顾为民利民和便民》，中国政府网，2007年3月10日。

③《国民经济实现“十一五”良好开局》，中国政府网，2007年3月19日。

农合制度的全面覆盖，但仍有14%县（市、区）尚未开展新农合，且主要在中西部地区。这些尚未开展新农合的县（市、区）中，大多数是由于农业人口少于50%而未纳入中央财政补助范围的市辖区；部分是中部农业大县，人口多，地方财政补助压力大；还有少数老少边穷地区，受地域、经济以及卫生服务能力等客观条件制约，开展新农合的难度较大。①

2007年12月，中央经济工作会议提出2008年在全国农村全面实行新农合，把各级财政补助标准再提高一倍。自2008年起，中央政府适时调整财政补助政策，将计划单列市和农业人口低于50%的市辖区全部纳入补助范围。同时，将新农合人均筹资总水平从50元提高到100元，其中中央财政对中西部地区参合农民的补助增加到40元；地方财政也相应把补助标准提高到40元，困难的地区分两年到位；还将农民个人缴费由10元增加到20元，继续通过医疗救助解决贫困农民个人缴费问题。

2008年，在基金管理制度方面，财政部及相关部门先后发布《新型农村合作医疗基金财务制度》《新型农村合作医疗基金会计制度》《新型农村合作医疗补助资金国库集中支付管理暂行办法》，规范新农合基金财务管理，确保新农合补助资金及时足额到位。同时，各地也创建了具有特色的基金管理制度，规范化、精细化新农合基金的管理。例如，江西创立新农合基金支付凭证必须由县（市、区）财政部门和卫生行政部门盖章的“双印鉴”制度，对新农合基金的筹集、使用和结余情况进行动态监管；湖南、吉林、海

① 程斌、汪早立、杨志勇、陈迎春、张西凡、汪升明、史慧：《2007年全国未开展新型农村合作医疗地区的现状分析》，《中国农村卫生事业管理》，2008年03期。

南、云南等地建立新农合基金运行预警机制，通过对各统筹地区的基金使用率、住院率、次均医疗费用等指标进行监测和分析，对出现苗头性问题的地区发出预警通报，防患于未然。为了保证新农合基金的安全运行，各地还不断健全新农合基金的监管措施。例如，江西、吉林、海南等地建立新农合基金审计制度，由审计部门对新农合基金进行专项审计。

截至 2008 年 6 月底，全国 2729 个有农业人口的县（市、区）全部建立实施了新农合制度，提前两年实现了新农合制度全面覆盖的目标。[①] 2008 年 9 月，温家宝在联合国总部召开的联合国千年发展目标高级别会议上向全世界庄严宣布，中国在 8 亿农民中建立了以政府投入为主的新型合作医疗制度。[②]

（二）建立城镇居民基本医疗保险制度

随着城镇职工和农村人口都已经建立起相应的医疗保障制度，对城镇居民医疗保险制度建设形成了"倒逼"之势。因此，把广大城镇居民纳入医疗保障体系之中，既是广大城镇居民最关心、最直接、最现实的利益诉求，也是转变政府职能，建立公共服务型政府的重要内容。

1. 超过 2 亿的城镇居民医疗保障问题亟须解决

在 2005 年全国城镇 5.6 亿常住人口中，除去应当参加职工医

---

① 陈竺、张茅主编:《中国新型农村合作医疗发展报告（2002—2012 年）》，北京：人民卫生出版社，2013 年版，第 37 页。

② 《温家宝在联合国千年发展目标高级别会议上的讲话》，中国政府网，2010 年 9 月 23 日。

疗保险的3.2亿人，其他群体多达2.4亿人，主要是非从业的职工直系亲属。在过去的劳保、公费医疗制度中，对这一群体曾有过享受半费医疗的政策安排，但随着职工医疗保障制度改革的实施，这部分群体无医疗保障。这些城镇非从业居民一旦得了大病，家庭负担很重。为解决这一问题，部分城市已经进行了探索。例如，2004年起，江苏镇江、广东佛山等地开始探索建立城镇居民医疗保险制度，通过社会医疗保险来解决少年儿童等非从业居民的医疗问题，取得较好的社会效果，积累了初步经验。2005年初，劳动和社会保障部组织有关专家开展了“完善医疗保障体系”课题研究，对医疗保障体系的目标、覆盖范围、保障责任、基金筹集机制、基金风险防范、医疗服务管理、基层医疗服务利用、管理能力建设8个子课题进行研究，于2005年10月形成《关于完善城镇医疗保障体系的报告》，提出对城镇各类人员医疗保障制度安排的初步思路。

2006年8月，国务院深化医药卫生体制改革部际协调工作小组经过研究论证，形成了基本共识：一是及时建立城镇居民基本医疗保障制度是必要的；二是坚持“低水平、广覆盖”的原则，重点解决城镇居民住院和门诊大病的医疗费用问题；三是基本制度模式可以借鉴新农合，在筹资上实行个人（家庭）缴费与政府补助相结合的责任分担机制；四是在经办服务上建议实行社保经办机构管理的体制；五是先行试点，再逐步推开。同年10月，党的十六届六中全会通过《中共中央关于构建社会主义和谐社会若干重大问题的决定》，提出完善城镇职工基本医疗保险，建立以大病统筹为主的城镇居民医疗保险，发展社会医疗救助，加快推进新型农村合作医疗。基本描绘出我国基本医疗保障体系由城镇职工基本医疗保险、城镇居民医疗保险、新农合和社会医疗救助四项制度构成的总体框架。2007年7月，国务院正式印发《关于开展城镇居民基本医疗保险试点的指导意见》，把城镇居民基本医疗保险（以下简称城居保）试点节奏和目标确定为“三年试点、第四年普及”，即2007年在有条件的省份选择2～3个城市启动试点，2008年扩大试点，争取2009年试点城市达80%；2010年在全国推开，逐步覆盖全体城镇非从业居民。[①]这标志着我国医疗保险制度改革向全民医保与人人享有基本医疗保障的目标又迈出了重要步伐，也标志着我国城镇职工基本医疗保险、城镇居民基本医疗保险、新农合、城乡医疗救助制度“四位一体”覆盖城乡的医疗保障体系框架的初步形成。

2．三年时间完成从试点到全面推开

2007年，国务院城镇居民基本医疗保险部际联席会议经评估确定了88个首批试点城市。同年10月，劳动和社会保障部等部门先后出台《关于城镇居民基本医疗保险医疗服务管理的意见》《关于做好城镇困难居民参加城镇居民基本医疗保险有关工作的通知》，结合修订《基本医疗保险和工伤保险药品目录》，把36种儿童住院和门诊大病临床诊疗必需的专门用药（西药13种，中成药23种）纳入医疗保险支付范围，以满足城居保试点后少年儿童参保用药的需要。2008年2月，国务院城镇居民基本医疗保险试点评估专家组通过对9省市的实地调研、3市的深度访谈调查以及近12000户家庭的连续跟踪调查，收集各地试点工作进展情况和首批试点城市2008年社会保险统计资料，完成《关于城镇居民基本医

① 《国务院关于开展城镇居民基本医疗保险试点的指导意见》，《中华人民共和国国务院公报》，2007年24期。

疗保险试点的评估报告》，提出 2007 年城居保试点城市政策体系和管理体系初步形成，制度开始启动运行，参保规模不断扩大，参保居民基本医疗需求得到一定程度保障，大多数参保居民感到满意。2007 年 10—12 月，享受待遇人数逐月增加 0.5 个百分点；据入户调查显示，居民参保后两周就诊率提高 5 个百分点，因经济原因未就诊率降低 10 个百分点；住院率提高 2 个百分点；68%的参保居民对这项制度感到满意。① 截至 2007 年底，88 个试点城市参保（即参加城镇居民基本医疗保险）居民达到 2583 万人，其中中小学生、儿童占 52.8%，享受不同优惠政策的困难人员占 23%。加上其他自行探索的地区，全国共有 137 个地市的 692 个区县建立了城居保制度，实际参保 4291 万人，基金收入 43 亿元，各级政府医保的财政补助 20.84 亿元。

2008 年，我国城居保试点继续扩大，将财政补助标准提高到不低于 80 元，与新农合同步，财政有困难的地区可分两年到位。同年 2 月，国务院召开城居保扩大试点工作电视电话会议，提出在 2007 年 88 个试点城市的基础上，新增 229 个扩大试点城市，其中江苏、浙江、安徽、福建、江西、河南、湖北、湖南、广东、海南、西藏、陕西、甘肃、青海和宁夏 15 个省（区）全部地（市）纳入试点。扩大试点城市的数量达到全国地级城市数量的一半以上。同年 10 月，国务院办公厅印发《关于大学生纳入城镇居民基本医疗保险试点范围的指导意见》，确定将各类全日制普通高等学校（包括民办高校）、科研院所（以下统称高校）中接受普通高等

---

① 国务院城镇居民基本医疗保险试点评估专家组：《2008 年城镇居民基本医疗保险试点评估报告（摘编）》，《中国医疗保险》，2009 年 05 期。

学历教育的全日制本专科生、全日制研究生纳入城居保。这样城镇居民基本医疗保险制度就覆盖了城镇居民全体非从业人员，城乡全体居民都有了基本医疗保障制度安排。截至2008年底，我国实际试点城市317个，参保的城镇居民达到1.18亿人；基金收入154.9亿元，其中全国各级政府对城居保的专项财政补助总额达90多亿元，包括中央财政支出31.7亿元。

2008年，城居保实际已覆盖全国地级市的绝大多数。2009年4月，人力资源社会保障部、财政部发出《关于全面开展城镇居民基本医疗保险工作的通知》，要求全国所有城市都要开展城居保工作；2009年新开展试点的城市，参保率力争达50%；2009年前已开展试点的城市，参保率力争达80%。[①] 至2009年底，城居保制度在全国各地普遍推开，参保人数为1.82亿人，覆盖率约为80%；全国城居保基金收入252亿元，比2008年增长62.4%；城居保基金支出167亿元，比2008年增长160.9%；城居保基金累计结存221亿元。

（三）继续完善城镇职工基本医疗保险制度

1．城镇职工基本医疗保险制度持续扩大覆盖面

从20世纪90年代中后期开始，大量农民工进城务工，到2003年，全国进城就业的农民工已达1亿人，在第二产业中已占从业人员总数的57.6%，在第三产业中已占从业人员总数的52%，农民工已经成为我国产业工人的重要组成部分，他们的社会保障问

① 《关于全面开展城镇居民基本医疗保险工作的通知》，人社部网站，2009年8月5日。

题日益突出，受到社会各界的普遍关注，成为焦点、热点问题。与此同时，随着我国经济体制改革的进一步深化和产业结构的调整，以非全日制、临时性和弹性工作等灵活形式就业的人员逐步增加，这部分人的医疗保障问题日益突出。为此，2003 年 5 月，劳动和社会保障部印发《关于城镇灵活就业人员参加基本医疗保险的指导意见》，重点解决国有企业下岗职工“并轨”和就业形式多样化背景下的医保问题。2006 年 3 月，国务院出台《关于解决农民工问题的若干意见》，提出有条件的地方，可直接将稳定就业的农民工纳入城镇职工基本医疗保险。①

此外，随着经济体制改革进一步深化，国有企业向混合所有制企业转制的进程加快，个体、私营等非公有制经济组织迅速发展，混合所有制企业和非公有制经济组织成为我国城镇新增劳动力、下岗失业人员和农村进城务工人员就业的主要渠道。为解决这部分人员的医疗保障问题，2004 年 5 月，劳动保障部印发《关于推进混合所有制企业和非公有制经济组织从业人员参加医疗保险的意见》，确定了三个重点，即以私营、民营等非公有制企业为重点，提高中小企业参保（即参加城镇职工基本医疗保险）率；以与城镇用人单位建立劳动关系的农村进城务工人员为重点，积极探索其参加医疗保险的有效途径和办法；以大中城市为重点，加强工作指导，妥善处理各方面关系。截至 2012 年底，全国参加城镇职工基本医疗保险的人数达 2.6 亿多人，比十年前增长 18 倍，其中 2006 年至 2010 年是增长最迅速的时期，每年平均增加近 2000 万人；

① 《国务院关于解决农民工问题的若干意见》，《人民日报》，2006 年 3 月 28 日。

2002—2012年，城镇职工基本医疗保险基金收入增长近9倍，基金支出增长近11倍。在待遇享受方面，到2012年，共有12.3亿人次享受了城镇职工基本医疗保险服务，政策补偿比达到81%。

2．将破产企业退休人员和困难企业职工纳入城镇职工基本医疗保险

我国城镇职工基本医疗保险在快速发展中最突出的问题就是破产国有企业有数百万退休人员缺乏基本医疗保险，主要原因是破产国有企业无力为其缴纳医保费。截至2007年5月底，仍有600万左右的关闭破产国有企业退休人员没有参加医疗保险，包括中央及中央下放的政策性关闭破产国有企业59万人，地方政策性关闭破产国有企业139万人，地方依法破产的国有企业410万人。因此，2007年10月，国务院决定从破产企业资产中一次性提取退休人员医疗保险费，不足的部分由企业主管部门（或企业集团）统筹调剂；再不足的部分，通过土地出让所得在年度预算或超收中安排财政补助；最后剩下的部分，由中央财政在超收预算中安排资金给予相关地区专项补助。2008年7月，财政部、人力资源社会保障部、国务院国资委发出《关于中央财政帮助地方政策性关闭破产国有企业退休人员参加城镇职工基本医疗保险补助资金拨付有关问题的通知》，进一步明确了补助标准，对中西部地区和老工业基地的地方政策性关闭破产国有企业退休人员，中央财政按照未参加医疗保险的每人6300元，已参加医疗保险的每人1260元的标准安排补助，对东部地区的补助标准减半。到2008年底，我国将地方政策性关闭破产国有企业139万名未参保退休人员中的绝大多数纳入了城镇职工基本医疗保险，中央财政安排98.5亿元专项补助资金。[①] 这是中央财政第一次在职工基本医疗保险制度上对地方给予资金补助。

2009年，国务院决定用两年左右时间将其他破产企业退休人员和困难企业职工纳入职工医保。同年5月，人力资源社会保障部、财政部、国务院国资委、监察部联合发出《关于妥善解决关闭破产国有企业退休人员等医疗保障有关问题的通知》，要求2009年底前把未参保的关闭破产国有企业退休人员纳入城镇职工基本医疗保险，所需资金多渠道解决，包括破产财产偿付、土地出让所得划拨部分、地方政府财政补助（可分年到位）等；中央财政按照奖补结合原则给予一次性补助；2010年底前把尚未参保的、关闭破产的集体企业等其他各类关闭破产企业退休人员和困难企业职工纳入城镇职工基本医疗保险，中央财政通过以奖代补方式对此项工作做得好的地区给予一次性补助；到2011年底，东、中、西部省份解决关闭破产国有企业退休人员参保问题地方政府所需筹集资金到位率要分别达50%、40%、30%。[②]

2011年10月，最后一笔中央财政补助资金核拨到各地，总计拿出了509亿元，地方政府也把596万名各类关闭破产国有企业未参保退休人员纳入了城镇职工基本医疗保险，同时统筹解决了400多万名其他关闭破产企业人员和困难企业职工的参保问题，合计1031万人，基本解决困扰地方、企业和退休人员多年的历史遗留问题。此举有力促进了经济体制转轨和产业结构调整特定过程中出

---

① 《聚焦着力改善困难群体基本生活问题的四个数字》，中国政府网，2009年1月8日。

② 《人力资源社会保障部 财政部 国资委 监察部关于妥善解决关闭破产国有企业退休人员等医疗保障有关问题的通知》，《中华人民共和国国务院公报》，2009年34期。

现的这个阶段性矛盾的解决，也成为应对国际金融危机冲击与保障和改善民生的重要举措之一。

（四）建立城乡医疗救助制度

改革开放以后，由于传统合作医疗制度趋于瓦解，城市的劳保医疗制度和公费医疗制度正在向医疗保险制度转变，城市贫困人口的医疗问题日益突出。在这样的社会经济背景下，不管是农村还是城市，医疗救助逐渐引起重视。

1．建立农村医疗救助制度

2002 年 10 月，中共中央、国务院印发《关于进一步加强农村卫生工作的决定》，首次提出在中国农村建立医疗救助制度，并明确了对农村贫困家庭实行医疗救助、实施以大病补偿为主以及对贫困家庭参加合作医疗给予资金补助的救助形式。2003 年 11 月，民政部会同卫生部、财政部联合发布《关于实施农村医疗救助的意见》（以下简称《意见》），提出到 2005 年，在全国基本建立起规范、完善的农村医疗救助制度。救助对象确定为农村五保户、农村贫困户家庭成员以及地方政府规定的其他符合条件的农村贫困农民。救助办法有两种，一是在开展了新农合的地区，对医疗救助对象个人应负担的缴费予以全部或部分资助，使其能够参合并享受相应待遇；二是在尚未开展新农合的地区，对因患大病个人负担医疗费用难以承担，或者虽已参合但因患大病经新农合后，个人负担医疗费用仍过高，影响家庭基本生活的，再给予适当的医疗救助。[①]

---

① 《民政部 卫生部 财政部关于实施农村医疗救助的意见》，《中华人民共和国国务院公报》，2009 年 34 期。

《意见》的发布标志着我国农村医疗救助制度正式建立。

到2008年，农村医疗救助制度全面覆盖全国有农业人口的县（市、区），各级政府加大对农村医疗救助的财政投入力度。2005—2008年，国家共安排120.9亿元资金，累计资助7900多万人参加新农合，同时直接救助近2000万人次。此后，各地稳步扩大农村医疗救助的覆盖面，在把农村低保和五保户纳入农村医疗救助制度的同时，还把农村其他经济困难家庭人员也纳入救助范围。此外，我国还针对救助对象困难情况和基本医疗需求，调整医疗救助标准、逐步提高救助水平；适当扩大了救助病种，在以住院医疗救助为主的同时，兼顾对困难群众的门诊医疗大额花费给予资助。

2．建立城市医疗救助制度试点

20世纪90年代以来，随着经济体制改革的逐步深入，我国城市出现了越来越多的下岗或者待岗职工，城市的贫困问题开始被人们广泛关注，政府随之制定了城市居民最低生活保障制度，但是当时并没有考虑贫困人口的医疗需求问题。走在改革前沿的上海、广州、北京、大连等城市首先体会到社会经济改革带来的医疗救助需求问题。随着国务院印发《关于建立城镇职工基本医疗保险制度的决定》，我国开始探索建立城市医疗救助制度。2003年1月，国务院办公厅转发国家经贸委等部门《关于解决国有困难企业和关闭破产企业职工基本生活问题若干意见的通知》，提出全国各地要尽快通过建立社会医疗救助制度，对暂时无力缴费、没有参加医疗保险的困难企业职工，提供必要的医疗救助。[①]

① 《国务院办公厅转发国家经贸委等部门关于解决国有困难企业和关闭破产企业职工基本生活问题若干意见的通知》，《中华人民共和国国务院公报》，2003年05期。

2005 年 3 月，国务院办公厅转发民政部等部门《关于建立城市医疗救助制度试点工作意见的通知》，提出从 2005 年开始，用 2 年时间在各省、自治区、直辖市不少于五分之一的县（市、区）进行试点，探索城市医疗救助的管理体制、运行机制和资金筹措机制；之后再用 2 ~ 3 年时间在全国建立起管理制度化、操作规范化的城市医疗救助制度。[①] 2005 年 6 月，财政部、民政部发布《关于加强城市医疗救助基金管理的意见》，就多渠道筹集城市医疗救助基金，科学合理制定救助标准，严格城市医疗救助资金申请、审批和发放办法，切实加强城市医疗救助基金的管理监督力度、确保基金安全，作出具体规定。到 2005 年底，我国建立了 1119 个城市医疗救助试点，2006 年又新增了 746 个城市医疗救助试点。其中，1663 个试点县（市、区）根据当地实际，出台了具体的城市医疗救助实施方案和办法，明确医疗救助筹资方式和救助形式，并先后建立了由"政府主导，民政部牵头，部门协作，社会参与"的医疗救助管理体制，初步实现了城市医疗救助的制度化运行。截至 2006 年底，全国各试点已累计筹集医疗救助资金 21.9 亿元，资助贫困对象 384 万余人次，其中仅 2006 年就已筹集医疗救助资金 13.49 亿元，实施救助 211 万人次。

到 2007 年，全国有 90%的县（市、区）建立了城市救助制度，城市医疗救助试点工作基本结束，按计划转向逐步推开阶段。同年 7 月，开始启动城镇居民基本医疗保险试点工作，提出城镇居民基本医疗保险基金用于支付规定范围内的医疗费用，其他费用可

① 《国务院办公厅转发民政部等部门关于建立城市医疗救助制度试点工作意见的通知》，《中华人民共和国国务院公报》，2005 年 13 期。

以通过医疗救助等方式解决，同时完善城市医疗救助制度。此后，城市医疗救助制度与建立城镇居民基本医疗保险制度密切结合，同步推进。

三、基本医疗保障体系框架基本形成

在这一时期，城镇职工基本医疗保险制度在全国普遍建立，基本完成公费医疗制度和劳保医疗制度向基本医疗保险制度的转轨。新农合制度已经在全国全面推开，覆盖了所有含农业人口的县。在农村和城市建立的医疗救助制度，对低保等困难人群进行医疗救助。城镇居民基本医疗保险将医疗保险覆盖范围由从业人员扩大到学生、儿童、老人等城镇非从业人员。经过几十年的不断探索，有中国特色的基本医疗保障体系框架已基本形成，城镇职工基本医疗保险、城镇居民基本医疗保险、新型农村合作医疗和城乡医疗救助分别覆盖城镇就业人口、城镇非就业人口、农村人口和城乡困难人群，从制度上实现了对城乡居民的全面覆盖。截至2012年底，全国参加城镇基本医疗保险人数超过5.3亿人。其中，参加城镇职工基本医疗保险人数约为2.6亿人；参加城镇居民基本医疗保险人数约为2.7亿人。[①] 新型农村合作医疗参保8.12亿人，三项基本医疗保险覆盖总人数超过13亿人。在覆盖面不断扩大的基础上，基本医疗保障的受益人群持续增加，保障水平稳步提高，制度稳健运行，对于减轻人民群众的医疗费用负担发挥了重要作用。

---

① 《人力资源社会保障部公布2012年全国社会保险情况》，中国政府网，2013年6月18日。

我国基本医疗保障社会化管理服务体系初步建立。随着基本医疗保障制度改革的推进，各地普遍建立了医疗保险经办机构，充实了经办管理人员。多数统筹地区建立了较为完善的医疗保险信息系统，基本实现了医疗费用的实时联网结算。随着建立城镇居民基本医疗保险制度，社区平台建设不断加强，初步形成了“参保在社区，缴费在银行，就医结算在医院”的管理服务体系，大大方便了参保群众。

我国医疗保障责任逐步清晰，公共财政作用不断加强。改革开放以来，随着我国社会主义市场经济不断完善，医疗保障体系中政府、单位（雇主）、个人（家庭）等的责任逐步清晰，公共财政对医疗保障的投入不断加大。例如，为解决国有关闭破产企业退休人员医疗保障等历史遗留问题，中央和各地陆续出台政策，通过加大政府投入、企业尽责等办法，逐步将他们纳入医疗保障体系统一管理，解决了他们的基本医疗保障问题；为解决农村居民和城镇未就业居民的基本医疗保障问题，政府对参保的城乡居民，给予每人每年不低于 80 元的补助，大大提高了城乡居民参保积极性，保证了制度的稳定、可持续。此外，政府对于医药卫生的投入，特别是对于社区卫生服务的投入不断增加，方便了参保患者，降低了医疗服务成本。为医疗机构发展提供了稳定的资金来源，促进了医药卫生体制改革。我国医疗保险覆盖面不断扩大，筹资和保障水平逐步提高，为医疗机构的发展提供了稳定的资金来源。特别是新农合的快速发展，带动了乡镇卫生院等农村医疗卫生机构的发展。医疗保险机构通过优化内部管理流程，不断缩短与医疗机构结算周期，对参保人员在医疗机构发生的合理费用及时足额支付，改变了我国公费医疗制度和劳保医疗制度长期拖欠医疗机构医疗费的问题，促进了医疗机构的健康发展。医疗保险通过建立定点管理制度，规范了医疗服务行为，提高了服务质量，控制了医疗费用不合理上涨。

第四节　医疗保障制度建设进入高质量发展阶段（2012—2022 年）

自 20 世纪 90 年代“两江”试点以来，我国先后改革了职工基本医疗保险制度，建立了新农合、城镇职工基本医疗保险和城乡医疗救助制度，构建起了我国医疗保障体系的框架，13 亿多人参保参合，全民医保基本实现。党的十八大以后，全面医疗保障体系建设进入新阶段，实施了多项重要措施。

一、城镇化发展促使医疗保障制度改革

改革开放以来，我国经济取得了持续快速增长的骄人成绩，创造了经济增长的“中国奇迹”。为了让广大人民群众分享经济发展的成果，中央政府将社会建设与改善民生摆在突出的位置，加大财政投入，逐步建立和完善覆盖城乡的社会保障制度。尤其是 2008 年国际金融危机爆发后，为应对危机产生的负面影响，我国实施了全面扩大内需、促进经济发展方式转变、稳定经济增长等一揽子计划。中央政府从经济社会发展全局出发，作出了进一步改善民生、加快完善社会保障体系的重大决策，以缓解群众看病难、看病贵的问题为重点，启动了医药卫生体制改革，建立起了包括城镇职工基

本医疗保险制度、城镇居民基本医疗保险制度和新农合制度的社会医疗保险制度体系，基本实现了医疗保险的“制度全覆盖”。同时，经过多年的改革和发展，基本医疗保险的覆盖范围不断扩大，保障水平不断提高，管理体系和运行机制不断完善和成熟，社会基本医疗保险改革取得了较大的成效。

1978 年，我国总人口约 9.6 亿人，其中城镇占 17.9%，农村占 82.1%；其后，城镇人口比例大约以每 10 年增长 10 个百分点的趋势递增。到 2011 年，城镇化进程达到一个重要节点：2011 年城镇常住人口比例首次突破 50%。因此，我国处于城镇化深入发展的关键时期，农村人口不断向城镇集中，但大量农业转移人口难以融入城市社会，市民化进程滞后。2.34 亿农民工及其随迁家属被统计为城镇人口，却未能在教育、就业、医疗、养老、保障性住房等方面享受城镇居民的基本公共服务，既不公平又影响社会稳定。为此，我国调整户口迁移政策，统一城乡户口登记制度，稳步推进义务教育、就业服务、基本养老、基本医疗卫生、住房保障等城镇基本公共服务覆盖全部常住人口。但是，城镇居民基本医疗保险和新农合的目标人群分别是城镇户籍和农村户籍，从事实上强化了户籍分割，不利于城乡社会保障制度的一体化进程。因此，整合城乡居民基本医疗保险制度既是整个城镇化进程的重要部分，也可在很大程度上加速我国的城镇化与市民化。

与此同时，我国基本医疗保障水平，特别是城镇基本医疗保险和新农合制度的保障水平还比较低，从全国范围来看，实际补偿比例*平均仅为 50%左右，仍有超过一半以上的医疗费用需要群众自己承担。尤其是对大病患者而言，由于病情治疗的需要，对社保报销目录以外的诊疗项目、药品等需求量较大，实际补偿比例会更

* 实际补偿比例是指基本医保报销的医疗费用占患者的总医疗费用(包括基本医保政策范围外的药品、诊疗等费用）的比例。

低，甚至低于20%，个人负担较重，因病致贫、因病返贫现象比较普遍。为此，有必要针对大病患者建立专门的制度予以保障。

二、医疗保障制度体系不断完善

（一）统一医疗保障管理

公费医疗制度和劳保医疗制度是我国最早建立的医疗保障制度，分别由劳动部门和卫生部门管理。1998年国务院机构改革，劳保医疗制度改革为城镇职工基本医疗保险制度，统一交由劳动保障部门组织实施。2007年后建立的城镇居民基本医疗保险制度由人力资源社会保障部门管理，后来建立的新农合制度由卫生部门管理，城乡医疗救助制度由民政部门管理。城镇职工基本医疗保险制度、新农合制度以及城乡医疗救助制度由不同的部门管理是因为制定社会保险法时，各个部门意见不一，新农合基本制度没有同城镇职工基本医疗保障制度和城镇居民基本医疗保险制度一样写入相关法律法规，因此在实践中出现了与城镇基本医疗保险政策重叠等问题。

2013年11月，党的十八届三中全会通过《中共中央关于全面深化改革若干重大问题的决定》，提出整合城乡居民基本养老保险制度、基本医疗保险制度。2015年10月，党的十八届五中全会通过《中共中央关于制定国民经济和社会发展第十三个五年规划的建议》，提出整合城乡居民医保政策和经办管理。2016年1月，国务院印发《关于整合城乡居民基本医疗保险制度的意见》，强调推进整合城镇居民基本医疗保险和新农合制度，逐步在全国范围内建立起统一的城乡居民基本医疗保险制度，首次在制度安排上把新农合、城镇居民基本医疗保险统一称为城乡居民医保。此外，在基本政策整合方面，提出实现覆盖范围、筹资政策、保障待遇、医保目录、定点管理、基金管理“六统一”的目标；在理顺管理体制方面，提出了整合经办机构、创新经办管理的要求。[①]

到 2017 年 6 月，全国有 23 个省级地区，80%以上的地市统一了新农合、城镇居民基本医疗保险的基本政策，并实行了统一经办管理。同年 10 月，党的十九大明确提出完善统一的城乡居民基本医疗保险制度，从“整合”政策、经办管理到“统一”制度，提法的变化指明了改革方向。2018 年 3 月，按照十三届全国人大一次会议通过的《国务院机构改革方案》，我国组建了国家医疗保障局，将原来由人力资源社会保障部、国家卫计委、民政部、国家发改委四部门分别承担有关医疗保障的职能交由国家医疗保障局承担。自此，我国医疗保障体系实现了行政管理的统一。

（二）建立城乡居民大病保险制度

基本医疗保险从制度安排层面，在一定程度上解决了绝大多数职工和城乡居民罹患疾病的经济风险问题。基本医疗保险制度设计的初衷在于解决基本的医疗需求，而对于遭受灾难性卫生支出的家庭，或是需要接受药物报销目录之外的诊疗项目和自费药品的个人，或是长期慢性病药费支出的个人来说，仍然承受着高额医疗费用的压力。为缓解这部分人群的医疗矛盾，一些地方把重特大疾病患者作为一个特殊群体给予更多援助，在保障范围界定上，有的按

---

① 《国务院关于整合城乡居民基本医疗保险制度的意见》，《中华人民共和国国务院公报》，2016 年 03 期。

病种界定群体，有的则按高额支出界定群体；在筹资渠道上，有的从医保基金中划拨，有的由财政拨付专项；在支付方式上，有的实行定额补贴，有的按超出基本医疗保险支付限额多少按比例报销。

2012 年 8 月，国家发改委、卫生部、财政部、人力资源社会保障部、民政部、中国保监会六部门联合发布《关于开展城乡居民大病保险工作的指导意见》，提出在基本医疗保险基础上，对大病患者发生的高额医疗费用给予进一步保障；实施范围是参保、参合的城乡居民；筹资渠道是从城镇居民基本医疗保险、新农合基金中划出一定比例或额度；承办方式是通过政府招标选定承办大病保险的商业保险机构。[①] 制度全面实施当年，保险公司累计收入的保费及受托管理的基金总计达 258.64 亿元，年人均筹资 28 元；当年赔付支出 246.85 亿元，人均报销额度 7138 元。随后，各地纷纷开展城乡居民大病保险的探索，总体上处于实践阶段。在这一过程中，焦点问题有两个：一是关于筹资渠道，如何确定从医疗保险基金中的划拨比例；二是关于承办机构的管理，参与承办的商业保险机构运营成本确定问题，多数地区定为承办总额的 4%左右。为了解决上述两个问题，2013 年 5 月，财政部、人力资源社会保障部、卫生计生委、中国保监会发出《关于利用基本医疗保险基金向商业保险机构购买城乡居民大病保险财务列支办法的通知》，在新农合和城居保基金支出中增设“购买大病保险支出”项目；并规定，商业保险机构出现超过大病保险承办合同约定的盈余需向新农合和城居保基金返还资金，或因新农合和城居保政策调整等政策性原因给商

① 《关于开展城乡居民大病保险工作的指导意见》，《中国人力资源社会保障》，2012 年 10 期。

业保险机构承办大病保险带来亏损则由基本医疗保险基金进行补偿，出现这两种情形时，相应调整上年度基本医疗保险统筹基金余额。[①]

2013年11月，党的十八届三中全会通过《中共中央关于全面深化改革若干重大问题的决定》，提出加快健全重特大疾病医疗保险和救助制度。2015年7月，国务院办公厅印发《关于全面实施城乡居民大病保险的意见》，要求各地在2015年底前，使大病保险覆盖所有城乡居民基本医保参保人群，大病保险基金支付比例达50%，有效减轻大病患者看病就医负担；到2017年，建立起比较完善的大病保险制度，与医疗救助等制度紧密衔接。[②] 2015年，保险公司承办城乡居民大病保险的保费收入及受托的管理基金总共为258.64亿元，赔付支出为246.85亿元，赔付比例达95%左右。[③] 截至2015年底，全国各省（自治区、直辖市）及新疆生产建设兵团所辖统筹地区全面实施城乡居民大病保险，实现了地区全面启动、人员全面覆盖、待遇全面兑现“3个100%”，全国覆盖超过10亿人。在这期间，政府投入不断加大，大病保险所需资金从城乡居民基本医疗保险基金中直接划拨。国家不断提高城乡居民基本医保人均财政补助标准，2015年多增加20元用于大病保险全面实施，2016年又增加10元用于增强大病保险保障功能。

---

① 《财政部、人力资源社会保障部、卫生计生委、保监会关于利用基本医疗保险基金向商业保险机构购买城乡居民大病保险财务列支办法的通知》，《中华人民共和国财政部文告》，2013年07期。

② 《国务院办公厅关于全面实施城乡居民大病保险的意见》，《中华人民共和国国务院公报》，2015年23期。

③ 《我国大病保险已覆盖10.5亿城乡居民》，国务院新闻办网站，2016年10月19日。

我国全面实施城乡居民大病保险以来，加上基本医保、医疗救助、社会慈善捐助等多重政策，避免了许多家庭的灾难性医疗支出，大幅度降低了因病致贫、因病返贫的概率。针对贫困人口，医疗费用的总体报销比例约达到90%，城乡居民大病保险成为我国落实脱贫攻坚战略的重要举措之一。

（三）实现异地就医医保费用直接结算

2009年以前是我国基本医疗保险制度建立和完善的阶段，医保部门工作重心在扩大基本医疗保险覆盖面、提高筹资水平和保障水平，因而对涉及少部分人群的异地就医*问题重视程度相对较低。我国在基本实现全面医保之后，异地就医结算的便利性问题成为群众的基本诉求。异地就医患者费用报销困难的问题引发了社会广泛关注，实施异地就医结算政策成为政府一项重要的民生工程。当时全国参加基本医疗保险制度的人数接近13亿人，按照既有的政策规定，医疗保险基金只对在统筹地区内就医的参保者实行经办机构与医疗机构直接结算，对异地就医参保者则采取个人先垫付医疗费，再回参保地按规定报销的办法。这使一些长期在异地居住、就医的参保者深感不便，有的长年无法报销，有的托亲友代办报销手续。为了解决这个问题，到2013年，多数地区实现省内异地就医医疗费用的直接结算，有27个省建立了省内异地就医结算信息系统；还有部分地区通过区域间定向协作探索了跨省异地就医结算的途径。

* 异地就医指参保人在参保统筹地区外医疗机构就诊的行为。

2014年11月，人力资源社会保障部、财政部、国家卫计委联合发布《关于进一步做好基本医疗保险异地就医医疗费用结算工作的指导意见》（以下简称《指导意见》），在全国范围内部署职工医保、城居医保和新农合的异地就医结算工作。《指导意见》要求分层次推进，底层是完善市级统筹，在 2014 年基本实现市级统筹区内就医直接结算；中层是规范省内异地就医结算，抓紧建立省级结算平台，2015 年基本实现省内异地住院费用直接结算；顶层是建立国家级异地就医结算平台，2016 年全面实现跨省异地安置退休人员住院医疗费用直接结算。首先解决异地安置退休人员，主要考虑异地就医结算需求最为迫切的是跨省异地安置退休人员，当时估计总数约为 250 万人，因此作为重点对象。与此同时，还把住院诊疗费用作为跨省异地就医结算的重点；随后，全国各地加快推进地、省两级的异地就医结算，到 2015 年底，总体实现了市内无异地（统一标准、统一结算）、省内可通畅（地市间协作、网络结算）的目标。

2016 年 12 月，人力资源社会保障部、财政部发出《关于做好基本医疗保险跨省异地就医住院医疗费用直接结算工作的通知》，提出 2016 年底基本实现全国联网、启动跨省异地安置退休人员住院医疗费用直接结算工作；2017 年开始逐步解决跨省异地安置退休人员住院医疗费用直接结算，年底扩大到符合转诊规定人员的异地就医住院医疗费用直接结算。[①] 2017 年 9 月底，国家异地就医结算信息系统建立，跨省异地就医医保费用成功结算。全国有 7226 家承担跨省异地就医住院医疗费用直接结算的定点医疗机构接入国家平台，备案人员达 162 万人；各省归集跨省异地就医预付金 8.8 亿元；出院端信息流、业务流、资金流次均结算时间基本控制在

① 《人力资源社会保障部、财政部关于做好基本医疗保险跨省异地就医住院医疗费用直接结算工作的通知》，人社部网站，2016 年 12 月 8 日。

10 秒内完成。在 2017 年 9 个月内累计完成异地住院就医直接结算 4.6 万人次，基金支付 6.4 亿元，平均为每人次患者减少垫付 1.36 万元。

2018 年，我国巩固完善异地就医住院费用直接结算工作，妥善解决农民工和“双创”人员异地就医问题。到 2018 年底，全国各级医保经办机构基本全部接入国家医保异地结算平台，全年跨省异地就医直接结算 131.8 万人次，医疗费用 319.4 亿元，其中医保基金支付 188.5 亿元。[①] 与此同时，2018 年 9 月，长三角地区三省一市（江苏省、浙江省、安徽省及上海市）率先在 8 个统筹地区开展区域范围内门诊费用跨省直接结算，标志着门诊费用跨省直接结算的开始。此后，长三角地区跨省异地就医门诊费用直接结算政策惠及人群持续增加，月度结算人次、结算费用和医保基金支出均呈显著上升趋势。结算开通首月，长三角地区区域内门诊费用直接结算共计 277 人次，区域内跨省直接结算门诊医疗总费用及医保支付费用分别为 12.68 万元、7.12 万元。2019 年 9 月，长三角地区实现了上海市医疗机构和苏浙皖三省所有设区市的全覆盖，完成三省与一市之间的双向直接结算。至 2020 年 8 月底，长三角地区实现全部统筹地区之间跨省异地门诊费用直接结算互联互通。此外，京津冀地区（北京市、天津市、河北省）和西南五省区市（四川省、重庆市、贵州省、云南省、西藏自治区）依次于 2019 年 12 月启动跨省异地就医门诊费用直接结算试点工作。

2021 年，跨省异地就医住院费用直接结算服务已覆盖全国所

① 《2018 年全国基本医疗保障事业发展统计公报》，国家医保局网站，2019 年 6 月 30 日。

有省份、所有统筹地区、各类参保人员和主要外出人员，接入联网定点医疗机构5.29万家，基本实现定点医院的全覆盖以及每个县至少有一家联网定点医院的目标。全国住院费用跨省直接结算440.59万人次，涉及医疗费用1070.20亿元，基金支付624.63亿元，基金支付比例为58.4%。

（四）医保管理进一步规范化

我国城镇职工基本医疗保险管理是以3个目录（即《基本医疗保险药品目录》《基本医疗保险服务设施目录》《基本医疗保险诊疗项目目录》）、2个定点（即定点医院和定点药店）和1个办法（即《城镇职工基本医疗保险管理办法》）为核心的管理，在实践中逐渐成熟，一方面，保障参保群众基本需求；另一方面，对基金使用效率的提高发挥了积极作用。党的十八大以后，全民医保的重点由扩大覆盖范围转向提升运行质量，从体制、机制、政策到管理服务模式，进行了全面深化改革，呈现出保障项目逐步增加，保障水平逐步提高，以异地就医结算为标志的管理幅度大大拓宽，以支付方式改革为标志的管理深度加强，人民群众有了更多实实在在的获得感，为新时代全面医保体系的进一步完善展示了广阔的前景。

1．扩大医保报销目录，提高医保保障范围

（1）医保部门开展高价药品谈判。一些特殊病、罕见病患者需要长期服用专利药、独家药，而这些药品大都价格昂贵甚至全部进口，超出了“保基本”的界限，不在《基本医疗保险药品目录》中，没有列入医保支付范围，给罕见病家庭带来巨大的压力。并且有些进口药比国际市场价格高几倍，海外“代购”药品现象虽然违反海关规定，但是屡禁不绝。因此，2016年，国务院要求人力资源社会保障部探索特殊药品谈判准入医保目录的途径。2017年3—6月，人力资源社会保障部组织专家拟定了谈判药品的范围、目标和程序，将临床必需、疗效确切但价格昂贵的45种药品纳入谈判范围，经过与34家相关企业一对一的谈判，最后确定将36种专利独家药品纳入基本医疗保险支付范围，包括多种恶性肿瘤靶向药、部分罕见病及慢性病治疗用药。由于医保有“团购”优势，纳入的药品平均降价幅度达到一半左右。同年7月，人力资源社会保障部发出《关于将36种药品纳入国家基本医疗保险、工伤保险和生育保险药品目录乙类范围的通知》，将这36种药品纳入国家基本医保药品目录的乙类范围，并规定了支付标准，要求各省级社保主管部门不得将这些药品调出本地目录，也不得调整限定支付范围，但可以依据实际情况规定本地医保基金的支付比例。[①] 2019年，国家医保局发布《2019年国家医保药品目录调整工作方案》，明确规定价格较高或对医保基金影响大的专利独家药品应当通过谈判方式准入。同年，共有97个药品谈判成功，全部纳入目录乙类药品范围。其中，119个新增药品中有70个谈判成功，价格平均降幅为60.7%。三种丙肝治疗用药降幅平均在85%以上，肿瘤、糖尿病等治疗用药的降幅平均在65%左右。31个续约药品中有27个成功，价格降幅为26.4%。[②]

（2）规范和扩大基本医疗保险药品目录。2017年2月，人力资源社会保障部发布《国家基本医疗保险、工伤保险和生育保险药

① 《人力资源社会保障部关于将36种药品纳入国家基本医疗保险、工伤保险和生育保险药品目录乙类范围的通知》，人社部网站，2017年7月13日。
② 《名贵药如何开出优惠价》，中国政府网，2019年12月2日。

品目录（2017年版）》，较《国家基本医疗保险、工伤保险和生育保险药品目录（2009年版）》增加了339种药品，进一步提高了参保人用药保障水平。同年7月底前，全国各省发布本地基本药品目录，建立省级统一的基本医疗保险药品数据库，实现省域范围内西药、中成药、医院制剂、中药饮片的统一管理。2019年4月，国家医疗保障局发布《2019年国家医保药品目录调整工作方案》，再次对医疗保险药品目录进行调整，强调优先考虑国家基本药物、癌症及罕见病等重大疾病治疗用药、慢性病用药、儿童用药、急救抢救用药等；同时将中药饮片纳入目录由排除法改为准入法。

2．改革医疗保险支付方式，提升医疗保险基金的使用效率

医疗保险基金支付方式是基本医疗保险制度中最核心的机制，其具有资源配置、成本控制和维护基金安全的作用。医疗保险基金支付方式有按服务项目付费、按人头付费、按服务单元付费、总额预付制、疾病诊断相关分组（DRG）等。我国在医疗保障制度建立之初，确定了医保基金支付三条线——起付线、支付比例、封顶线的基本政策，对医疗机构和零售药店实行定点协议管理。但在支付方式上，由于当时结算条件，在城镇职工基本医疗保险、城镇居民基本医疗保险和新农合一直维持劳保和公费医疗时期采取的“按项目付费”，即依据检查、诊疗、药品等花费项目支付的办法。“按项目付费”容易产生诱导需求和过度医疗服务，对医疗服务的需求方和供给方都不能进行很好的监管，造成医疗保险基金的浪费，加大了参保人的负担。因此，探求科学合理的基金支付方式一直是医疗保险改革的重点难点课题之一。

2011年5月，人力资源社会保障部发布《关于进一步推进医疗保险付费方式改革的意见》，提出医疗保险支付需要结合预算管理。具体来说，就是医疗保险支付方式需要进行医保基金总额控制，结合开展门诊费用统筹，探索按人头付费，结合住院和门诊大病的保障，探索按病种付费的支付方式。按人头付费和按病种付费是比较成熟的两种支付方式，但对医保基金总额控制，一些专家和医院管理人员认为可能会出现由于费用而推诿重症病人的现象。[①]在实践探索中，一些地方有了新的创新，在以往医疗服务量和增长率的基础上，确定统筹地区医保基金控制总量，而后分解到各医疗机构，提前预拨部分资金，期末结算实行结余奖励、超支由医保基金和医院分担的弹性办法，缓解了总额预算制带来的问题。2012 年 3 月，国务院印发《“十二五”期间深化医药卫生体制改革规划暨实施方案》，提出改革完善医保支付制度，在全国范围内积极推行按病种付费、按人头付费、总额预付等，增强医保对医疗行为的激励约束作用。同年 11 月，人力资源社会保障部、财政部、卫生部发布《关于开展基本医疗保险付费总额控制的意见》，提出用两年左右的时间在所有统筹地区范围内开展医保付费总额控制工作。在具体控制方法上，实行“结余留用、超支分担”，建立双向约束机制——医保经办机构设立周转金、按协议约定向定点医疗机构拨付，缓解其资金运行压力。

2016 年 12 月，财政部、人力资源社会保障部、国家卫计委联合发布《关于加强基本医疗保险基金预算管理发挥医疗保险基金控费作用的意见》，提出全面实施以总额预算为基础，门诊按人头付费，住院按病种、DRG、床日付费等多种方式相结合，适应不同人

① 《关于进一步推进医疗保险付费方式改革的意见》，《中国人力资源社会保障》，2011 年 07 期。

群、不同疾病及医疗服务特点的复合支付方式，逐步减少按项目付费。[①] 2017 年 6 月，国家卫计委选定福建省三明市、广东省深圳市、新疆维吾尔自治区克拉玛依市和福建医科大学附属协和医院、福州市第一医院、厦门市第一医院分别作为DRG收付费改革试点城市和试点医院，形成了“三+3”试点格局。其中，三明市早在 2016 年就开始推行DRG收付费改革，按照“定额包干、超支自付、结余归已”的原则，三明市 22 家县级及以上公立医院住院费用全部按DRG及定额支付标准付费，医保经办机构按照统筹基金定额标准支付给定点医院。统筹基金实际发生数超过定额的，超支部分由医院自行承担；低于定额的，结余部分作为定点医院的医务性收入，其中诊查护理和手术治疗各占 50%。同月，国务院办公厅印发《关于进一步深化基本医疗保险支付方式改革的指导意见》，提出从 2017 年起，全面推行以按病种付费为主的多元复合式医保支付方式，国家选择部分地区（2019 年确定为 30 个城市）开展DRG付费的试点，完善对基层医疗服务按人头付费、长期慢性病住院医疗服务按床日付费、对不宜打包付费的复杂病例和门诊费用按项目付费等多种方式；目标是到 2020 年，医保支付方式改革覆盖所有医疗机构及医疗服务，在全国范围内普遍实施适应不同疾病、不同服务特点的多元复合式医保支付方式，按项目付费占比将明显下降。[②] 2019 年 5 月，国家医疗保障局召开疾病诊断相关分组（DRG）付费国

① 《关于加强基本医疗保险基金预算管理发挥医疗保险基金控费作用的意见》，中国政府网，2017 年 2 月 25 日。

② 《关于进一步深化基本医疗保险支付方式改革的指导意见》，《中华人民共和国国务院公报》，2017 年 20 期。

家试点工作启动视频会议，公布了DRG付费国家30个试点城市名单。这也意味着，医疗保障支付制度改革逐步过渡到深水区。

2020年3月，中共中央、国务院印发《关于深化医疗保障制度改革的意见》，提出到2025年，医疗保障制度更加成熟定型，基本完成待遇保障、筹资运行、医保支付、基金监管等重要机制和医药服务供给、医保管理服务等关键领域的改革任务。同年10月，国家医疗保障局办公室发出《关于印发区域点数法总额预算和按病种分值付费试点工作方案的通知》，提出不再细化明确各医疗机构的总额控制指标，而是把项目、病种、床日等付费单元转换为一定点数，年底根据各医疗机构所提供服务的总点数以及地区医保基金支出预算指标，得出每个点的实际价值，按照各医疗机构实际点数付费。[①]同年11月，国家医疗保障局办公室发出《关于印发国家医疗保障按病种分值付费（DIP）技术规范和DIP病种目录库（1.0版）的通知》，明确DIP概念、分组、分值测算、支付结算的技术规范。同时，国家医疗保障局办公室发出《关于印发区域点数法总额预算和按病种分值付费试点城市名单的通知》，确定区域点数法总额预算和DIP试点城市名单，试点城市共计71个，涉及27个省、直辖市、自治区。2021年11月，国家医疗保障局颁布《关于印发DRG/DIP支付方式改革三年行动计划的通知》，提出加快建立管用高效的医保支付机制，在三年试点取得初步成效基础上，加快推进DRG/DIP支付方式改革全覆盖。截至2021年12月底，全国30个DRG付费国家试点城市和71个区域点数法总额预算和DIP

① 《国家医疗保障局办公室关于印发区域点数法总额预算和按病种分值付费试点工作方案的通知》，中国政府网，2020年10月14日。

付费试点城市全部进入实际付费阶段。[①]从各试点地区的试点成效来看，随着医保支付方式改革的全面深入开展，特别是在支付方式改革三年行动计划的大力推动下，医保支付的“杠杆作用”得到充分发挥，不仅能够有效提高医保基金使用效率、控制医疗费用不合理上涨、增强医疗机构成本意识，也在一定程度上发挥对医疗服务市场的调控作用，推动分级诊疗，形成科学有序就医格局。同时，也有力促进和支持医药卫生事业的健康发展，提高群众就医获得感，从而实现医院高质量发展、医保高效能治理、患者高品质就医三方共赢。

3．加强医保基金监管，增强医保基金安全

早在 2001 年，大连开始探索利用现代信息技术和医保大数据开展对医疗服务的智能监督管理。之后，上海、邯郸、天津、聊城和武汉相继开始这一工作。2012 年 4 月，人力资源社会保障部办公厅发出《关于开展医疗服务监控系统建设试点工作的通知》，在天津、太原等 18 个地方开展医疗服务监控系统建设试点。在此期间，试点城市利用医疗服务监控系统，从海量数据中筛查出可能存在问题的医疗服务行为及其关联人（参保人员、医务人员），进一步开展医疗保险稽核查处工作，初步建立起了快速筛查问题和堵塞漏洞的工作机制。此后试点城市不断扩大，还把医疗服务监管内容纳入其中，同时探索把监管范围延伸到医务人员。到 2015 年底，全国一半以上的统筹地区实施了医保智能监控，基本覆盖所有参保人员和大部分定点医疗机构。截至 2017 年 4 月，全国 381 个市级统筹

① 《2021 年医疗保障事业发展统计快报》，中国政府网，2022 年 9 月 10 日。

地区中，共有320个已开展医保智能监控工作，覆盖率为84%。

此外，2014年4月，全国人大常委会通过《关于〈中华人民共和国刑法〉第二百六十六条的解释》，明确以欺诈、伪造证明材料或者其他手段骗取医疗保险等社会保险金或其他社会保障待遇的，按诈骗公私财物罪量刑。该法条从法律层面上为社会保险基金监管提供了有力的依据。同年8月，人力资源社会保障部发布《关于进一步加强基本医疗保险医疗服务监管的意见》，明确医保服务监管的具体指标，包括监管参保人员就诊人数，医疗总费用和增长率，药品、医用耗材和检查总费用、增长率及占医疗费用比例等指标；探索从医疗服务提供方医生角度进行医保基金监管，建立“医保医生”管理制度，对定点医疗机构医务人员建立诚信档案，并在定点服务协议中约定其责任和义务，并与绩效相挂钩。[①]

2018年，国家医保局组建后，会同相关部门联合开展打击医保基金欺诈专项行动。截至2018年末，全国各地共查处违法违规定点医药机构6.6万家，其中解除医保协议1284家，移交司法127家，查处违法违规人员2.4万人。2019年2月，国家医疗保障局发出《关于做好2019年医疗保障基金监管工作的通知》，提出监督检查全覆盖、开展以打击欺诈骗保为重点的专项治理、建立飞行检查工作机制、完善举报制度、全面推进智能监控、强化协议管理、促进部门联动综合监管、推进行业自律等诚信体系建设、加快基金监管法制建设等措施。[②]同年4月，国家医疗保障局制定《医疗保

---

① 《关于进一步加强基本医疗保险医疗服务监管的意见》，人社部网站，2014年8月18日。

② 《关于做好2019年医疗保障基金监管工作的通知》，国家医保局网站，2019年2月26日。

障基金使用监管条例（征求意见稿）》，向全社会公开征求意见，首次将医疗保障领域的信用纳入社会信用体系，对违反医保基金使用规定的单位和个人可以纳入失信联合惩戒对象名单。2020 年，国家医保局会同卫生健康部门在全国开展自查自纠基础上，检查定点医药机构 60 余万家；连自查加检查，共处理违法违规违约定点医药机构 40 余万家。也就是说，全国一半以上的定点医药机构不同程度存在基金使用方面的问题，追回医保基金 223.1 亿元。[①] 2021 年 2 月，国务院发布《医疗保障基金使用监督管理条例》，填补了我国医疗保障基金监管方面缺少相应行政法规的空白，标志着我国医疗保障基金使用的监督管理有了法律规范，对医保法治化建设具有里程碑意义。

（五）开展生育保险与城镇职工基本医疗保险合并试点

生育保险与城镇职工基本医疗保险（以下简称“两险”）作为社会保险体系中独立的两个险种，对整个社会的持续稳定发挥着不可替代作用。由于“两险”均是补偿性的保障制度，在基金筹集、缴纳、管理等方面具有一定的共性，且“两险”的参保人群均为单位职工。因此，为探索更加完善的社会保险体系，更好地保障参保人员待遇，体现社会保险的互助共济性，提升社会保险综合效能，我国开始施行“两险”合并。

2017 年 1 月，国务院办公厅印发《生育保险和职工基本医疗保险合并实施试点方案》，提出保留险种、保障待遇、统一管理、

① 《国家医保局：2020 年处理违法违规违约定点医药机构 40 余万家》，光明网，2021 年 2 月 20 日。

降低成本的总体思路，确定在河北省邯郸市等12个城市开展为期1年左右的“两险”合并实施试点，启动时间为2017年6月底前。同年3月，人力资源社会保障部、财政部、国家卫生计生委联合印发《关于做好生育保险和职工基本医疗保险合并实施试点有关工作的通知》，对试点工作作出具体部署。同年6月，各试点城市全部出台试点方案并组织实施。试点全面启动1年后，12个试点城市参保人数达1510万人，比试点前增长12.6%，明显高于同期全国5.5%的增长水平。[①] 同时，还促进了小微企业参保，如泰州市生育保险参保人数增加6.3%，但参保单位数增加了35.7%，增量中大多数为小微企业。此外，试点城市通过两项保险统一协议管理、统一支付目录、统一直接结算，实现医疗服务一体化管理，不仅方便了参保职工就医结算，还提高了生育医疗服务监管水平。如晋中市通过统一直接结算生育医疗费用，报销周期最长缩短了8个月；沈阳市等地实现两项保险使用统一监控体系，实时审核结算数据。

随着全面两孩政策效应的逐步释放和生育保险相关工作的加强，2018年以后，生育保险基金已经实现当期收支基本平衡。为此，2019年3月，国务院办公厅印发《关于全面推进生育保险和职工基本医疗保险合并实施的意见》（以下简称《意见》），在全国范围内全面推进“两险”合并实施的条件已经成熟，确定“四个统一，一个确保”*。[②]

* “四个统一，一个确保”即统一参保登记、统一基金征缴和管理、统一医疗服务管理、统一经办和信息服务；确保职工生育期间生育保险待遇不变和制度可持续。

① 《生育保险和职工基本医疗保险合并试点城市参保人数达1510万人》，中国新闻网，2018年12月23日。

② 《国务院办公厅关于全面推进生育保险和职工基本医疗保险合并实施的意见》，《中华人民共和国国务院公报》，2019年10期。

“两险”合并，一方面扩大了生育保险覆盖面，增加了受益人群；另一方面，减少行政开支，提高了经办效率。“两险”合并之后，能够整合原有“两险”的管理人员，减少行政开支；还能合并“两险”重合的医疗服务项目，将生育医疗费用统一到医疗费用中进行报销还能简化参保人员的报销程序，能及时得到相应的补偿；并且在统一参保登记的基础上可以减少政府对两项保险的信息管理方面的出资，能降低“两险”的行政管理费用和运行费用，提高经办效率。但是，“两险”合并在实践中还遇到一些问题：一是随着生育保险覆盖面的不断扩大，统筹基金在短期内可能会面临一定的支付压力；二是“两险”合并只有《意见》对实施进行相应的规定，其他配套的法律、法规还有待完善。因此，在实际实施过程中会陷入协同管理责任难以分清的困境。

（六）开展长期护理保险试点

我国人口老龄化程度日益严重。第七次全国人口普查结果显示，我国60岁以上（含）人口约2.6亿人，占总人口的18.7%，与2010年相比，上升了5.44个百分点。65岁以上（含）人口约1.9亿人，占全国人口的13.5%。伴随人口老龄化进程加深的是人口高龄化和人口失能化。截至2019年，全国80岁及以上常住高龄老年人口占总常住人口的2.2%，占60岁及以上常住老年人口的12.1%。我国重度失能老年人人口比重已经由2000年的0.5%上升到2015年的1.3%，预计到2050年，我国将有1亿的失能老人。不断增加的失能老年人口规模导致护理服务需求激增，成为亟待解决的社会问题之一。

为探索解决这一社会问题，2015年10月，党的十八届五中全会通过《中共中央关于制定国民经济和社会发展第十三个五年规划的建议》，首次提出要探索建立长期护理保险制度。长期护理保险制度是指以社会互助共济的方式筹集资金，经失能评估机构评定，为满足待遇享受条件的参保人员，提供基本生活照料和与之密切相关的医疗护理，或者直接给予资金保障的社会保险制度。2016 年，人力资源社会保障部办公厅发布《关于开展长期护理保险制度试点的指导意见》，提出要在承德等 15 个城市和吉林、山东两个重点联系省份推行长期护理保险（以下简称长护险）试点工作；探索保障范围、参保缴费、待遇支付等政策体系，探索护理需求认定和等级评定等标准体系和管理办法，探索各类服务机构和护理人员服务质量评价、协议管理和费用结算等办法，探索管理服务的规范和运行机制。[①] 到 2018 年，长护险各试点城市受益人群不断扩大，切实缓解了失能家庭的长期护理服务的事务和财务负担，如上海年内受益人群规模达到 25 万，占户籍人口的 5%左右；成都市照护保险为 1.65 万人提供了保障待遇。长护险试点工作有效引导社会资本投资护理服务产业，护理机构数量快速增加，在部分地区护理机构初步呈现连锁化趋势，推动了护理产业的发展，护理队伍稳定性有所增加，也创造了大量的护理服务岗位。此外，长护险还有效疏解了医疗机构“社会性住院”的问题，一大批在医院滞留以医学治疗替代护理服务的失能人口被引导到护理机构接受服务。以南通市为例，失能老人从医院中迁出的比例从最初的 7%～8%，提高到 2017 年和 2018 年的 12%和 14%；与在医院接受治疗相比，在护理

---

① 《人力资源社会保障部办公厅关于开展长期护理保险制度试点的指导意见》，人社部网站，2016 年 6 月 27 日。

院接受照护其个人负担下降了近10倍。

2020年9月，国家医保局、财政部发布《关于扩大长期护理保险制度试点的指导意见》，新增14个长护险试点城市，继续探寻长期护理保障问题。2016—2021年，随着长护险试点城市数量增加，长护险的覆盖面不断扩大。同时，不断完善失能评估标准、保障项目范围与待遇标准、支付方式、管理运行等规定，基本搭建完成政策框架。让更多失能老人能够享受有尊严、有质量的晚年生活照护。在初期，多数试点城市普遍以职工长护险为切入口，逐步扩展到城乡居民和灵活就业人员等。以长春市为例，2016年启动试点时覆盖主城区380万职工和居民，2021年长护险覆盖范围已扩大至长春市所有市县区，覆盖人口836.7万人。长护险试点6年来，全国已覆盖1.45亿人，累计待遇享受人数约172万人，人均报销水平约每年1.6万元，基金支付占到个人基本护理费用负担的70%左右。

三、推进医疗保障改革向纵深发展

党的十八大以来，医疗保障事业发展进入新阶段，全民医保改革向纵深推进，我国已建立起覆盖全民的基本医疗保障制度，建立了大病保险等补充医疗保险制度，全面实施重特大疾病医疗救助，发展多种形式商业健康保险，构建起多层次、宽领域、全民覆盖的医疗保障体系，完善跨省异地就医直接结算、实施药品耗材集中采购、调整医保目录，医疗保障制度日益健全，人民的医疗服务需求大幅释放，群众就医负担持续大幅减轻，全民健康水平显著提升。人人享有基本医疗保障的目标初步实现，为人民群众“病有所医”

奠定了制度基础。

我国从改革城镇职工基本医疗保险制度起步，全面整合城镇居民基本医疗保险和新农合两项制度，统一城居保制度，全面实施城乡居民大病保险，健全重特大疾病医疗保险和救助制度、基本医保和大病保险、医疗救助互补衔接，有效提高公平性普惠性，切实维护人民群众“病有所医”的保障需求。目前，我国已建立世界上规模最大的基本医疗保障网，全国基本医疗保险参保人数13.6亿人，参保率稳定在95%以上；城镇职工基本医疗保险、城居保政策范围内住院费用支付比例分别为80%和70%左右；个人卫生支出占卫生总费用的比例从2015年的29.27%降至2020年的27.7%；基金年收支均超2万亿元、惠及群众就医超40亿人次，极大缓解了群众看病难、看病贵问题。

更多药品可选，就医负担进一步降低。在这一时期，我国通过推进国家药品和耗材集中带量采购改革，动态调整优化医保药品目录，探索建立罕见病用药保障机制等，不仅将更多救命救急的好药纳入医保范围，群众就医负担也明显降低。2018年以来，国家集采6批234种药品，平均降价53%；累计降低药耗负担超2700亿元。2021版药品目录品种增至2860种，67种谈判药品平均降价62%。[①] 截至2022年3月，16.7万家医药机构供应谈判药品。

在这一时期，全国跨省异地就医直接结算工作稳步推进，住院费用跨省直接结算、普通门诊费用跨省直接结算规模不断增大，门诊慢特病相关治疗费用跨省直接结算试点开展顺利，越来越多的参

① 《前6批药品集中采购平均降价53%》，中国政府网，2022年2月12日。

保群众享受到跨省异地就医直接结算服务。目前，所有统筹地区都已开通住院和普通门诊费用跨省直接结算，截至 2021 年底，住院费用跨省直接结算定点医疗机构数量为 5.27 万家。2021 年当年国家平台直接结算 440.59 万人次，涉及医疗总费用 1070.20 亿元，医保基金支付 624.63 亿元。[①] 此外，门诊费用跨省直接结算试点工作成绩显著，开通联网定点医疗机构 4.56 万家，联网定点零售药店 8.27 万家，门诊费用跨省累计直接结算 1251.44 万人次，涉及医疗总费用 31.28 亿元，医保基金支付 17.50 亿元。

按病分组、打包付费，支付改革遏制不合理医疗。以往，一些地方存在“小病大治”、“过度治疗”等医疗不透明、不公开情况，不仅浪费医疗资源，更增加了患者负担。2019 年以来，国家医保局积极推进医疗机构支付改革，先后启动 30 个城市的DRG（疾病诊断相关分组付费）国家试点和 71 个城市的DIP（按病种分值付费国家试点），使病种可分析、可评价、可比较，促进医疗机构控制成本、优化管理，提升医保基金使用效率。

与此同时，还要看到我国医疗保障制度在待遇保障、筹资运行、医保支付、基金监管等重要机制方面存在不少短板与弱项。未来，要不断推进医保改革向纵深发展，加快优化现行基本医疗保险制度并力促商业健康保险得到发展，同时还须加快推进医保经办服务机制改革步伐，推进医疗保障法制化进程，尽早建成全国统一的医保信息平台。

① 《2021 年医疗保障事业发展统计快报》，国家医保局网站，2022 年 3 月 4 日。

第三章
失业保险改革

▼

我国失业保险制度的改革发展一直与经济社会发展紧密相连，在国企改革、应对国际金融危机、化解过剩产能等历次重大经济社会事件中发挥了重要作用。2002 年以来，我国实施积极就业政策，失业保险制度改变前一时期被动保障失业人员基本生活的功能，通过东部七省市扩大失业保险基金支出范围试点、阶段性降低失业保险费率、实施援企稳岗政策、支持职工技能提升培训等一系列举措，使失业保险制度功能从保障基本生活向兼顾促进就业和预防失业不断拓展，失业保险保生活、促就业、防失业“三位一体”制度体系基本建立，制度功能不断成熟，为保持我国经济高速增长、促进社会和谐稳定作出了重要贡献。

第一节　失业保险制度改革探索（1978—1998 年）

一、待业保险制度建立的背景

改革开放以前，我国实行高度集中的计划经济体制，与之相适应，实行“统包统配”的劳动就业体制。在这种体制下，劳动力资源的调配使用完全由国家控制，企业没有用人自主权，理论上也保证了没有失业的存在。但改革开放以后，随着经济体制改革尤其是国有企业改革的推进，劳动用工制度发生了根本性变化，就业工作也进入了一个崭新的发展阶段，特别是1980年8月举行的全国劳动就业工作会议，明确提出“三结合”就业方针，即在国家统筹规划和指导下，实行劳动部门介绍就业、自愿组织起来就业与自谋职业相结合的方针。随后，全国各地区广开就业门路，发展城镇集体经济，大力兴办劳动服务公司，恢复和发展城镇个体经济，结合调整产业结构扩大就业容量，很快取得显著成效。到1982年，长期积累的待业人员，其中主要是20世纪70年代末集中返回城市等待安置就业的上山下乡知识青年，还有要求落实政策人员和其他城镇待业人员，大都得到安置，使历史上遗留下来的“老大难”问题基本得到解决。1979—1985年，全国城镇新就业人数5451万人，城镇待业率从1979年的5.4%下降到1985年的1.8%，绝大多数地区就业难的矛盾趋于缓和。[①]

20世纪80年代中期，国有企业改革不断冲破计划经济体制的束缚，在劳动管理方面，迫切要求改变制约企业发展和推行其他改革政策的固定工制度。为此，国务院决定对国营企业新招工人实行劳动合同制度，并允许企业辞退违纪职工。早在1979年党中央就决定在广东省、福建省建立四个经济特区，特事特办，形成新的管理制度。20世纪80年代初，劳动人事部在为特区招才纳贤的同时，专门组织一些专家赴特区帮其设计符合实际需要的企业用工制度，即劳动合同制度。随后，这一新的用工制度又在中央确定的

---

① 胡晓义主编：《走向和谐：中国社会保障发展60年》，北京：中国劳动社会保障出版社，2009年版，第256页。

14个对外开放的沿海城市推开。1983年，劳动合同制的试行范围扩大到九省的部分市县，劳动人事部在总结各地经验的基础上，发出《关于积极试行劳动合同制的通知》，正式开始在国营企业进行劳动合同制度的试点工作。1985年，合同制工人达到300多万人。①

为改革国营企业劳动人事制度、增强企业活力，1986年7月，国务院下发《关于发布改革劳动制度四个规定的通知》，由《国营企业实行劳动合同制暂行规定》《国营企业招用工人暂行规定》《国营企业辞退违纪职工暂行规定》《国营企业职工待业保险暂行规定》四项相互衔接、相互配套的规定组成，并自同年10月1日起，企业在国家劳动工资计划指标内招用常年性工作岗位上的工人，除国家另有特别规定者外，统一实行劳动合同制；企业有权辞退职工以及终止、解除劳动合同。由于当时对社会主义是否存在失业还有争议，因此称这为待业保险，实际功能其实就是失业保险。以国务院发布《国营企业职工待业保险暂行规定》为标志，我国的失业保险制度初步建立。

二、从待业保险转为失业保险

《国营企业职工待业保险暂行规定》（以下简称《暂行规定》）明确建立待业保险制度的目的是适应劳动制度改革的需要，促进劳动力合理流动，保障国营企业职工在待业期间的基本生活；适用范

① 胡晓义主编：《走向和谐：中国社会保障发展60年》，北京：中国劳动社会保障出版社，2009年版，第257页。

围包括宣告破产企业的职工、濒临破产企业法定整顿期间被精减的职工、企业终止或解除劳动合同的工人和企业辞退的职工等四类人。其中，待业保险基金来源有三个方面：一是企业按照其全部职工标准工资总额的1%缴纳，个人不缴费；二是基金存入银行获得的利息；三是基金不敷使用时，地方财政补贴，实行省级统筹。[①]《暂行规定》第一次完整地确立了我国失业保险制度的基本制度框架，顺应、配合了这一时期国有企业改革与劳动用工制度改革的急迫需求，是中国由计划经济向社会主义市场经济转轨中带有明显过渡性质的“辅助”制度，具有重要历史意义。

但是从现代失业保险制度的制度功能与结构来看，《暂行规定》存在诸多不足，主要体现在对失业问题认识上的模糊和偏误。例如，将社会主义市场经济体制下存在的失业现象称为“待业”。实际上，从“待业”和“失业”两个概念所指代的社会现象来看，两者都是指法定劳动年龄内，有就业能力的劳动人口未能实现就业的现象，并没有本质上的区别。其次，《暂行规定》中规定待业保险基金的使用途径仍是发放“待业救济金”，而不是“待业保险金”，这也反映出当时国家还未能正确认识待业、失业现象是社会主义市场经济运行中受市场经济规律影响而必然存在的自然现象，并非完全归咎于企业职工自身的懈怠、不努力，因此，需要在全社会范围内建立一种能够分散失业风险的社会保险制度，而不仅仅是对失业人员发放传统意义上的失业救济补助。最后，《暂行规定》规定职工待业保险基金的来源主要由企业承担缴费责任，不敷使用

① 《国营企业职工待业保险暂行规定》，《中华人民共和国国务院公报》，1986年25期。

时，由地方财政补贴。这直接弱化了企业职工的责任意识、缺乏内在激励性，从某种意义上讲，还变相增加了企业的负担。

为进一步完善待业保险制度，切实加强待业保险基金的管理，1989年4月，劳动部发布《国营企业职工待业保险基金管理办法》（以下简称《管理办法》），规定待业保险基金的收缴标准和待业救济金的发放标准，明确了待业保险基金的地方统筹原则，变更待业保险基金管理机构——“职工待业救济机构”为“职工待业保险机构”。《管理办法》还特别规定实行企业化管理、领取营业执照、自负盈亏的事业单位，要按照国营企业标准从本单位自有资金中为职工缴纳待业保险金，并将全民所有制机关、团体、事业单位招收的劳动合同制工人也纳入保险范围。[①]《管理办法》从保障对象、缴费来源、保障标准、基金管理等多个方面完善了《国营企业职工待业保险暂行规定》的不足，实现了“待业救济”到“待业保险”的制度观念转变。其中，明确规定了待业保险基金的储备金不可用于购买股票、风险投资、长期生产项目和基建投资，符合社会保险基金的风险防范原则，有效保障了待业保险储备金的安全性。

截至1991年底，我国待业保险覆盖人数为7123万人，累计向41.5万待业职工发放了救济金和医疗费，帮助28万人重新就业。[②]并在治理整顿期间接济一批停工待工人员渡过了难关。但是从整体看，待业保险的实施范围过窄且待业职工人数没有预计的多，主

---

① 《劳动部颁发国营企业职工待业保险基金管理办法》，《中国劳动科学》，1989年07期。

② 桂桢：《兜牢民生底线、维护就业稳定——中国特色失业保险制度的变革与发展》，《中国劳动》，2019年02期。

要是在实际执行过程中，合同制工人解除、终止劳动合同的人数很少，期满后续订的多；企业由于种种原因不能按照规定辞退违纪职工，破产企业也很少。1987—1990年，待业职工总计仅20万人；1991年，待业职工10万人；1992年上半年，待业职工11.5万人，远远少于当初年均60万人的预计数字。

随着社会主义市场经济体制改革的逐步深入，我国深化国有企业改革行动扎实向前推进。1992年7月，国务院公布《全民所有制工业企业转换经营机制条例》，指出企业有权依照法律、法规和企业规章，解除劳动合同、辞退、开除职工，彻底打破了原有计划经济时期国有企业职工拥有“铁饭碗”的传统人事制度。同年10月，劳动部、国家计委发布《国家试点企业集团劳动工资管理实施办法》，要求企业集团转换经营机制，深化劳动、工资、保险制度改革，建立起与社会主义市场经济相适应的劳动用人、工资分配、社会保险和培训考核制度。

随着国有企业改革的逐步深化，与之相配套的人事制度改革直接催生了“隐性失业”问题的逐渐凸显。作为历史转折时期的过渡性制度安排，《国营企业职工待业保险暂行规定》已不能满足这一时期经济体制改革的需求。1993年4月，国务院正式颁布《国有企业职工待业保险规定》(以下简称《规定》)。相对《暂行规定》而言，《规定》扩大了待业保险的覆盖人群，失去工作的国有企业职工几乎全部被纳入保障范围之内；降低了企业缴费标准，由《暂行规定》中占职工工资总额的1%，降低为0.6%；调整了待业保险基金的统筹层次和待遇标准，由原来的省级统筹调整为市、县级统筹；补充了对非法领取、挪用、拖欠待业保险金相关人员的法律和刑事追究责任，并强调待业保险工作应当与职业介绍、就业训练和生产自救等就业服务工作紧密结合、统筹安排。

20世纪90年代中后期，国有企业改革进入了攻坚阶段，而深化劳动用工制度改革正是关键，迫切要求失业保险能担当起保障国有企业富余职工进入市场以后的基本生活的重任。但是，由于《国有企业职工待业保险规定》是从失业救济的角度来设计失业保险制度的，不要求个人缴费，不要求失业者履行相应的义务，而作为失业保险金的主要来源，企业缴纳的失业保险费总额最多也不得超过职工工资总额的1%，因此，导致失业保险的保障功能十分脆弱。在探索国企下岗人员保障制度过程中，上海等地探索建立了下岗人员进再就业服务中心的做法，并得到全国推广。再就业服务中心便成为我国经济转轨时期一项过渡性的社会保障制度。国家通过建立"三条保障线"* 来保障下岗、失业职工的生活。

* "三条保障线"即下岗职工基本生活保障制度、失业保险制度、城镇居民最低生活保障制度。

三、失业保险制度走向壮大

1986—1998年，我国待业保险制度（1993年后不再称待业保险）走过了12年发展历程，成为实施重大改革不可或缺的配套环节，并逐步成为社会主义市场经济独立子体系社会保障制度的重要组成部分。特别是这一阶段的后期，即国企改革攻坚阶段，失业保险制度的功能和作用开始充分显现。

（1）失业保险制度规模不断壮大。失业保险基金支撑能力逐步增强，为下一步发展壮大奠定了基础。从1988年开始，随着就业理念的不断突破以及劳动就业制度的改革推进，失业保险参保人数稳步增长，从1988年的6074万人增加到1998年的7928万人。与此同时，基金收支规模也是逐年增加，失业保险基金结余在

1998 年首次突破百亿元大关，为国企改革下岗职工安置和再就业提供了坚实的物质基础。

（2）大大减轻劳动就业制度改革的阻力和风险。待业保险制度建立的主要背景是配合固定用工制度的改革，1986 年 7 月国务院下发的《国营企业实行劳动合同制暂行规定》《国营企业招用工人暂行规定》《国营企业辞退违纪职工暂行规定》和《国营企业职工待业保险暂行规定》相互衔接、相互配套，就是为了实行更加灵活的用工制度，为暂时失去工作的职工提供必要的生活支持和就业促进支持，减轻改革阻力，同时，还减少社会不稳定因素。事实证明，失业保险制度减轻了国企改革和劳动就业制度改革的阻力，为企业落实经营自主权，建立优胜劣汰、能进能出的用人机制创造了条件。

（3）切实保障失业人员基本生活，发挥社会安全网作用。1988—1998 年，失业保险基金支出累计 172.3 亿元；从 1993 年开始，全年发放失业保险金人数保持在百万人以上，特别是在 1996 年和 1997 年，全年领取失业保险金人数均超过了 300 万人。

（4）在促进失业人员就业方面进行了有益探索。促进就业是现代失业保险制度的一项重要功能，它改变了失业保险制度被动补偿的地位，采取积极主动措施促进就业。难能可贵的是，作为初建制度，我国待业保险制度也将促进失业人员再就业作为制度重要内容，基金支出范围中都包含了待业职工转业训练费和扶持待业职工的生产自救费。

第二节　失业保险制度改革发展（1998—2006年）

一、建立现代失业保险制度

1992年10月，党的十四大确立了建立社会主义市场经济体制的基本方针，为经济体制改革特别是国有企业改革指明方向，为非公有制经济的发展创造了一个良好的政策环境。1997年9月，党的十五大进一步明确以公有制为主体、多种所有制经济共同发展，是我国社会主义初级阶段的一项基本经济制度，确定了建立现代企业制度是国有企业改革的方向；提出建立社会保障体系，实行社会统筹和个人账户相结合的养老、医疗保险制度，为完善失业保险和社会救济制度，提供最基本的社会保障。失业保险既是社会保障体系的重要组成部分，也是形成市场导向就业机制的必要条件。

在这种背景下，失业保险制度被寄予厚望，但原有的制度设计又限制了其功能发挥，与社会主义市场经济体制改革形势日益不相适应。

（1）原有失业保险制度覆盖范围较窄。《国有企业职工待业保险规定》的实施范围仅限于国有企业中的"七种人"*，并不包括占我国职工相当比例的集体所有制企业职工、私营企业职工和三资企业**的职工以及国有企业的富余职工。这种以企业所有制性质来界定职工享有待业保险的界限显然不符合企业对劳动力流动的客观要求。因为对享受待业保险制度的职工打上了所有制的烙印，客观上就阻碍了劳动者在不同所有制企业之间流动，从而使劳动力市场的建立流于形式。

* 国有企业中的"七种人"是指依法宣告破产的企业的职工；濒临破产的企业在法定整顿期间被精减的职工；按照国家有关规定被撤销、解散的企业的职工；按照国家有关规定停产整顿企业被裁减的职工；终止或解除劳动合同的职工；企业辞退、除名或开除的职工；依照法律法规规定或者按照省、自治区、直辖市人民政府规定，享受失业保险的其他职工。

** 三资企业指在中国境内设立的中外合资经营企业、中外合作经营企业、外商独资经营企业三类外商投资企业。

（2）失业保险基金的筹集渠道需求丰富。当时，我国待业保险基金的筹集只有两个渠道，即由企业缴纳和财政补贴，未能体现出权利与义务相一致的原则。个人不缴费，不利于劳动者个人风险和保险意识的形成，与现代失业保险制度理念有差距。待业保险的基本职能是为那些暂时与生产资料分离而又有劳动能力的人提供物质帮助，客观上要求从中得到益处的各个主体都应承担相应的责任和义务，就职工个人而言，他们是待业保险利益的最终归属者和最大享受者。因此，每个劳动者在其就业期间，就应从自己所得的劳动收入中缴纳一部分费用，为将来自己享受这一保障尽自己的一份责任。当然，确立劳动者个人缴纳保险费用制度，一方面，可以增加待业保险基金的总额，适当提高劳动者在待业时的救济金发放标准，增强保障的功能；另一方面，可打破职工对国家及企业的依赖心理，增强劳动者的社会责任感及“自我保障”意识。因此，在待业保险基金的筹集上增加劳动者个人缴纳这一渠道是必需的。

同时，由于当时的失业保险基金统筹层次较低，社会共济功能未能更大程度发挥，也不利于统一公平的劳动力市场建立；有些地方还缺乏强制性征缴手段，效益好的企业不愿参保，效益差的企业无力参保。为此，必须对原有制度进行重新设计和调整。

1998 年，劳动和社会保障部成立后，在原有工作的基础上，加快了制定新的失业保险行政法规的节奏。经广泛征求意见和反复研究论证，劳动和社会保障部向国务院提交了《失业保险条例（草案）》，并经国务院常务会议审议通过后，于 1999 年 1 月公布《失业保险条例》（以下简称《条例》）。《条例》在完善失业保险制度、强化失业保险的保障功能、强调失业保险权利与义务的对应、体现失业保险的性质、保障职工合法权益方面有很大的进步，是真正现代意义上的失业保险制度，标志着我国第一次以国家正式法规的形式认可了现代失业保险制度在社会主义市场经济中的作用。

此外，《条例》还对保险基金的缴费来源、缴费标准、待遇领取时限等多方面内容进行了重新调整，规定城镇企业事业单位职工需要按照本人工资的1%缴纳失业保险费，从根本上确立了国家、用人单位、职工个人三方合理负担的缴费原则，实现了失业保险制度缴费主体与国际接轨的重要突破，对建立以市场为导向的统一劳动力市场，实现劳动力资源的合理、优化配置，保障下岗、失业人员及其家庭的基本生活，减缓经济体制改革摩擦力起到了积极作用。同时，把覆盖范围扩大到城镇各类企事业单位及其职工；各地方可以根据实际情况，将覆盖范围扩大到本行政区域内的社会团体及其专职人员、民办非企业单位及其职工、有雇工的城镇个体工商户及其雇工。①

二、并轨与萌芽

（一）国企下岗职工基本生活保障向失业保险并轨

在这一时期，国有企业下岗职工基本生活保障制度向失业保险制度并轨成为一项重要工作。1999 年 6 月，劳动保障部在贵阳召开全国劳动力市场建设座谈会，提出了国有企业下岗失业人员通过三个阶段实现市场导向就业机制的“三步走”战略。第一阶段为“双轨”阶段，其特征是大量下岗职工进企业再就业服务中心；也

① 《失业保险条例》，《中华人民共和国国务院公报》，1999 年 03 期。

有少部分失业人员进入劳动力市场，领取失业保险金，两种方式并存。在这一阶段必须继续完善下岗职工基本生活保障的各项政策措施，按照“三三制”原则筹集资金，即政府、社会、企业各承担三分之一确保国有企业下岗职工基本生活。企业自筹和社会筹集不足部分，财政要予以保证。对资金筹集困难的地区，中央财政继续通过专项转移支付的方式给予一定的支持。同时，积极创造条件，开展下岗职工基本生活保障转向失业保险的试点工作。第二阶段为“转轨”阶段，即在计划经济体制遗留的国有企业富余人员问题基本解决之后，企业新的减员就不再下岗进再就业服务中心，而是依法解除、终止劳动合同，进入失业保险，直接走向劳动力市场再就业。此前已进入再就业服务中心的下岗职工，仍维持原政策不变，直到其协议期满出中心。第三阶段为“并轨”阶段，在下岗职工全部出中心后，企业再就业服务中心就完成其历史使命。企业裁员从下岗、失业两种形态变为失业一种形态，再就业服务中心、失业保险和城市居民最低生活保障的三条保障线变为两条保障线，市场导向的就业机制也就真正形成了，企业也就真正能够做到人员能进能出。

2000 年 5 月，国务院下发《关于切实做好企业离退休人员基本养老金按时足额发放和国有企业下岗职工基本生活保障工作的通知》，强调既要确保国有企业下岗职工基本生活，大力促进下岗职工再就业，也要加快建立市场导向的就业机制，实现国有企业下岗职工由再就业服务中心保障基本生活向失业保险和市场就业的转变。同年 12 月，国务院印发《关于完善城镇社会保障体系的试点方案》，在辽宁全省和其他省份自愿选定的具备条件的一个城市进行试点，试点的主要内容之一就是逐步实现下岗职工基本生活保障与失业保险的并轨。

在推进“并轨”的过程中，东部地区步伐较快。2001年底，上海市再就业服务中心与劳动力市场全面实行并轨，滞留在中心的下岗职工全部分流完毕。北京、江苏、浙江、福建、山东、广东等六省市也积极推进并轨工作，先后于2001年底或2002年上半年完成“并轨”。原本工作难度较大的辽宁省，在完善城镇社会保障体系的试点中加大了工作力度，截至2003年底，辽宁省共实现“并轨”175.5万人，国有企业下岗职工全部出再就业服务中心。又经过两年的努力，到2005年底，绝大多数地区基本实现了并轨的目标任务，在再就业服务中心的下岗职工还有20万人。至此，全国先后有2300多万下岗职工顺利出再就业服务中心，通过实现再就业、退休等多种渠道得到分流。2007年3月，十届全国人大五次会议的《政府工作报告》提出，经过多年努力，国有企业下岗职工基本生活保障向失业保险并轨基本完成。这就意味着，从1998年开始专门为国有企业下岗职工建立的社会保障制度已完成历史使命，三条保障线变为两条保障线，由失业保险和城市居民最低生活保障发挥作用。

（二）积极就业政策的萌芽

2002年9月，中共中央、国务院召开全国再就业工作会议，下发《关于进一步做好下岗失业人员再就业工作的通知》，针对再就业的新形势和新特点，围绕解决下岗失业人员的再就业问题，提出了积极的就业政策。与此同时，一些地区在国有企业下岗职工基本生活保障制度向失业保险并轨基本完成之后，开始着手研究探索进一步发挥失业保险促进就业作用的措施。2005年11月，国务院下发《关于进一步加强就业再就业工作的通知》，调整、充实、延续和完善了就业政策，并要求进一步发挥失业保险促进再就业的功能，确定在东部地区开展扩大失业保险基金支出范围试点。2006 年 1 月，劳动和社会保障部、财政部发出《关于适当扩大失业保险基金支出范围试点有关问题的通知》，在北京、上海、浙江、江苏、福建、山东、广东等东部 7 省市开展扩大失业保险基金促进就业支出试点工作，允许这些地区将失业保险基金用于职业培训补贴、职业介绍补贴、社会保险补贴、岗位补贴和小额担保贷款贴息支出；试点时间暂定 3 年。[1]

这一时期，失业预警也成为我国积极的就业政策的重要组成部分，为后来提出失业调控思路奠定基础。2002 年 9 月，中共中央、国务院下发《关于进一步做好下岗失业人员再就业工作的通知》，提出要建立失业预警机制，在下岗失业总量接近或超过警戒线时，各级政府要及时采取措施缓解矛盾。在这一阶段，各地方也在不断探索中，2002 年 11 月，在广州召开的“2002 年中国・广州市场就业论坛”中，广州劳动和社会保障局首次向社会公布了“广州失业预警监测系统”，可对广州市的失业形势进行监测，并发出预警通知。2003 年 12 月，北京市全面启动了一个由失业监测信息指标系统、失业系统统计调查体系、失业监测预警模型、失业应急预案和失业监测预警专家委员会等五个子系统组成的失业监测预警系统。2004 年 4 月，劳动和社会保障部下发了《关于进一步做好失业调控工作的意见》，提出了失业调控的基本目标、任务、措

① 《关于适当扩大失业保险基金支出范围试点有关问题的通知》，人社部网站，2006 年 1 月 11 日。

施。2005 年 11 月，国务院下发《关于进一步加强就业再就业工作的通知》，提出建立失业预警机制，制定预案和相应措施，综合运用法律的、经济的和必要的行政手段，对失业进行调控，缓解失业引发的各种矛盾。

三、逐步完善现代失业保险制度

在这一时期，固定工制度从“铁饭碗”变成“能进能出”的劳动用工制度，失业保险制度是重要的保障。《失业保险条例》出台表明市场化就业机制逐步进入法治化轨道，现代失业保险制度逐步建立完善。1999—2006 年，我国失业保险制度改革发展取得了比较明显的成效，主要表现在以下三个方面：

（1）为国有企业改革创造了有利的外部环境。我国失业保险制度的建立初衷是作为国有企业改革的配套，因此除了保障失业人员基本生活以外，积极参与国有企业改革工作也是这一时期的特殊使命。在《失业保险条例》实施前，失业保险基金就向经营困难企业调剂一定数量的资金，用于救助特困职工，支持困难企业分流安置富余人员，为企业顺利渡过难关提供必要帮助。《失业保险条例》实施后，正是我国国有企业改革关键时期，大量国企职工下岗，有待安置。在中央确定国企下岗职工基本生活保障资金通过“三三制”原则筹集后，失业保险基金向再就业服务中心调剂了大量资金。1998—2005 年，全国失业保险基金共向再就业服务中心调剂资金 248.7 亿元。[①] 这对国企改革解决富余人员提供了必要的资金支持，发挥了积极作用。

（2）充分发挥了失业保险“保生活”的基本功能。失业保险制度为那些非因本人意愿中断就业的失业人员在一定时间内提供了稳定的基本生活保障，为重新上岗就业提供了经济支撑，尤其是在国企下岗职工基本生活保障向失业保险逐步并轨过程中，保障了国企下岗职工基本生活，为国企改革和社会稳定发挥了重要作用。从 1999 年开始，全年领取失业保险金人数逐年上升，到 2004 年达到最高峰的 754 万人，随后开始逐步下降。

（3）积极促就业功能逐步开展。在解决国企下岗职工再就业问题过程中，我国积极就业政策的理念逐步形成并开始探索。失业保险制度作为积极就业政策的重要组成部分，开始逐步从单纯保障失业人员基本生活向促就业转变。《失业保险条例》明确规定了失业保险基金支出范围，包括了领取失业保险金期间接受职业培训、职业介绍的补贴。同时，也包括了国务院规定或者批准的与失业保险有关的其他费用。东部七省市失业保险基金扩大支出范围试点以及失业预警和失业调控工作逐步开展，失业保险促就业的功能开始得到发挥。

---

① 金维刚、李珍等著：《中国社会保障 70 年》，北京：经济科学出版社，2019 年版，第 163 页。

第三节　失业保险制度改革深化（2007—2012年）

一、深化失业保险制度改革

我国失业保险制度在特殊历史时期发挥了重要作用，但随着经济社会发展，失业保险制度不适应时代要求的诸多不足也逐步暴露出来。

（1）失业保险的覆盖面较窄。在这一时期，失业保险只是在国有企业和企业化管理的事业单位实行，非国有经济的从业人员和大部分事业单位职工还没有纳入失业保险范围。就城镇而言，个体经营者和学生不在保险范围之列，私营企业、农民合同制职工基本上也没有失业保险。这就使失业保险缺乏普遍性，造成了保障范围狭窄。

（2）失业保险统筹程度不高。在当时，只有大部分国企单位参加失业保险并按时缴纳了失业保险费。从实施情况来看，我国的统筹层次仅在市县一级，这就极大地限制了失业保险应有的功能和作用的发挥。由于统筹层次较低，基金的整体抗风险能力比较脆弱，基金只能在很小的范围内互济。而且这种在市、县两级分级统筹管理为主的方式，造成各地在使用和统筹失业保险金上存在较大的差异，使失业保险基金过于分散且各自为政，不利于统一调度和集中管理、使用资金。统筹层次偏低造成的条块分割，使我国失业保险机构与职工培训机构、职工介绍机构各自为政的状态长期存在，没有得到根本的改变，这就极大限制了失业保险反失业功效的充分发挥，使得失业职工不能按照市场需求接受职工培训，不能及时得到用人信息和就业指导咨询，造成失业职工再就业率较低。

（3）失业保险制度促进就业的功能较弱。在这一时期，我国失业人口中大部分是受教育程度不高的人群，他们技术水平较低、工作不稳定，在享受失业保险金期间，他们寻找新工作的积极性不高，往往隐瞒其就业事实，在取得较低工资收入的同时也领取部分失业保险金。这样，失业保险制度在促进再就业方面所起的作用较小，也造成本来薄弱的失业保险金流失，且缺乏效率与公平。

与此同时，随着经济社会发展和失业保险制度自身发展壮大，失业保险也具备了进一步改革深化的基础条件。一是从更长远角度出发，随着市场经济体制发展，大规模国企改革任务基本结束，国企下岗职工基本生活保障并轨失业保险的任务基本完成，这为我国按照市场经济规律和失业保险制度发展规律，改革完善失业保险制度提供了现实基础。二是我国关于积极就业政策理念的提出和初步实施，为失业保险制度拓展制度功能提供了思想指导。三是失业保险制度规模不断壮大，参保人数超过 1 亿人，基金规模不断扩大，2006 年，失业保险基金收入 385 亿元，比 2005 年增长 15.8%；全年失业保险基金支出 193 亿元，比 2005 年减少 6.9%；[①] 年末全国失业保险基金累计结余达到 724.8 亿元，这为扩大制度功能提供了资金保障。

二、失业保险制度改革的深化

在这一时期，全国失业保险工作围绕“完善失业保险制度”的

① 《2006 年度劳动和社会保障事业发展统计公报》，人社部网站，2011 年 7 月 23 日。

要求，在前期已经开展积极就业政策探索基础上，进一步深化失业保险制度改革，逐步建立健全失业保险预防失业、促进就业的政策体系。

（一）东部七省市扩大失业保险基金支出范围试点

早在2006年1月，我国就在北京、上海、江苏、浙江、福建、山东、广东七个省市开展扩大失业保险基金支出范围试点工作，以失业保险基金统筹地区为单位，失业保险基金可用于职业培训补贴、职业介绍补贴、社会保险补贴、岗位补贴和小额担保贷款贴息支出。随后，各试点省市制定了具体政策和办法。例如，北京市将失业保险基金支出范围从试点政策规定的5个项目扩大到10个，增加了国有困难企业职工转岗培训补贴、高技能人才培训补贴和公共实训基地运行补贴、公益性就业组织专项补贴、高失业率地区就业专项补贴和劳动力市场信息系统建设运行维护补贴5个项目。上海市在5个项目外，增加了公共实训基地建设和维护、实施开业指导和服务2个项目，并扩大了人员范围。

到2009年，各试点省市发挥了失业保险制度促进再就业功能，为全面落实积极就业政策提供了资金支持，完善了就业与失业保险联动机制，加强了人力资源市场建设，提高了公共就业服务质量，为改革发展失业保险制度奠定了实践基础。

（1）促进了失业人员再就业。北京市帮助56.4万失业人员实现再就业，高失业率地区失业率平均下降1.2个百分点。上海市为57.4万人提供职业培训补贴，公益性就业岗位安排就业困难人员27万人，支持灵活就业35万人，登记失业率有所下降，其中大龄失业人员下降近10个百分点。江苏省556万人次受益，登记失业率下降 0.4 个百分点；浙江省 42.6 万人次受益，登记失业率逐年下降。

（2）促进了就业政策全面落实。试点省市均为经济发达地区，中央安排的促进就业补助资金分配很少。实行试点政策后，增加了资金来源，为全面落实就业政策提供了更有力的资金保障。北京市失业保险促进就业资金占就业资金总额的 60%；上海市失业保险基金成为促进就业资金的主要来源；江苏省拓展了就业政策的受益范围，苏州市受益人数增长 6 倍。

（3）促进了人力资源市场信息化建设。上海市加大人力资源信息系统建设力度，使“上海公共招聘网”成为企业招聘、劳动者求职的主要信息平台，试点期间共有 78000 家企业通过这一平台发布招聘岗位 255 万多个，受理应聘 267 万多人次，介绍成功近 66 万人次。浙江省通过试点，安排资金近 8000 万元支持劳动力市场信息系统建设，把服务窗口从城市街道延伸到乡镇，为下岗失业人员提供更好服务。

（4）促进了失业保险基金支出结构改善。北京市促进就业资金从试点前的每年 3 亿元左右增加到实施试点后的 6 亿元以上。上海市用于失业保险待遇发放资金占总支出的比例从 2006 年的 42.5% 下降为 2008 年 9 月的 19%，促进就业支出同比增加近 15 亿元。

但是试点政策还存在许多问题，如部分地区试点成效不明显，资金支出和受益人数非常有限，一些城市虽然纳入试点范围，但并未具体实施。造成这些问题的主要原因包括：首先，新形势下失业保险的功能作用尚不明晰。长期以来，失业保险定位于保障基本生活，促进就业的功能偏弱，预防失业的功能更是未引起足够重视。其次，试点政策存在局限性。一方面，适用对象范围窄。除北京、上海两市外，试点政策规定适用对象只限于领取失业保险金人员，而这一时期领取失业保险金人数持续下降，受益对象有限。另一方面，支出项目有限。除北京、上海两市外，仅在原有的职业介绍、职业培训两项补贴外，增加了社会保险补贴、岗位补贴和小额贷款贴息三个项目。对象与项目的双重限制，是地方缺乏积极性、钱花不出去、受益人数少、效果不明显的主要原因。最后，对失业保险促进就业资金与财政促进就业资金的关系没有明确规定。一些地方实行财政资金与失业保险促进就业资金“双轨”办法，严格划分使用范围，独立运行，相互间难以调剂，影响资金发挥最大使用效益。

在东部七省市扩大失业保险基金支出范围试点即将到期情况下，2009 年 7 月，人力资源社会保障部、财政部发布《关于延长东部 7 省（市）扩大失业保险基金支出范围试点政策有关问题的通知》，提出延长政策执行时间 1 年，江苏、浙江、福建、山东、广东 5 省可以参照北京、上海两市做法，适当增加支出项目，主要用于预防失业、促进就业项目支出。[①]

2012 年 5 月，人力资源社会保障部、财政部发出《关于东部 7 省（市）扩大失业保险基金支出范围试点有关问题的通知》，明确扩大支出范围试点延长执行到修订的《失业保险条例》正式实施之日，提出失业保险基金促进就业的支出项目包括职业培训补贴、职业介绍补贴、职业技能鉴定补贴、社会保险补贴、岗位补贴、小额贷款担保基金、小额贷款担保贴息。

---

① 《关于延长东部 7 省（市）扩大失业保险基金支出范围试点政策有关问题的通知》，人社部网站，2009 年 7 月 31 日。

（二）援企稳岗

2008年下半年，美国次贷危机引发了一场历史罕见、冲击力极强、波及范围极广的国际金融危机；不仅导致世界经济增速放缓、贸易萎缩、企业破产倒闭，也造成严重的全球性“就业危机”。当时，我国经济外向依存度较高，在国际金融危机的影响下，出口开始下降，再加上人民币升值压力、能源价格波动剧烈等因素影响，使国内经济增速开始回落，拉动就业能力减弱，城镇新增就业增速趋缓。

为应对国际金融危机对我国经济和就业形势的影响，2008年12月，人力资源社会保障部、财政部、国家税务总局三部门发出《关于采取积极措施减轻企业负担稳定就业局势有关问题的通知》，实施“五缓四减三补贴”政策，即允许困难企业在一定期限内缓缴五项社会保险费，阶段性降低城镇职工基本医疗保险、失业保险、工伤保险、生育保险四项保险的费率，并使用失业保险基金帮助困难企业稳定就业岗位（社会保险补贴、岗位补贴和培训补贴），其中涉及失业保险的措施可以概括为“一缓一减三补贴”。“一缓”是指允许困难企业缓缴失业保险费，期限最长不超过6个月。缓缴失业保险费的做法，主要是减轻企业在非常时期的资金压力，帮助企业渡过难关，对失业保险基金并不会造成影响。“一减”是指降低失业保险费率，期限最长不超过6个月，以降低困难企业负担。在统筹地区能够保证失业保险待遇不降低的情况下，授权地方政府对陷入困境的中小企业实行降低失业保险费的措施，这在国内有的地区已有先例。例如，北京市在政策调整前费率是企业缴1.5%，个人缴0.5%，在2009年进一步调整为企业缴1.0%，个人缴 0.2%。“三补贴”是指使用失业保险基金向困难企业支付社会保险补贴、岗位补贴和培训补贴，补贴期限最长不超过 6 个月。社会保险补贴标准按照当地就业资金发给就业困难人员的社会保险补贴的标准执行，岗位补贴按照当地失业保险金标准确定。这样做是为了支持和鼓励企业实行岗位共享，积极防止失业。

此后，各地工作取得较大进展，降低费率、缓缴失业保险费和使用失业保险基金帮助困难企业稳定岗位的力度在逐步加大，政策效应进一步显现。在使用失业保险基金支付补贴方面，到 2009 年 5 月底，我国共有 24 省使用失业保险基金累计支付各类补贴 9.3 亿元。其中，社会保险补贴 3.2 亿元、岗位补贴 5.9 亿元、其他类补贴 2300 万元。涉及企业 3872 户、企业员工 84 万人。在缓缴失业保险费方面，到 2009 年 5 月底，已有 16 个省份允许困难企业累计缓缴失业保险费 1.5 亿元，涉及企业户、职工 45 万人。在降低失业保险费费率基金减收方面，全国已有北京、天津 2 个直辖市和个别省份的部分地市，降低了失业保险费率，减收基金几十亿元，涉及企业 206 万户、职工近 5800 万人。降低费率减收基金较多的省、市分别是：广东 9.3 亿元、北京 5.6 亿元、江苏 2.5 亿元、浙江 2.2 亿元、云南 1.8 亿元、黑龙江 1.2 亿元、山西 1.1 亿元。

但是在这一阶段，“五缓四减三补贴”政策实施方面还存在一些问题。一是各地工作进展不平衡。在已支付补贴的 24 省中，补贴数额差别很大。这与各地失业保险基金结余不平衡有关，也与工作的推进力度有关。此外，部分东部地区工作推进力度不太大。还有少数省份没有启动实施工作。二是一些地区对困难企业认定比较难，申报审批程序较复杂，时间周期较长，政策不能尽快落实。三是少数地区还存在一些认识问题。如不舍得花钱，或担心政策把握不好会出问题，主动性不够。为此，2009 年 8 月，国务院常务会议决定，将困难中小企业的阶段性缓缴社会保险费或降低费率政策执行期延长至年底。截至 2009 年底，“五缓四减三补贴”政策共减轻企业负担 410 亿元。其中涉及失业保险资金近 200 亿元，120 亿元属失业保险费缓减；80 亿元用于支付社会保险补贴和岗位补贴，有 2.5 万多户困难企业受益，稳定企业职工 740 万人。

2009 年 12 月，人力资源社会保障部、财政部、国家税务总局三部门发出《关于进一步做好减轻企业负担稳定就业局势有关工作的通知》，将“允许困难企业在一定期限内缓缴社会保险费”、“阶段性降低四项社会保险费率”、“使用失业保险基金帮助困难企业稳定就业岗位”和“鼓励困难企业通过开展职工在岗培训等方式稳定职工队伍”四项政策执行期限延长至 2010 年底。①

（三）推动失业保险法制建设，形成失业动态监测制度

在这一时期，我国把扩大就业放在经济社会发展的突出位置，实施积极的就业政策，坚持劳动者自主择业、市场调节就业、政府促进就业的方针，多渠道扩大就业。为此，在积极就业政策实践基础上，为了促进就业，促进经济发展与扩大就业相协调，2007 年 8 月，十届全国人大常委会第二十九次会议通过《中华人民共和国就业促进法》（以下简称《就业促进法》），规定“国家建立健全失业保险制度，依法确保失业人员的基本生活，并促进其实现就业”② 。也就

① 《人力资源和社会保障部、财政部、国家税务总局关于进一步做好减轻企业负担稳定就业局势有关工作的通知》，财政部网站，2010 年 3 月 11 日。

② 《中华人民共和国就业促进法》，《中华人民共和国国务院公报》，2007 年 30 期。

是说失业保险制度不仅要发挥依法确保失业人员的基本生活的功能，而且要发挥促进失业人员实现就业的功能。此外，《就业促进法》还规定："县级以上人民政府建立失业预警制度，对可能出现的较大规模的失业，实施预防、调节和控制。[①]"这是法律层面首次提出建立失业预警制度。2010 年 10 月，十一届全国人大常委会第十七次会议审议通过《中华人民共和国社会保险法》，标志着我国社会保险制度发展全面进入法制化轨道，其中的第五章，对失业保险覆盖范围、失业保险金申领条件和期限、待遇标准、关系转移等，进一步予以了明确，对部分条款的内容进行了适当调整。

与此同时，为落实《中华人民共和国就业促进法》关于建立失业预警制度的规定和关于"一手抓扩大就业、一手抓调控失业"的要求，2008 年 6 月，人力资源社会保障部发布《关于开展建立失业动态重点监测报告制度试点工作的通知》，决定在吉林、江苏、浙江、福建、河南、广东 6 省 18 个城市开展建立失业动态重点监测报告制度试点工作，通过对部分城市重点企业因破产关闭或停业整顿、企业外迁、破产重整、生产经营发生严重困难、企业转产、重大技术革新或者经营方式调整等造成就业人员减少状况进行重点监测，及时掌握经济波动期内重点行业岗位流失情况，为采取预防和调控措施提供依据，并为建立失业预警制度奠定基础。[②]试点开始时，是按季度对企业进行调查。完成了第一期季度监测后，国际金融危机的影响进一步蔓延，就业形势更加复杂严峻。因此，从

① 《中华人民共和国就业促进法》，《中华人民共和国国务院公报》，2007 年 30 期。
② 《关于开展建立失业动态重点监测报告制度试点工作的通知》，人社部网站，2008 年 12 月 11 日。

2008年10月开始，失业动态重点监测报告制度试点实行了按月报告。截至2009年3月，6个省参加试点的城市由开始时的18个扩大到31个，监测的企业总数达到920多户，涉及100多万个工作岗位。此外，一些非试点省份也开展了失业动态重点监测工作。

2009年11月，人力资源社会保障部发出《关于做好失业动态监测工作有关问题的通知》，决定在全国建立失业动态监测制度，对企业岗位变化情况实施动态监测，有针对性地采取预防和调控失业的政策措施。[①] 2011年11月，人力资源社会保障部发出《关于进一步做好失业动态监测工作有关问题的通知》，提出进一步扩大失业动态监测范围，并分两步进行：第一步，2011年底将已开展失业动态监测但尚未纳入全国监测的城市统一纳入全国监测范围；第二步，2012年底将其他省区所有设区的市纳入失业动态监测范围。

此外，我国还在这一时期提高失业保险基金的统筹层次。按照《失业保险条例》规定，失业保险基金在直辖市和设区的市实行全市统筹，其他地区的统筹层次由省、自治区人民政府规定。省、自治区可以建立失业保险调剂金。但有相当一部分地区仍实行县级统筹，市级统筹工作进展比较缓慢，统筹层次低，基金规模小，调剂能力弱，一定程度上制约了失业保险制度应有功能的发挥。为此，2010年9月，人力资源社会保障部发出《关于进一步提高失业保险统筹层次有关问题的通知》，要求各地充分认识失业保险统筹层次提升的重要意义，2011年底在全国范围内基本实现失业保险市级统筹。

---

① 《关于做好失业动态监测工作有关问题的通知》，人社部网站，2009年11月18日。

三、积极促进就业

这一时期是失业保险制度改革和发展承上启下的重要阶段。大规模国企改革任务基本结束后，领取失业保险金人数开始逐年下降，失业保险制度局限于“保生活”的状况被打破，制度积极促进就业的功能日渐提上议程并逐步发挥出来。成效主要表现在以下方面：

（1）全年领取失业保险金人数逐年下降。随着经济社会发展以及社保参保扩面工作的推进，在这一阶段，失业保险参保人数继续保持稳步增长势头，但与此同时，大规模国企改革任务基本结束后，领取失业保险金人数开始逐年下降。其结果是失业保险基金收入大幅增加，基金支出仅由于待遇调整等因素而小幅增长，导致基金结余增长迅速。2008 年失业保险基金累计结余首次突破 1000 亿元大关，2011 年又突破 2000 亿元大关，截至 2012 年底，失业保险基金累计结余 2929 亿元。①

（2）制度积极促进就业的功能逐步显现。在积极就业政策理念指导下，失业保险制度功能得以扩展，促就业、防失业作用开始发挥，并进行了初步实践，为下一阶段改革完善积累了经验。从基金支出数据来看，失业保险金占基金支出的比重呈下降趋势，有更大比例资金用在了促就业、防失业功能上。

（3）在应对突发事件中作用显著。无论是应对 2008 年国际金融危机时实行“一缓一减三补贴”政策，还是在 5・12 汶川地震灾

---

① 《2012 年度人力资源和社会保障事业发展统计公报》，中国政府网，2014 年 4 月 21 日。

后重建中采取应急保障措施支持再就业，失业保险都为稳定就业局势作出了积极贡献。这些实践表明，一方面，失业保险正从被动地保障失业人员基本生活向主动促进就业、预防失业转变；另一方面，失业保险在应对突发事件方面有灵活机制，在关键时刻能够充分发挥作用，积极落实决策部署，助力稳定经济社会发展大局。

第四节　失业保险制度改革完善（2012—2022年）

一、失业保险制度急需完善

2007年以来，我国失业保险制度始终紧紧围绕党和国家中心工作，服务改革发展稳定大局，着力保障失业人员基本生活，促进其再就业，维护社会和谐稳定，不断健全制度功能，助力各项重大改革，在各类经济社会重大事件面前，都发挥了重要作用。在应对2008年国际金融危机中，实行了“一缓一减三补贴”政策，即允许困难企业缓缴失业保险费，阶段性降低失业保险费率，向困难企业支付社保补贴、岗位补贴和培训补贴，帮助企业渡过难关。在5·12汶川地震等重大灾害中，采取降费率、预发失业保险金、向自谋职业和自主创业的失业人员一次性支付失业保险金和创业补助金等应急措施，稳定人心，有力地支持了灾后重建工作。

在这一时期，失业保险制度的积极功能已经得到初步探索，但制度本身还有诸多方面需要完善，制度功能的拓展需要在深度和广度方面进一步提高。一是失业保险覆盖范围偏窄，未能充分反映我国城镇化进程的需求和就业形式多样化的实际。失业保险覆盖城镇企事业单位及其职工，社会团体、民办非企业单位、基金会、律师事务所、会计师事务所等组织以及乡村企业等均未纳入，同时随着就业方式更加灵活，大量灵活就业人员也难以参加失业保险。农民工虽然参加失业保险，但个人不缴费、一次性发放待遇等做法也并不符合社会保险制度的理念。二是失业保险基金支出范围偏窄。除了东部七省市扩大失业保险基金支出范围试点以外，失业保险基金支出范围偏窄，与积极就业理念不符合，限制了部分省份工作开展。三是失业保险费率偏高。随着我国失业保险参保扩面工作推进，参保人数逐年增长，社会共济作用得以充分发挥，基金支撑能力不断增长，失业保险费率有进一步下降空间，以减轻用人单位和劳动者个人的缴费负担。四是失业保险制度法治化建设还存在薄弱环节。《失业保险条例》实施以后一直未修订，部分条款规定已经不适应现实需要，部分内容与《中华人民共和国社会保险法》的相关规定存在冲突，还有一些好的实践做法需要纳入法规加以固化。

当然，失业保险制度改革完善也面临有利条件。一是国家高度重视就业工作。党的十八大以来，在以习近平同志为核心的党中央坚强领导下，就业工作始终摆在党和国家事业的优先地位，习近平总书记有关社会保障的论述为失业保险制度改革发展指明了方向。二是前期积极就业政策探索积累了有益经验。失业保险制度在前期应对国企改革、国际金融危机等重大历史事件中，已经开展了不少积极就业政策的探索并取得了重大成效，这些经验为未来制度功能拓展和完善奠定了良好基础。三是失业保险基金积累了大量结余，为制度充分发挥作用提供了物质基础。

二、制度功能更加完善

在这一时期，我国处于经济转型升级的过程中，为促进社会公正，保证社会平衡发展，需要更加完善的经济政策和社会政策作为支撑。与此同时，进入新发展阶段，国际环境不确定性因素增多，国内经济面临下行压力，叠加新冠疫情影响，就业形势面临一定风险和不确定性。面对来自诸多方面的压力与挑战，失业保险制度能否有效应对，实现在发展中不断保障和改善民生功能，关乎社会公正和稳定大局。党的十八大以来，以习近平同志为核心的党中央把完善失业保险制度摆上更加重要的位置，在不断提高失业保险保障水平的基础上，进一步改革完善政策体系，保生活、促就业、防失业“三位一体”的制度功能更加完善。

（一）援企稳岗政策

2014 年 11 月，人力资源社会保障部、财政部、国家发改委、工信部联合发出《关于失业保险支持企业稳定岗位有关问题的通知》，要求对在兼并重组、化解产能过剩、淘汰落后产能中采取措施稳定职工队伍的企业，由失业保险基金给予稳定岗位补贴（以下简称“稳岗补贴”）；对符合政策范围和基本条件的企业，在兼并重组、化解产能过剩以及淘汰落后产能期间，可按不超过该企业及其职工上年度实际缴纳失业保险费总额的 50%给予稳岗补贴，所需资金从失业保险基金中列支；稳岗补贴主要用于职工生活补助、缴纳社会保险费、转岗培训、技能提升培训等相关支出，政策执行到 2020 年底。[1]

2015 年 4 月，国务院印发《关于进一步做好新形势下就业创业工作的意见》，要求将失业保险支持企业稳岗补贴政策实施范围由兼并重组企业、化解产能过剩企业、淘汰落后产能企业等三类企业扩大到所有符合条件的企业。2017 年 4 月，国务院印发《关于做好当前和今后一段时期就业创业工作的意见》，提出支持去产能企业多渠道分流安置职工，对不裁员或少裁员的，降低稳岗补贴门槛，提高稳岗补贴标准。[2] 2018 年 12 月，国务院印发《关于做好当前和今后一个时期促进就业工作的若干意见》，提出对不裁员或少裁员的参保企业，可返还其上年度实际缴纳失业保险费的 50%。其中，2019 年 1 月 1 日至 12 月 31 日，对面临暂时性生产经营困难且恢复有望、坚持不裁员或少裁员的参保企业，返还标准可按 6 个月的当地月人均失业保险金和参保职工人数确定，或按 6 个月的企业及其职工应缴纳社会保险费 50%的标准确定。[3] 2019 年 3 月，人力资源社会保障部、财政部、国家发改委、工信部发出《关于失业保险支持企业稳定就业岗位的通知》，对不裁员或少裁员的参保企业，可返还其上年度实际缴纳失业保险费的 50%（以下简称“企业稳岗返还”），对援企稳岗政策实施的基本条件、资金使用、审核认定等规定进一步明确。

2015—2020 年，全国失业保险基金共向 890.9 万户企业发放

---

① 《关于失业保险支持企业稳定岗位有关问题的通知》，人社部网站，2014 年 11 月 17 日。

② 《国务院关于做好当前和今后一段时期就业创业工作的意见》，《中华人民共和国国务院公报》，2017 年 12 期。

③ 《国务院关于做好当前和今后一个时期促进就业工作的若干意见》，《中华人民共和国国务院公报》，2018 年 35 期。

稳岗补贴2353.4亿元，惠及职工超过4亿人次。稳岗补贴政策的实施，有效稳住就业岗位，从源头上减少失业。2020年以来，为加大失业保险稳岗返还政策力度，我国将中小微企业返还比例从50%最高提至100%，叠加实施力度更大的困难企业稳岗返还。2021年，将受益主体由企业扩大到个体工商户、社会团体等，将返还比例由50%调整为大企业30%、中小微企业60%。累计向1298万户次企业发放2583亿元，惠及职工超过5亿人。[①]

（二）降低失业保险费率，发放技能提升补贴

《失业保险条例》规定的失业保险总费率为3%，其中单位承担2%，个人承担1%。在2008年国际金融危机发生后出台的“五缓四减三补贴”基础上，为了完善失业保险制度，建立健全失业保险费率动态调整机制，进一步减轻企业负担，促进就业稳定，2015年2月，人力资源社会保障部、财政部发出《关于调整失业保险费率有关问题的通知》，自2015年3月1日起，失业保险费率暂由现行《失业保险条例》规定的3%降至2%，单位和个人缴费的具体比例由各省、自治区、直辖市人民政府确定。这是我国失业保险费率“三连降”的第一次，“第二降”则是在2016年5月，失业保险总费率可以阶段性降至1%至1.5%，其中个人费率不超过0.5%。“第三降”则是2017年1月，失业保险总费率为1.5%的省（区、市），可以将总费率降至1%，并延续该政策至2023年4月30日。

① 桂桢：《构建具有中国特色积极的失业保险制度》，《中国社会保障》，2022年05期。

技能提升补贴是失业保险预防失业功能的一项重大制度创新。2017 年 4 月，国务院印发《关于做好当前和今后一段时期就业创业工作的意见》，提出参加失业保险三年以上且取得职业资格证书或职业技能等级证书的企业职工，可申请参保职工技能提升补贴，所需资金按规定从失业保险基金中列支。[①] 同年 6 月，人力资源社会保障部、财政部发出《关于失业保险支持参保职工提升职业技能有关问题的通知》，提出企业职工参加失业保险并累计缴纳失业保险费 36 个月及以上，同时自 2017 年 1 月 1 日起取得初级（五级）、中级（四级）、高级（三级）职业资格证书或职业技能等级证书，可申领技能提升补贴。其中，职工取得初级（五级）职业资格证书或职业技能等级证书的，补贴标准一般不超过 1000 元；职工取得中级（四级）职业资格证书或职业技能等级证书的，补贴标准一般不超过 1500 元；职工取得高级（三级）职业资格证书或职业技能等级证书的，补贴标准一般不超过 2000 元。[②]

为推动各地深入实施失业保险技能提升补贴政策，充分发挥政策效应，助力推行终身职业技能培训制度，2018 年 4 月，人力资源社会保障部办公厅发出《关于实施失业保险支持技能提升“展翅行动”的通知》，决定从 2018 年起在全国实施失业保险支持技能提升专项行动计划——“展翅行动”，推动各地落实失业保险技能提升补贴政策，使符合条件的参保职工都能享受到技能提升补贴。

① 《国务院关于做好当前和今后一段时期就业创业工作的意见》，《中华人民共和国国务院公报》，2017 年 12 期。

② 《人力资源社会保障部、财政部关于失业保险支持参保职工提升职业技能有关问题的通知》，人社部网站，2017 年 5 月 15 日。

2019年3月，十三届全国人大二次会议的《政府工作报告》提出，实施职业技能提升行动，从失业保险基金结余中拿出1000亿元，用于1500万人次以上的职工技能提升和转岗转业培训。2019年5月，国务院办公厅下发《关于印发职业技能提升行动方案（2019—2021年）的通知》，进一步明确提出在三年时间内从失业保险基金结余中拿出1000亿元，统筹用于职业技能提升行动。[①] 在这一阶段，职业技能提升行动有效提升广大劳动者职业技能水平和就业创业能力，从失业保险基金结余中拿出资金建立专项资金，面向城乡劳动者大规模开展职业技能培训，释放更加积极的就业政策红利，使失业保险受益人群从失业人员向全体职工和就业重点群体扩展。通过提升全体劳动者的就业创业能力，有效缓解就业结构性矛盾，源头上预防失业、减少失业和促进就业。截至2021年底，三年间共使用失业保险基金结余1000多亿元，开展补贴性职业技能培训8300多万人次、以工代训3600多万人，为有效提高劳动者技能素质、稳定和扩大就业提供了有力支撑。

（三）推进《失业保险条例》修订，调整失业保险金标准

现行的《失业保险条例》自1999年1月颁布实施以来，对于保障失业人员基本生活，促进其再就业，维护就业局势总体稳定，服务经济社会发展大局发挥了积极作用。但是，随着经济社会的发展和有关法律、政策的调整，现行《失业保险条例》已不能完全适应经济社会发展的需要。一是近年来，我国制定出台了稳岗补贴、

---

① 《国务院办公厅关于印发职业技能提升行动方案（2019—2021年）的通知》，《中华人民共和国国务院公报》，2019年16期。

技能提升补贴等一系列防失业促就业的政策。实践表明，这些探索行之有效，社会广泛认可，制度功能日趋完善，需要及时提升到立法层面。二是《中华人民共和国社会保险法》对现行《失业保险条例》部分内容已经作出修改，需要根据上位法规定进行调整。三是现行条例实施中反映的一些新问题新期盼需要解决。如覆盖范围偏窄，未能充分反映我国城镇化进程的需求和就业形式多样化的实际；缴费水平偏高，中央减税降费支持实体经济发展的决策部署需要加快落实；失业保险基金支出范围偏窄，参保职工和参保企业希望进一步提升保障水平，扩大受益范围；等等。因此，有必要修订现行条例，使之更加符合经济社会发展的要求。

人力资源社会保障部在认真调查研究、总结实践经验的基础上，起草了《失业保险条例（修订草案送审稿）》（以下简称《送审稿》），于 2015 年 12 月报请国务院审议。国务院法制办收到《送审稿》后，广泛征求了意见，赴地方调研，并召开企业座谈会和专家论证会，会同人力资源社会保障部对《送审稿》进行反复研究、修改，并于 2017 年 11 月至 12 月向社会公开征求意见。《失业保险条例（修订草案征求意见稿）》（以下简称《征求意见稿》）主要遵循了以下原则：

（1）健全制度功能原则。现行《失业保险条例》是在 20 世纪末、21 世纪初实施国有企业改革，职工大规模下岗分流的背景下制定的，当时的主要任务是“保生活”，而随着改革的深入和我国市场经济体制的逐步完善，仅“保生活”已经不能适应社会和参保单位、职工的需求，预防失业和促进就业的功能需要明确和增强。2012 年以来，党中央对此提出了明确要求，职工和参保单位呼声越来越高。《征求意见稿》明确了这三项功能，健全了失业保险制度。

（2）促进公平正义原则。2017年10月，党的十九大指出要促进社会公平正义，这也正是一项社会保险制度的根本生命力所在。《征求意见稿》将覆盖范围从城镇企事业单位及其职工扩大到所有企事业单位和社会团体、民办非企业单位、基金会、律师事务所、会计师事务所等组织及其职工，更大范围实现了参保主体上的公平；将农民合同制工人和城镇职工的参保缴费和待遇享受办法统一，实现了不同身份群体的公平；将受益范围从失业人员扩大到参保单位和职工，体现了权利和义务相适应，实现了缴费主体权益上的公平。

（3）统一性与灵活性相结合原则。在统一失业保险原则性规定的前提下，兼顾区域差别和特殊情况，赋予地方适当自主权，增强制度灵活性。例如，在费率机制上，规定统一的上限，同时授权各地在此限度内自行调整；在失业保险金标准、省级调剂金、稳岗补贴、技能提升补贴、领金人员促就业补贴政策以及失业保险关系转移接续、是否将有雇工的个体工商户及其雇工纳入制度范围等方面，在规定基本条件的同时，也对各地结合自身情况，制定具体实施办法赋予了一定权限。

此外，为进一步提高失业人员基本生活保障水平，2017年9月，人力资源社会保障部、财政部联合发布《关于调整失业保险金标准的指导意见》，指导各省在失业保险基金平稳运行的前提下，逐步将失业保险金标准提高到最低工资标准的90%。[①] 保障失业人员失

① 《人力资源社会保障部、财政部关于调整失业保险金标准的指导意见》，人社部网站，2017年9月20日。

业期间的基本生活是失业保险制度的基本功能，提高失业保险金标准关系失业人员共享经济社会发展成果，关系人民群众的获得感和幸福感，对于促进社会公平，维护社会和谐稳定具有重要意义。

（四）阶段性减免社会保险费，扩大保障范围

新冠疫情发生以后，为了纾解企业困难，推动企业有序复工复产，支持稳定和扩大就业，2020 年 2 月，人力资源社会保障部、财政部、国家税务总局发出《关于阶段性减免企业社会保险费的通知》，规定自 2020 年 2 月起，各省、自治区、直辖市（除湖北省外）及新疆生产建设兵团可根据受疫情影响情况和基金承受能力，免征中小微企业基本养老保险、失业保险、工伤保险（以下简称三项社会保险）单位缴费部分，免征期限不超过 5 个月；对大型企业等其他参保单位（不含机关事业单位）三项社会保险单位缴费部分可减半征收，减征期限不超过 3 个月；受疫情影响生产经营出现严重困难的企业，可申请缓缴社会保险费，缓缴期限原则上不超过 6 个月，缓缴期间免收滞纳金。[①] 同年 6 月，人力资源社会保障部、财政部、国家税务总局发出《关于延长阶段性减免企业社会保险费政策实施期限等问题的通知》，要求对中小微企业三项社会保险单位缴费部分免征的政策，延长执行到 2020 年 12 月底；各省（除湖北省外）对大型企业等其他参保单位（不含机关事业单位）三项社会保险单位缴费部分减半征收的政策，延长执行到 2020 年 6 月底；受疫情影响生产经营出现严重困难的企业，可继续缓缴社会保险费

① 《人力资源社会保障部、财政部、税务总局关于阶段性减免企业社会保险费的通知》，国家税务总局网站，2020 年 2 月 20 日。

至2020年12月底，缓缴期间免收滞纳金。[①]

此外，2020年5月，人力资源社会保障部、财政部发出《关于扩大失业保险保障范围的通知》，在多个方面作出了突破性规定。一是延长大龄失业人员领取失业保险金期限。对领取失业保险金期满仍未就业且距法定退休年龄不足1年的失业人员，继续发放失业保险金至法定退休年龄。二是阶段性实施失业补助金政策。2020年3—12月，领取失业保险金期满仍未就业的失业人员、不符合领取失业保险金条件的参保失业人员，可以申领6个月的失业补助金，标准不超过当地失业保险金的80%。三是阶段性扩大失业农民工保障范围。2020年5—12月，对2019年1月1日之后参保不满1年的失业农民工，参照参保地城市低保标准，按月发放不超过3个月的临时生活补助；与城镇职工同等参保缴费的失业农民工，按参保地规定发放失业保险金或失业补助金。四是阶段性提高价格临时补贴标准。2020年3月至6月，对领取失业保险金和失业补助金人员发放的价格临时补贴，补贴标准在现行标准基础上提高1倍。[②]

三、具有中国特色的失业保险制度初步形成

党的十八大以来，党中央、国务院对失业保险作出一系列决策

① 《人力资源社会保障部、财政部、税务总局关于延长阶段性减免企业社会保险费政策实施期限等问题的通知》，国家税务总局网站，2020年2月20日。

② 《人力资源社会保障部、财政部关于扩大失业保险保障范围的通知》，人社部网站，2020年5月29日。

部署。2013 年 11 月，党的十八届三中全会提出要增强失业保险制度预防失业、促进就业功能；2017 年 10 月，党的十九大提出完善失业保险制度。2020 年以来，为应对新冠疫情影响，习近平总书记两次就失业保险工作作出重要指示，要求抓好失业保险稳岗返还政策落地见效。扩大失业保险覆盖范围，更好保障失业人员基本生活。加快推动线上申领失业保险金，确保失业人员应发尽发、应保尽保。

在这一时期，围绕国家中心工作以及经济社会发展稳定大局，失业保险拓展功能、转变保障理念，通过实施稳岗补贴政策以支持淘汰落后和化解过剩产能、连续降低失业保险费减轻企业负担、采取专项资金支持职业技能提升培训、扩大失业保险保障范围应对新冠疫情影响，失业保险不断健全完善制度功能，在服务经济社会发展大局中不断作出新贡献。

（1）失业保险制度“保生活”基础增强。我国失业保险参保人数逐年增长，2019 年突破 2 亿人大关。保障范围大幅扩大，2020 年为应对新冠疫情影响，阶段性实施失业补助金、临时生活补助等扩围政策，实现所有城乡参保失业人员政策全覆盖。保障水平稳步提高，全国月人均失业保险金水平从 2012 年的 686 元增至 2021 年的 1585 元，增长 131%。

（2）“防失业”重点明确。实施稳岗返还政策，激励企业不裁员、少裁员，通过源头调控，更加积极主动治理失业。此外，创新性地将失业保险的参保受益对象扩展到参保职工，“十三五”期间向 376 万人次发放 61 亿元职业技能提升补贴。①

① 桂桢：《扛牢新时代赋予失业保险的新使命》，《中国社会保障》，2021 年 05 期。

（3）“促就业”导向彰显。连续实施降费率政策。2020年为应对新冠疫情，在降费率基础上，实施惠企力度更大的中小微企业免征、大型企业减半征收、允许缓缴保费政策，“降、免、减、缓”累计减收近5000亿元，降低了企业成本，增强了企业活力。

随着制度功能的完善以及防失业促就业政策的实施，失业保险基金支出规模不断增加，从2013年的531亿元扩大到2020年的2103亿元。失业保险基金支出结构也发生了变化，“保生活”支出比重下降，“防失业、促就业”支出比重上升，在失业保险基金支出增加不多的情况下，失业保险基金结余在不断减少，“十三五”期间从5333亿元下降到3354亿元。失业保险制度功能也从最初的以“保生活”为主逐步过渡到“保生活、防失业、促就业”三项功能均衡发力、相得益彰，形成了“保生活”是基础、“防失业”是重点、“促就业”是目标的功能格局，具有中国特色的失业保险制度初步形成。

需要指出的是，随着我国经济社会发展和有关法律、政策的调整，现行失业保险制度已不能完全适应经济社会发展的需要，包括现行失业保险制度覆盖范围偏窄、失业保险基金支出范围有待调整、新就业形态发展对失业保险制度提出新的挑战等。因此，我国未来还需要针对现存问题和挑战，进一步改革完善失业保险制度。

（1）修订《失业保险条例》。推动失业保险在新时代以新的形象更好地融入和服务经济社会发展大局。将体现“保生活”功能的代缴基本养老和医疗保险，体现防失业功能的稳岗补贴、技能提升补贴，体现促就业功能的技能鉴定补贴、创业补贴等创新政策上升到立法层面，形成长效机制。扩大失业保险制度覆盖范围，保障更多职业人群，拓宽失业保险基金支出范围，进一步发挥制度积极功能。

（2）落实社会保障广覆盖、织密网的发展要求。推动法定人群全覆盖，研究探索建立适合灵活就业人员的失业保障制度，让更多失业人员得到生活保障。扩大职工技能提升政策激励面，将事业单位参保职工，企业中的技师、高级技师以及专业技术人员纳入覆盖范围，全面助力建设知识型、创新型、技能型劳动者大军。强化稳岗补贴政策雪中送炭作用，覆盖所有符合条件企业和统筹地区，激励企业不裁员少裁员，稳定职工队伍。

（3）完善失业保险体制机制。建立健全失业保险金与经济社会发展水平相适应的待遇调整机制，完善失业保险费率调整机制，健全失业监测预警机制。按照建立全国统一的社会保险公共服务平台的要求，完善经办服务体制，加快解决失业保险经办服务碎片化问题；落实转移接续有关政策，促进劳动力自由流动；推进实现省级统筹，提高基金长远支撑能力。

第四章
工伤保险改革

▼

改革开放以来，我国在经济体制方面逐步转变过分集中的计划经济体制，开始发挥市场机制在经济活动中的调节作用。与此同时，工伤保险制度也迎来了改革的春天。经过四十多年的努力，我国初步建立了工伤预防、待遇补偿和工伤康复“三位一体”的工伤保险制度体系，全面保障了职工的工伤权益，有效分散了用人单位的用工风险，充分发挥出了社会“稳定器”和经济“助推器”的作用。

第一节　工伤保险制度改革探索（1978—1995年）

我国工伤保险制度建立于20世纪50年代。1951年2月，政务院公布《中华人民共和国劳动保险条例》，这是一部综合性法规，其中对工伤保险的覆盖人群、保障范围、待遇项目和标准都作了详细规定，构建了社会保险性质的保障模式，形成了我国计划经济时期工伤保险制度的主要框架，也成为我国改革开放以来工伤保险发展改革的制度基础。但由于“文化大革命”的影响，从1969

年开始，我国陆续对以《中华人民共和国劳动保险条例》为基础建立起来的社会保险制度内容及操作办法进行了一系列调整，工伤保险制度模式由社会保险模式转变为雇主责任模式，工伤待遇保障责任全部由企业承担。

1978 年 12 月，党的十一届三中全会召开以后，我国把劳动保险制度的重建工作提上议事日程。在此期间，有关部门发布了一系列规定，包括扩大了实施劳动保险的范围，专门就学徒及临时工的工伤待遇作出新的补充规定；整顿和加强劳动保险工作，强调建立医务劳动鉴定委员会，确定病、伤职工的休假、复工、定残工作；进一步明确因工负伤治疗与疗养期间的其他费用问题；对工伤补助及抚恤问题进一步作出了明确规定；陆续增加了职业病名单。但随着改革开放的不断深入，《中华人民共和国劳动保险条例》规定的企业职工工伤补偿制度，已日渐不适应新形势的需要。

一、旧的工伤保险制度无法适应新形势的需要

（一）职工工伤保障出现新问题

随着改革开放的不断深入，《中华人民共和国劳动保险条例》已不能适应新形势的需求了，尤其是经济体制改革后，劳动用工制度、工资制度、物价水平和生活消费标准等都发生了显著变化，致使职工工伤保障出现了许多亟待解决的问题，主要表现在以下五个方面：

（1）覆盖范围过窄。由于覆盖范围只限于国有企业和城镇集体企业，难以维护所有劳动者的基本权益。改革开放以后，大量不同所有制企业不断涌现，形成了国营、集体、私营、个体、股份制和

外商投资企业等多种经济形式共同发展的新格局。部分企业由于不重视安全管理、劳动条件较差、工伤事故和职业病发生率较高，如果没有强制性工伤保险，工伤职工及其亲属的权益难以保障。

（2）缺乏抗风险能力。劳动保险制度在“文化大革命”中变为没有基金保障的“企业保险”。由于缺乏社会共济，当发生工伤事故和职业病时，企业面临的工伤风险难以分散，企业不堪重负，既不能有效保障职工的合法权益，也给企业的生存和发展带来困难。

（3）工伤待遇项目不完整、标准低。如缺少一次性补偿待遇，只注重补偿工资收入损失，对伤残者的肢体、器官缺损及其功能障碍以及工亡者等均无一次性赔偿。工伤待遇标准基本上是20世纪五六十年代制定的，之后又没有建立起正常的调整机制，因此在改革开放以后，随着职工收入的提高，工伤待遇占工资收入的比例逐年下降，使得领取长期工伤待遇的工伤人员生活水平逐渐下降。

（4）政策和管理不规范。缺乏科学的评残等级标准和健全的劳动能力鉴定制度。《中华人民共和国劳动保险条例》将工伤残疾等级分为完全丧失劳动能力和部分丧失劳动能力两类，完全丧失劳动能力的又分为饮食起居需人扶助和不需人扶助两个等级。这种划分过于原则和粗略，不能反映不同伤残人员的伤残程度，缺乏公平合理性，极易发生争议纠纷。另外，由于当时多数地区劳动能力鉴定工作标准不统一，办事机构和专业人员缺乏，职工因工残疾退休只凭医生的诊断证明即可批准，缺乏规范性，使得“人情风”和突击退休之风大行其道。

（5）工伤预防机制未建立。当时工伤工作重点只局限于事故后的赔偿，没有开展事故前的预防工作。工伤预防机制的缺失，使对工伤事故率上升的企业无惩罚措施，对事故率下降的也无奖励办法，不利于降低工伤事故率和促进安全生产。

（二）经济体制改革催生新的工伤保险制度

20 世纪 80 年代中期，我国经济体制改革进入了以城市改革为重点、以企业搞活为中心的阶段。企业成为自主经营、自负盈亏，相对独立的商品生产者和经营者。随着经济市场化程度的提高，企业之间工伤费用负担不均衡的矛盾日益显现。如新建企业劳动者普遍年轻、人工成本费用低，又不存在以往工伤造成的经济负担，在竞争中占有优势。

与此同时，随着劳动力正常流动和企业产权变动频率的增加，一部分伤残和患职业病的职工，因工作单位变动，原有享受的工伤待遇是由原单位支付还是由调入单位支付，往往争议不休，难以落实，致使伤残职工权益受损。加之经济发展和工业化进程加快，企业伤亡事故率及职业病发生率明显上升，职业安全形势严峻，事故多发与工伤保险制度滞后的矛盾，直接影响着企业制度的改革和社会稳定。

二、工伤保险制度改革的初步探索

20 世纪 80 年代末至 90 年代初，劳动部在研究劳动、工资和社会保险三大制度改革总体思路的过程中，逐步明确改革工伤保险制度的指导思想、主要原则和目标，特别是 1988 年劳动部主持制定了社会保险制度改革方案，初步形成了工伤保险制度改革框架，提出了工伤保险制度改革的主要内容：一是建立工伤保险基金，逐步实行社会化管理。工伤保险基金按照“以支定收，留有储备”的原则，根据不同行业的不同事故率确定企业缴费率，并随着企业工伤事故实际发生情况定期调整。二是调整和完善工伤保险待遇项目和标准。由原来只对重度伤残职工发给退休金，改为对所有因公致残职工根据伤残等级发给定期抚恤金和一次性补助金；适当提高丧葬补助金和供养亲属抚恤金标准，同时增加一次性抚恤制度；建立工伤保险待遇调整机制。三是加强和规范工伤保险管理。对工伤认定条件、劳动能力鉴定标准以及工伤待遇支付等环节作出规范和明确。

1989 年以后，海南省海口市，辽宁省东沟县、铁岭市、锦州市，广东省东莞市、深圳市，福建省将乐县、霞浦县，吉林省延吉市等 10 多个县、市先后开展了工伤保险改革试点。例如，20 世纪 80 年代中后期，东莞市的“三来一补”*和三资企业大量涌现，制造业兴起。但由于企业管理不规范，在失业、工伤、医疗和养老等风险中，即时性的工伤风险最为突出。1989 年 12 月，东莞市人民政府发布《职工工伤保险暂行办法》，正式建立起工伤保险制度，在广东省率先展开工伤保险改革试点。与一般侧重于事后理赔的保险办法不同，东莞市率先把工伤预防做在前面。1990 年 8 月，深圳市人民政府发布《深圳经济特区工伤保险暂行规定》，在全国率先实施社会化的工伤保险制度。当年投保人数只有几万人，补偿事故人数 233 人。截至 1993 年底，工伤保险投保人数达到 110 万人，补偿事故人数 1727 人。此外，1992 年 1 月，广东省人民政府发布《广东省企业职工社会工伤保险规定》。随后，工伤保险改革的试点范围陆续扩大，到 1996 年底，广东省开展工伤保险试点的市已达 10 个，参加投保职工超过了 200 万人。再如，从 1989 年开始，江西省先后在南昌、分宜、东乡等市县进行了工伤保险制度改

* “三来一补”是“来料加工”、“来件装配”、“来样加工”和补偿贸易”的简称。

革试点，初步探索有关工伤保险制度的办法和途径、扩大范围的办法，到 1993 年，江西省参加工伤保险的单位有 3974 个，参保人数达 61.13 万人。1993 年 1 月 1 日，南昌市以政府令形式颁布了工伤补偿与工伤预防、工伤康复相结合的市级统筹的新型工伤保险制度。另外，劳动部还设立“职业伤害补偿及基金筹集模式”和“职工工伤与职业病致残程度鉴定标准”两个科研课题，对改革方案和评残标准进行专门研究设计。

各地在改革试点工作过程中，主要形成以下做法：一是扩大覆盖面。一般都将全民、集体、外商投资企业的固定工、合同工和临时工纳入工伤保险范围之内。例如，广东省和海南省包括私营企业和实行企业化管理的事业单位，其中东莞市包括乡镇企业，海口市包括个体工商户。打破了过去工伤保险制度只在国营企业和部分集体企业中实行的局限性，建立起了不分企业所有制度性质、不分用工形式的社会工伤保险制度。二是适当调整工伤待遇。对于伤残人员，除发给定期伤残抚恤金（相当于原来的退休金）外，还按鉴定后的伤残等级发给一次性伤残补助金；对于死亡人员，既发给丧葬补助费，还有一次性工亡补助金和供养亲属的抚恤金。三是建立工伤保险基金，实行差别费率。一般按企业工资总额的一定比例提取工伤保险费，平均约为 1%。确定统筹总金额时，一般在以支定收的基础上宽余 15%作为应急储备。根据各行业工伤风险程度和以往一定时期工伤事故率确定各行业企业的保险费率，即实行差别费率。四是实行企业管理和社会化管理相结合。例如，一次性抚恤费、定期伤残抚恤金、遗属抚恤金、工伤医疗费、护理费、丧葬费等由社会保险机构负责，治疗工伤期间工资、丧事处理、生活福利等由企业负责。

三、工伤保险制度开启试点探索

20世纪90年代初，工伤保险的改革进展很快，也取得了明显成效。

（1）参保人数明显增加，保障能力进一步增强。1993年全国有500个市县开展了工伤保险制度改革，参加工伤保险的职工有1103.5万人；1994年增加到794个市县1822.1万人；1995年为1103个市县2614.7万人；1996年为1326个市县3102.6万人。

（2）建立统筹基金，提高抵御工伤风险的能力。在“企业保险”制度下，各行业企业的工伤保险费用支出负担不平衡现象十分突出，影响企业平等竞争。通过实行工伤保险基金的社会统筹，提高了高风险企业抵御工伤风险的能力。同时，为体现保险费用的公平负担和保证基金收支平衡，工伤保险费率政策开始采取行业基准费率和浮动费率机制。基金收支规模在不断扩大，累计结余从1993年的3.1亿元增加到1996年的19.7亿元，为保障制度平稳运行提供了比较坚实的资金支持。

（3）提高社会共济能力，促进国企改革顺利推进。工伤保险制度改革前，工伤人员的待遇全部由企业支付，由于经济体制转轨，企业面临市场经营风险，工伤责任成为企业重要负担，同时工伤职工待遇落实也难以保证。工伤保险制度建立后，对工伤职工实行社会化管理和安置，将企业的责任转移到政府和社会机构承担，并通过工伤保险基金社会统筹，以社会共济方式分摊工伤待遇支付，减轻了企业负担，为顺利推进国企改革创造了条件。

（4）减少企业与职工之间的工伤争议，促进社会和谐。在工伤保险制度改革前，由于工伤待遇项目不完整，待遇水平偏低等制度不完善的缺陷，导致工伤职工及其家属利益明显受损，由此引发了许多劳动争议，出现“闹工伤”现象。工伤保险制度改革后，工伤保险待遇由社会保险经办机构按照国家规定标准支付，把企业从争议纠纷中解脱出来，有助于保持企业的正常生产工作秩序，受到了企业和职工的欢迎。

这一时期是我国工伤保险制度试点探索阶段，基本目标是要配合社会主义市场经济体制改革，以社会保险的理念和原则指导制度建设，建立独立于企业单位之外的工伤保险制度。虽然制度内容还不够成熟，但基本方向是正确的，制度框架也已经搭建起来，为下一步我国工伤保险制度的全面实施奠定了基础。

第二节　工伤保险制度改革发展（1996—2003年）

一、制度自身沉积的问题

经过前一阶段的工伤保险改革试点，原有的工伤保险制度的一些突出问题得到了初步改善。但原有的工伤保险管理办法已无法适应新的形势发展要求，制度自身多年沉积下来的问题并没有得到全面的解决。主要包括：

（1）工伤保险制度保障范围难以维护全部因工伤残人员的合法权益。许多非国有企业如私营企业、乡镇企业及一些小型企业等仍然处于工伤保险制度的范围之外，这些企业安全生产意识差，设备陈旧，发生工伤事故的数量占全国事故的很大部分。因此由工伤待遇得不到保障而发生的劳资纠纷事件越来越多，已经成为影响社会稳定的一大隐患。建立工伤保险制度已经成为一项非常紧迫的任务。

（2）工伤保险待遇无法完全对工伤职工及家属的生活提供必要保障。其给付所依据的仍然是20世纪50年代《中华人民共和国劳动保险条例》所规定的标准，与当时的收入水平相比，待遇标准偏低。而且工伤保险待遇结构不合理，重经济损害、轻医疗终结后的待遇，缺乏一次性补偿待遇，不能按伤残程度实行合理的工伤补偿。评残标准粗略，划分不科学。国家过去没有制定统一的工伤和职业病评残等级标准，评残程序也不健全。伤残待遇全由医生诊断证明和单位领导确定，使得伤与残大致一样。由于残废等级划分缺乏科学依据，企业又无章可循，因此造成的争执很多。

（3）工伤认定、医疗终结标准和劳动鉴定制度不健全。一些伤者长期享受全额工资，到处求医，不愿评残。一些医院也片面追求经济效益，造成工伤职工在医疗期间的医疗费用不合理开支，由此引发医疗资源浪费和工伤保险基金流失，甚至造成一些地区的工伤保险基金入不敷出。一方面对职工的工伤保险权益保障不足，另一方面由于管理的不完善存在资源浪费的现象。此外，还缺乏统一规范的处理工伤问题的法制程序，缺乏工伤争议处理的相关法律规定，使得企业面临更多的争议，不利于社会安定。

二、工伤保险制度正式确立

（一）《企业职工工伤保险试行办法》出台

1992年10月，劳动部在当时工伤保险改革主客观条件已经成熟的情况下，首次起草上报了《企业职工工伤保险条例（草案）》。

1993年11月，党的十四届三中全会通过《关于建立社会主义市场经济体制若干问题的决定》，提出要普遍建立企业工伤保险制度。1994年7月，八届全国人大常委会第八次会议通过《中华人民共和国劳动法》，把工伤保险制度作为五项社会保险之一规定下来，并适用于我国境内的企业、个体经济组织和与之形成劳动关系的劳动者。这些都是改革工伤保险制度的法律依据和政策依据。1995年9月，劳动部修改并再次上报《企业职工工伤保险条例（草案）》。

为了加强对工伤保险改革试点的调控和规范，1996年8月，劳动部发布《企业职工工伤保险试行办法》（以下简称《试行办法》），与上报的《企业职工工伤保险条例（草案）》内容基本一致。这一部颁规章对沿用至90年代初的企业自我保险的工伤制度进行了根本性改革，还对改革后的工伤保险制度作了统一规定。《试行办法》对工伤保险的实施范围、工伤认定、待遇项目和支付标准、工伤保险基金和缴费制度、政策监督和事业经办及组织实施等方面作出了基本规定；既保持了原有基本政策的连续性，又根据改革开放的需要对工伤保险制度进行较大的改革。总之，从《劳动保险条例》发布实施到《试行办法》出台，时隔40多年，我国终于有了第一部独立、统一的并且以事故预防—伤害补偿—职业康复相结合为特色的工伤保险行政法规。它的颁布实施标志着我国工伤保险制度的改革步入了由点到面、由探索到规范的新阶段，标志着真正意义上的、自成体系的工伤保险制度在我国的正式确立。

与以往的制度相比，《试行办法》的主要特色在于：第一，改变了以往的全民企业执行、集体企业参照执行的原则，要求各种所有制的企业都要强制加入工伤保险制度；另外，不仅明确了境内企业和劳动者的工伤保险办法，还对境外企业及劳动者的工伤保险作出了规定。第二，通过工伤保险基金的社会统筹和工伤保险业务的社会化管理实现了该制度从企业保险（企业保障）向社会保险的转变。第三，利用工伤保险费率的经济杠杆作用力图实现工伤事故预防与工伤事故补偿的有机结合。第四，不仅提高了工伤保险待遇水准，而且增加了支付项目。

（二）工伤保险制度逐步定型

1996 年 3 月，国家技术监督局发布《职工工伤与职业病致残程度鉴定》（GB/T 16180—1996），明确规定了鉴定的范围、分级原则和伤残等级；标准划分 5 个部分、54 类、469 个条目，详细开列了分级依据或判定基准以及正确使用标准的说明。《职工工伤与职业病致残程度鉴定》（GB/T 16180—1996）作为我国第一部工伤评残国家标准，使我国工伤与职业病致残评定工作，有了科学、规范、详尽的依据，有助于遏制伤残等级评定工作中的随意行为，减少并消除由此带来的工伤待遇不合理、管理不规范等问题，为推动我国工伤保险制度改革起了重要作用。

在工伤保险制度逐步定型的同时，工伤保险法制建设也进一步完善，《职业病防治法》《安全生产法》《社会保险费征缴暂行条例》等相关法律法规相继出台，同时，机构职能变化对工伤保险制度发展也产生了深远影响。1998 年，国务院机构改革引发我国职业安全健康监管体制重大变化。国家在劳动部基础上组建了劳动和社会保障部。原由劳动部承担的安全生产综合管理、职业安全监察、矿山安全监察职能交由国家经贸委承担。由于作为宏观经济管理部门的国家经贸委无法承担综合性的职业安全健康监管职能，所以劳动部承担的职业健康监察职能交由卫生部承担。工伤保险和女职工劳动保护的职能仍由劳动和社会保障部负责。

部门立法体制进一步强化了上述多头监管的格局。1999年，国务院法制局在卫生部起草的《职业病防治条例（草案）》的基础上，修改形成《职业病防治法（征求意见稿）》，并下发征求意见。2001年10月，九届全国人大常委会第二十四次会议通过《中华人民共和国职业病防治法》，确立了以卫生行政部门为主的管理体制。与之对应，1998年，职业安全监管职能划归国家经贸委后，国家经贸委着手起草《职业安全法（草案）》，并于1999年底将其上报国务院审查。基于全国安全生产形势恶化的影响，国务院在审查这个草案的过程中将其更改为《安全生产法》，并在国务院2001年立法工作安排中明确由即将在机构改革中新组建的国家安全生产监督管理局（归口国家经贸委管理）作为起草单位。2002年8月，九届全国人大常委会第二十九次会议审议通过《中华人民共和国安全生产法》，确立了安全生产监督管理部门负责的职业安全管理体制。加上《中华人民共和国劳动法》确立的劳动部门在工伤保险和女职工保护方面的职责，我国职业安全健康多头监管、多头负责的体制正式确立。此后，虽然职业安全和职业健康监管机构有所变化，但多头负责的体制基本没有发生变化。

1999年1月，国务院第13次常务会议通过《社会保险费征缴暂行条例》，使工伤保险费征缴有了法律基础。同时，随着“企业保险”向社会保险转变，各级劳动保障部门的工伤保险工作得到了加强，工伤保险行政部门、劳动能力鉴定部门、经办机构“三套马车”逐步成型。全国各省级和中心城市的社会保险机构一般都设立了专门经办工伤保险业务的部门。例如，广东省社保局设有工伤保险处，广州、深圳等21个大中城市社保局也设立了工伤保险处或科，经办机构有干部300多人。2001年10月，全国第一家工伤康复专门机构——广州市社会劳动康复中心成立（后改为广东省工伤康复中心），直接隶属广州市劳动保障局，是劳动保障部门自身管理的工伤康复机构。

三、工伤保险制度改革进入全面实施阶段

我国工伤保险制度改革进入了全面实施阶段，取得了明显的改革成效。一是参保人数明显增加。截至2002年底，全国有28个省市区和新疆生产建设兵团实施了工伤保险社会统筹，实行工伤保险费用社会统筹的市县近2000个，比1995年的1103个增长近1倍，占全国市县总数的75%以上。2002年，全国工伤保险参保人数达到4406万人，比1995年增加1791万人。二是工伤保险基金规模不断扩大。1995年工伤保险基金收入8.1亿元，工伤保险基金支出1.8亿元，累计结余12.7亿元。到2003年底，工伤保险基金收入达到37.6亿元，工伤保险基金支出27.1亿元，累计结余91.2亿元，工伤保险基金规模扩大数倍。工伤保险抵御职业伤害风险的能力明显增强，获得工伤风险保护的职工总量在增加，待遇水平也有明显提高，关键是采取社会统筹模式，提高了社会共济能力，分散了企业工伤风险，促进了企业改革。

改革工伤保险制度之前，在“企业保险”制度下，各行业企业的工伤保险费用支出负担不平衡现象十分突出，影响企业平等竞争。在这一时期，我国通过实行工伤保险基金社会统筹，提高了抵御工伤风险的能力，使高风险企业能够平等参与竞争。同时，为体现保险费用的公平负担和基金收支平衡，按照各行业职业伤害风险

程度和伤害频率划分职业伤害风险等级，在统筹范围内普遍实行差别费率，为工伤保险基金收支平衡建立了重要机制。

工伤保险制度改革前，工伤人员的待遇全部由企业支付，由于经济体制转轨，企业面临市场经营风险，经济效益时有升降起伏，难以持续保证职工工伤待遇支付。随着企业转制、改组、兼并、破产的改革力度加大，如何妥善处理工伤职工的生活保障及其他工伤待遇的接续问题，就成为“企业保险”制度下的棘手难题。在这一时期，对工伤职工实行社会化管理和安置，将企业的保险责任转移给政府和社会机构承担，并通过工伤保险基金社会统筹，以“社会共济”形式分摊工伤待遇支付与接续费用，为顺利推进企业改革创造了条件。

我国初步建立工伤保险预防机制，提出建立预防、康复和补偿相结合的工伤保险制度体系的目标。《企业职工工伤保险试行办法》在规范工伤补偿项目和标准的基础上，进一步提出促进工伤预防和发展职业康复的要求，并明确了开展工伤预防和职业康复所需费用的支付途径。通过规定实行行业差别费率和企业浮动费率，奖优罚劣。对促进企业改善劳动条件，加强安全生产管理，减少伤亡事故和职业病的发生，以及促进工伤职工最大限度地恢复生理和工作能力，重返社会等都起到了积极作用。

第三节　工伤保险制度改革深化（2004—2012 年）

一、深化工伤保险制度

1996 年 8 月，劳动部发布《企业职工工伤保险试行办法》，基本确立了工伤保险制度的框架，并在全国逐步推行，到 2000 年我国工伤保险覆盖率已达到 42%。工伤保险制度的建立，对于维护因工伤残职工的合法权益，保证他们的基本生活，维护社会稳定，减轻企业负担，都发挥了非常重要的作用。但是，随着工伤保险制度改革的深入，也暴露出一些问题。

（1）《企业职工工伤保险试行办法》对非国有企业约束力不强。作为部颁规章，法律层级不高，一些非公有制经济和个体工商户基本上还没有参加工伤保险。截至 2002 年底，工伤保险参保人数 4406 万人。其中，国有企业 3408 万人，集体企业 670 万人，外资企业 328 万人。[①]

（2）与深化社会主义市场经济体制改革的要求不相符。进入 21 世纪以来，随着我国市场经济改革的深化，工业化、城镇化快速发展，大量农民向城镇转移就业，就业制度发生了很大的变化。原有的工伤保险制度适用范围窄，仅限于企业单位，已不适合社会主义市场经济的要求，按照社会保险的普遍性原则，社会组织的各类劳动者都应当参加工伤保险。因此，要通过强有力的法律手

---

① 陈刚主编：《中国工伤保险发展报告（2004—2020 年）》，北京：中国劳动社会保障出版社，2021 年版，第 18 页。

段，将更多的职业人群纳入工伤保险的范围，保障劳动者的工伤保险权益。

（3）没有形成完整的政策体系。工伤认定、劳动能力鉴定、差别费率和浮动费率等一系列操作层面上的问题尚不规范，导致争议和信访的情况较多。这些矛盾的存在，迫切需要提高工伤保险立法层次，进而完善工伤保险政策体系。

（4）工伤保险制度已成为世界各国建立的最普遍的一项基本社会保险制度。据国际劳工局统计，当时全世界已有160多个国家和地区进行了工伤保险立法，并确立了工伤保险制度。我国加入WTO，是否拥有规范的工伤保险制度将直接影响我国与其他WTO成员国之间的贸易往来。并且在当时，一些省、市曾多次出现产品出口欧盟国家时，对方要求我方出具企业参加工伤保险的证明文件，否则不予进口的事例。

由此可见，无论是从我国建立完善的社会保障体系，还是从完善社会主义市场经济法律体系的角度，都亟须制定《工伤保险条例》。另外，经过几年的工伤保险制度改革试点，《企业职工工伤保险试行办法》确立的工伤保险制度已经有了初步的基础，同时各地在进行改革和探索时还逐步积累了较为丰富的实际经验，这些都为通过国家立法的形式，进一步完善工伤保险制度奠定了较为广泛的群众基础和实践基础。

二、工伤保险制度建设进入新发展阶段

（一）《工伤保险条例》出台

2001年，国务院将《工伤保险条例》列入立法工作计划。同

年 9 月，劳动和社会保障部在总结工伤保险改革实践经验的基础上，提出了包括工伤认定、劳动能力鉴定、基金管理、待遇保障及相关法律责任等内容的工伤保险制度框架，起草了《工伤保险条例（送审稿）》。此后，围绕《工伤保险条例（送审稿）》的协调、论证，劳动保障部与国务院法制办做了大量艰苦细致的工作。一是先后三次征求了最高人民法院、全国总工会、国家经贸委、民政部、财政部、农业部、卫生部等 30 个中央单位，北京、上海、广东等 24 个省、自治区、直辖市人民政府的意见；二是召开了十几次有全国各省市工伤保险行政机构、经办机构和劳动保障法制机构参加的座谈会，听取意见；三是多次召开工会和不同行业、不同经济类型企业参加的座谈会；四是多次召开法学、医学等领域专家参加的座谈会，认真听取各方面专家学者的意见；五是多次到一些统筹地区调研，现场了解工伤保险工作的实际操作程序，实地调查了社会保险经办机构、劳动能力鉴定中心、康复中心、医院等机构的情况，历时一年零八个月，先后几十易其稿，经过几十次协调和反复研究、论证、修改，最终形成了《工伤保险条例（草案）》。2003 年 4 月 16 日，国务院第 5 次常务会议讨论并原则通过《工伤保险条例》。同年 4 月 27 日，国务院公布《工伤保险条例》，标志着我国工伤保险制度建设进入了法制化轨道，工伤保险制度也因此进入一个崭新的发展阶段。

2004 年 3 月，劳动和社会保障部将工伤保险有关职责从医疗保险司划出，专门成立工伤保险司，由此工伤保险管理力量加强，推动工伤保险事业进一步壮大。2004 年 11 月 1 日，劳动和社会保障部发布《关于实施〈工伤保险条例〉若干问题的意见》，对条例实施中有关问题给予进一步明确。2003 年 9 月，劳动和社会保障部部务会议通过《工伤认定办法》，并从 2004 年 1 月 1 日起施行。

（二）农民工参加工伤保险

覆盖面扩大是职工获得工伤保障的基础，也是制度改革发展的主要成效。农民工是我国改革开放和工业化、城镇化进程中涌现出的一支新型劳动大军，主要分布在劳动密集型的煤矿、建筑等高风险行业和餐饮、家政等服务行业。由于农民工接受的安全培训较少，加之用人单位劳动条件普遍较差，易发生工伤事故和职业病，其安全和健康最需要保障。由于其流动性强，往往没有劳动合同，农民工参加工伤保险在政策上一直没有针对性的解决办法，使农民工参保成为一大难题。早在 1982 年，国家劳动总局就发布《关于因工致残的亦工亦农人员的保险待遇和退休工人享受特殊贡献待遇问题给湖南省劳动局的复函》，规定国营企业单位亦工亦农人员，因工发生伤残或死亡的，与正式工同等待遇处理。虽然此后 1994 年 7 月八届全国人大常委会第八次会议通过《中华人民共和国劳动法》，但是农民工群体的劳动者权益保护并没有得到全面的重视和保障，尤其是没有纳入工伤保险体制当中。这一阶段的工伤保险可以认为是“双轨制”的开始，即国营单位和城市职工参保人员的工伤或职业病，由工伤保险基金赔付，属于“社会保险”模式。而农民工和私营企业中发生的工伤或职业病，依然是由企业自行承担，参照城市职工工伤补偿标准执行，属于“企业保险”模式。随着经济体制改革的持续深入，民营市场主体的数量猛增，这种工伤保险的“双轨制”必然是无法持续的。

2004 年 6 月，劳动和社会保障部发出《关于农民工参加工伤保险有关问题的通知》，着重强调了与农民工缔结劳动关系的用人单位必须为其办理工伤保险，尤其是建筑、矿山等高风险、高危害的特殊行业，这是工伤保险改革中的重大突破，亿万农民工参加工伤保险从此有了依据。对农民工参加工伤保险有关问题进行了明确。2005 年 4 月，劳动和社会保障部等三部门发布《关于贯彻〈安全生产许可证条例〉做好企业参加工伤保险有关工作的通知》，对矿山等高风险行业工伤保险参保工作进行了部署。2006 年 1 月，国务院印发《关于解决农民工问题的若干意见》，明确提出要优先解决农民工的工伤保险和大病医疗问题，依法将农民工纳入工伤保险范围。同年 5 月，劳动和社会保障部决定在全国实施农民工参保扩面专项行动计划——“平安计划”，用 3 年左右时间，将矿山、建筑等高风险企业农民工基本覆盖到工伤保险制度之内。在“平安计划”实施的第一年，劳动和社会保障部首先以重特大工伤事故频发、社会各界高度关注的煤矿企业为重点，在全国推广河北省邯郸市、黑龙江省鸡西市和湖南省郴州市等地采取以吨煤提取工伤保险费的缴费办法，较好地解决了小煤矿企业缴费基数核定难的问题，将煤矿企业农民工纳入工伤保险范围。2007 年，为了适应建筑行业人员流动性大、劳动关系复杂、工资基数难以计算等特点，劳动和社会保障部总结北京、厦门等城市经验，推广按项目参保、以造价提取工伤保险费等做法，推进建筑企业参保。2008 年，以餐饮服务业农民工参保为重点，江苏省泰州市和广东省广州市、内蒙古自治区包头市以及天津市等地以营业面积核算农民工参保的经验做法在全国各地推广，使服务业农民工参保工作得以顺利推进。2009 年 4 月，人力资源社会保障部发布以推进服务业农民工参保为重点的“平安计划”二期实施方案，争取用两年时间基本实现有劳动关系的农民工全部参加工伤保险的目标。

2010年10月，十一届全国人大常委会第十七次会议通过《中华人民共和国社会保险法》，明确我国境内的各类企事业单位、国家机关、社会团体、个体工商户，都必须参加工伤保险。该法在我国社会保障发展史上具有里程碑的意义。最值得一提的是，《中华人民共和国社会保险法》首次提出了“先行支付”制度，即用人单位不支付职工工伤保险待遇的，由工伤保险基金先行支付。“工伤保险先行支付”制度，致力于消除传统二元结构对劳动者权益造成的伤害，优先保障劳动者权益被提上了议事日程，《中华人民共和国社会保险法》无论是从工伤保险的覆盖范围，还是保障力度上，都得到了前所未有的发展。同年12月，人力资源社会保障部发布《部分行业企业工伤保险费缴纳办法》，对建筑、服务、矿山、商贸、餐饮、住宿及个体工商户等行业的工伤保险费缴纳办法作出规定。

（三）国有企业老工伤人员纳入工伤保险

老工伤人员是计划经济向市场经济制度转轨中形成的一个特殊工伤群体。工伤保险制度实行之前，在工伤保障方面沿用计划经济时期形成的单位保障制度，职工发生工伤后，由其所在单位支付各项工伤保险待遇；工伤保险制度建立后特别是2004年《工伤保险条例》实施之后，参保用人单位新发生工伤的人员，按照参保缴费与享受待遇相对应的原则，其工伤保险待遇开始由工伤保险基金承担。在制度转轨中就形成了一个特殊的工伤群体：在用人单位参加工伤保险前发生的工伤，用人单位参保后按照“老人老办法、新人新制度”仍由单位保障、未纳入工伤保险统筹管理的工伤职工和工亡职工供养亲属，即为老工伤人员。

随着社会经济的发展，企业改制重组，老工伤人员的工伤待遇仍由原单位保障，矛盾日渐突出。一是一些老工伤人员集中的国有企业负担沉重，认为参加了工伤保险却还要同时负担老工伤人员的待遇，企业发展压力很大。二是由于企业经营状况不同，不同企业之间老工伤人员待遇差别很大，多数待遇偏低，有些甚至得不到落实，导致基本生活得不到有效保障。三是一些政策性关闭、破产国有企业和中央下放地方管理企业，在关闭、破产或下放时，部分老工伤人员待遇未作出相应的政策安排，问题较为突出。因此，在政策上作出制度性安排，将上述人员的工伤待遇纳入工伤保险统筹管理，从根本上解决老工伤人员问题，不仅关系到老工伤人员的切身利益，还关系到减轻企业负担、减少社会矛盾、促进社会稳定和谐的问题。

从 2007 年，各地开始探索运用多种办法解决“老工伤”问题，主要采用了工伤保险基金补助、用人单位一次趸交部分费用和地方财政补贴三种办法。其中，有些地区采取的是三种办法并用即“三家抬”的办法，将老工伤人员移交、纳入工伤保险统筹管理。例如，一些地区在工伤保险制度建立之初就将历史上各种原因的老工伤人员和工亡遗属的待遇纳入了工伤保险基金管理，实现了工伤保险全覆盖的目标。像北京、上海等一些统筹层次较高、参保面较大的中心城市就采取了这类办法。再如，一些地方采取单独缴费纳入的办法，对统筹地区有老工伤人员和工亡遗属的企业进行老工伤人员纳入费用测算后，制定出一次性清偿的标准，由老工伤人员的单位向社会保险经办机构进行一次性费用清缴后，老工伤人员待遇由统筹地区社会保险经办机构纳入工伤保险基金支付。这种办法单独缴费数额往往较高，对于老工伤人员较多的企业压力较大，特别是

20世纪五六十年代创建的老国有企业负担很重，有些国有企业无力承担。这种办法主要适用于解决破产改制企业老工伤人员待遇问题，在企业破产改制时测算所需费用的基础上，采取一次性补缴费用的方式将老工伤人员待遇转由工伤保险基金管理。这些探索，一方面使老工伤人员的医疗费、生活费有了制度性保障，待遇水平普遍有所提高；另一方面大大减轻了企业工伤费用负担。到2009年2月，全国已有近100万名老工伤人员纳入工伤保险统筹管理，直接为企业减负100亿元以上，对促进企业发展和保增长、保民生、保稳定都起到了积极的作用。

2009年4月，人力资源社会保障部发布《关于做好老工伤人员纳入工伤保险统筹管理工作的通知》，要求妥善解决老工伤人员纳入工伤保险统筹管理问题。为了摸清老工伤人员的人数，人力资源社会保障部门于2010年7月至9月在全国范围组织开展了全面的调查摸底工作，从“老工伤”全面调查数据汇总的情况看，这次摸底调查共涉及企业37.65万户、在职职工和退休人员7649万人。截至2009年底，各地约有老工伤人员440万人，已纳入工伤保险统筹的老工伤人员有112万人，尚未纳入工伤保险统筹的国有企业、集体企业、其他企业老工伤人员有329万人，其中国有企业270万人，主要分布在东北、西北、西南和中部地区老工业基地，集中在矿山、森工等资源性行业。2011年1月，人力资源社会保障部等四部门发布《关于做好国有企业老工伤人员等纳入工伤保险统筹管理有关工作的通知》，要求彻底解决国有企业老工伤人员等工伤统筹问题。截至2011年底，全国共有312万名国有企业老工伤人员纳入了工伤保险统筹管理，基本解决了长期影响社会稳定的突出的历史遗留问题。

（四）工伤康复与工伤预防

作为我国工伤保险制度重要组成部分，工伤康复也有条不紊开展起来。2003 年 4 月，《工伤保险条例》明确“促进工伤预防和职业康复”是工伤保险的立法宗旨之一，并明确规定职工工伤后产生的医疗费用、康复性治疗费用、生活不能自理的护理费用以及工伤辅助器具安装费用等均可按规定由工伤保险基金支付。2007 年 4 月，劳动和社会保障部发布《关于加强工伤康复试点工作的指导意见》，提出“十一五”期间工伤康复试点工作的总体目标。2008 年 3 月，人力资源社会保障部发布《工伤康复诊疗规范（试行）》和《工伤康复服务项目（试行）》，用以规范和指导各地开展工伤康复试点工作。

在这一时期，经过多年的探索，特别是“十一五”期间开展的典型地区试点工作，夯实了工伤康复政策的实践基础。例如，广州市是国内最早探索工伤预防、工伤补偿和工伤康复相结合新路子的城市，并于 2001 年 10 月成立全国首家专业的工伤康复医院——广州工伤康复中心。2002 年 8 月，广州市又率先在全国出台工伤康复管理的专门规定——《广州市社会工伤保险工伤康复管理试行办法》，提出“先治疗康复，后评残补偿”的基本原则，初步建立了一个集工伤预防、工伤赔偿和工伤康复于一体的社会工伤保险新模式。2004 年，劳动保障部将广州市确定为工伤康复综合试点城市，将广东省工伤康复中心确定为全国首个工伤康复综合试点单位，承担探索工伤康复制度模式、工伤康复服务和技术规范、工伤康复人才培养、工伤康复国际交流合作等任务。自 2006 年起，广东省劳动保障厅陆续印发一系列工伤康复政策标准文件，并于

2007年启动工伤康复“关爱行动”，推动工伤康复政策体系、标准体系和组织体系建设。截至2008年底，珠三角地区及梅州市共有18家医疗康复机构通过工伤康复协议机构评审，构建起广东省工伤康复服务网络。2009年每千工伤职工拥有康复病床数12.06张、康复医生2.22人、治疗师2.55人。省市两级工伤康复受益人数从2007年的1248人增长到2009年的3783人，增长了203%。

在这一时期，全国大部分省份及部分大中城市建立了工伤康复专门机构，为工伤职工提供以医疗康复服务为主的康复服务。截至2009年底，全国已有17个省、自治区和直辖市制定了《工伤康复（试点）管理办法》和《工伤康复费用结算办法》。2010年底，经人力资源社会保障部组织评估，全国有35家康复机构成为我国工伤康复试点机构。与此同时，全国各地都在摸索适合本地区社会经济水平的工伤康复发展道路，服务模式大致可以分为两类：一类是由社保机构建立组织管理制度，自主运作，直接提供工伤康复服务，机构代表如广东省工伤康复中心。另一类是由工伤保险机构与社会上的综合医院或其他医疗康复机构签订服务协议，利用社会的康复资源和工伤保险基金的资金优势，形成工伤康复服务的供需协议关系，当时国内大多数工伤康复试点机构均属此类。

2010年12月，国务院常务会议决定修改《工伤保险条例》，其中规定：“工伤职工在签订服务协议的医疗机构进行工伤康复的费用，符合规定的，从工伤保险基金支付。[①]”这是我国第一次在法律规范中采用工伤康复这一完整概念，同时将其列为工伤保险

---

① 《工伤保险条例》，人社部网站，2022年7月18日。

待遇之一予以保障，以法律的形式保障了职工获得工伤康复服务的权益。

在这一时期，我国部分省市结合工伤保险工作的推进和事业发展的需要，对工伤预防进行积极探索。2009 年 8 月，人力资源社会保障部办公厅发出《关于开展工伤预防试点工作有关问题的通知》，确定广东、海南和河南 3 省的 11 个城市作为试点城市，主要在工伤预防费的使用范围和项目、提取比例、使用管理程序、监督管理机制以及部门间协调工作机制 5 个方面开展为期两年的工伤预防试点。随后，河南、广东和海南 3 省出台关于工伤预防费纳入基金支出的地方条例，山西、内蒙古、吉林、黑龙江、江西、湖南、宁夏、陕西和西藏 9 省（区）出台了有关工伤预防费纳入基金支出的政策文件，初步建立工伤预防工作经费的保障机制。

三、工伤保险制度进入法制化阶段

这一阶段是我国工伤保险制度改革的关键时期，制度发展进入法制化和发展壮大阶段。党的十六届三中全会之后，以国有企业改革为中心环节的提法逐步淡出，政府职能转变和基本公共服务均等化日渐成为改革的主线。在这一背景下，社会保障体系建设突破了长期以来作为国有企业改革配套措施的局限。《工伤保险条例》《中华人民共和国社会保险法》相继出台，工伤保险立法层次提高，政策体系更加完善，有力推动了工伤保险制度发展。

（1）工伤保险制度体系基本建立。在法制化轨道上，我国工伤保险制度日益成熟完善，逐步建立了符合国际主流趋势的预防、补偿和康复“三位一体”的工伤保险体系，工伤预防和工伤康复工作逐步铺开，搭建完成包含工伤认定、劳动能力鉴定、基金管理、待遇保障及相关法律责任等内容的工伤保险制度框架，为职工提供更加全面的保障。

（2）制度覆盖范围不断扩大，参保人数大幅增加。我国除了公务员和参公事业单位以外，工伤保险制度实现了全部职工人群的法定覆盖，实际覆盖人数突飞猛进增长。2006 年，工伤保险参保人数首次突破 1 亿人，达到 10269 万人，2010 年参保人数进一步增加到 16161 万人。2011 年末全国参加工伤保险人数为 17696 万人，比 2004 年末的 6845 万人增长了 159%。

（3）重点推动农民工参保，成效显著。农民工是我国工业化、城镇化过程中涌现的一支新型劳动大军，是社会主义现代化建设必不可少的力量，主要分布在高风险行业和服务业，劳动条件普遍较差，工伤风险较高，抵御风险能力较弱，将他们纳入工伤保险保障范围具有独特的重要意义。为此，从这一阶段开始，工伤保险扩面工作更加具有针对性，农民工成为工伤保险扩面的重要群体。通过创新参保缴费政策如“按项目参保”以及专项参保扩面行动，农民工参保成绩显著。截至 2010 年底，农民工参加工伤保险人数 6300 万人。根据 2006 年以来数据，农民工参保人数占总参保人数的比重一直稳定在三分之一左右，对维护农民工工伤权益发挥着至关重要作用。

（4）基金收支规模不断扩大，保障能力稳步提升。2003 年 4 月，国务院公布《工伤保险条例》后，制度覆盖范围不断扩大，参保人数大幅增加，工伤保险基金收支出现了快速增长的趋势，为工伤职工的保障提供了良好的经济基础。2004 年，工伤保险基金收入 58.3 亿元，2010 年达到 284.9 亿元，是 2004 年的 4.89 倍；

2004年，工伤保险基金支出33.3亿元，2010年达到192.4亿元，是2004年的5.78倍；2010年工伤保险基金累计结余达到561.4亿元。在基金规模扩大的同时，工伤保险基金统筹层次也不断提升，社会共济能力进一步扩大，尤其是在抵御重特大工伤事故风险方面，如解决5·12汶川地震造成的数万名工伤人员补偿问题、历史遗留的国有企业“老工伤”问题等。

（5）工伤保险待遇水平不断提高，享受待遇人数持续增长。待遇补偿是工伤保险制度的主要保障功能。《工伤保险条例》公布实施后，工伤保险待遇项目增加，待遇水平不断提高，享受工伤保险待遇的工伤职工及其供养亲属人数持续增长。在各项社会保险制度中，工伤保险待遇最为优厚，有力保障了工伤职工获得医疗救治和经济补偿的权益。

第四节　工伤保险制度改革完善（2012—2022年）

一、工伤保险制度改革面临新任务

2003年4月，国务院公布《工伤保险条例》，确立我国现行工伤保险制度的基本构架。与此同时，工伤保险基金的规模呈大幅度增长趋势，享受工伤保险待遇的人数也不断增加，待遇水平得到普遍提高，工伤职工的工伤保险权益得到较好保障。在这一时期，虽然我国工伤保险事业取得快速发展，但仍然存在一些问题，面临着一些新的挑战。

（1）工伤保险制度工伤预防功能发挥不够。在这一阶段，我国工伤保险仍是以工伤补偿为主，主要通过对工伤人员的经济补偿来保障他们及其家庭的基本生活。但单纯的工伤补偿并不是现代工伤保险制度的应有之义。目前，世界上许多发达国家的工伤保险制度都把工伤补偿和工伤预防、职业康复紧紧结合在一起，并将重点放在工伤事故的预防上，同时尽最大努力提供康复帮助。《工伤保险条例》中虽然确定“工伤保险要与事故预防和职业病防治相结合”的原则，但没有明确规定基金的支出比例、途径和用途，在我国一些省级立法及实施细则中，大多数也没有明确规定工伤预防基金支出比例，从而导致工伤保险机构的工伤预防工作无法得到明确的制度指导。

（2）工伤保险覆盖面窄，覆盖范围小。一方面，我国现有的制度主要是企业职工工伤保险制度，仅规定各类企业以及有雇工的个体工商户应当参加工伤保险，而国家机关及事业单位不参加。另一方面，农民工参保率不高是突出问题。虽然我国早在 2004 年开始实施的《工伤保险条例》就将农民工纳入了工伤保险范畴，但截至 2009 年末，只有 5500 余万名农民工参加了工伤保险，仅占其人员总量（22978 万人）的 24%左右，这导致大部分的农民工在发生工伤事故后得不到应有的权益保障。

（3）工伤保险面临新挑战。随着就业形式的多元化，我国高流动性、不稳定的劳动关系大量增加。同时，我国逐渐全面融入国际经济体系，劳动力流动也不仅限于国内劳动力市场，工作人员派驻国外以及外籍人士来华就业等情况都将大大增加。按照当时的工伤保险制度很难将这些劳动关系全部纳入保险范围。另外，在原有制度及其改革过程中遗留下来的老工伤问题对于工伤保险制度的改革发展提出了难题。例如，由于职业病迟发性、滞后性的特点，将会出现越来越多以前没有参保的职工陆续被诊断为职业病的情况。如何解决这部分人的工伤待遇问题，也对我国工伤保险制度提出新的挑战。

二、“三位一体”制度体系进一步健全

《工伤保险条例》实施后不久，就产生了修订的需求，主要是《工伤保险条例》中个别条款所依据的法律法规基础发生了变化。例如，2003 年 10 月，十届全国人大常委会第五次会议通过《中华人民共和国道路交通安全法》，2004 年 4 月，国务院公布《道路交通安全法实施条例》；2005 年 8 月，十届全国人大常委会第十七次会议通过《中华人民共和国治安管理处罚法》，取代了《工伤保险条例》原来依据的《中华人民共和国治安管理处罚条例》，都需要对《工伤保险条例》中相关规定作出修改。2010 年 12 月，国务院第 136 次常务会议通过《国务院关于修改〈工伤保险条例〉的决定》，修订后的《工伤保险条例》扩大了工伤保险参保范围、工伤认定范围，简化了工伤认定程序，缩短了工伤认定时间，提高了工伤保险待遇，增加了基金支出项目，增强了制度实施力度。在制度已经基本定型的背景下，工伤保险继续朝着全面深化改革、建立更加科学合理的制度方向发展。

（一）推动农民工工伤权益保障

农民工是我国城乡二元结构下由农业社会向工业社会转型过程中出现的特殊群体，基本上是各自家庭的主要经济支柱。工伤保险

对于保障农民工基本权益，保障工伤农民工和各自家庭的基本经济生活发挥了重要作用。同时，农民工参加工伤保险，对于我国城镇化、工业化进程的平稳起到了重要保障作用。鉴于我国农民工庞大的规模及城镇化的进一步发展，工伤保险持续将农民工工伤保险工作放在突出位置。

建筑业按项目参保是我国工伤保险制度的一大创新。2014 年 12 月，人力资源社会保障部、住建部等四部门联合发布《关于进一步做好建筑业工伤保险工作的意见》，把参加工伤保险作为核发施工许可证和安全许可证的必要条件，有力推动建筑业按项目参保。从 2015 年开始，人力资源社会保障部实施建筑业工伤保险专项扩面行动计划——“同舟计划”，用三年左右时间，全面推进建筑业从业人员参加工伤保险。截至 2016 年底，全国农民工参加工伤保险人数 7510 万人，其中，建筑行业参保人数 1896 万人。为了进一步保障农民工工伤权益，扩大“按项目参保”政策受益面。2018 年 1 月，人力资源社会保障部等六部门联合发出《关于铁路、公路、水运、水利、能源、机场工程建设项目参加工伤保险工作的通知》，要求将在铁路、公路、水运、水利、能源、机场等各类工程建设项目中流动就业的农民工纳入工伤保险保障范围。截至 2021 年底，全国新开工工程建设项目工伤保险参保率为 99%。

在我国快速工业化的发展中，相当一部分农民工从事矿山采掘、建材建筑和有尘毒危害行业的工作，由于缺乏劳动保护，很多农民工罹患尘肺病。近些年，农民工尘肺病问题集中显现。这些患病农民工中有相当一部分人没有劳动合同，没有参加工伤保险，没有稳定的待遇保障，患上尘肺病失去劳动能力后返乡生活，在医疗救治、基本生活方面十分困难。

在这一时期，农民工尘肺病引发社会广泛关注。2019 年 5 月，国务院常务会议提出建立和完善职业病防治体系，加大职业病专项经费投入，对患者实施分类救治，研究运用工伤保险、医疗救助等手段加强兜底保障。2019 年 12 月，人力资源社会保障部联合国家卫健委发出《关于做好尘肺病重点行业工伤保险有关工作的通知》，提出自 2020 年开始，在煤矿、非煤矿山、冶金、建材等尘肺病重点行业，开展为期三年的工伤保险扩面专项行动，原则上做到应保尽保。截至 2021 年底，全国共有职业卫生技术服务机构 1022 家，放射卫生技术服务机构 605 家，化学品毒性鉴定中心 23 家，职业健康检查机构 5067 家，职业病诊断机构 588 家；中央转移地方资金建设 671 家尘肺病康复站（点），覆盖辖区内近 17 万名尘肺病患者，患者对康复服务满意度达 96%。[①]

（二）推动工伤康复和工伤预防工作

工伤康复对恢复劳动者劳动能力、减少工伤保险基金支出、促进经济发展有重要功能。2013 年 4 月，人力资源社会保障部修订并发布新的《工伤康复服务项目（试行）》和《工伤康复服务规范（试行）》，进一步规范工伤康复工作开展。同年 8 月，人力资源社会保障部发布《关于进一步做好工伤康复试点工作的指导意见》，提出工伤康复发展目标。截至 2015 年，我国已在全国范围内确立首都医科大学附属北京康复医院、同济大学附属养志康复医院、广东省工伤康复医院、重庆西南医院 4 家区域性工伤康复示范平台，

① 《2021 年我国卫生健康事业发展统计公报》，中国政府网，2022 年 7 月 12 日。

确立北京康复中心等35家试点工伤康复医疗机构，建立超过200家签订服务协议的工伤康复机构，已覆盖全国31个省、自治区、直辖市，初步形成了工伤康复服务网络，在一定程度上缓解了工伤职工的康复需求。2016年2月，人力资源社会保障部发布《工伤保险辅助器具配置管理办法》，以条例领衔，以部颁规章、政策规范或标准为基础，我国工伤康复的制度体系初步形成。

建立预防优先的工伤保险制度，体现了“人民至上，生命至上”的发展理念，是工伤保险制度积极主动作为的体现。2013年4月，人力资源社会保障部发出《关于进一步做好工伤预防试点工作的通知》，决定在2009年初步试点的基础上，再选择一部分具备条件的城市扩大工伤预防试点。2015年底，工伤保险费率改革之后，为了提高企业安全生产水平，各试点地区开始探索工伤预防的有效措施与工伤预防工作的部门协作机制，工伤预防工作进入了一个新时期。然而，各试点地区因经济发展程度不同，工伤预防管制呈现差异化的现象。东部地区通过完善工伤保险费率机制、建立工伤预防联席会议制度、开展职业健康专项检查及定期进行安全宣传与教育培训等措施，提高工伤预防费用的使用效率。而中、西部地区大多停留在提取工伤预防费用的基础使用与管理上。例如，海南省作为最早开展工伤预防试点地区之一，1996年就确定提取2%～3%的工伤保险基金，主要投资在安全宣传、教育和监督检查的预防项目上。为提高工伤预防试点的基础建设，2012年，海南省规定各地级市开展工伤预防工作的费用提取比例最高可扩大至上年度工伤保险基金收入的15%，并要求社保机构协助安全生产管理机构、财政、卫生等部门进行工伤管理。同时，为了增加企业改善劳动者的安全工作环境的积极性，海南省通过定期披露企业层面工伤伤害率与浮动费率探索建立科学的费率制度。

到 2016 年，全国有 54 个地市开展了工伤预防试点工作。经过多年实践，试点工作成效初显，很多地区呈现出工伤预防意识提升、工伤保险参保率上升、工伤事故率下降的“两升一降”的良好态势。2017 年 8 月，人力资源社会保障部会同财政部、国家卫计委、国家安全监管总局发布《工伤预防费使用管理暂行办法》，进一步规范了工伤预防费的使用和管理。截至 2017 年底，全国总工伤事故和死亡人数，分别同比下降 16.2%和 12.1%。2020 年 12 月，人力资源社会保障部等八部门联合印发《工伤预防五年行动计划（2021—2025 年）》，体现了三大特点：一是提出了预防优先的理念，更加注重事前预防；二是建立大预防的工作格局，更加注重齐抓共管；三是突出重点行业、重点企业、重点人员，更加注重关键少数。此计划围绕工伤事故和职业病高发的危险化学品、矿山、建筑施工、交通运输、机械制造等重点行业企业开展，同时将重点行业重点企业分管负责人、安全管理部门主要负责人和一线班组长等重点岗位人员作为重点对象。

（三）调整费率政策和阶段性免征或降低工伤保险费率

我国工伤保险制度建立以来，工伤保险基金的结存规模不断扩大，2012 年以后每年都以上百亿元的速度递增。截至 2014 年底，累计结存（含储备金）规模已达 1129 亿元，平均可支付月数已超过了 24 个月。随着安全生产形势向好，2012 年至 2014 年享受工伤保险待遇人数稳定在 190 多万人，风险基本可控。经过对调整工伤保险费率的调研、测算和论证，为从制度层面调整完善工伤保险费率政策，2015 年 6 月，国务院常务会议决定将工伤保险平均费率由 1%降至 0.75%。同年 7 月，人力资源社会保障部、财政部联合发出《关于调整工伤保险费率政策的通知》，将原来的行业基准费率由三类细化调整为八类，各行业工伤风险类别对应的全国工伤保险行业基准费率为一类至八类，分别控制在该行业用人单位职工工资总额的 0.2%、0.4%、0.7%、0.9%、1.1%、1.3%、1.6%、1.9%左右；根据用人单位工伤保险费使用、工伤发生率、职业病危害程度等因素，确定用人单位的工伤保险费率并进行浮动；同时还把一类行业分为三个档次，即在基准费率的基础上，可向上浮动至 120%、150%，二类至八类行业分为五个档次，即在基准费率的基础上，可分别向上浮动至 120%、150%或向下浮动至 80%、50%。[①]

2018 年 4 月，人力资源社会保障部和财政部发出《关于继续阶段性降低社会保险费率的通知》，提出工伤保险基金累计结余可支付月数在 18（含）至 23 个月的统筹地区，可以现行费率为基础下调 20%；累计结余可支付月数在 24 个月（含）以上的统筹地区，可以现行费率为基础下调 50%。降低费率的期限暂执行至 2019 年 4 月 30 日。[②] 2019 年 4 月，国务院办公厅发出《关于印发降低社会保险费率综合方案的通知》，提出自 2019 年 5 月 1 日起，延长阶段性降低工伤保险费率的期限至 2020 年 4 月 30 日，工伤保险基金累计结余可支付月数在 18 至 23 个月的统筹地区可以现行费率为基础下调 20%，累计结余可支付月数在 24 个月以上的统筹地

① 《人力资源社会保障部、财政部关于调整工伤保险费率政策的通知》，人社部网站，2015 年 7 月 22 日。

② 《人力资源社会保障部、财政部关于继续阶段性降低社会保险费率的通知》，中国政府网，2018 年 4 月 27 日。

区可以现行费率为基础下调 50%。

新冠疫情发生以后，为了纾解企业困难，推动企业有序复工复产，支持稳定和扩大就业，2020 年 2 月 20 日，人力资源社会保障部、财政部、国家税务总局发布《关于阶段性减免企业社会保险费的通知》，规定自 2020 年 2 月起，免征中小微企业三项社会保险（养老、失业、工伤）单位缴费部分，免征期限不超过 5 个月；对大型企业等其他参保单位（不含机关事业单位）三项社会保险单位缴费部分可减半征收，减征期限不超过 3 个月。① 同年 6 月，人力资源社会保障部等三部门发布《关于延长阶段性减免企业社会保险费政策实施期限等问题的通知》，对中小微企业三项社会保险单位缴费部分免征的政策，延长执行到 2020 年 12 月底；各省对大型企业等其他参保单位（不含机关事业单位）三项社会保险单位缴费部分减半征收的政策，延长执行到 2020 年 6 月底。② 此后，我国又多次发布政策文件，把阶段性降低工伤保险费率政策延续实施至 2022 年 4 月 30 日。在各种因素综合作用下，我国工伤保险平均费率持续下降，从 2015 年的 0.85%下降到 2021 年的 0.47%，切实减轻了用人单位的缴费负担。

（四）工伤保险基金统筹层次

早在 2010 年 3 月，人力资源社会保障部就发出《关于推进工伤保险市级统筹有关问题的通知》，提出在 2010 年全国范围内基

---

①《人力资源社会保障部、财政部、税务总局关于阶段性减免企业社会保险费的通知》，人社部网站，2020 年 12 月 28 日。

②《三部门：延长阶段性减免企业社会保险费期限》，人民网，2020 年 6 月 25 日。

本实现工伤保险市级统筹。在改革实践中，全国工伤保险市级统筹逐步形成了三种不同的形式：一是“统收统支”管理。市级统筹后，工伤保险基金在全市范围内按统一费率及标准征收，且全部上划到市，统一纳入财政专户管理；基金支出由市根据区县申请统一拨付。在这种体系下，工伤保险基金的管理主体由区县上移到市。二是“调剂金”管理。市级统筹后，区县征收的工伤保险基金不用全部上划，大部分留存当地，由市授权区县管理，少部分上缴市级，建立工伤保险风险调剂金。在这种体系下，工伤保险基金的管理主体仍在区县。三是“混合式”管理。一些地区在推进工伤保险市级统筹时并不完全遵循以上两种形式。例如，一些地区的工伤保险基金由区县统收统支，统筹基金定额调剂；还有一些地区的工伤保险基金虽然留存当地，但将留存基金的管理权上移到市级，区县动用留存基金需向市级申请。相较而言，前一种由于基金的管理权分散在市、县两级，更接近“调剂金”管理；后一种县级征收的基金虽留存当地，但县级无权动用，即基金的管理权在市级，更接近“统收统支”的管理形式。

2010 年 10 月，十一届全国人大常委会第十七次会议通过《中华人民共和国社会保险法》，其中规定基本养老保险基金实行全国统筹，其他社会保险基金逐步实行省级统筹。2011 年新修订的《工伤保险条例》规定，工伤保险基金逐步实行省级统筹，但之后几年工伤保险基金仍处于市级统筹层面。市级统筹在运行过程中又出现一系列问题，如经济水平相对落后的地区基金规模较小，高风险行业企业分布密集的地区基金缺口较大，抵御不确定风险的能力较差，一旦出现伤亡事故，基金收不抵支，难以立即保障工伤职工的工伤保险待遇。实行省级统筹，可有效扩大基金规模，缩小地区间基金缺口差异，提升工伤保险基金分散事故风险的能力，是保障更广泛职业人群、保障工伤职工待遇水平的有力后盾。此外，在市级统筹层次下，不同地区间基金结余水平相差较大。基金结余较少的地区由于基金规模和基金缺口的压力，对规范和调整工伤保险待遇畏缩不前，倾向于“多收少支”，以累积较多的基金储备来应对未来可能遇到、不可预知的事故风险。实行省级统筹，各地区不再建立储备金，有利于平衡地区间基金结余水平，提高基金使用效率。

2017 年 8 月，人力资源社会保障部、财政部联合印发《关于工伤保险基金省级统筹的指导意见》，提出全国在 2020 年前实现省级统筹，省级统筹按照调剂金和统收统支两种模式由各省结合实际进行选择。[①] 在此之前，全国仅有 4 个直辖市和 7 个省实行了工伤保险省级统筹，大部分地区基本上实现了市级统筹。截至 2020 年底，全国已基本实现了省级统筹。在各地实践中，工伤保险基金省级统筹形成两种模式：一种是“六统一”模式，即实行统一工伤基金收支、统一参保范围和参保对象、统一工伤保险费率政策和缴费标准、统一工伤认定和劳动能力鉴定办法、统一工伤保险待遇支付标准、统一经办流程和信息系统；另一种则是“五统一+调剂金”模式，即在上述“六统一”模式中，基金不采取统收统支的方式，而是采取建立省级调剂金模式，其他方面实行“五统一”。2021 年 6 月，人力资源社会保障部发布《人力资源和社会保障事业发展“十四五”规划》，提出“十四五”期间推动调剂金模式向统收统支模式转变。

---

① 《人力资源社会保障部、财政部关于工伤保险基金省级统筹的指导意见》，人社部网站，2017 年 8 月 25 日。

（五）覆盖人群逐步拓展

在这一时期，工伤保险制度正在适应我国人口老龄化和就业方式变化，逐步拓展制度覆盖人群。

（1）工伤保险制度向部分人群自愿参保敞开政策口子。2010年新修订的《工伤保险条例》把工伤保险制度参保人群向事业单位、社会团体、民办非企业单位、基金会、律师事务所、会计师事务所等用人单位扩展。2018年12月，十三届全国人大常委会第七次会议修订《中华人民共和国公务员法》，将国家公务员全部纳入工伤保险，基本实现了具有规范劳动关系从业人员和公务员的全覆盖。针对超龄就业人员、技校实习生等这部分人群，虽然他们的用工管理与职工人群类似，但根据劳动法律，难以建立劳动关系，因此也难以参加工伤保险，导致难以化解用人单位和劳动者个人工伤风险。基于此，部分地方开始试点将工伤保险制度覆盖范围向非劳动关系人群扩展。例如，2018年7月，浙江省人力资源社会保障厅等三部门发布《关于试行职业技工等学校学生在实习期间和已超过法定退休年龄人员在继续就业期间参加工伤保险工作的指导意见》，允许符合条件的技校实习生和超龄就业人员自愿参加工伤保险。

（2）探索新就业形态人员工伤保障方式。随着移动互联网技术快速发展，新经济新业态大量涌现，创造了众多新增岗位，也导致就业方式更加灵活化。新的就业形态突破传统用工管理模式，尤其是平台灵活就业人员的劳动关系界定更加困难，建立在稳定劳动关系基础之上的工伤保险制度与之难以适应，平台灵活就业人员职业伤害保障引起广泛关注。这一阶段，我国灵活就业人数在2亿人左右。他们中的绝大部分人，没有参加工伤保险。2019 年 8 月，国务院办公厅印发《关于促进平台经济规范健康发展的指导意见》，强调抓紧研究完善平台企业用工和灵活就业等从业人员社保政策，开展职业伤害保障试点。2020 年 1 月，中央一号文件《中共中央、国务院关于抓好“三农”领域重点工作确保如期实现全面小康的意见》提出启动职业伤害保障试点。2021 年 7 月，人力资源社会保障部、国家发改委等八部门发布《关于维护新就业形态劳动者劳动保障权益的指导意见》，提出以出行、外卖、即时配送、同城货运等行业的平台企业为重点，组织开展平台灵活就业人员职业伤害保障试点。此外，在这一时期，全国各地不断研究新就业形态劳动者参加工伤保险的新政策。例如，2020 年 12 月，广东省人力资源和社会保障厅等部门发布《关于单位从业的超过法定退休年龄劳动者等特定人员参加工伤保险的办法（试行）》，包括超过法定退休年龄的劳动者、网约工、家政服务机构劳动者、实习生、见习人员等八类特定人员纳入了工伤保险范围。再如，2021 年 8 月，杭州市人力资源和社会保障局等部门发布《关于部分特定人员参加工伤保险办法（试行）》，允许新业态从业人员参加工伤保险。

三、形成工伤保险“三位一体”制度体系

党的十八大以来，工伤保险制度覆盖范围进一步扩大，统筹层次进一步提高，省级统筹的推进确保了受保障人群的保障待遇稳步提高，企业缴纳工伤保险费的费率也有了调整，“三位一体”制度体系进一步健全。

（1）工伤保险制度功能进一步完善。工伤保险制度改革不断深

化，工伤预防和工伤康复工作进一步推进，“三位一体”制度体系逐步健全。工伤保险费率政策、待遇确定和调整机制、基金统筹层次不断完善，政策体系逐步成熟，有力减轻了企业工伤负担，更好地保障了职工工伤权益。特别是在应对新冠疫情影响方面，国家第一时间出台有关防疫人员工伤认定政策，畅通工伤认定渠道，保障防疫人员工伤权益，解除防疫人员后顾之忧。针对经济形势变化和新冠疫情期间企业生产经营困难等情况，我国对工伤保险费持续实行降费、免征、减征等优惠政策，充分发挥社会保障制度对经济发展的支撑作用。

（2）参保扩面工作取得重要进展。2014 年，我国工伤保险参保人数首次突破 2 亿人，达到 20639 万人；2021 年末，我国工伤保险参保人数已经达到 28284 万人。在提高参保措施力度方面，按项目参保政策全面推开，从建筑业进一步扩展到各类工程建设项目，有力保障了农民工权益。此外，我国通过采取尘肺病高风险行业专项参保扩面计划，将高风险行业人群纳入保障范围；实施基层快递网点优先参加工伤保险政策，解决快递员工伤权益保障问题。2021 年，参加工伤保险的农民工 9086 万人，占总参保人数的三分之一左右。

（3）工伤保险基金支撑能力不断提升。随着参保人数参加，我国工伤保险基金收支规模逐步扩大，收支总体保持平衡、略有结余。2021 年工伤保险基金总收入 948.8 亿元，比 2012 年的 526.7 亿元增长 80%；基金累计结余 1409.6 亿元，比 2012 年的 861.9 亿元翻了近一番；2021 年工伤保险基金收支规模均突破 900 亿元。基金累计支付 6683 亿元，有力保障了 1952 万名工伤职工及其直系亲属的法定待遇，为制度功能发挥提供了比较坚实的资金支持。此外，工伤保险基金的统筹层次不断提升。到2020年底，全国各省均已出台省级统筹文件，在制度上全面实现省级统筹。其中，实行基金统收统支模式的有13个省（含新疆生产建设兵团），省级调剂金模式的有19个省。从实践效果看，推动省级统筹能够有效提升工伤保险治理效能，在促进制度公平统一、确保待遇及时足额发放、提高管理服务水平、增强基金抗风险能力等方面均发挥重要作用；进一步扩大了社会共济范围，提升了工伤保险基金支撑能力。

（4）工伤保险待遇水平不断提高。在这一时期，我国统一并调整部分工伤待遇项目标准，一次性工亡补助金标准、一次性伤残补助金标准都得到较大幅度的提高，使工伤职工及其家属充分分享经济社会发展成果。例如，一次性工亡补助金标准从2011年的38.2万元增长到2020年的84.7万元，增长121.7%；月平均工伤保险伤残津贴由2012年的1864元增加到2021年的近4000元。

但也不可否认，我国工伤保险制度还存在一些问题，需要在未来继续深化改革。

（1）参保扩面仍需努力。一方面，在现有制度框架下，还有部分人群没有纳入保障范围，尤其是中小微企业和农民工群体。按项目参保政策需要进一步健全长效机制，尘肺病高风险行业的工伤参保扩面需要进一步推动，历史遗留尘肺病人保障问题还需要努力解决。另一方面，随着经济社会发展和就业方式的变化，未来工作方式将更加灵活，传统的工伤认定方法面临着更大的挑战，灵活就业方式更加普遍，对新就业形态人员职业伤害保障提出了新的挑战。因此，我国工伤保险需要增强制度灵活性，以更好适应未来保障人群和职业伤害风险类型的变化。

（2）工伤预防、待遇补偿和工伤康复三大制度内容发展不均衡。由于我国多年来对工伤预防和工伤康复的认识和定位有一个反复过程，导致工伤预防和康复工作进展缓慢。特别是工伤预防、工伤康复工作刚刚起步，制度建设较为薄弱，预防和康复支出占基金支出比重过低。工伤补偿待遇标准也不平衡，一些待遇项目地区间差异较大，保障不足与保障过度并存。

（3）工伤保险保障情形不够合理。现行工伤保险的保障范围包括七种工伤认定情形和三种视同工伤情形。在实践中，部分工伤认定情形争议较大，引发较多行政复议和行政诉讼，牵扯工伤保险行政部门大量精力。

（4）管理服务能力与社会需求有一定差距。工伤保险经办力量不足，管理服务手段相对落后，尤其是长期依赖医保经办，医保职能划转对工伤经办产生较大冲击。从广大参保单位和职工的需求看，工伤保险的管理服务还存在着一定的差距，存在着信息化程度低、人性化服务欠缺、经办效率有待提高等问题。

第五章
社会救助改革

▼

改革开放40多年来，我国逐步建立和健全以城乡低保为核心，涵盖五保供养、医疗救助、临时救助等新型社会救助体系，覆盖范围不断扩大，保障水平不断提高。从发展历程来看，中国特色社会救助制度经历了探索阶段、发展阶段和深化阶段这三个发展阶段。从经验来看，加强社会救助的政治、组织和制度保障，充分发挥社会救助的托底保障功能，循序渐进地推进社会救助工作，是改革开放以来我国社会救助事业取得辉煌成就的三条基本经验。

第一节　社会救助制度改革探索（1978—2001年）

一、社会救助制度建立的必要性

一直以来，我国实行的是传统的社会救济制度，并且在改革开放初期的较长一段时期内，对传统社会救济制度尤其是对贫困人员的生活救助制度仍然没有根本性的变革。直至1993年我国开始实施城镇居民最低生活保障制度之前，传统的社会救济一直被延续下来。但随着改革开放政策的实施，我国传统的社会救助已经不再符合社会经济形势的发展需要，许多弊端也开始暴露出来。

（1）社会救济范围窄。改革开放前期，我国贫困人口有2.5亿人，大约占总人口的四分之一，但当时实际能够享有社会救助待遇的人数只有几千万。虽然我国法律规定每个公民都享有社会救助的权利，但实际上，社会救济的对象仅局限于无法定抚养人、无生活来源、无劳动能力的"三无人员"。城市的社会救济对象主要是孤老残幼、困难户等特殊人员，有劳动能力的劳动者及其家庭发生困难时，多由所在工作单位来解决。农村地区，主要以"五保户"*为社会救济对象，由集体负责解决大多数农民所面临的生存问题。造成这种社会救济实施范围窄的情况主要有两方面的原因：一方面，由于政府财政实力有限，社会救济资金来源不足；另一方面，对救济对象资格认定的标准过于单一和严格。传统社会救济对象的资格认定仅以个人或家庭的收入为标准，只有个人或家庭的收入低于贫困线的才可以获得救济。显然，以如此单一的标准确定出的救济对象与非救济对象之间的界限过于刚性。那些基本生活水平略高于救济标准的人员或家庭，虽然不需要基本的生活救济，但可能需要生活救济之外的其他社会救助。社会救济的认定标准，使得这部分人群不能享受到急需的专项救助。1992年，在低保制度实施之前，全国仅有19万城镇困难人口获得了国家定期定量救济，在城镇总人口中所占比重为0.06%，这种限制条件的不合理导致很多生活存在实际困难、真正需要救济的居民未能得到救济，而成了"三不管"对象，甚至这些人所面临的困难要超过那些接受救济的对象。

* "五保户"指农村中既无劳动能力，又无经济来源的老、弱、孤、残的农民，其生活由集体供养，实行保吃、保穿、保住、保医、保葬（孤儿保教），享受五保待遇的家庭。

随着国家经济体制改革的逐步深化，越来越多的单位开始采取自负盈亏、独立核算的经营管理模式，而这种转变也决定了依靠单位解决城市贫困人员困难问题的模式很难继续下去。在我国农村地区，随着家庭联产承包责任制的实施，集体的经济实力被弱化，面对农民贫困问题，想要依靠集体力量来解决也越发困难。同时，不管是在我国的农村地区还是城市地区，所有制成分已经发生变化，不再是单一公有制而是多种所有制并存，特别是随着改革开放不断发展，外资、私营等企业不断兴起，而这些企业本就没有救助机制。随着国有企业改革的进一步深化，在城市中产生大量的失业人员和下岗职工，而传统的社会救济政策并没有考虑到这些新的贫困人员的产生，这些新的贫困人员自然也无法享受到社会救济的待遇。在这样的背景下，更加凸显出社会救济范围窄这一弊端。因此，必须通过改革解决这一问题。

（2）社会救济水平低。随着我国经济的不断发展，我国居民的收入水平和生活标准提高得很快，但对城乡贫困人员的社会救济水平并没有同步增长，这就使得社会救助水平偏低的问题日益凸显。与此同时，20 世纪 80 年代后期，我国还发生了较为严重的通货膨胀，物价的快速上涨使原本就偏低的社会救济水平更加难以保障贫困人员的基本生活，尤其在改革开放初期表现得更为明显。1992 年，国家投入 8740 万元为城镇居民困难户提供定期定量救济，接受救济者每人每月救济金额为 38 元，而当年城镇居民人均生活费支出为 125 元，所提供救助的 38 元还不足当年城镇居民人均月食品支出的三分之一。显然，社会救济水平偏低，不仅不能有效改善贫困群体的生存状况，保障其基本生活，还可能导致更多的社会问题。

二、社会救助制度的初步探索

1978年以后，农村撤销人民公社制度、实行联产承包责任制，使农业经济得到较好发展，农村社会救济取得一定成就。在城市，随着经济体制改革的不断深入，计划经济时期形成的以单位保障为主的传统社会救济模式的功能逐渐弱化，难以适应社会主义市场经济新形势的需要，针对贫困人口的社会政策迫切需要进行改革和发展。

（一）改革开放初期的社会救助工作

"文化大革命"期间，社会救济一度处于混乱停滞状态，各项救济政策无法全面落实，很多按规定应该享受救济的人员得不到救济。改革开放初期，我国先是恢复计划经济时期的救济模式，维持城乡分野的救助格局，并在救助范围、救助方式、救助资金投入等方面有所发展。虽然沿用了传统的救济方针，但是在救济形式与内容方面开始尝试改变。例如，将生产经营理念引入救济领域，尝试由原先的"输血"改为"造血"，把农村扶贫机制引入城市救济，依靠街道办事处把城市有劳动能力的救济对象组织起来参加生产自救，而对那些无劳动能力的传统救济对象则实行定期救济。

城市社会救济工作快速恢复与发展。社会救济对象在以"三无"的老年人、严重残疾人和未成年人为重点的基础上进一步扩大。到20世纪80年代中期，社会救助对象已经有20多种。从资金投入看，从1977年到1989年，我国四次调高社会救济标准，不断增加城市社会救济费的支出额度。1979年全国城市享受定期救济*的人数24万人，支出社会救济费1785万元，平均每人每年75

* 定期救济指给救济对象每月发放固定金额的救济金。

元；1989 年全国城市享受定期救济的人数为 31 万人，较 1979 年增加近 30%，支出社会救济费 8450 万元，平均每人每年 273 元；1992 年城镇困难户得到救济和补助的人数达 908 万人，和 1985 年的 376.9 万人相比，增加 2.4 倍多。[①]

与此同时，农村救济工作也得到快速恢复和发展。一是五保户供养资金支持力度加强。据资料显示，1978 年用于农村五保户的救济金为 2309 万元，占国家拨发的农村社会救济费（不包含农民生活救济费）的 10%；到 1994 年，国家用于五保对象的资金上升到 7554 万元，占国家拨发的农村社会救济费（不包含农民生活救济费）的 27%。二是继续完善五保供养制度。人民公社制度撤销后，一部分地区集体经济组织承担五保供养存在困难。而政府的措施是从政策上确认集体经济组织的责任，以及资金的来源。1982 年中央一号文件《中共中央批转〈全国农村工作会议纪要〉》要求，包干到户这种形式，有一定的提留，统一安排五保户的生活。1985 年 10 月，中共中央、国务院下发《关于制止向农民乱派款、乱收费的通知》，规定供养五保户等事业的费用，实行收取公共事业统筹费的办法。1991 年 11 月，国务院公布《农民承担费用和劳务管理条例》，规定乡统筹和公益金用于五保户供养。这一规定使五保供养和敬老院得到恢复和发展，到 1992 年底，全国有 220 万名五保老人得到集体供养。但五保制度仍然是一项"民办制度"，在一部分乡（镇）政府与村集体欠债情况下，五保供养标准过低，一些符合条件的老人被排除在五保制度之外。1994 年 1 月，国务院公

① 张世飞：《1978—1992 年中国社会保障事业的恢复和发展》，《党史研究与教学》，2008 年 04 期。

布《农村五保供养工作条例》，将农村五保供养制度定性为农村的集体福利事业，并把五保供养的内容调整为保吃、保穿、保住、保医、保葬（孤儿保教），所需经费从村提留或者乡统筹列支。这标志着农村“五保”供养工作开始走上规范化、法制化的管理轨道。三是探索实行农村定期定量救济，保证农村救济费用的正常使用。从20世纪80年代开始，一些地方对农村社会救济进行了改革和探索。对贫困户的救济，根据不同情况分别实行定期定量救济或临时救济，定期定量救济的主要对象是农村常年生活困难的特困户、孤老病残人员和精减退职的老职工，对他们按照一定周期（按季节或按月）给予固定数额的救济金或救济粮食等实物，以加大救济力度，重点保障其基本生活；对其他贫困人口，则继续通过灾民荒情救济，对缺粮群众给予临时救济。1985年农村享受国家定期救济的人数达到百余万人，临时救济的人数就更多了。1979年到1994年我国开始建立最低生活保障制度前的15年，国家和集体用于农村社会救济和补助的资金累计达到70多亿元，使农村困难群众的生活得到基本保障。

在这一时期，我国社会救济的力度有所加强。20世纪90年代前后，我国每年有2000万～3000万人次得到临时救济。1992年底，全国城乡有86万多名贫困人员和孤老残幼享受定期救济，有54万多名精减退职职工享受原工资的40%救济和定期救济，有220万“五保”老人得到集体供养，国家财政支出救济费5.5亿元，集体补助支出10.3亿元。[①] 定期定量救济是这一时期社会救济改革

① 李学举主编：《社会救助》，北京：中国社会出版社，2009年版，第35页。

的亮点。总体而言，这一时期的救助制度具有过渡性特征，救助工作虽然有了明显恢复和发展，但是城乡依然按照各自的路径发展，始终没有突破原有的体制和框架。

（二）城市居民低保制度的建立

社会救济制度是社会保障体系中的最后一道安全网。20 世纪 90 年代以后，随着我国市场经济体制的确立，不少失业下岗人员生活困难，城市贫困人口增加。一方面，收入差距拉大，相对贫困问题日益突出，严重影响低收入家庭的生活质量；另一方面，传统社会救济方式不能满足困难群众日益增长的救助需求。20 世纪 90 年代中期全国城市贫困人口的规模在 1500 万 ~ 3100 万人，占城镇人口总数的比重为 4% ~ 8%。而 1992 年全国城镇社会救济费用（包括临时救济）总共才 1.2 亿元，仅占当年国内生产总值的 0.005%，不到国家财政收入的 0.03%；得到国家定期定量救济的城镇困难户人数只有 19 万人，占城镇人口的 0.06%；救济对象人均月救济金额为 38 元，仅为当年城市居民人均生活费收入的 25%。[①] 因此，传统社会救济制度已不能适应经济体制改革和社会发展的需要，也无法维持困难居民最起码的生活权益，最低生活保障制度正是在这样的社会背景下，首先在城市产生，而后扩大到农村地区。

1993 年 1 月，上海市政府转发市民政局等部门提出的《关于解决本市市区部分老人生活困难的意见》，将原由企业承担的职工家属中的 4 种困难老人纳入社会救济范围。同年 4 月，上海市政府

---

① 郑功成：《中国社会保障 30 年》，北京：人民出版社，2008 年版，第 153 页。

确定城镇居民最低生活保障线和职工最低工资标准线。同年5月，上海市民政局、市财政局、市劳动局、市人事局、市社会保险局、市总工会联合发出《关于本市城镇居民最低生活保障线的通知》，这是我国最早的城市居民最低生活保障制度（以下简称城市居民低保制度），拉开了我国社会救济制度改革的序幕。1994年5月，第十次全国民政工作会议提出对城市社会救济对象逐步实行按当地最低生活线标准进行救济的改革目标，并部署在东部沿海地区进行试点。随后，上海、厦门、青岛、大连、福州、广州6个大、中城市相继建立起城市居民低保制度。到1997年8月底，全国建立城市居民低保制度的城市总数已达206个，占全国建制市的三分之一。

1997年9月，国务院下发《关于在全国建立城市居民最低生活保障制度的通知》，要求1997年底以前，已建立城市居民低保制度的城市要逐步完善，尚未建立这项制度的要抓紧做好准备工作；1998年底以前，地级以上城市要建立起这项制度；1999年底以前，县级市和县政府所在地的镇要建立起这项制度。[①]截至1999年8月底，全国668个城市和1638个县政府所在地的建制镇已经全部建立起城市居民低保制度。同年9月，国务院颁布《城市居民最低生活保障条例》，标志着我国城市居民低保制度纳入法制化的轨道，也标志着我国社会救济制度向社会救助制度的转型，具有里程碑意义。尽管各地如期建立了城市居民低保制度，但由于地方财政投入不足，没有做到应保尽保。针对这种情况，2001年11月，国务院办公厅下发《关于进一步加强城市居民最低生活保障工作

① 《国务院关于在全国建立城市居民最低生活保障制度的通知》，《中华人民共和国国务院公报》，1997年31期。

的通知》，要求增加投入，将符合条件的对象全部纳入保障范围。全国城市居民低保对象从 2000 年的 403 万人，迅速增长到 2002 年的 2065 万人，增长 412%。此后城镇享受低保的人数长期保持在 2000 万人左右。

在这一时期，各地方在探索过程中因地制宜，出现了具有代表意义的“上海模式”、“武汉模式”及“重庆模式”。其中，上海市创立城市居民低保制度之初，其模式也被称为“谁家的孩子谁抱走”的救助模式，即没有工作单位的市民由民政部门解决；有工作的职工及其家属由工作单位解决；工作单位解决不了的，由主管部门解决；主管部门也解决不了的，再由民政部门解决。这种资金分担方式的弊病是显而易见的，因为导致职工（包括退休职工）家庭生活困难的最主要的原因是企业不景气，而要求不景气的企业来负担职工的最低生活保障，这显然是一个悖论。1999 年 10 月，上海市最终改变“谁家的孩子谁抱走”的资金分担模式，实现由民政部门统一管理的“全民化”制度。而“武汉模式”一开始就尝试一种面向全民的城市居民低保制度，率先在资金来源上实现全部由财政负担，实施城市居民低保的资金全部由政府负责，市、区两级财政各负担 50%，由武汉市民政局负责管理。虽然这种模式最早在大连市尝试，但因民政部的推行而被称为“武汉模式”。同时，“武汉模式”也因经费有限“面向全民”走了样，变成面向“劳动年龄之外的人”。而在劳动年龄之内的人绝大部分被称为“视同为”的政策——即年龄在 18 ~ 59 岁的下岗、失业人员被“视同为”已经领取了最低工资或下岗职工基本费，因此大批贫困人口被排除在《城市居民最低生活保障条例》之外。

“重庆模式”针对“武汉模式”的不足，从 1998 年开始，首先采取了改革措施，即取消了对劳动年龄阶段居民的“一刀切”模式，而按居民的实际收入来计算家庭平均收入。促使重庆市采取上述改革措施的动因是给下岗工人发生活费的政策在设计上的漏洞：一是这个制度不看下岗工人的实际收入水平和生活状况，“人人有份，平均发放”。二是在资金筹集方面，虽然政策有一个“三家抬”*的说法，但到地方上大多是一句空话。要企业负担一部分明显是个悖论，所谓社会募集一部分，实际上来自失业保险基金，最后逃避不了责任的只有政府。所以，实际上还是财政托底。三是当时重庆市财政状况也很困难，把有限的经费用到最需要的人身上是关键。根据国际经验，只有以家计调查为基础的社会救助方式才是最有效的。所以，重庆市决定对靠财政补贴发生活费的企业实行“断奶”，而转为企业中有生活困难的职工家庭通过社区申请城市居民低保。“重庆模式”使城市居民低保制度真正实现了全民化，也使人均水平低于最低生活保障标准，应该享受社会救助的城市贫困家庭的生存权和基本生活权益得到切实的保护。

* “三家抬”即资金由政府、企业、社会三方筹集。

（三）农村低保制度的探索

20 世纪 80 年代，农村经济体制改革初步确立，使农村的社会经济状况发生了根本变化，以集体经济为依托的农村社会保障体系基本解体，农村传统的以土地为基本手段的生活保障体系被削弱，农村的传统家庭和社会关系不可避免地发生了变化，养老、医疗问题以及部分农民的贫困问题日趋严重。

与此同时，由于受计划经济体制的制约，长期以来，我国农村地区社会救济工作主要是对五保户、灾民和特困户实行生活救济，存在着覆盖面小、标准低且缺乏科学依据、经费不落实等问题，而且法制化、规范化水平较低，随意性较大，难以适应市场经济条件下社会救济工作的需要。加之受物价上涨等因素影响，实际操作中往往缩小了救济面、降低了救济标准。此外，由于受城乡二元经济结构的影响，长期以来，我国社会保障水平城乡差别较大。加上市场经济导致竞争加剧，使城乡收入差距拉开。因此，建立农村最低生活保障制度，是对传统农村社会救济工作的重大改革和完善，是其他社会保障措施无法替代的。

1992 年，陕西省左云县开始农村最低生活保障（以下简称农村低保）制度的试点。取得经验后，又在阳泉市的 3 个区县扩大试点。1994 年 5 月，第十次全国民政工作会议提出少数有条件的地方率先进行农村低保制度的试点工作。同年 6 月，山西省在阳泉市开展建立农村社会保障制度的试点，并发布实施《阳泉市农村社会保障试行办法》，其中包含建立农村低保制度的初步设想，规定县、乡、村根据各自经济发展的不同状况，确定基本保障线，对生活在基本保障线以下的贫困户，以户建档，逐年核定，实行救济，使其生活水平达到基本保障线。同年，上海市政府办公厅转发市农委等三部门的《关于做好本市农村扶贫工作的意见》，开始建立农村低保制度。农村居民低保标准分为近郊（浦东新区、闵行区、嘉定区、宝山区）、远郊（南汇区、奉贤区、金山区、青浦区、松江区）、海岛（崇明岛、横沙岛、长兴岛）三种。1995 年 12 月，广西壮族自治区武鸣县正式发布《武鸣县农村最低生活保障线救济暂行办法》（以下简称《暂行办法》），这是我国第一个县级农村最低生活保障线制度的政策文件，《暂行办法》规定该县农村户口的孤老、孤残、孤幼或因病、因灾等特殊情况造成家庭经济收入达不到最低生活保障线的村民，即为保障对象。保障标准分为两类：一般贫困对象每人每月 40 元；五保对象每人每月 65 元。保障资金由县和乡镇分级负担，其中，县财政负担 65%，计 70 万元，乡财政负担 35%，计 51 万元，这让全县 4600 名农村贫困群众基本生活得到保障。很明显，《暂行办法》已经显现出我国农村最低生活保障制度的雏形。例如，1994 年武鸣县人均收入刚过 1000 元，而同年全国农村居民家庭人均纯收入是 1223.6 元。[①] 也就是说，这个县的经济状况只是接近全国平均水平。

1996 年，民政部确定在山东烟台、河北平泉、四川彭州和甘肃永昌四地进行农村低保制度试点，这几个试点地区也分别代表发达、中等发达和欠发达三种不同经济发展状况的农村地区。同年 11 月，上海市人民政府发布《上海市社会救助办法》，开始施行农村低保制度。这是全国第一个省市级的社会救助政府规章。同年 12 月，为加强对农村最低生活保障制度建设的指导，民政部发布《关于加快农村社会保障体系建设的意见》，推动农村低保制度试点，使其范围扩大到 256 个县市。

三、低保制度开启社会救助新局面

改革开放初期我国的社会救济工作虽然得到了比较快的恢复和发展，但并未突破原有体制和框架，救助经费的投入缺乏必要的保障机制；救助工作的随意性较大，救助对象认定、救助标准和救助程序有待进一步完善等。从总体上看，改革开放初期的社会救济制

① 国家统计局编：《国家统计摘要 1995》，北京：中国统计出版社，1995 年版，第 52 页。

度无论是制度设计、具体操作，还是资金投入都与困难群众的救助需求存在较大差距，城乡贫困问题依然十分突出。

城市居民低保制度是改革开放以来我国在社会救助事业上最重大的制度创新，它突破了传统社会救济资源分散、效率不高、缺乏公平、水平较低等弱点。基于家庭收入调查的现金转移支付救助模式不仅符合国际通行的社会救助理念，而且体现了政府在保障困难群众基本生活问题上所承担的责任，满足了我国建立健全社会主义市场经济体制的现实需要，为我国新型社会救助体系建设奠定了基础。

（1）在资金投入方面。2001 年下半年，我国城市居民低保制度开始呈现"跳跃式"发展，突破"资金瓶颈"。2001 年初，中央财政作出 8 亿元预算，下半年又增拨 15 亿元，城市最低生活保障制度的资金投入共达 23 亿元。各地方的省级财政也在 2001 年初 9 亿元预算的基础上，再增加 3 亿多元，共计 12 亿元。加上地市和区县两级筹集的资金，2001 年全年的最低生活保障支出达到了规模空前的 42 亿元；比 10 年前增长了 43 倍；占当年国内生产总值（95933 亿元）的 0.55‰，约为 10 年前的 10 倍；占财政支出的（18903 亿元）的 2.80‰，约为 10 年前的 9 倍。这样，到 2001 年底，全国共有 1171 万名城镇居民得到最低生活保障，比 2000 年增长近 200%。[①] 城市居民低保制度"应保尽保"的扩面工作取得了第一阶段的胜利。随后，在 2002 年继续推动"应保尽保"的进程中，城市居民低保制度的财政预算达到了创纪录的 105 亿元。其中，中央财政安排的预算在 2001 年大幅增长的基础上又翻了一番，达到

① 汝信、陆学艺、李培林主编：《2003 年：中国社会形势分析与预测》，北京：社会科学文献出版社，2003 年版，第 243 页。

了46亿元，占总预算的44%；各省、自治区、直辖市也较多地增加了预算，地方各级财政共安排预算59亿元，占总预算的56%。其中，省级财政安排预算20亿元，占总预算的19%；地（市）级安排预算19亿元，占总预算的18%；县（市）级20亿元，占总预算的19%。[①] 从此以后，城市居民低保制度进入规范管理阶段。

（2）在保障人数方面。随着城市居民低保制度的"资金瓶颈"被突破，保障人数也大幅度增长，取得突破性进展。2002年上半年，我国城市居民低保对象已经达到1930万人，约占全国非农业人口的5.8%。从2001年6月到2002年6月，城市居民低保对象净增长1473万人，增长3倍多，这项制度的"跳跃式"发展带来了救助对象的超常规增长。需要说明的是，2001年下半年到2020年上半年，城市居民最低生活保障对象的急剧增加，并不是因为在这一时段城市居民的贫困状况迅速恶化，而是在各级政府加大投入后，前文中屡次提到的限制这项制度潜能充分发挥的"资金瓶颈"被突破，政府提出的"应保尽保"的目标基本达致的结果。

（3）在保障范围方面。城市居民低保制度实施通过明确企业与政府的责任、严格的工作程序以及民主化的管理，基本将符合低保条件的人员全部纳入了保障范围。到1999年9月底，在全国近300万人的城镇居民低保对象中，原有的"三无"人员仅占21%，而在职、下岗、失业人员则占到79%。2002年，城市居民低保制度已将离岗职工纳入低保范围，是净增人数最多的一类，占低保对象的22.9%；而传统上由民政部门救济的"三无"人员仅占5%。

① 汝信、陆学艺、李培林主编：《2003年：中国社会形势分析与预测》，北京：社会科学文献出版社，2003年版，第244页。

从一些城市的情况来看，保障范围的扩大也十分显著。例如，到1999年9月底，上海市各种社会救助的人数达到50多万人，其中不仅包含“三无”人员和在职、下岗、失业、离退休人员，而且覆盖了外地退休后回沪定居人员等。

此外，在这一时期，虽然我国农村低保制度还处于试点阶段，但使试点地区的农村居民基本生活得到了保障，从而对维护社会稳定、促进农村经济体制改革的深入起到了积极的作用，取得较好的社会效果。到2001年，全国建立农村低保制度的建制县（市）达到2037个。到2002年，全国农村低保对象达到404万人，支出资金13.6亿元。其中，地方政府投入9.53亿元，农村集体投入4.07亿元。[①]具体来说，其成效体现在：一是有力地促进了农村救济制度的改革。各试点地区实施农村低保制度后，建立健全各项规章制度，规范管理，扩大保障面，将保障范围由原来的传统社会救济对象覆盖到所有的贫困人口，克服传统救济体制中救济面窄、救济标准低、管理落后粗放等弊端，提高救济工作的管理水平，使救济工作逐步走上规范化、制度化、法制化的道路。二是进一步加强农村社会保障。农村低保制度是农村社会保障体系重要组成部分。这项制度的建立，进一步健全农村的社会保障，加大保障力度，构筑了农村最后一道安全网，对巩固农村社会保障体系，抵御市场经济的冲击都起到了重要的作用。三是有效维护农村社会稳定。农村低保制度的建立，有效保障了农村贫困人口的基本生活权益，解除了他们的后顾之忧，使他们能与其他社会成员一样共享改革和社会发展

---

① 刘喜堂：《建国60年来我国社会救助发展历程与制度变迁》，《华中师范大学学报（人文社会科学版）》，2010年04期。

的成果，对于缩小贫富差距，缓解农村社会矛盾，消除不安因素起到了积极作用。

第二节　社会救助制度改革发展（2001—2012年）

进入21世纪以来，在现代化、市场化和城市化发展的过程中，特别是在推进城乡统筹发展和城乡一体化发展的背景下，我国社会救助制度的发展面临新的社会环境和历史条件，并在社会变迁和社会转型中获得飞速发展，呈现出新的发展特征和变迁趋势，对于社会救助制度的未来发展产生了重大影响，直接影响未来我国社会救助的发展路径和模式塑造。

一、21世纪中国城乡低保制度变迁发展的社会背景

（1）在救助理念转变方面。进入21世纪以来，我国社会救助制度建设处在新的历史阶段，被赋予更多的寓意。从社会救助的建立最初是着力于为经济体制改革配套、保障困难职工的基本生活和维护社会稳定到保障民生和实现社会公平正义，社会救助的社会寓意正在逐步发生改变，社会救助理念也在发生适应性的积极变革，特别是作为社会救助制度核心的城乡低保制度的普遍建立则成为改革开放后社会救助制度建设中最为重要的制度安排，也成为中央政府和各级地方政府着力加强实施的社会政策安排和反贫困社会工程。从实践上看，21世纪以来，城乡低保制度的陆续建立和推

广，不仅对于推动城市国有企业改革和维护社会稳定起到了非常重要的作用，而且对于缓解城乡贫困问题、优化社会收入分配格局和推进社会公平正义的实现发挥了积极的作用。

（2）在发展方式转变方面。进入21世纪以来，我国经济高速发展，经济总量不断扩大。2001年至2010年，我国国内生产总值从109655.2亿元增长到401202.0亿元，成为世界上第二大经济体。同期，财政收入从2001年的16386.04亿元增长到2010年的83101.51亿元，人均财政收入有了很大提高，为实施更加宏大的社会政策提供了财力保障，也推动了社会救助制度的扩大以及社会安全网的完善。同时，国内不同地区的经济也获得较快的发展，为最低生活保障制度的推行奠定必要的经济基础。

（3）在发展格局转变方面。由于历史和现实等诸多方面的原因，改革开放以来，我国的经济发展格局发生深刻变革，不同地区之间现代化和市场化的程度很不相同，不同地区之间经济社会发展不平衡的问题比较突出，城市和农村、平原与山区以及东中西不同区域之间经济发展不平衡的问题比较突出，成为社会救助制度发展面临的客观历史条件。由于一些地区经济发展相对缓慢，贫困发生率高，税收不足以及由此为社会弱势群体提供全面的安全网的能力下降，使得实施社会救助社会政策的能力也存在很大差距，直接影响到社会救助的支付能力、保障标准和社会救助制度自身发展的可持续性。此外，从劳动力市场的状况看，低保制度的建立对于保障下岗失业人员的生活和推进国有企业改革起到了配套的作用。但是我国国内劳动力市场的结构性的矛盾长期存在，劳动力供给与需求之间的矛盾突出，有效协调保护失业者和促进低保制度流动性依旧是低保制度发展面临的现实障碍。同时，我国不同地区之间的失业率也存在较大的差异，对于社会救助的社会需求和支付压力存在很大的差异，影响低保制度的全面、均衡发展。

（4）在人口结构转变方面。随着人口再生产类型的转变，我国人口老龄化水平不断提高。2000年，我国65岁及以上人口的比例已超过7%。按照国际通行定义，我国已处于老龄化国家的行列。然而由于农村年轻劳动力大规模向城市流动，农村老龄化程度提高得更快。2000年人口普查显示，农村65岁及以上人口的比例达到8.1%，已经高于城镇6.0%和城市6.7%的水平。[①] 由于农村劳动力的流动仍会继续并扩大，农村老龄化程度不断加深，农村养老保障成为当时最为紧迫的问题之一。在农村社会保障制度不健全的情况下，老龄人口由于劳动能力下降和患病概率上升，更容易成为陷入贫困的脆弱群体。因此，在这一时期，通过制度建设，妥善处理农村养老和老年人口的贫困问题，是我国完善农村社会保护体系的重要内容。

二、低保制度全覆盖

（一）城市居民低保制度不断完善

1．对有特殊困难的低保家庭的分类施保

在这一时期，经过多年的快速发展，我国城市居民低保制度无论是在资金投入方面还是受助人数方面都有很大的进展，但同时也出现了一些问题，如部分市、县配套的城市居民低保资金不能及时

---

① 蔡昉、都阳：《建立农村“低保”制度的条件已经成熟》，《中国党政干部论坛》，2004年09期。

足额到位，部分地区压低水平发放、平均发放、不按月发放城市居民低保金等。针对这些问题，2003 年 6 月至 2004 年 1 月，民政部连续发出《关于加强对城市居民最低生活保障金发放情况监督管理的紧急通知》《关于进一步加强基层低保资金发放管理工作的通知》《关于做好今冬明春城市低保工作的紧急通知》《关于按照国务院要求在春节前将农垦森工企业困难职工家庭全部纳入城市低保范围的紧急通知》等文件，着重解决城市居民低保金按时、足额发放，地方配套资金准时到位以及应保尽保的有力执行，并把对城市特殊困难群体给予重点照顾的分类施保办法作为完善城市居民低保制度的重要内容及发展方向。对贫困人员实行分类施保，重点照顾有特殊困难的群体，既是我国社会救济制度的传统，也是国际上通行的做法。截至 2006 年底，全国 31 个省、自治区、直辖市均建立了分类施保制度。为了解决低保对象多方面的困难，不少地方制定了与城市居民最低生活保障制度相配套的优惠政策和临时救助措施，对城市居民低保家庭在水、电、取暖费用以及看病、子女上学等方面给予一定的优惠、减免费用或提供临时帮扶。此外，一些地方还建立了慈善超市、慈善医院等，调动社会各方面资源，从各个方面帮助城市困难群众。为鼓励城市居民低保对象再就业，一些地方与劳动保障部门积极配合，对城市低保对象开展技能培训，并推荐就业，同时对已就业的城市居民低保对象实行渐退制度，从而提高城市居民低保对象就业的积极性。分类施保制度的实施，将我国城市居民低保制度的建设提升到新的高度。

在这一阶段，各地实施分类施保具有以下几个突出特点：一是分类施保对城市居民低保对象提供类别化的社会救助。各地享受分类施保、特殊救助的人群大致划分为以下四个大类：第一类是“三无”人员。第二类是有特殊困难的低保对象，包括享受低保待遇的70岁以上老人，16岁以下儿童、中小学生和16岁以上的在读学生，重残、重病人员等。第三类是一些政策照顾对象。例如，享受低保待遇的因公致伤的返城知识青年、老华侨、军烈属家庭等。对这类人群照顾与否、如何照顾，各省市的差别较大。第四类是有劳动能力的低保对象。二是救助标准的层次化。当时分类施保的实施标准主要有三种表现形式，每种形式都体现一定的层次：第一种形式是大多数省市所采用的，将特殊对象低保金按月上调一定比例，这一比例通常是10%～30%，有的幅度更大一些。第二种形式是按一定时限对特殊对象给予定额的生活补助。第三种形式是保障金不变，但对有特殊困难者给予相应的配套救助。例如，广州市重大疾病的低保户和特困人员可申请重大疾病救助。

2．适当提高城市居民低保补助水平

适当提高城市居民低保补助水平是党中央、国务院推进收入分配制度改革，确保低保对象生活水平不会因物价上涨而降低，进而提高他们收入水平的重要举措。为此，在这一时期，党中央一直把适当提高补助水平作为发展和完善城市居民低保制度的重要内容。

2007年，我国猪肉等食品类价格上涨幅度较大，严重影响了城市居民低保家庭的生活。为此，我国协调增加城市居民低保补助资金。其中，中央财政补助中西部财政困难地区和老工业基地城市居民低保资金达到160亿元，比2006年增加24亿元；全年地方财政支出110亿元，比2006年增加22亿元。与此同时，民政部与有关部门先后发出《关于妥善安排好近期城镇低保家庭生活的紧急通知》《关于妥善安排城市居民最低生活保障家庭生活有关问题的通知》，要求各地采取建立城镇居民基本生活消费品价格变动应急救助预案、发放城镇低保家庭基本生活消费品价格上涨动态补助、适当提高城镇低保标准、加大分类施保力度、建立完善临时救助制度等措施，确保城市低保对象生活水平不降低。此外，我国还发放临时物价补助。自 2007 年 8 月起，把全国城市居民低保对象实际收入增加到不低于 15 元；从同年 10 月开始，每人每月再增加 10 元；同年 11 月起，中西部地区和老工业基地每户增加 8.4 元。此后，我国不断提高城市居民低保补助水平。

在开展适当提高城市居民低保补助水平的工作中，北京、上海、天津、重庆、黑龙江、宁夏等 17 个省（区、市），采取适当提高城市居民低保标准，相应增加城市居民最低生活保障对象补助金额；湖北、云南、新疆等 14 个省（区）采取在核定城市居民低保对象补助水平基础上直接增加补助金额的做法。

（二）农村五保供养转型

1994 年的《农村五保供养工作条例》和 1997 年的《农村敬老院管理暂行办法》把五保供养的筹资渠道纳入“乡统筹、村提留”的融资体系，把集体作为五保供养的责任主体。使五保供养这一具有中国特色的农村最低生活保障制度得以延续。2000 年，我国在安徽省开始实行农村税费改革试点。2003 年，全国所有省市区全部开展税费改革试点工作。2006 年，在中国历史上绵延 2600 年的农业税正式终结，这是一件具有划时代意义的大事。农村税费改革是继土地改革、家庭联产承包责任制之后我国农村分配关系的又一次重大变革，其目标设计不仅在于减轻农民的负担，而且触及农村经济和社会管理等方面的深层次问题，对农村社会救助制度产生了广泛而深远的影响。在这一时期，五保供养经费则主要从上级财政支付中列支。其中，以中央和省级财政对地方的转移支付为主。在这种情况下，各地在划拨农村五保供养资金时采取了两种做法：一是将农村五保供养资金单列出来，由县级财政部门集中统一发放。二是农村五保供养资金和其他资金“打捆”，由省、市、县逐级下拨至乡（镇）。

农村税费改革后，虽然一些地方提出确保供养标准不低于改革前的水平，但实际操作中经费无保障，管理方式不尽合理，影响五保供养事业的可持续发展。一是五保供养资金总量不足，难以满足供养需要。中央财政专项转移支付中五保供养资金是按照税费改革前上报的基数确定的。由于税费改革前是集体供养，村集体为减轻自身负担，不愿意评议和上报五保供养对象，导致多数乡镇上报的五保供养对象数据偏小，相当一部分符合五保供养条件的贫困农民未纳入五保范围。同时，一些地方在计算五保供养金支出额度时，一般只计算蔬菜、肉类、衣服、燃料、食用油等生活必需品费用，未计算或少计算粮食、医疗和丧葬费用，以致计算出的五保供养金支出偏少，不能满足供养需要。税费改革前未列入和此后新增加的五保对象无法享受到供养待遇，纳入供养范围的农村五保对象因经费无保障，改为享受其他救助。2001 年到 2003 年，全国五保供养对象从 395.9 万人降到 305 万人，降幅达 23%。二是五保供养资金管理方式不尽合理，难以落实到位。根据农村税费改革政策，多数地区把五保供养经费、村干部报酬和村办公经费作为村级三项费用与其他资金“打捆”下拨，并未明确五保供养金在其中所占比例和额度，各地在转移支付资金使用上未严格管理和规范操作，具有一定的随意性，一些财政困难的乡（镇）挤占五保供养资金的问题比较严重。还有一些乡（镇）将农村五保供养经费、村干部报酬和村办公经费作为村级三项费用一并交村委会自主支配和使用，就更加难以保证五保供养资金落实。2001—2003 年，全国农村五保供养的平均标准（现金给付部分）分别为 301.6 元、371.33 元和 417.25 元，而同期全国农村居民家庭平均每人生活消费支出分别为 1741.09 元、1834.31 元和 1943.30 元。农村五保供养标准远低于《农村五保供养工作条例》规定的“不应低于当地村民的一般生活水平”。许多地区的“五保”已经变为仅能“保吃”的“一保”。

2004 年 8 月，民政部、财政部、国家发改委发出《关于进一步做好农村五保供养工作的通知》，要求各地将农村五保供养资金除保留原由集体经营收入开支的以外，从农业税附加收入中列支；村级开支确有困难的，乡镇财政给予适当补助；免征、减征农业税及其附加后，原从农业税附加中列支的五保供养资金，列入县乡财政预算；地方在安排使用农村税费改革转移支付资金时，应当确保五保供养资金的落实，不得截留、挪用。[①] 2006 年 1 月，国务院公布新的《农村五保供养工作条例》，一方面，农村五保供养主体实现由农村集体经济向国家财政的转变；另一方面，也确定了农村五保供养标准的自然增长机制。农村五保供养标准应根据全国各地村民平均生活水平的提高适时调整。这使我国的五保供养制度发生质的变化，实现了由基于集体责任的农村集体经济组织内部的互助共济制度向基于国家责任的现代社会保障制度的转变。

---

① 《民政部、财政部、国家发展和改革委员会关于进一步做好农村五保供养工作的通知》，中国政府网，2005 年 12 月 31 日。

（三）农村最低生活保障制度全面实施

* "三提"指"村级提留"，包括公积金、公益金、管理费；"五统"指五项统筹，包括教育附加费、计划生育费、民兵训练费、民政优抚费、民办交通费。

农村税费改革全面实施后，"三提五统"*被取消，尤其是免征农业税后，乡镇财政收入减少、村集体公益金无法筹集，导致原来由乡镇和村集体承担的部分救助资金难以到位，农村低保资金投入严重短缺，农村低保制度缺乏稳定资金渠道，虽有制度之名而无制度之实，开始逐步萎缩。例如，2004 年初，江苏盐城等地提出，农村税费改革造成资金困难，使得已经开展多年的农村低保制度难以为继。直到 2005 年，江苏省财政列支农村低保专项资金后，才扭转了这一状况。

针对上述情况，2003 年 4 月，民政部办公厅发出《关于进一步做好农村特困户救济工作的通知》，在鼓励有条件的地区继续探索建立农村低保制度的同时，提出尚不具备建立农村最低生活保障制度条件的中西部地区，继续实行农村特困户救助制度，即对不能达到"五保"条件但生活极为困难的鳏寡孤独人员、丧失劳动能力的重残家庭及患有大病而又缺乏自救能力的困难家庭，按照一定数额的资金或实物标准，定期发放救济物资。同年 12 月，中共中央、国务院印发《关于促进农民增加收入若干政策的意见》，强调对丧失劳动能力的特困人口，要实行社会救济，适当提高救济标准，有条件的地方要探索建立农民最低生活保障制度。① 2004 年 9 月，党的十六届四中全会通过《中共中央关于加强党的执政能力建设的决定》，提出健全社会保险、社会救助、社会福利和慈善事业

① 《中共中央、国务院关于促进农民增加收入若干政策的意见》，《人民日报》，2004 年 2 月 9 日。

相衔接的社会保障体系，将以往政策文件中的“社会救济”更名为“社会救助”，这是理念和政策上的重大转变。随后，各地推进农村最低生活保障的力度进一步加大，并逐步由东部地区向中西部地区延伸。截至2006年底，全国部署建立农村低保制度的省份已达25个。

2006年10月，党的十六届六中全会通过《中共中央关于构建社会主义和谐社会若干重大问题的决定》，首次提出在全国逐步建立农村最低生活保障制度的要求。2007年7月，国务院下发《关于在全国建立农村最低生活保障制度的通知》，对农村低保标准、保障对象、规范管理、资金落实等内容作出明确规定，要求在2007年内全面建立农村低保制度并把低保金按时足额发放到户。同年8月，财政部、民政部联合发出《关于加强农村最低生活保障资金管理有关问题的通知》，并首次下拨中央财政30亿元补助资金。这标志着农村最低生活保障已完成试点探索过程，进入了全面推进的新阶段，也就此揭开了继城市居民低保后新一次“为民解困”行动的序幕。实现了低保制度的城乡均等覆盖，为稳定、持久、有效地解决农村贫困人口的温饱问题奠定制度保障。到2007年9月，全国31个省（自治区、直辖市），2777个涉农县（市、区）已全部实施了农村低保制度。[①]

---

① 《健全中国特色社会救助制度的实践与思考》，《中国民政》，2015年06期。

三、低保制度全覆盖

最低生活保障制度在农村建立后，一方面，通过法规的形式明确了政府救助困难群体的法定责任，这种责任不以人的主观意志为转移，改变了过去由政府根据财力来确定救济范围与对象的做法，代之以确定的最低生活保障标准及根据这一标准所需要的财力来决定政府的预算拨款，从而对政府具有明显的约束力。另一方面，我国规定凡人均收入水平低于当地最低生活保障线的家庭，均有权申请最低生活保障待遇，这种权利的获得只需要经过相应的申请程序并接受家计调查，被审查通过后，即可以实现获得援助的权利。因此，最低生活保障制度首次从法规层面上确立了国民的基本生活保障权益。这种国民基本生活保障权益的法定化，不仅能够在强化政府负责的条件下实现免除国民生存危机的目标，而且首次从制度层面上赋予了国民平等受助的法律地位，从而具有里程碑式的意义。有了最低生活保障权益法定的事实，其他社会救助项目的实施也必定会因循该制度经由法律、法规明确确定，最终实现国民基本生活保障权益的完全法定化。

（一）城市居民低保

在这十年中，我国城市居民最低生活保障制度不断完善，保障了城市贫困群众的基本生活，着力提高低收入者的生活水平，为创造稳定、和谐的社会环境提供了重要保证。

城市居民低保标准逐步提高。城市居民低保标准的制定及实施与保障对象的生活质量息息相关，虽然受其他因素的影响两者不一定呈正比关系，但合理的城市居民低保标准能对保障对象生活质量的提高起到很好的促进作用。在这一时期，我国城市居民最低生活保障标准不断得到提高，从 2002 年的每人 52 元增长到 2011 年的每人 450 元，增幅大约 766%。同时，城市居民低保标准的提高不仅表现在城市居民最低生活保障平均标准的增加，同时也表现在“月人均补助差额”的增加上。我国城市居民低保制度实行的是差额补助，即核算出家庭的人均收入，若低于当地的城市居民低保标准，则用后者减去前者得出的差额进行补助。而“月人均补助差额”则是通过计算出的差额乘以该家庭的成员个数得出，体现保障对象实际得到的补助金额，对保障对象的基本生活更具有现实意义。我国“月人均补助差额”从 2004 年的 65 元增长到 2010 年的 189 元。

城市居民保障资金的投入数量不断加大，投资结构日趋合理。首先，我国经济实力的增强为保障资金投入数量的增加提供了较强的支持，通过各种途径提高城市居民的生活水平。随着我国国内人均生产总值和财政支出不断增加，用于城市居民低保的资金量也不断增加，从 2001 年的 42 亿元，增加到 2010 年的 524.7 亿元，增长幅度为 2113.93%，年平均增长速度为 176.16%。其次，在这一时期，城市居民低保资金的投资结构也在不断变化，主要表现为投资主体的变更。早在城市居民最低生活保障制度建设初期，在保障资金的投资结构方面，我国强调地方政府投资对城市居民最低生活保障制度建设的重要性。但在城市居民最低生活保障制度实际运作过程中发现地方政府受许多原因的影响，如地方财政收入困难等原因，不能保证对当地的城市居民最低生活保障制度的资金投入。为更好地完善城市居民最低生活保障制度，在这十年间，中央不断加大对城市居民低保制度的资金支出，使得保障资金的投资主体发生变化，中央政府的投资比重不断加大，甚至大大超过了地方政府的投资比重。2002 年，全国各级政府用于城市居民低保资金为 108.7 亿元，其中中央投入为 46 亿元，占总投入比重为 42.3%。[①] 到 2008 年和 2010 年全国城市低保总投入分别为 482.0 亿元和 524.7 亿元，其中中央投入分别为 359.1 亿元和 365.6 亿元，占总投入的比重分别为 74.5%和 69.7%。

（二）农村低保

农村低保制度是以保障贫困群体基本生活需求为主要目标的社会救助制度，为农村贫困群体提供了相应的基本生活保障，有效地防止这部分人返贫，承担起“最后一道防线”的职责。与此同时，农村最低生活保障制度在这一时期的探索中取得了积极的成效，为农村低收入群体特别是农村弱势群体构筑了一道坚实的屏障，取得明显的社会效益。

（1）进一步完善城乡社会保障体系。在我国的社会保障体系建设中，由于特殊的城乡二元社会结构，农村社会保障制度的建设明显滞后于城市，农村贫困弱势群体没有得到切实的基本生活保障。2011 年全国贫困人口为 1.239 亿人，农村缓贫减贫仍面临着严峻的挑战。农村低保制度的建立，完善了城乡社会保障体系，进一步推动了农村社会保障的发展，成为社会救助体系中最基本的组成部分。此外，较为稳定与规范的农村最低生活保障制度安排，为农村地区社会保障制度的建立健全产生了示范效应。社会转型期传统的

① 《2002 年民政事业发展统计公报》，民政部网站，2004 年 4 月 3 日。

社会救济制度亟须制度创新。农村最低生活保障制度较之传统的社会救助措施更为直接、及时，能够最大限度地保障农村贫困群体的基本生活需求。该制度的完善使我国的农村社会保障体系建设更趋于成熟，也为建立城乡统一的社会保障体系奠定了重要基础。

（2）农村困难群众的生活问题得到基本保障。农村低保制度建立以来，农村贫困群众的基本生活得到保障，保障资金、保障标准和保障人数都有大幅度的提升。2011 年底，全国有农村低保对象 2672.8 万户、5305.7 万人；全年各级财政共支出农村低保资金 667.7 亿元，其中中央补助资金 502.6 亿元，占总支出的 75.3%；2011 年全国农村低保平均标准每月人均 143.2 元；全国农村低保每月人均补助水平 106.1 元（含一次性生活补贴）。[①] 从原来政府向农民收税、收费到提供最低生活保障，这一变化不仅使直接的受益者基本生活质量得到保障，同时，也在一定程度上减轻了相关利益方的经济负担，更多的贫困居民享受到了低保制度所带来的好处。

总体来讲，农村最低生活保障制度在全国范围内普遍建立，实现了制度全覆盖，基本做到了应保尽保、动态管理。各地根据物价水平和本地实际情况，制定了相对合理的低保标准，在一定程度上发挥了保障低保家庭基本生活的制度功效。值得注意的是，部分地区已经实现了城乡最低生活保障制度的一体化，代表着我国城乡最低生活保障制度的发展方向。

① 《2011 年社会服务发展统计公报》，民政部网站，2012 年 6 月 21 日。

第三节　社会救助制度改革深化（2012—2022 年）

一、深化社会救助制度的背景

党的十八大以来，以习近平同志为核心的党中央提出“守住底线、突出重点、完善制度、引导舆论”的民生保障工作思路，为我国经济社会发展指明了新方向，也对社会救助事业发展提出了更高要求。随着社会救助体系不断完善，社会救助托底保障功能发挥显著成效。一是城乡低保“底线保障”作用显著。城市居民低保对象从 1999 年建立之初的 257 万人增加到 2009 年最高时的 2346 万人，此后长期稳定在 2000 多万人。农村低保自 2007 年全面建立后，救助对象从 3566 万人增加到 2012 年的 5344 万人。各级财政支出的城乡低保资金从 2002 年的 108.7 亿元增加到 2012 年的 1392.3 亿元。二是农村五保“特困供养”能力显著提高。新修订的《农村五保供养工作条例》实现了五保供养由农村集体供养向国家财政供养的制度性转型。之后，五保供养对象基本稳定在 530 万人左右，救助水平稳步提高。三是专项救助保障有力。医疗救助实现城乡统筹，救助水平逐步提高。教育、住房、就业等专项救助，得到快速发展。全面建立实施临时救助制度，对遭遇突发事件、意外伤害、重大疾病等造成生活困难的人员给予应急性、过渡性救助。

社会救助事业发展仍面临不少挑战。我国新型社会救助制度体系基本建立，社会救助工作取得显著成效，但仍面临不少困难和问题：一是城乡发展不够协调。受制于我国长期以来的城乡二元结构和东中西区域之间、城乡之间发展不平衡的现实，城乡社会救助在制度设计、资源配置、服务管理上还存在一定差异，城乡统筹发展不够。二是制度衔接不够紧密。社会救助安全网还没有完全织牢织密。社会救助管理部门之间的协调配合仍需进一步加强，基本生活救助和专项救助尚未实现无缝对接，长期救助项目多，急难救助项目少，解决群众“急难”救助需求的政策手段还需完善。三是救助方式单一。针对救助对象心理疏导、能力提升、社会融入等方面的专业服务还处于起步阶段，社会力量特别是专业社工介入力度不够。四是社会救助，信息化水平滞后。我国居民家庭经济状况核对信息化平台和跨部门的信息共享机制尚未全面建立，基层社会救助经办力量薄弱，社会救助监管力度不够，导致“错保”、“关系保”等现象时有发生。

二、社会救助体系建设不断完善

（一）从“8+1”到“分层分类”

2014 年 2 月，国务院颁布《社会救助暂行办法》，第一次以行政法规的形式规定了“8+1”的社会救助体系。即以最低生活保障、特困人员供养、受灾人员救助、医疗救助、教育救助、住房救助、就业救助、临时救助等 8 项社会救助制度为主体，社会力量参与为补充。这是我国第一部统筹各类社会救助制度的行政法规，是我国统筹构建社会救助制度体系的标志。2017 年 1 月，国务院办公厅发出《关于加强困难群众基本生活保障有关工作的通知》，要求全国各县（市、区）都要建立健全由政府负责人牵头、民政部门负责、有关部门和单位参加的困难群众基本生活保障工作协调机制，定期研究解决本地区困难群众基本生活保障问题。[1]各地因地制宜施行社会救助“一门受理、协同办理”、主动发现、乡镇（街道）临时救助备用金等制度机制。

《社会救助暂行办法》出台后，我国社会救助体系化建设开始迈入新的发展阶段，突出表现为临时救助全面建立以及城市“三无”人员救助和农村五保供养制度整合为特困人员供养制度。在临时救助全面建立方面，其实改革开放以后，尤其是随着城市低保制度的发展，我国临时救助工作一度受到削弱，“低保户”逐渐成为一些临时救助项目的瞄准对象，而一些因为突发性事件造成生活困难的非低保家庭却难以纳入社会救助的“安全网”之中。早在2007年6月，民政部就发出《关于进一步建立健全临时救助制度的通知》，指明建立健全临时救助制度的重要意义，对临时救助对象的范围、救助标准、救助形式、审核审批及发放程序、救助资金筹措等作出相应规定。《社会救助暂行办法》首次将“救急难”作为社会救助的基本方针予以明确。2014年10月，国务院印发《关于全面建立临时救助制度的通知》，部署在全国范围内全面建立临时救助制度，进一步发挥社会救助“托底线、救急难”作用。2015年，民政部会同财政部部署在全国300个单位开展“救急难”综合试点。2018年1月，民政部会同财政部印发《关于进一步加强和改进临时救助工作的意见》，对进一步明确对象范围和类别、简化优化审核审批程序、科学制定救助标准、拓展完善救助方式等提出明确要求。

---

① 《国务院办公厅关于加强困难群众基本生活保障有关工作的通知》，《中华人民共和国国务院公报》，2017年06期。

在特困人员供养制度方面，2016 年 2 月，国务院印发《关于进一步健全特困人员救助供养制度的意见》，将农村五保供养制度和城市“三无”人员救助制度统一为特困人员救助供养制度。2016 年 10 月，民政部发布《特困人员认定办法》，对特困人员认定条件、认定程序、特困人员生活自理能力评估标准作出具体规定，增加了制度的可操作性，这成为特困人员救助供养制度体系中的一个亮点。

在这一时期，发展带来改变的同时，也提出新的课题。根据《社会救助暂行办法》，专项社会救助主要瞄准低保对象、特困人员；但对于这样的困难群众——经济困难但不符合低保对象、特困人员条件，而临时救助又不足以助其摆脱困境，如何进行兜底保障，社会救助政策需要进行调整。2017 年 10 月，党的十九大明确提出，“坚持在发展中保障和改善民生。增进民生福祉是发展的根本目的。必须多谋民生之利、多解民生之忧，在发展中补齐民生短板、促进社会公平正义，在幼有所育、学有所教、劳有所得、病有所医、老有所养、住有所居、弱有所扶上不断取得新进展”[①]。“弱有所扶”的提出不仅意味着扩大保障和改善民生的范围，也为社会救助体系的发展提供了机遇。2020 年，脱贫攻坚收官之年，消灭了绝对贫困后，政策重点将转向缓解相对贫困，社会救助政策也迎来了调整。

2020 年 4 月，中共中央办公厅、国务院办公厅印发《关于改革完善社会救助制度的意见》，对推进社会救助制度改革创新、建立健全分层分类的社会救助体系作出总体设计和系统规划。该文件提出根据救助对象的困难程度和致贫原因划分为低保对象和特困人

① 习近平：《决胜全面建成小康社会 夺取新时代中国特色社会主义伟大胜利——在中国共产党第十九次全国代表大会上的报告》，北京：人民出版社，2017 年版，第 23 页。

员、低保边缘家庭和支出型困难家庭、全体居民三个救助阶层，分别给予相应的基本生活救助、专项救助、急难社会救助，形成多层次的分类救助体系，实现社会救助重点从低保群体向低收入群体的扩展，实现社会救助体系的调整和升级。[①] 2021 年 4 月，民政部对《特困人员认定办法》进行修订，进一步提高特困人员救助供养制度的可及性，将更多符合条件的事实“三无”人员纳入救助供养范围。同年 6 月，民政部发布《最低生活保障审核确认办法》，对低保工作申请、受理、审核确认、资金发放等流程作出明确规定。

针对新冠疫情给广大人民群众生产生活造成的不利影响，2020 年和 2021 年，民政部、财政部分别印发《关于进一步做好困难群众基本生活保障工作的通知》《关于切实保障好困难群众基本生活的通知》，提出适度扩大最低生活保障覆盖范围，加强对未参加失业保险的无生活来源失业人员的救助帮扶。这既是临时救助制度应当承担的任务，又是临时救助有效应对重大疫情等突发公共事件、及时启动应急措施的一次积极探索。从《社会救助暂行办法》到《关于改革完善社会救助制度的意见》，社会救助进一步走向法治化、体系化。通过最低生活保障制度“应保尽保”、特困人员救助供养制度“应养尽养”、临时救助制度“应救尽救”三重保障，困难群众基本生活保障安全网更加密实牢靠。

（二）从政策创制到兜底脱贫

2012 年底，党中央拉开了新时代脱贫攻坚的序幕。与此前的

---

① 《中共中央办公厅 国务院办公厅印发〈关于改革完善社会救助制度的意见〉》，《中华人民共和国国务院公报》，2020 年 25 期。

脱贫不同，它是在全面建成小康社会的大背景下开展的，而且要求做到全部如期脱贫。2015 年 11 月，在中央扶贫开发工作会议上，习近平总书记围绕“精准扶贫、精准脱贫”构建体制机制，发出打赢脱贫攻坚战的总攻令。随后，中共中央、国务院印发《关于打赢脱贫攻坚战的决定》，提出实行农村低保制度兜底脱贫，对无法依靠产业扶持和就业帮助脱贫的家庭实行政策性保障兜底。社会救助兜底保障成为脱贫攻坚“五个一批”*的重要组成部分。而农村低保制度与扶贫开发政策如何有效衔接，成为民政部门研究的首要问题。

*“五个一批”指发展生产脱贫一批、易地扶贫搬迁脱贫一批、生态补偿脱贫一批、发展教育脱贫一批、社会保障兜底一批。

2007 年农村低保制度在全国范围建立后，我国就形成了以农村低保和扶贫开发两大制度为主干的农村扶贫新格局。一方面，这两项制度各具特点，可以形成政策互补、帮扶合力；另一方面，由于两者不同的政策手段、适用范围、实施主体，在基层实践中面临着各地社会环境差异性大、政策执行标准模糊、政策对象精准识别困难、乡村政策执行能力不足、基础数据条件缺乏等问题。

2016 年 9 月，国务院办公厅转发民政部、国务院扶贫办、中央农办、财政部、国家统计局、中国残联《关于做好农村最低生活保障制度与扶贫开发政策有效衔接的指导意见》，提出农村低保和扶贫开发政策衔接、对象衔接、标准衔接和管理衔接 4 项重点任务。① 在改革实践中，我国把建档立卡贫困人口中完全或部分丧失劳动能力且无法依靠产业扶持和就业帮助脱贫的家庭纳入农村低保范围。对于低保家庭中的老年人、未成年人、重度残疾人和重病患

① 《国务院办公厅转发民政部等部门关于做好农村最低生活保障制度与扶贫开发政策有效衔接指导意见的通知》，《中华人民共和国国务院公报》，2016 年 29 期。

*"三区三州"中，"三区"是指西藏自治区和青海、四川、甘肃、云南四省涉藏地区及南疆的和田地区、阿克苏地区、喀什地区、克孜勒苏柯尔克孜自治州四地区；"三州"是指四川凉山州、云南怒江州、甘肃临夏州。

者这些特殊困难群体，采取增发低保金等多种措施提高救助水平。在分配困难群众救助补助资金时，继续坚持"重点向贫困程度深、保障任务重的地区倾斜"的基本原则，适当考虑深度贫困地区的特殊困难，尽可能向"三区三州"*等深度贫困地区所在省份倾斜。到2017年底，全国各县（市、区）农村低保都达到或超过了国家脱贫收入标准，确保实现贫困群众吃穿"两不愁"。截至2019年6月底，22个脱贫攻坚任务重的省份农村低保平均标准达到4473元，所有深度贫困县平均标准达到3979元，"三区三州"所辖县平均标准达到3862元。[①]

在脱贫攻坚的过程中，特困人员是困难群众中最困难、最脆弱的群体。我国将符合条件的建档立卡贫困人口纳入救助供养范围，提供基本生活条件和照料服务、疾病治疗、殡葬服务等方面保障；科学制定救助供养标准，纳入特困供养的贫困人口基本生活标准均不低于当地低保标准的1.3倍；推进提高生活不能自理特困人员集中供养率工作，加强分散供养特困人员照料服务，进一步提升特困人员救助供养服务能力。

同时，针对不符合整户纳入低保条件的未脱贫建档立卡贫困户的情况，2018年7月，民政部、财政部、国务院扶贫办发布《关于在脱贫攻坚三年行动中切实做好社会救助兜底保障工作的实施意见》，要求对未脱贫建档立卡贫困户中靠家庭供养且无法单独立户的重度残疾人、重病患者等完全丧失劳动能力和部分丧失劳动能力的

① 张宝山：《推进社会救助，助力精准脱贫攻坚》，《全国人大》，2020年01期。

贫困人口，经个人申请，可参照单人户纳入农村低保范围。① 此外，对于低收入人口遇到的突发性、紧迫性、临时性基本生活困难，2018 年 1 月，民政部联合财政部发布《关于进一步加强和改进临时救助工作的意见》，细化实化临时救助对象、程序、标准和救助方式等，简化审核审批程序，积极开展“先行救助”。2019 年 9 月，民政部联合财政部、原国务院扶贫办出台《关于在脱贫攻坚兜底保障中充分发挥临时救助作用的意见》，进一步明确发挥临时救助在解决“两不愁”问题中的兜底作用和“三保障”方面的支持作用。

2020 年是脱贫攻坚收官之年，新冠疫情给困难群众带来很大影响。为确保脱贫攻坚兜底保障“不漏一户、不落一人”，我国采取多项应对措施。一是开展社会救助兜底脱贫行动，针对尚未脱贫的人口，已经脱贫但是收入不稳定、增收能力较弱、返贫风险较高的人口，以及建档立卡的边缘人口这三类人群，加强监测和预警；二是适度扩大社会救助覆盖范围，把低收入家庭中的重病重残人员参照“单人户”纳入低保，对特困人员救助供养中的未成年人年龄从 16 周岁延长到 18 周岁；三是通过优化、简化申请流程、畅通救助渠道，加强对受疫情影响贫困人口的救助帮扶力度。截至 2020 年底，全国城乡低保人数 4426.8 万人，低保标准同比增长 8.6%、11.7%。城乡特困人员 477.7 万人，基本生活标准同比增长 9.2%、12.2%。2021 年，现行标准下 9899 万农村贫困人口全部脱贫。其中，1936 万建档立卡贫困人口纳入低保或特困供养范围，占全部脱贫人口的 19.6%；脱贫不稳定人口、边缘易致贫人口和突发严重困难户等

① 《民政部 财政部 国务院扶贫办关于在脱贫攻坚三年行动中切实做好社会救助兜底保障工作的实施意见》，《中华人民共和国国务院公报》，2018 年 35 期。

防止返贫监测对象中符合条件的277万人纳入低保或特困供养。①

（三）提升治理能力

改革开放以后，根据《社会救助暂行办法》《城市居民最低生活保障条例》和《国务院关于进一步加强和改进最低生活保障工作的意见》等法规政策的规定，我国社会救助制度建立了村—乡—县三级逐级审核（核查）审批的流程设计。2015年5月，国务院召开全国推进简政放权放管结合职能转变工作电视电话会议，首次提出“放管服”*改革的概念。

* “放管服”指简政放权、放管结合、优化服务的简称。“放”即简政放权，降低准入门槛；“管”即创新监管，促进公平竞争；“服”即高效服务，营造便利环境。

2017年和2018年，中共中央办公厅、国务院办公厅相继印发《关于加强乡镇政府服务能力建设的意见》《关于深入推进审批服务便民化的指导意见》，为地方探索社会救助审核确认权下放提供了政策支持。广西、湖北等地的一些县区在社会救助综合改革中开展了“低保审批权下放乡镇”的探索，通过县一级政府授权乡镇（街道）负责低保救助审批，乡镇（街道）作为审批责任人全面履行审批责任，县一级对审批后的救助对象按照一定比例抽查，以此监督乡镇（街道）审批责任的落实。这一改革确立了“谁审批、谁负责”的机制，优化了受理、审核、审批的流程，强化了乡镇政府对低保管理责任的落实。

与此同时，社会救助审批确认权下放流程再造背后，涉及诸多现实问题。根据当时法规规定，我国社会救助审批确认权设定在县一级，那么审批确认权从县一级下放到乡镇（街道），下放主体应

① 《1936万建档立卡贫困人口纳入低保或特困供养范围》，中国政府网，2021年2月24日。

当是县级政府，而非民政部门。2020 年 8 月，中共中央办公厅、国务院办公厅印发《关于改革完善社会救助制度的意见》，首次提出有条件的地方可按程序将低保、特困等社会救助审核确认权下放至乡镇（街道），县级民政部门加强监督指导。[①] 此后，全国各地陆续出台实施意见，推行社会救助审核确认权下放工作。

社会救助审批确认权下放，大幅压缩了申办时限，提高了城乡低保审核确认的时效性，有效推动社会救助工作规范、高效运行，社会救助制度的“救急兜底”功能得到有效发挥；社会救助监督管理体系健全完善、农村低保专项治理工作的开展，让公平正义的社会环境得到巩固和发展。

（四）数据赋能夯实精准之基

精准是社会救助制度公平正义运行的应有之义，也是高质量发展的必然要求。现代社会救助与传统社会救济的区别之一，就在于救助对象认定，实现了依据社会身份到依据贫困程度的转变。2012 年 9 月，国务院印发《关于进一步加强和改进最低生活保障工作的意见》，提出加快建立跨部门、多层次、信息共享的救助申请家庭经济状况核对机制，健全完善工作机构和信息核对平台。围绕这一要求，一方面，我国建立健全核对机构。2012 年 10 月，民政部低收入家庭认定指导中心成立，主要负责全国低收入家庭经济状况信息数据库的建立和维护、经济状况信息查询与核对、低收入家庭政策研究等工作。此后，省、市、县各级民政部门相继成立核对机

① 《中共中央办公厅 国务院办公厅印发〈关于改革完善社会救助制度的意见〉》，《中华人民共和国国务院公报》，2020 年 25 期。

构。截至2021年底，除新疆生产建设兵团外，31个省份都成立了核对机构，地市级核对机构321个，县级核对机构2323个，覆盖全国96%的地级市和82%的县区。另一方面，逐步拓展核对范围。2012年以来，民政部先后与公安部、人力资源社会保障部、自然资源部、住房城乡建设部、市场监管总局、银保监会、证监会、全国总工会等部门签署相关信息共享协议，开展信息比对，查询社会救助家庭的车辆、证券资产、市场主体登记、房屋等不动产登记、住房公积金缴纳、社会保险费缴纳和养老保险金领取等信息。截至目前，全国已有30个省份建成核对信息系统，初步实现社会救助家庭收入、财产等信息网上查询核对，基本建成了以部级核对平台为核心、省级核对平台为骨干、市县核对平台为补充的一体化核对网络。2021年，全国各级核对机构共开展核对业务1.89亿人次。

在全面打赢脱贫攻坚战以后，解决了绝对贫困问题，我国开始对家庭支出比较大、就业不稳定群众的基本生活困难问题开展探索。而大数据正是快速找到困难群众，主动实施精准救助，实现“人找政策”和“政策找人”相结合的重要抓手。在脱贫攻坚期间，民政部与国务院扶贫办建立了数据定期比对机制，精准掌握未纳入低保、特困范围的建档立卡贫困人口名单，然后组织基层干部逐户摸排核实。此后，这一工作机制通过制度固化下来。2020年6月，民政部、财政部联合发布《关于进一步做好困难群众基本生活保障工作的通知》，第一次在中央层面的文件中明确“低收入家庭”的界定。2020年12月和2021年1月，中共中央、国务院先后印发《关于实现巩固拓展脱贫攻坚成果同乡村振兴有效衔接的意见》《关于全面推进乡村振兴加快农业农村现代化的意见》，提出加强农村低收入人口常态化帮扶，开展农村低收入人口动态监测，实行分层分类帮扶。2021 年，民政部全面启动低收入人口动态监测及常态化救助帮扶机制建设工作，发布《全国低收入人口动态监测信息平台总体建设方案》，建立健全低收入人口动态监测机制；并且督促指导各地以低保对象、特困人员、低保边缘家庭、刚性支出困难家庭为重点，加快建设低收入人口动态监测信息平台，加强监测预警。全国低收入人口动态监测信息平台基本建成，归集了 6200 万左右低收入人口的信息。其中低保对象、特困人员约 4600 万人，低保边缘家庭、支出型困难人口约 1100 万人，还有易返贫致贫和其他困难人员 500 万人左右。[①] 初步实现了低收入人口的信息汇聚、常态监测、快速预警。

三、社会救助迈向新时代

（一）把社会救助工作摆在更加突出位置

社会救助制度是一项托底线、促公平的基础性制度安排。党的十八大以来，以习近平同志为核心的党中央始终坚持人民至上，把社会救助工作摆在更加突出的位置，作出一系列重大决策部署，不断推动我国社会救助工作蓬勃发展。

（1）基本建成中国特色社会救助体系。这一体系以基本生活救助、专项社会救助、急难社会救助为主体，社会力量参与为补充，覆盖全面、城乡统筹、分层分类、综合高效。低保和特困供养这两项基本生活救助制度成熟定型，医疗救助、教育救助、住房救助、

---

① 《中国低收入人口动态监测信息平台基本建成 归集约 6200 万低收入人口信息》，中国新闻网，2022 年 6 月 17 日。

就业救助、受灾人员救助等专项救助制度及时帮助困难群众解决相应问题，临时救助、流浪乞讨人员救助等急难社会救助，为临时遇困人员排忧解难。可以说，城乡群众在生活上遇到的困难都有相应的制度进行保障。中国特色社会救助体系年均保障低保人员4000万人以上、特困人员近500万人、临时救助人员1000万人次左右、各类生活无着落流浪乞讨人员230万人次以上。[①]在这一时期，我国圆满完成脱贫攻坚"兜底一批"的任务，1936万建档立卡贫困人口实现了兜底脱贫，同时不断健全价格补贴联动机制，实施低保扩围政策，对6200多万低收入人口实施动态监测和常态化救助帮扶，巩固拓展了兜底保障成果，有力有序衔接了乡村振兴战略。

（2）救助水平稳步提高。党中央不断加大民生保障力度，持续增加社会救助资金投入，建立完善与社会经济发展和人民生活水平相适应的社会救助标准动态调整机制、社会救助和保障标准与物价上涨挂钩联动机制，逐步提高困难群众基本生活保障水平。党的十八大以来，中央财政困难群众救助补助资金从2012年的1063亿元增长到2021年的1476亿元，全国城市和农村低保平均标准分别从2012年的每人每月330元、172元，增长到2021年的每人每月711元、530元。2012—2021年，全国各级财政累计支出基本生活救助[*]资金20389亿元，其中中央财政补助13118亿元。[②]

* 基本生活救助包括低保、特困和临时救助。

① 《十年来，我国基本建成了中国特色社会救助体系——兜牢民生底线 增进民生福祉》，中国政府网，2022年9月9日。

② 《广大人民群众的获得感、幸福感、安全感更加充实、更有保障、更可持续——兜住兜牢基本民生保障底线（谱写新篇章）》，《人民日报》，2022年4月28日。

（3）困难群众的基本生活得到制度性保障。低保制度是困难群众基本生活保障的主体制度安排，低保在对象认定、收入核算、办理流程以及资金发放、动态管理等方面越来越成熟、越来越规范，也更加具有包容性，更有温度。例如，将低保边缘家庭的重病重残人员单独纳入低保，增加了就业成本扣减、低保渐退等规定。特困人员救助供养制度整合城市“三无”人员救助和农村五保供养制度，成为与低保制度并行的一项基本生活救助制度。临时救助制度突出“救急解难”，重在解决群众突发性、紧迫性基本生活困难。2021 年，全国共有 4680 多万名困难群众纳入低保或特困供养，全年实施临时救助 1198.6 万人次。[①]

（二）保障和改善民生的新起点

习近平总书记强调，“保障和改善民生没有终点，只有连续不断的新起点，要采取针对性更强、覆盖面更大、作用更直接、效果更明显的举措，实实在在帮群众解难题、为群众增福祉、让群众享公平”[②]。随着我国经济和社会的进一步发展和转型，我国社会救助也面临着一些新的挑战，需要通过进一步改革优化制度结构、规范管理体制、完善相关体制、提高救助水平，为我国未来发展筑牢保障民生、稳定社会的基石。

（1）深化社会救助制度改革。深化改革不是重建制度，而是要

---

① 《民政部：基本建成中国特色社会救助体系 实现对低收入人口动态监测》，人民网，2022 年 9 月 8 日。

② 习近平：《保障和改善民生没有终点，只有连续不断的新起点》，《习近平谈治国理政》（第二卷），北京：外文出版社，2017 年版，第 361 页。

聚焦社会救助兜底保障工作中的深层次矛盾和问题，比如收入财产的科学核算、救助对象的精准认定、救助政策的衔接联动、救助程序的规范优化等，用小切口撬动大改革，加快形成覆盖全面、分层分类、综合高效的社会救助格局。

（2）加强低收入人口动态监测和分层分类救助帮扶。完善全国低收入人口动态监测信息平台，拓展平台功能应用，建立与社会救助管理部门之间常态化数据共享机制；全面开展低保边缘人口、支出型困难人口认定，制定分层分类救助帮扶政策；健全低收入人口主动发现、监测预警、分类救助、综合帮扶等工作机制；加强政府救助与慈善帮扶有效衔接，运用现代信息技术推进救助信息聚合、救助资源统筹、救助效率提升，实现精准救助、高效救助、温暖救助、智慧救助。

（3）完善基本生活救助制度。进一步规范优化审核确认程序，适度扩大救助范围，全面实施低保边缘家庭重病重残人员“单人保”政策、特困人员救助供养政策等，把符合条件的困难群众全部纳入低保或特困供养范围，充分发挥基本生活救助制度的兜底作用；加快推进基本生活救助制度城乡统筹，鼓励有条件的地区探索开展持有居住证人员在常住地申办低保；健全低保等救助标准制定和动态调整机制，切实兜住兜准兜好基本民生保障底线。

（4）强化急难社会救助制度。健全完善临时救助制度，逐步取消户籍地、居住地限制，推动由急难发生地实施临时救助，完善和落实“分级审批”、“先行救助”等政策，充分发挥临时救助备用金作用，持续提高临时救助制度可及性和救助时效性；加快发展服务类社会救助，明确服务类救助供给主体、对象范围、服务内容、运行机制、保障措施等，推动形成“物质+服务”的救助方式。

第六章
社会福利和社会优抚改革

▼

改革开放以来，我国进行了社会主义市场经济体制改革，对社会福利社会化改革进行探索，开始逐步构建起具有中国特色的社会福利体系。随着我国社会主义改造的完成以及计划经济体制的确立，城市实行单位制，大部分城镇居民被吸纳进单位进行就业与生活，由单位负责其社会福利需求；农村实行人民公社制，由集体负责社会福利服务，农村居民所享受的社会福利制度主要是五保制度。对于那些无法得到单位、集体保障的“三无”人员，政府建立了民政福利制度对其基本生活进行保障。我国基本形成以单位福利、集体福利为主，民政福利为辅的社会福利制度框架。

第一节　社会福利制度与社会优抚制度改革探索（1978—1990年）

20世纪70年代末，我国进行了社会主义市场经济体制改革。伴随农村人民公社的取消、城市单位制的瓦解、国有企业的改革，原先的单位保障、集体保障逐渐消失，计划经济时期以单位福利、集体福利为主，民政福利为辅的制度框架受到影响。为适应经济社会结构的改变，我国社会福利制度开始向社会化和社区化方向变革，社会优抚制度也逐步恢复。

一、打破局限、逐步恢复

（一）改革开放之前社会福利的局限性

在计划经济时期，我国社会福利实行的是“国家—单位”的运行模式，具体事务由政府直接包办统揽。这在新中国成立初期起到过积极作用，保证了社会主义经济建设的顺利进行。但是随着计划经济向市场经济的转型，这种福利模式的弊端逐渐暴露出来。

（1）社会福利模式存在梯次差异。在计划经济时期，我国的社会福利制度具有很大的封闭性，使人们对单位具有较强的依赖性。由于各种福利待遇主要由所在单位来完成，企业效益的不同、农村集体收益的不同造成了不同企业、不同社队成员福利待遇的不平等。特别是城乡之间的差别，形成了二元结构的福利体制。城乡之间、工农之间的福利保障存在着严重的梯次差异。可以说，城市居民与农村居民、干部与职工、不同所有制职工之间因待遇的差别而阻碍人员交流。福利享受者首先是“单位人”而不是“社会人”。他们之间彼此没有交叉，影响了劳动力在不同所有制企业之间、部门之间和区域范围内的正常流动，阻碍了生产的社会化，也阻碍了劳动力市场的形成。此外，计划经济时期的社会福利，单纯强调社会福利的公益性，忽视了效率；单纯强调国家对社会福利的责任主体作用，造成政府和企业完全把社会福利包下来，使社会动员不足，行业组织、民间组织等中介组织缺失，社会福利的“社会性”也没有显现出来。

（2）办院模式已经不适应当时社会发展要求。20 世纪 50 年代建立的社会福利院，主要是收养社会上无依无靠、无家可归、无生活来源的孤老残幼和精神病人，解决了我国当时突出的社会问题。经过几十年的经济社会发展，情况发生了很大变化，“三无”对象明显减少，离退休孤老、身边无人照顾的老人、残疾儿童和精神病人日益增加。而且，随着国民经济发展和人民生活水平提高，这些人的福利需求也不断增长，要求提供形式多样的社会服务。但是，我国当时建立的相当一部分社会福利事业单位仍处于封闭型、救济型、单纯供养型的办院模式，不适应变化了的形势和社会发展的要求。并且长期以来，社会福利事业单位单纯依靠国家拨款维系，效率效益较低，已不适应国家经济社会发展的要求。

（3）福利事业单位设备条件、人才队伍不适应福利需求。当时全国城市社会福利事业单位危房面积较大，基本占到总建筑面积四分之一左右。很多医疗设备仅停留在听诊器、血压计、温度计“老三件”水平上。医护人员缺乏，医疗水平不高。不仅如此，当时全国还有一半以上的县和中小城市没有社会福利事业单位，这种状况同人民群众最基本的福利需求不相适应。

（二）社会优抚亟待恢复

新中国成立之初，我国颁布了一系列优抚优待的法规，如《革命军人牺牲病故褒恤暂行条例》《民兵民工伤亡褒恤暂行条例》《革命残废军人优待抚恤暂行条例》等，逐步建立起以军人及其家属为对象的优抚制度。而后，国家优抚事业获得全面发展，不仅在农村实施了代耕和优待劳动日等优待制度，还一再提升抚恤标准，更为褒扬烈士修建数量众多的纪念建筑物。

在“文化大革命”时期，虽然一些优抚措施仍继续实施。例如，农村实施的优待劳动日，这对当时农村数量众多的伤残及烈军属家庭实现基本的生活保障起到了重要作用。同时国家还坚持定期定量补助，对困难烈军属的生活起到了一定帮助作用。但社会优抚规章制度大多被废止，优抚机构被撤销，导致没有专门的机构履行优待、抚恤和褒扬等方面的职责；一些优抚内容的实施带有很大的随意性，优待和抚恤呈现混乱与无序的状态。

二、探索社会福利与社会优抚新门路

（一）社会福利全面发展

1978 年 9 月，第七次全国民政会议召开，会议提出恢复和健全各地民政部门的组织机构的工作，尤其是加强基层组织机构建设。这意味着我国的福利事业进入了全面发展的新时期。1979 年 11 月，全国城市社会救济福利工作会议明确了城市社会福利事业单位的社会福利性质，批评了过去部分收养对象一概强调“以教为主”的办院方向；就扩大社会福利事业单位收养范围提出要求，首次提出发展自费收养业务的意见。至此，我国社会福利事业普遍恢复发展起来，并超过了改革开放之前的水平。其中，残疾人社会福利事业恢复发展最快。1980 年 4 月和 1984 年 3 月，中国盲人聋哑人协会和中国残疾人福利基金会相继恢复或成立，分别组建中国肢体伤残康复中心和中华聋儿语言听力康复中心。所有这些，为残疾人社会福利事业的发展奠定了比较好的基础。1987 年全国抽样调查表明，全国共有残疾人 5100 多万人，约占全国人口的 4.9%，有残疾人的家庭占全国家庭的 18.1%。到 1989 年，我国社会福利企业已达 4.2 万家，共安排残疾人 71.9 万人。

1．社会福利生产快速发展

社会福利企业是集中安置城镇中部分盲人、聋哑人和肢体残疾者的场所。随着经济体制的改革，经济重心重新确立，社会福利生产也获得了较为良好的发展环境，我国大力支持社会福利工厂为社会的发展作贡献，颁布一系列有利于社会福利生产的政策，将其纳入社会主义经济，发挥对于安排残疾人就业、调动积极性的重要作用，并按照不同人员的不同特点安排相应的工作场所。这不仅使盲聋哑残人员获得就业，而且有利于社会安定团结。改革开放伊始，全国各城镇共有社会福利工厂 1022 家，职工 13 万多人，其中盲聋哑残人员有 48000 多名；年总产值约 7 亿元，上交税金和利润 1 亿多元。

但当时的社会福利生产也存在一些问题：一是许多社会福利工厂的产供销没有纳入国家和地方计划，在市场竞争的情况下，生产任务不足，材料供应不够，有些产品的生产任务被别的企业拖走。二是一些部门对社会福利工厂存在偏见，在安排生产任务和原材料供应上，有的不给、少给、给次的；有的把社会福利工厂多年生产的合格产品转给其他工厂；还有的地方任意挪用、平调社会福利生产的积累。三是一些生产配件的社会福利工厂在工业合理调整下马后，配件生产任务不可避免大幅度下降而出现亏损，甚至出现依靠借贷发放工资的现象。这些问题使不少社会福利工厂处于停产、半停产的困难状态。为了妥善解决这些问题，1981 年 5 月，国务院批转民政部《关于保护和扶持社会福利生产的请示报告》，提出把社会福利生产纳入经济调整规划，社会福利工厂的产供销必须纳入地方计划；针对非停产不可的社会福利工厂及其职工的工资要照发。[①]

1985 年 9 月，全国社会福利生产改革工作经验交流会是福利生产企业发展的一个转折点。这次会议认识到当时社会福利事业存在着诸多问题，如经济责任不清、产供未纳入计划、生产任务不足、技术落后、产品质量低、亏损现象严重等问题，并确立福利事业要走企业化的发展道路，此后我国社会福利事业的发展出现了新的生机。许多地区打破民政部门独家经营状况，出现了街道、厂矿企业、乡镇兴办社会福利企业的蓬勃发展的局面。截至 1985 年底，全国城乡社会福利企业约 1.4 万家，职工 55 万人；1985 年创造产值 28 亿元，实现利润 3.1 亿元。城市中有一定劳动能力的盲、聋、哑、残人员 70%以上已安置就业。

但在改革开放初期，我国社会福利生产仍面临着资金短缺的情况。1984 年，我国县以上民政部门直属的社会福利企业，拥有固定资产原值 63000 万元。1980—1984 年，全国福利生产用于设备更新改造的资金只有 4800 万元，平均每年 900 多万元，仅占固定资产原值的 1.5%，平均每个福利企业每年更新改造资金只有 2 万多元，远远低于其他工业企业的水平，导致社会福利企业设备陈旧、技术落后等问题长期得不到解决。1986 年 2 月，民政部等六部门发出《关于进一步保护和扶持社会福利生产的通知》，强调除社会福利企业自身加强经营管理搞好企业整顿和改革外，应采取特殊扶持和保护政策，并对社会福利企业给予相应的减税或免税政策，对物资安排、资金困难等问题都在政策上给予相应的优惠和照

---

① 《国务院批转民政部关于保护和扶持社会福利生产的请示报告的通知》，《中华人民共和国国务院公报》，1981 年 12 期。

顾。同时在税收问题上，我国也采取较为宽松的政策，给予社会福利企业不同程度上的减免，大大促进了社会福利企业的发展。

2．探索多主体参与模式

改革开放之后，我国政府经济职能加强的同时，社会职能也有所扩大，面对众多领域所出现的各种建设性问题，党中央也认识到必须充分鼓励社会力量参与到社会管理之中。与此同时，我国经济体制改革成绩初显，公民意识觉醒，人民要求享受更为全面的社会福利的渴求也更加强烈，社会福利仅仅依靠政府的力量无法满足社会的需求，需要社会各方面的共同努力，使国家和社会形成良好的互补、互动。

我国的民政工作呈现出多元性、群众性以及社会性的特点，社区服务成为重要的具有社会福利性的服务行业。这意味着政府在社会福利供给上的角色定位发生了变化，不再是原先包揽一切社会福利事业，而是适当地发展社会力量来办福利。这一点在我国民政福利的开支中可以体现出来，民政社会福利开支虽然逐年增加，但占国家财政支出比例相当小。1984 年我国财政支出为 1701.02 亿元，民政社会福利支出 24.2 亿元，占 1.42%，表明已经有很多的社会力量参与到了社会福利事业当中。

1983 年 4 月，第八次全国民政会议召开前后，民政部门开始酝酿城市社会福利工作的改革，提出国家和社会力量相结合，采取多种形式办社会福利事业的新思路。1984 年 11 月，民政部在福建漳州召开全国城市社会福利事业单位改革整顿工作会议，首次提出“社会福利社会办”的社会福利事业改革思想，使社会福利事业从单一的、封闭的国家包办的体制转变为国家、集体、个人一起办的体制，要面向社会，多渠道、多层次、多种形式地举办各种社会福利事业。这次会议还强调“社区服务”的概念，第一次把“社区”概念引入社会福利工作中，揭开了以街道为重点、以居委会为依托发展社区服务的序幕，建立以社区为依托的新型社会整合机制。与此同时，城乡各种社会福利院进一步向社会开放，接受自费收养人员，这些自费收养人员大多是退休职工中的孤寡老人或者是子女不在身边的老人。

民政部门举办的社会福利事业单位还积极为社会提供康复服务和门诊服务，鼓励全社会参与社会福利事业。1985 年，民政部总结推广了上海市民政局创造的市、区、街道、居委会“四个层次一条龙”的福利服务网络化经验，使城市社会福利事业开始走向社会、走向基层。这些都为社区服务的兴起提供了直接的思想基础和实践经验。1986 年 4 月，民政部在江苏沙洲召开全国农村基层社会保障工作会议，提出在城市开展社区服务工作的任务，确立了城市民政社会保障工作以“双福加服务”* 为重点。从此，在全国掀起了社区服务理论探讨和试点实践的热潮。到 1988 年，各类社区服务设施已达到 6 万多个，各类社区服务网点多达十几万个。一批新型福利服务设施也兴建起来，其中包括各级社区服务中心、老人庇护所、心理咨询服务设施等，这意味着社区服务设施的发展上了更高台阶。

* “双福加服务”即社会福利事业、社会福利企业加社区服务。

我国社会福利事业的全面改革。单以封闭型向开放型的转变为例，到 1988 年，全国城市社会福利事业单位自费入院人员达 1.7 万人，占全国收养人员总数的 2.4%，比 1984 年增加 33%；全国民政系统精神病院自费入院人员达 1.1 万人，占民政系统精神病院收养人员总数的 55%，比 1984 年增加 22%。此外，20 世纪 80 年代，为解决国家财政紧张与社会福利事业经费不足的矛盾，民政部在深入调查研究、充分借鉴国外经验的基础上，于 1986 年 8 月向国务院报送《关于开展社会福利有奖募捐活动的请示》，介绍了我国当时社会福利状况和发行福利彩票的意义，认为开展社会福利有奖募捐活动是为了举办社会福利事业，帮助各种有困难的人，同时还有助于发扬社会主义人道主义精神，促使人们关心社会福利工作，发扬尊老爱幼、互助互济的美德。1987 年 6 月，中国社会福利有奖募捐委员会在北京成立，明确以“团结各界热心社会福利事业的人士，发扬社会主义人道主义精神，筹集社会福利资金，兴办残疾人、老年人、孤儿福利事业和帮助有困难的人”为宗旨，后将其归纳为“扶老、助残、救孤、济困”。同年 7 月，第一张“中国社会福利有奖募捐奖券”在河北石家庄开售，中国福利彩票就此诞生。

（二）社会优抚的重建与变更

1978 年 3 月，五届全国人大一次会议决定设立民政部，其中的优抚局专门负责具体的优抚工作，被废止 8 年的民政优抚工作的领导机构恢复了正常工作。在改革开放初期，我国主要恢复了一些被废止的优待政策。一方面，我国相继把退伍红军老战士、复员军人列入定期定量补助的对象。1984 年，民政部不再将革命烈士家属、因公牺牲和病故军人家属列为定期定量补助的对象，而是将孤老的革命烈士家属、因公牺牲和病故的军人家属的定期定量补助改为定期抚恤，提高抚恤金标准。另一方面，对工资收入较少、生活困难的烈属、病故军人家属，给予定期定量补助。

从 20 世纪 80 年代开始，国家和地方陆续颁布新的优待政策。例如，1984 年 5 月，六届全国人大二次会议通过《中华人民共和国兵役法》，对现役军人、烈军属和残疾复员军人在乘车、通信及优待金等方面作出规定。1988 年 7 月，国务院发布《军人抚恤优待条例》，就优抚对象的各种费用减免等方面进行规定；并进一步扩大了优待对象范围，主要包括现役军人、烈军属、残疾军人、复员军人、带病回乡的退伍军人、因公和因病牺牲军人的家属等。

三、社会福利与社会优抚改革取得积极成效

改革开放以来，全国城市社会福利事业有了很大发展，正在从封闭型向开放型、救济型向福利型、单纯供养型向供养康复型转变，出现了多渠道、多层次、多形式兴办城市社会福利事业的局面，标志着我国社会福利事业进入了新的历史时期。其主要表现在“五个改变”：

一是改变了社会福利事业由国家包办的体制，出现社会福利社会办的新局面。据 1988 年统计，国家兴办的社会福利事业单位达 1098 所，比 1983 年增加 26.4%；街道举办的集体福利事业单位达 8133 个，比 1983 年增加了 24 倍；同时还出现一批企事业单位和个人出资兴办的社会福利机构。二是改变了单纯救济和恩赐观点，确立了全心全意为收养人员服务的思想。在这一时期，通过改革和整顿，加强了社会福利事业单位的职工队伍建设，提高服务质量和管理水平，收养人员的生活状况有所改善，院容院貌发生显著的变化。三是改变了只重社会效益、忽视经济效益的观念，开辟自我积累、自我发展的新路子。全国社会福利事业单位同时兼顾社会效益和经济效益，积极开展生产经营活动，经济收入逐年增加，为改善收养人员生活、改造危旧房屋开辟了财源。1988 年，全国城市社会福利事业单位生产总值达 3000 多万元；纯收入达 1600 多万元，相当于年事业费的 10%。四是改变了单纯供养的做法，实行供养

与康复相结合。全国社会福利事业单位施行供养与康复并重的方针，积极开展老年人、残疾儿童、精神病人的康复活动。参加康复训练的残疾儿童、老年人分别占收养残疾儿童、老人总数的 40% 和 24%，以药物治疗、心理治疗、劳动治疗、文娱治疗四结合疗法为主要内容的精神病人康复活动普遍开展；有些福利事业单位还利用人员、技术、设备的有利条件，指导和帮助街道开展社区康复活动。五是改变了封闭式的办院模式，开展社会化服务活动。许多社会福利事业单位在做好“三无”对象收养工作的前提下，面向社会，实行有偿服务、收养离退休孤老、家庭无力照顾的老年人、残疾儿童和精神病人，不断拓宽社会化服务领域。六是社会福利生产蓬勃发展，较好地解决了残疾人的生活就业问题。当时我国残疾人有 5000 多万名，而发展社会福利生产是解决残疾人生活就业问题的主要途径。随着改革开放的深入发展，社会福利生产一改过去完全由民政部门独家办的办法，发动社会力量，多渠道、多形式地兴办福利企业，安置残疾人生活与就业。截至 1989 年，全国各种社会福利企业 41611 家，职工 163.4 万人，总产值达到 265.5 亿元。[①]社会福利生产的蓬勃发展，为社会福利事业的发展创造了物质基础，较好地解决了我国残疾人的就业和生活福利问题，促进了社会稳定发展。

此外，我国社会优抚制度逐步实现制度化、社会化，法规条例不断完善，保障范围逐步扩大。服务保障内容从原先的优待、抚恤扩展到养老、就业安置等方面，优抚安置单位范围不断扩大，包括

① 白先经、吕旭尧：《论社会福利与社会稳定》，《学术论坛》，1991 年 04 期。

优抚卫生事业单位、光荣院、烈士纪念建筑物管理单位、军队离退休干部休养所等。

（1）扩大补助面，提高抚恤标准。从1981年开始，我国有步骤地改进了对烈属、复退军人的定期补助和对家居农村义务兵家属的优待办法。一方面，扩大补助面。对家居农村的现役军人家属优待，实行了以乡为单位的统筹；统筹资金来源于各村的集体公益基金和农民分户自筹资金两个部分。资金专款专用，优待标准根据各地经济收入而定。另一方面，调整抚恤标准。这样，不仅密切了军政、军民关系，促进国防建设，保障优抚对象的生活，而且使我国的优抚工作逐步向着制度化、社会化迈进。

（2）实行国家、社会、群众三结合的管理办法。长期以来，我国的优抚工作以国家为主体，优抚面窄，办法单一，基本上是救济型的。为改变这种僵化的、单一的管理方式，我国实行扶持生产、群众优待、国家抚恤的管理办法。在农村，对有生产能力的优抚对象，由国家和集体给予一次性的发展生产自救金，扶持他们生产自救，并在贷款以及各种赋税上实行优惠政策；在城市，充分发挥街道和居委会的作用，以街道为主兴办各类养老院，广泛开展群众性的优抚服务活动，并吸收有劳动能力的优抚对象参加各类福利生产。

第二节 社会福利制度与社会优抚制度改革发展（1991—2000年）

20世纪90年代，我国进一步深化社会福利改革，推进社会福利社会化，社会福利事业发展取得较好的成绩。我国社会优抚事业也得到长足发展，社会福利与社会优抚事业体系初步建立。

一、社会福利与社会优抚制度还需完善

（一）社会福利面临的问题

20世纪80年代，我国走出了一条具有中国特色的社会福利事业发展道路。与此同时，随着我国工业化和城市化迅速发展以及城乡经济体制改革的逐步深入，人口老龄化和家庭小型化趋势日渐明显，社会及群众对社会福利和社区服务的要求越来越迫切。现有社会福利事业的发展与满足广大群众的要求，以及适应城乡经济体制改革需要还存在着较大差距。例如，社会福利覆盖面小；社会福利企事业单位设备陈旧，技术落后，社会经济效益不高；抚恤、补助、供养标准低；社会福利业发展仍不平衡，东部沿海地区与中、西部地区发展的不平衡开始增大。造成上述问题的主要原因包括：

（1）社会投入少、资金不足。这造成了基础设施长期得不到改善，"欠账"较多，抚恤、补助、供给标准偏低。社会福利业发展投资的主体是国家，但我国在这一时期每年用于城市社会福利业方面的投资仅为：城镇福利5700万元，优抚事业单位4000多万元；事业费拨款占国民生产总值的1.1%。

（2）扶持政策不完善。如各种社会福利单位开展生产经营，对外营业，采取"以副补院"的办法，但因缺乏相应的扶持保护政策，特别是经费包干政策、税收优惠政策，工作不易开展，使得相当一部分的单位仍然处于一种单纯依靠国家拨款维持生存的状态。税收制度的改革，所得税率的降低，使福利企业优惠政策不再明

显；财政包干使一些地方对福利企业减免税政策难以兑现；新的出口退税制度使福利企业出口产品不能得到应有的免税照顾；兴办合资合作福利企业不能享受原有的长期减免税照顾，使福利企业引进资金、技术的机制受到严重限制。还有一些地方随意改变或调整国家对社会福利企业的免税优惠政策，从事商业经营的福利企业和厂矿举办的福利企业，还不能享受减免税优惠待遇，致使这些地方缺乏发展社会福利生产的积极性。

（3）管理落后于发展。社会福利业普遍存在人员素质低，基础工作薄弱等问题。管理粗放，不仅弱化了国家优惠政策的优势，而且加深了社会福利业因先天不足而带来的困难，影响了社会效益和经济效益的正常发挥。

（二）社会优抚存在的问题

经过 20 世纪 80 年代的改革，我国社会优抚工作取得了很大成绩，但优抚对象现有的保障水平与实际需要相比，仍有较大的差距，优抚工作面临许多新情况和新问题。

（1）抚恤补助标准偏低。尽管我国多次调整优抚对象的抚恤补助标准，但由于原来的抚恤补助标准较低，虽经调整，仍远未达到社会平均生活水平。而且随着人民生活水平的大幅度提高和物价指数的上升，又使他们与人民群众实际生活水平的差距进一步拉大。

（2）优抚经费短缺。一方面，缺乏机动经费。当时优抚经费完全是抚恤补助的人头经费，没有任何机动余地。对优抚对象的突发性困难无力救助，对优抚对象人数多而经济又不发达的地区难以倾斜照顾，对解决日趋严重的优抚对象治病难问题和急需开展的扶持优抚对象发展生产工作难以有所作为。另一方面，老少边穷地区负担沉重。在20世纪90年代，全国592个贫困县大部分是优抚对象比较集中的革命老区，有的优抚对象占总人口的10%以上。[①] 由于投入经费少，无形中给这些革命老区的财政带来难以承受的压力。受经济条件的限制，很难依靠自身财力提高优抚标准。虽然中央财政从总体上对老少边穷地区有倾斜和照顾，但主要着眼于开发和建设。

二、社会福利与社会优抚制度不断发展

（一）社会福利制度不断完善

1．社会福利社会化探索

20世纪90年代，我国老龄化程度不断加深，同时国民生活水平快速提高，这使得国民对于机构养老方式的认可程度和需求程度都有增高的趋势。老龄化、人口流动以及家庭规模的缩小都削弱了家庭的功能和它所能提供的支持。老年人和残疾人对机构照料的需求一直在增加。伴随着我国社会经济的迅速发展，老年福利事业面临的形势发生了极大的变化。人口老龄化、家庭小型化、经济市场化、农村城市化和消费结构多元化的发展形成对老年福利事业的巨大需求。但是，由于国家和集体长期包办社会福利事业，资金不足，与日益增长的需求相比，我国当时的老年人福利设施严重不足，社会福利机构的总床位数仅占老年人总数的0.8%。[②] 一方面是

① 周士禹、李本公主编：《优抚保障》，北京：中国社会出版社，1996年版，第26页。
② 易松国：《社会福利社会化的理论与实践》，北京：中国社会科学出版社，2006年版，第93页。

巨大的社会需求，另一方面是设施严重不足。面对这个形势，推进社会福利社会化，广泛动员社会力量办养老事业势在必行。

1992年10月，党的十四大明确了社会主义市场经济体制改革目标，社会福利也随经济体制开始转型。此时，社会办福利企业单位所占的比重已从0上升到86.3%。1993年8月，民政部办公厅发布《社会福利业发展规划》，提出社会福利业发展的指导思想是：加快改革步伐，立足民政，面向社会，采取“国家、集体、个人一齐上”的方针。坚持社会福利社会化的发展方向，在巩固、完善、提高和稳定发展的基础上，进一步形成以国家兴办为骨干，集体兴办为基础，个人兴办为辅助的覆盖面较广、设备较齐全、生活有保障、卫生的社会福利网络。1994年5月，第十次全国民政会议提出了“深化福利事业单位改革，加快社会福利社会化进程”的要求。

1998年，民政部在各地探索与实践的基础上，在13个城市（广州、上海、温州、苏州等）进行了社会福利社会化试点，取得明显成效。在试点的过程中，一方面，国家举办的社会福利机构从改革内部的管理制度、用工制度和分配制度入手，全面推行管理人员聘任制、服务人员合同制和按劳分配制度，增强服务意识和效益意识，提高管理水平和服务水平，初步实现由封闭型向开放型、单纯供养型向供养康复型、救济型向福利型的转变。不少农村敬老院，在保证五保供养的同时，把收养对象扩大到社会老人、残疾人、孤儿和弃婴，把服务范围扩大到入户服务。另一方面，动员社会力量兴办社会福利机构迈出重要步伐。截至1999年底，各试点城市通过政策引导和资金扶持，不仅改造和新建一批国有福利机构，快速发展集体举办的福利机构，而且新建各种形式的民办福利机构 1075 家，床位数已达到 3.3 万张。[①] 各试点地区在社区服务中，突出养老、助残、抚孤等福利服务内容，使社会福利社会化在社区内得到较好的实现。一个以国家、集体举办的福利机构为骨干，社会举办的福利机构为新的增长点，多渠道、多形式发展社会福利事业的局面开始形成。此外，各试点地区都根据自身的情况，分别在政府职能和养老机构方面做出一系列改革，并在居家养老和社区照顾等方面进行探索，发展了独具特色的养老服务新模式，积累了宝贵的经验。例如，上海的特色是政策比较到位，街道福利院实行的公办民营转制比较成功，民办福利机构发展速度快。广州的特色是民办社会福利机构发展快，且实行作坊式管理和标准专业化服务；充分发挥养老机构的辐射作用，以养老机构带动社区照顾和居家养老服务。北京市将乡镇敬老院转变为对社会开放的多功能、综合性社会福利中心，在承担收养当地“五保”老人的基础上，向社会老人、残疾人、儿童开展文化娱乐、体育健身、精神文明等各种服务活动。温州模式可以概括为“政府引导主体化、举办单位多元化、资金筹集多样化、城乡联动一体化”。青岛市发展起一批高档次的集住养、医疗、康复、文体娱乐等服务为一体的现代化老年公寓，并建立起政府宏观管理、社会力量主办、福利机构自主经营的管理体制和公平竞争、自负盈亏，自我发展的内部运行机制。除国办福利院，所有养老服务机构，包括市、区民政部门办的，全部实行了企业化管理，自主经营，自负盈亏。大连市社会福利社会化的特色是居家养老，即利用老人现有住房，把养老院建在老人家里。

① 李浩：《社会福利社会化：迈出关键步伐》，《中国民政》，2000 年 12 期。

2000年2月，国务院办公厅转发民政部、国家计委等11部门《关于加快实现社会福利社会化的意见》(以下简称《意见》)，阐述了在我国推进社会福利社会化的必要性和可能性，提出了此后一段时期我国社会福利事业发展的指导思想、总体思路和目标任务。《意见》对社会福利社会化目标，从数量上进行了简明扼要的概括，即在我国基本建成以国家兴办的社会福利机构为示范、其他多种所有制形式的社会福利机构为骨干、社区福利服务为依托、居家供养为基础的社会福利服务网络，达到社会福利机构和集中收养人员的数量年增10%的速度。还把社会福利社会化总体要求概括为“四化”，即实现社会福利事业投资主体多元化、服务对象公众化、服务方式多样化和服务队伍专业化。[①] 此外，民政部还相继发布《老年人建筑设计规范》《关于开展区域社会福利机构设置规划工作的指导意见》《老年人社会福利机构基本规范》《残疾人社会福利机构基本规范》和《儿童社会福利机构基本规范》，对社会力量兴办社会福利机构，初步做到了扶持保护有政策、审批管理有办法、建筑设计有标准、检查监督有依据。

2．社区服务新探索

20世纪80年代中期，我国以城市基层社区（主要是城市街道办事处和居民委员会）为依托的社区服务呈现出迅猛发展的势头。截至1989年底，我国有3627个城市街道开展了社区服务工作，占全国城市街道总数的66.92%。到1990年，全国城市社区服务设施已达8.5万个，其中，老年人服务设施20750个，残疾人服务设施

① 《国务院办公厅转发民政部等部门关于加快实现社会福利社会化意见的通知》，《中华人民共和国国务院公报》，2000年11期。

5410个，优抚对象服务设施12780个，综合性的社区服务中心及其他便民利民服务设施45820个[①]。

但是在20世纪80年代末期，民政部门也清楚地认识到，仅依靠国家投资兴办福利事业单位远远满足不了日益增长的社会福利需求，城市社会福利事业必须另辟蹊径。于是，社区服务成了社会福利领域改革的重头戏。我国引进社会工作学中的社区工作理论，吸取发达国家及发展中国家在社会发展方面的经验和教训，再深入实际搞调查研究，然后结合我国的国情进行再创造，形成了具有中国特色的社区服务理论，用以指导城市街道和居委会的社区服务工作。民政部门的职责中本来就包括基层政权建设和居民委员会建设这两项工作，尤其是在《居委会组织法》中明确写入社区服务的内容之后，对街道和居委会的社区服务进行指导便更加顺理成章。同时，民政部门与各省市人民政府配合，致力于城市居委会的整顿和改造，使居委会干部的年龄结构、文化程度、工作能力等各方面素质大为改观。

1991年11月，全国社区服务工作研讨会在北京召开，针对社区服务中出现的偏离福利性宗旨问题，就社区服务的内涵和外延、地位和作用、组织和管理等问题展开了深入研讨，明确社区服务的福利性质，其内容主要包括老年人服务、残疾人服务、优抚对象服务以及便民利民服务等。社区服务的理论界和实际工作者都力图厘清社区服务的内容范围、性质属性和运行机制等问题。在社区服务的内容范围的界定上，政府在定位社区服务的内容时，出发点是福

① 唐钧:《关于城市社区服务的理论思考》,《中国社会科学》，1992年04期。

利服务，但也借鉴了国外的做法，让社区服务兼有“福利服务”和“方便人民生活”双重任务，使社区服务在内容上突破了初期的社会化的福利服务网络的范围，增加了社会服务的内容。这样社区服务的内容体系就具有了双重特征：既有社区内的社会化的福利服务网络内容，又有面向社区百姓的便民利民的生活服务的内容。

社区服务在全国推广以后，这项工作本身的资金短缺与服务亟待扩展的矛盾也日益突出，同时在经济热的推动下，政府开始关注社区服务的行业属性问题。1992 年 7 月，中共中央、国务院印发《关于加快发展第三产业的决定》，首次将社区服务列为第三产业范畴，要求社区服务向产业化和行业化方向发展。到 1992 年底，全国共有各类社区服务设施 11.2 万个，70%以上的街道开展了社区服务的工作。[①] 形成以社区服务中心为骨干，以老年人、残疾人、优抚对象服务和便民利民服务为主要内容，以发展社区服务实体来增强自我发展能力的社区服务业格局。1993 年 8 月，民政部、国家计委等部门发布《关于加快发展社区服务业的意见》，提出社区服务业的发展目标、要求和基本任务；规定社区服务业是在政府倡导下，为满足社会成员多种需求，以街道、镇和居委会的社区组织为依托，具有社会福利性的居民服务业；社区服务业由社区福利服务业、便民利民服务业和职工社会保险管理服务业组成，是社会保障体系和社会化服务体系中的一个重要行业；社区服务业具有福利性、群众性、服务性、区域性四大特点。该文件促进了社区服务的发展势头，激发了社区服务的内在活力。

① 田华：《论中国社区服务前十年的发展轨迹》，《理论月刊》，2007 年 11 期。

但是对社区服务的行业定位使前期理论界对社区服务性质属性的争论推向白热化。当时国内学者普遍认为在对社区服务的定位上出现的“福利性”与“产业化”双重化属性定位无益于社区服务的发展。针对这些质疑，1994 年 12 月，全国社区服务经验交流会上重申社区的福利服务宗旨和坚持以社会效益为主的基本原则。在改革实践中，街道、区乃至市一级纷纷修建作为“阵地”的社区服务中心。截至 1997 年底，全国建立了区级社区服务中心 745 个、街道社区服务中心 3385 个、居委会社区服务站 435427 个。[①] 从此以后，社区服务在理论和实践中都不断发展，并在全国普及。

（二）社会优抚工作逐步完善

1．社会优待金

党的十一届三中全会后，我国农村开始了以联产承包责任制为主要形式的土地改革，结束农业合作化的生产方式。这种新的土地所有制实现方式的出现使建立在农业合作化基础上的优待劳动日不得不作出改变，实施优待金制度逐渐成为农村的主要社会优待方式。

早在 1984 年 5 月，《中华人民共和国兵役法》对优待金实施的对象作出规定，家居农村的义务兵家属，由乡、民族乡、镇的人民政府采取平衡负担的办法给予优待。家居城镇的义务兵家属，生活困难的，由县、自治县、市、市辖区的人民政府给予适当补助。[②]

① 田华：《论中国社区服务前十年的发展轨迹》，《理论月刊》，2007 年 11 期。

② 《中华人民共和国兵役法》，载《中国社会保障制度总览》编辑委员会编：《中国社会保障制度总览》，北京：中国民主法制出版社，1995 年版，第 1220 页。

可见在当时，现役军人家属是优待的主要对象。国家主要是针对生活条件差的农村实施的，例如，北京市为鼓励适龄青年应征入伍，拨专款对农村应征入伍的战士家庭发放430元优待金。[①]一些省、市、自治区也对城镇籍的义务兵家属实行了普遍优待。此外，烈属、伤残军人、生活困难的在乡复员军人和带病回乡的退伍军人也是优待金发放的重点。

优待金的发放时间一般是年底。领取优待金时，义务兵家属持优待证到乡民政或街道办事处的民政科领取；有的地方建立了优待金储金会，到服役完一次性地给予。就义务兵享受的优待金年限来说，都按照义务兵的服役年限设定，即陆军3年，空军和海军则是4年。

优待金的筹集存在着乡村和城镇的不同。在农村，优待金以乡统筹为主，由乡民政、财政共同负担。实行了以乡为单位的统筹优待制度，各村平衡负担，克服了过去畸轻畸重的状况，保证了优待条款的落实兑现，其办法就是，优待金的筹集由乡财政负责，根据乡民政提出的预算金额，按全乡农业人口（或田亩）分摊，下达各村。实际上有的地方就将统筹扩展到县一级，主要以农业附加税或别的形式，以县为单位，从城镇居民和农村村民中筹集，在职职工由所在单位支付。而城镇义务兵的优待金主要通过三个方面进行筹集：一是财政拨款；二是军属所在单位或军人参军前所在单位承担；三是通过社会统筹方式予以优待。

但事实上，优待金在实施过程中仍然存在着较大的问题。首

---

① 《依靠社会各方建立服务网络北京“双拥”工作有新进展》，《人民日报》，1988年2月4日。

先，优待金没有统一标准，各地区依据本地的经济状况而定，以至各地优待金标准不一，同样的义务兵不能享受同样的待遇，由此拉大了优待标准的差距，导致义务兵及其家属互相攀比，影响了义务兵安心服役。其次，优待金由于按照兵源数分摊，既不科学也不合理，兵源多的地方，政府负担就重；落后地区义务兵较多，优待金也较多，越是贫困地区，贫困群众的负担则越重。最后，优待金管理漏洞多，使用效益差。由于群众优待金的筹集主要集中在乡镇，相当多的地区没有设立专门账户进行管理，导致挪用和挤占现象的发生，一些地区结余的优待金没有制定统一的管理使用办法，难以形成规模效益。

随着经济的发展和国家财政的增长，国家开始逐渐减轻优待金的社会负担。到 1992 年，由于优待金费负担额较大，全国优待金统筹总额达 10 亿多元，占国家财政支出优抚事业经费的一半以上。[①] 于是，1993 年 12 月，财政部、国家计委发出《关于公布第二批取消的收费项目的通知》，取消向企事业单位收取的义务兵及家属优待金。

2．伤亡抚恤

在伤残抚恤方面。早在改革开放初期，我国就相继提高伤残抚恤标准、伤残抚恤医疗费用以及抚恤金的发放。与新中国成立之初的伤残抚恤内容相比，伤残抚恤主要在伤残性质与分类、抚恤方式等方面作出改变。例如，在伤残性质与分类方面，1988 年 6 月，《军人抚恤优待条例》将伤残的种类分为三类，即因战致残、因公

① 《国家和社会各界共同努力五千多万优抚对象生活有保障》,《人民日报》，1993 年 1 月 29 日。

致残和因病致残。相反，新中国成立之初的《抚恤条例》仅有两类分类，即因战和因公致残。又如，在抚恤的方式方面，《军人抚恤优待条例》改变用残废金抚恤的方式，规定主要用抚恤金的方式进行抚恤。再如，在医疗费用优待方面，《军人抚恤优待条例》对医疗费用减免规定更为详细，但删除了新中国成立之初规定的医药费及伙食费由医院供给，同时还增加了免费乘坐交通工具的规定。

随着社会经济改革和发展，改革开放初期制定和实施的各项抚恤规定已不再适应社会发展需要，国家也有充裕的财力去更好地发展抚恤事业。1994 年 2 月，民政部、财政部发出《关于提高部分优抚对象抚恤补助标准的通知》，按照 1992 年全国职工平均工资，提高革命伤残人员（革命伤残军人、伤残人民警察、伤残工作人员、伤残民兵民工）的伤残抚恤金和伤残保健金标准。1995 年，我国投入伤残抚恤经费 4.97 亿元。[①] 1996 年 1 月，民政部、财政部发出《关于提高在乡革命伤残人员抚恤金标准的通知》，再次提高在乡革命伤残人员的伤残抚恤金标准。1997 年 4 月，民政部发布《伤残抚恤管理暂行办法》，就民政部门负责评残的对象、评残的手续和审批程序作了规定。2000 年 5 月，民政部、财政部发出《关于提高部分优抚对象抚恤补助标准的通知》，提出在乡革命伤残人员的伤残抚恤金，在之前标准的基础上，特等每人每年提高 660 元，一等每人每年提高 600 元，二等每人每年提高 360 元，三等每人每年提高 150 元；在职革命伤残人员的伤残保健金，在之前标准的基础上，特等、一等每人每年提高 180 元，二等、三等每人每年

① 周士禹、李本公主编：《优抚保障》，北京：中国社会出版社，1996 年版，第 59 页。

提高60元。[①]在这一时期，我国对伤残抚恤对象的抚恤标准进行了大幅度提高。1996—2001年，国家各级财政累计投入伤残抚恤资金为292亿元。[②]对伤残人员生活的保障起到了重要作用。

在死亡抚恤方面，我国的死亡抚恤是随着人民军队的建立和发展而逐步发展并完善的，经历了从帮耕帮种、实物补助，到发放抚恤粮抚慰遗属等形式。随着国家经济的发展和人民生活水平的提高，抚恤粮逐步为抚恤金所代替，其标准也不断提高，主要分为一次性抚恤和定期抚恤两种形式。早在1988年7月，《军人抚恤优待条例》就确定了对军人抚恤的基本原则及发展方向，即保障军人的抚恤优待与国民经济的发展相适应，使抚恤优待标准与人民的生活水平同步提高。

对于一次性抚恤，改革开放之前，我国按照死亡性质和死者生前职务级别计发。1985年10月，我国将革命烈士的一次性抚恤金标准改为按其牺牲时的40个月工资计发。1986年3月，又将因公牺牲和病故的一次性抚恤金分别改为按死者死亡时的20个月和10个月的工资计发。对于定期抚恤。1979年，为使孤、老、病、残的烈属、牺牲病故军人家属的生活得到切实保障，民政部、财政部制定定期定量补助标准，1985年改称定期抚恤，其基本标准和享受的具体条件，由国家统一制定。1989年3月，民政部、财政部发出《关于调整部分优抚对象抚恤补助标准的通知》，调整革命烈士家属、因公牺牲军人家属、病故军人家属（以下简称“三属”）

---

① 《关于提高部分优抚对象抚恤补助标准的通知》，《中华人民共和国国务院公报》，2001年07期。

② 《中国的劳动和社会保障状况》，《人民日报》，2002年4月30日。

的定期抚恤标准，在 1985 年民政部、财政部确定的标准基础上，平均每人每月增加 15 元。

随着我国城乡人民生活水平的提高和物价的调整，民政部、财政部在 20 世纪 80 年代制定的“三属”的定期抚恤金标准已经不适应社会的需求，1993 年 1 月，民政部、财政部发出《关于提高革命烈士、因公牺牲军人、病故军人家属定期抚恤金标准的通知》，决定调整“三属”定期抚恤金基本标准，在原有的基础上，每人每月增加 10 元。此后，我国逐年调整“三属”的定期抚恤标准，到 2000 年，我国烈属、因公牺牲军人家属在农村、小城镇及大中城市每月抚恤金标准分别是 115~120 元、125~130 元和 130~135 元，而病故军人家属在农村、小城镇及大中城市每月分别是 110~115 元、120~125 元和 125~130 元。[①] 这比 1993 年的“三属”定期抚恤标准翻了一番还要多。

在这一时期，虽然就整个国家经济发展水平及国家财政支出比较而言，对社会优抚保障资金的投入相对较少，但国家开展的大量抚恤工作，包括提高各种抚恤标准，完善各种抚恤评定条件等，都发挥了特殊作用。抚恤制度的实施保障了伤残军人、烈属的基本生活。

三、社会福利和社会优抚事业体系初步形成

我国社会福利事业以全面推进社会福利社会化为标志，进入一

① 《关于提高部分优抚对象抚恤补助标准的通知》，《中华人民共和国国务院公报》，2001 年 07 期。

个新的发展阶段。社会福利社会化程度明显提高，各项社会事业得到长足发展，社会福利和社会优抚事业体系初步建立。

（1）社会福利社会化格局已经形成。在这一阶段，我国国有社会福利单位拥有床位 22.1 万张，占总数 19.6%；集体所有制福利单位拥有床位 87.8 万张，占总数 77.7%；民办福利单位拥有床位 3.1 万张，占总数 2.7%。全国每万人口平均拥有福利床位 9 张，每千名 65 岁及以上老人平均拥有老年收养性福利机构床位 10 张。

（2）服务方式更加多样。各地充分利用家庭、社区福利服务网络和社会福利机构等载体，以社区建设为动力，为满足人民群众不同层次的需求，因地制宜地开展了集中、分散、上门包户等多种形式的福利服务。截至 2000 年底，全国城乡各类社会福利机构 4 万个，城镇社区服务中心 12674 个，社区服务设施 18.1 万个，便民利民网点 45.2 万个。[①]

（3）社会福利企业实现减员增效。截至 2000 年底，全国有福利企业 4.0 万个，比 1999 年减少 0.4 万个；职工 167 万人，其中残疾职工 72.9 万人。福利企业全年实现销售收入 1831.7 亿元，利润 99 亿元，分别比 1999 年增长 15.9%、29%；亏损 11.4 亿元，比 1999 年下降 18%。

（4）优抚安置成效显著。优抚安置政策得到落实，《伤残抚恤管理暂行办法》再次提高重点优抚对象的抚恤补助标准，全国部分省市建立了抚恤补助标准自然增长机制，优抚对象抚恤补助人均经费进一步提高；在这一时期，我国继续深化改革退役士兵安置办

① 《2000 年民政事业发展统计报告》，民政部网站，2001 年 4 月 3 日。

法，扩大“双向选择、供需见面”的适用范围，自谋职业和到非国有企业就业的人数增加。

第三节　社会福利制度与社会优抚制度改革深化（2001—2011年）

进入21世纪，我国开始更加注重民生导向，老年人、儿童、残疾人福利制度逐渐完善。我国社会福利制度开始从“补缺型”向“适度普惠型”转变，多层次的社会福利框架逐步形成，社会优抚的改革也不断深入推进。

一、21世纪初社会福利与社会优抚制度面临的新局面

（一）我国进入老龄化社会

随着我国经济的快速发展、人民生活水平的不断提高以及人口平均寿命逐渐延长，出生率大幅度下降，从而不可避免地引起人口年龄结构的变化。2000年第五次人口普查数据显示，我国60岁以上老年人数量将近1.3亿人，占人口总数的10.46%，完全迈入“60岁以上老年人超过总人口10%”的老龄化国家门槛。与1990年第四次人口普查相比，我国老年人数量增加了34.1%，而总人口仅增加了12.8%。同期，我国人均国内生产总值仅为865美元，仍然处

于低收入国家行列。[①]

与发达国家和地区比较，我国人口老龄化具有鲜明的特点：一是发展速度快。1982—1997 年，我国总人口年平均增长率为 1.3%，而老年人口平均增长率高达 3.9%。发达国家和地区人口年龄结构从成年型转向老年型一般经历几十年甚至上百年的时间，而我国只用了 18 年时间，速度之快是惊人的。二是老年人口数量大。2000 年，我国 60 岁以上老年人口为 1.26 亿人，占全球老年人口总量的 20%，相当于英国、法国、瑞典、挪威 4 国全国人口的总和。[②] 三是“未富先老”。发达国家人口老龄化是伴随工业化、城市化自然发展的，并且经济发展为解决人口老龄化问题奠定了比较雄厚的物质基础；我国则是在经济不太发达的情况下迎来人口老龄化的。这种状况表明，我国面对的挑战远比其他国家和地区严峻和复杂。

我国老年社会福利事业是在计划经济体制下建立和发展起来的，其管理、运作及服务等各个环节也必然带有浓厚的计划经济色彩。在我国经济转轨、社会转型，特别是人口老龄化迅速发展的情况下，传统老年社会福利事业已越来越不适应形势发展的需要，面临严峻的挑战。一是覆盖面小、供需矛盾突出。2000 年，我国有 1400 万左右的老年人要求进入福利机构养老，占 11%左右，而各类福利机构能够提供的床位只有 100 多万张，占全国老年人总数的

① 宋晓梧主编：《构建共享型社会：中国社会体制改革 40 年》，广州：广东经济出版社，2017 年版，218 页。

② 窦玉沛：《应对人口老龄化的挑战 加快老年社会福利事业的发展》，《理论前沿》，2000 年 24 期。

0.8%，与发达国家 5%～7%的机构供养比例相比，差距较大。[①] 二是设施陈旧，整体水平较低。由于人民群众生活水平的不断提高和消费结构多元化的发展趋势，老年人特别是高龄老年人要求提供多层次的福利服务，而我国以保障“三无”人员基本生活权益为主要任务的老年社会福利机构，硬件设施较差，服务水平较低，难以满足社会需求。三是功能单一，分布不合理。我国的老年社会福利机构大多服务功能单一，有些只能提供吃、穿、住等简单的服务。同时大多数福利机构远离社区，交通不便，或分布不合理。造成现有老年人福利机构床位的利用率仅为 75%左右，但老年人急需的就近就便的多形式的社区福利服务却十分稀少。因此，出现了一方面总量供给不足，另一方面有效需求不旺的状况。

（二）儿童福利制度开始发生改变

据 2000 年全国人口普查数据显示，我国现有 0～14 岁儿童近 3 亿人，占全国人口总数的 22.8%。其中，现有失去父母的儿童、弃婴和事实上无人抚养的未成年人（以下统称孤儿）约 71.2 万人；各类残障儿童有 800 多万人，流浪儿童近 100 万人，同时由于家庭问题而身处困境的儿童数量则日益增多。由于国家和社会强调经济发展，社会福利制度的建设被定位为服务于经济政策，因此儿童福利制度的建设主要是一个被动适应的过程。

（1）儿童福利机构的收养人数不断增加。在这一阶段，市场经济改革引发了城市大规模的职工下岗现象。同时，由于市场经济转

① 窦玉沛：《应对人口老龄化的挑战 加快老年社会福利事业的发展》，《理论前沿》，2000 年 24 期。

轨对计划经济时期单位保障制度的破坏，使得原来的单位保障功能不断弱化，一些本来应该由单位救助的儿童被抛向社会。此外，改革开放后从农村来到城市的流动人口不断增加，农村流动人口会将原本“二元结构”下属于农村的孤残儿童带到城市来。由于贫困和人口流动等原因，从农村来到城市的流浪儿童也在不断增加。在这种情况下，国家也加大了儿童福利机构建设的力度，儿童福利机构数量、收养人数和政府经费投入均有明显增加。1979—1992 年，儿童福利院数量从 52 个增加到 67 个，收养人数从 3977 人增加到 6515 人，人均经费支出从 819 元增加到 4123 元。在此期间，儿童福利院增加了 15 个，收养人数增加了 2500 多人，人均投入经费增加了 3000 多元，总投入增长了近 10 倍。[①] 截至 1999 年底，全国儿童福利院的数量进一步增至 113 个，收养儿童人数增加到了 14109 人。儿童福利院和收养儿童人数的增加既是对当时儿童问题的应对，也体现了党中央对儿童福利事业的重视。

（2）儿童福利观念发生改变。改革开放以后，受到市场经济和对外开放的影响，我国儿童福利机构的养育观念发生了很大改变。首先，在计划经济时代，由于社会主义集体观念的约束，人们通常认为孤残儿童在福利机构过集体生活要优于被寄养在普通家庭中。20 世纪 90 年代以后，通过不断的探索、实践和争论，人们逐渐认识到回归家庭才是孤残儿童的最佳选择。在这种社会背景下，家庭寄养和收养工作迅速开展起来。与此同时，儿童福利机构内也开始了“类家庭”的探索。其次，传统孤残儿童的照料是以“养、教、

① 窦玉沛主编：《重构中国社会保障体系的探索》，北京：中国社会科学出版社，2001 年版，第 317 页。

治”为基本理念。儿童福利机构开始注重孤残儿童的自身需求，遵从儿童身心发展规律，注重儿童自身能力的发展和提高，使他们未来能够更好地融入社区和社会。最后，我国儿童福利观念开始受到国际社会影响。例如，1992 年我国参加世界儿童问题首脑会议提出的全球目标和《儿童权利公约》，并发布《九十年代中国儿童发展规划纲要》。在特殊儿童福利服务方面，儿童福利机构开始走出国门，通过工作人员的交流和培训等方式将国外先进养育观念带进来。同时，境外相关儿童福利组织开始进入我国，在全国各地开展儿童救助和儿童工作人员培训等活动，也一定程度上改变了传统本土的儿童福利理念。

二、社会福利与社会优抚制度不断完善

（一）建立健全老年福利服务网络

2001 年，我国第一次把老龄化事业纳入更大范围的国家五年规划之中。2006 年 2 月，老龄委等 11 部门联合发出《关于加快发展养老服务业的意见》，第一次明确界定了“养老服务业”的概念，并提出“逐步建立和完善以居家养老为基础、社区服务为依托、机构养老为补充的服务体系”[①]。“养老服务业”的正式提出，标志着社会福利范畴的养老服务开始向现代服务业转变，“服务体系”

① 《国务院办公厅转发全国老龄委办公室和发展改革委等部门关于加快发展养老服务业意见的通知》，《中华人民共和国国务院公报》，2006 年 10 期。

则意味着养老服务是由不同部分组成的一个整体。[①] 2007 年，党的十七大报告明确指出，要推进改善民生为重点的社会建设，确立了“老有所养”的战略目标。

2011 年，党的十七届五中全会进一步提出“优先发展社会养老服务”的要求，并审议通过《国民经济和社会发展第十二个五年规划纲要》，强调积极应对人口老龄化，建立以居家为基础、社区为依托、机构为支撑的养老服务体系。[②] 我国立足发展补缺型的老年社会福利事业，兼顾发展面向全体社会公众的普惠型的老年福利事业，以满足“三无”老人、低保老人、残疾老人、高龄老人和空巢老人的生活照料需求为出发点，在鼓励家庭成员为老年人提供服务的同时，加快建立以居家养老为基础、社区服务为依托、机构养老为补充的老年人社会福利服务体系。同时，制定鼓励和引导社会力量兴办各类老年福利服务设施的政策，建设一批以老年服务为主体的综合示范性社区福利服务中心，开展多层次、多种类、多方式的居家养老和集中养老服务。

（二）完善儿童福利保障

20 世纪 70 年代末到 90 年代末，计划经济向市场经济转轨，我国原有的社会福利制度所依附的经济基础发生重大变化，儿童福利制度也受到了前所未有的挑战。进入 21 世纪以后，由于市场

① 马岚：《改革开放四十年我国社会化养老服务的政策演进和发展趋势》，《重庆社会科学》，2018 年 12 期。

② 《中华人民共和国国民经济和社会发展第十二个五年规划纲要》，北京：人民出版社，2011 年版，第 103 页。

经济带来的种种社会问题逐渐暴露，我国原有的儿童福利制度已经无法适应新的社会发展形势的需要，发展儿童福利制度成为迫在眉睫的问题。在社会高度关注下，大量儿童福利制度开始探索并逐步建立，同时在儿童福利理念上也开始从传统的残补型转向适度普惠型，形成一个儿童福利制度发展的繁荣时期。

1．改革开放初期的儿童福利制度

改革开放以后，为适应市场经济改革的需要，我国儿童福利制度发生变化，这包括民办儿童福利机构开始出现，公办儿童福利机构的照料方式有了新的变化，家庭寄养经过一段时间的争论后成为孤残儿童的重要安置方式，儿童收养的法律和政策得到进一步完善。20 世纪 90 年代中期以后，新的形势给社会福利的增长提供了机会。例如，以前各单位贫困职工的家庭救助由各单位自己进行，单位福利社会化之后，困难职工及其子女的救助开始转向由政府相关机构承担。因此，市场经济改革推动了儿童福利社会化改革和发展。

（1）收养对象和服务范围有所扩大。一些地方的儿童福利机构突破原有的单纯收养“三无”对象的规定，一些事实上无人照料的流浪儿童也被纳入儿童福利服务的范畴。在一些经济相对发达和儿童福利服务机构条件较好的地区，也有人提出儿童福利机构不仅要服务于孤儿，而且应该扩大到服务社区所有儿童。

（2）民办儿童福利机构有一定发展。改革开放后，由于孤残儿童大量出现，公办儿童福利机构尽管也在增长但还是难以满足日益增长的社会需求。在这种情况下，一些地方开始出现民办儿童福利机构。这表明在社会福利社会化的发展理念下，儿童福利机构已经由完全国家举办向国家办与社会办相结合的方向转变，初步形成政府、企业、个人多方参与的开放型办院模式。

（3）儿童福利机构的院舍照顾的观念和照顾方式发生变化。具体表现在从封闭型向开放型转变，从救济型向福利型转变，从单一的“以养为主”向“养、治、教与康复并重”转变。在目标设定上，这一阶段儿童福利机构已从吃饱穿暖满足其物质上的需求，转向满足儿童的生理、心理、社会化成长特点的不同需求，并结合残疾儿童的生理特点，积极开展多种形式的康复和功能训练活动。在孤残儿童照料理念方面，不再强调其特殊性转而开始探索残疾人“正常化”，遵从儿童的身心发展规律，为他们融入社区、回归主流社会奠定基础。在照料方式上，机构内儿童过集体生活的观念开始改变，强调家庭导向是这一时期儿童福利理念的一个重大突破。儿童福利机构也已经不再是单纯的集体式照料，一些地方开始探索在福利院内将“大院变小院”的方式，在院内建立若干模拟家庭，让儿童能够得到更充分的家庭式关怀和教育，为他们回归社会奠定基础。此外，传统的机构养育模式一直沿袭大集体机构化抚养的做法，这种模式最大的弊端是导致福利院的儿童很难得到像家庭一样的关注和照顾，儿童的潜能得不到充分发掘，儿童的生理、情感和社会融入等方面的需求难以得到满足。为了消除机构照顾模式对儿童造成的负面影响，20 世纪 90 年代初，一些地方的儿童福利院开始在院舍内探索新的养育模式。

（4）家庭寄养的初步探索。20 世纪 90 年代以后，随着福利机构供养儿童的人数不断增加，其负担越来越重，我国政府开始对儿童福利机构进行深入而持续的社会化改革，其中最重要的举措是开展家庭寄养。家庭寄养发展初期是由北京、安徽、上海、云南、山西等地的民政部门自主进行的一些政策试点。例如，北京市儿童福利院开始实行“集中供养与分散代养相结合，分散代养为主”的收养模式，把620名残疾儿童寄养到143户农村家中。上海在家庭寄养方面也作出了一些积极的有益探索。从1997年起在全市范围内开始对孤残儿童寄养的尝试，将400名孤残儿童寄养在院外，其中大部分是残疾儿童，占受照料儿童总数的30%以上。[①]

2．儿童福利保障进入快速发展时期

2004年5月，民政部启动“全国残疾孤儿手术康复明天计划”（以下简称“明天计划”），计划用3年时间，从中央到地方筹集福利彩票公益金6亿元，为福利机构内所有具有手术适应症的残疾孤儿实施手术矫治和康复，保证了机构内重症儿童的生命和健康。儿童福利机构中患脑瘫、疑难重症的患儿占到40%左右，其生命受到严重威胁，是“明天计划”的救治重点。到2007年，我国累计为“明天计划”投入福利彩票公益金7亿元，全国1109家儿童福利机构内的3.5万名残疾孤儿得到了手术治疗和康复矫治，其中有5000多名被国内外家庭收养，重新获得了父母的关爱和家庭的温暖。“明天计划”的实施极大地推动了儿童福利机构残疾儿童的手术康复治疗工作，特别是中西部残疾儿童受益更多。例如，从“明天计划”实施的第三年度的情况来看，西部地区上报手术康复残疾儿童11859名，占第三年度全国总数的75.24%，手术经费支出25524万元，占第三年度全国总数的77.1%。

但各部门在实施过程中发现，儿童福利机构中需要实施手术康复治疗的残疾孤儿不断出现，这些残疾儿童的手术康复问题不可能一次性解决。为此，2007年12月，民政部发布《关于建立“残疾

① 成海军：《中国当代的儿童福利》，《社会福利》，2004年01期。

孤儿手术康复明天计划”长效机制的通知》，将三年计划转为长效机制。

三年来，全国共确立了286家“明天计划”定点合作医院，其中部级定点医院8家，省级定点医院278家，基本形成了部、省两级残疾孤儿手术救治网络。这一救治网络为残疾孤儿提供了国家最优质的医疗资源，可以使孩子们在最佳时机接受最佳的治疗和康复。共有200多家国内外媒体对“明天计划”进行了宣传报道，在全社会形成关注“明天计划”、关爱孤残儿童的良好氛围。社会各界共襄善举，累计为“明天计划”捐款5000多万元，用爱心和真情开启了孩子们手术康复的绿色通道。

“明天计划”实施的最后阶段，民政部又启动了“蓝天计划”。根据民政部印发的《“儿童福利机构建设蓝天计划”实施方案》，“蓝天计划”的目的是加强儿童福利机构基础设施建设，重点解决制约儿童福利事业发展的突出问题。为实施“蓝天计划”，从2006年起，民政部每年从部本级福利彩票公益金中安排2亿元予以资助，地方民政部门的福利彩票公益金也要将“蓝天计划”作为重点项目进行资助，加上地方财政的投入，力争用五年时间，从中央到地方投入资金60亿元，在全国大中城市建设和完善集养护、救治、教育、康复、特教于一体的儿童福利机构，为孤残儿童提供功能完善的福利服务场所和设施，为多种养育模式提供必要的依托和载体，辐射和带动社区孤残儿童服务的开展。"蓝天计划”的实施，基本上解决了困扰儿童福利机构多年的基础设施问题。

“蓝天计划”的目标主要是帮助没有建立儿童福利院或社会福利院的地级以上大中城市新建儿童福利机构或对现有儿童部进行改建、扩建。与“明天计划”一样，“蓝天计划”也对中西部地区有明显的倾斜。在资助标准上，民政部采取资助固定建设面积的办法，按照东、中、西部不同的建筑造价和资助比例，本着福利彩票公益金适当向中西部倾斜的原则，予以资助。“十一五”期间，“蓝天计划”支持地方建设了463所儿童福利院，实现了全国地级以上城市均建有一所儿童福利机构的目标，有效解决了孤残儿童养护、救治、教育、康复等问题。“蓝天计划”一期主要是为我国地级以上大中城市解决儿童福利机构建设问题。但是，目前我国大部分孤儿居住在农村地区，而80%的床位集中在地级以上城市，县级儿童福利机构建设还比较薄弱，供需结构矛盾十分突出。为此，2014年民政部又正式部署启动新一轮“蓝天计划”。实施“规划二期”的目标是要在全国建设一批标准化的县级儿童福利机构，这对于完善我国儿童福利机构整体布局、健全困境儿童福利服务体系具有极为重要的现实意义。

（三）加强残疾人“两个体系”建设，完善优抚法规条例政策

在这一时期，我国不断完善残疾人社会保障体系，将残疾人纳入覆盖城乡居民的社会保障体系并予以重点保障和特殊扶助，制定针对残疾人特殊困难和需求的社会保障政策措施，扩大残疾人社会保障覆盖面，提高残疾人社会保障待遇。加强残疾人服务体系规划和制度建设，有效整合各方资源，统筹发展残疾人康复、教育、就业、扶贫、托养、无障碍、文化体育、维权等专项服务，不断扩大残疾人服务覆盖面。制定、完善残疾人服务机构建设、服务、技术和绩效考核标准，完善行业管理制度和评价机制，推进残疾人服务体系的规范化和专业化，全面提高为残疾人服务的能力和水平。把

残疾人“两个体系”建设纳入各地国民经济和社会发展总体规划、相关专项规划和年度计划，将残疾人“两个体系”建设列入有关部门和单位的职责范围和目标管理。建立稳定的经费保障机制，残疾人社会保障和公共服务等经费通过各级财政预算安排、社会捐助及个人与单位负担等多渠道筹集，加快残疾人康复、教育、就业、托养、文化体育、社会工作等专门人才培养。

与此同时，我国还不断完善军队转业干部安置，对于自主择业的军队转业干部由政府协助就业、发给退役金，加强军队复员干部再就业和社会保障。2004 年 8 月，国务院、中央军事委员会颁布《军人抚恤优待条例》，给予死亡抚恤、残疾抚恤等保障。2011 年 8 月，国务院颁布《烈士褒扬条例》，建立烈士褒扬金制度，加强烈士遗属的抚恤优待。例如，在加强就业方面，明确指出残疾军人、烈士、因公牺牲军人等的子女报考普通高中、中等职业学校、高等学校或考录公务员的，在与其他考生同等条件下优先录取。烈士遗属从事个体经营的，工商、税务等部门应当优先办理证照，在经营期间享受国家和当地人民政府规定的优惠政策。[①]

三、社会福利制度与社会优抚制度保障范围不断扩大

（一）老年福利事业快速发展

我国养老保障体系逐步完善，覆盖范围进一步扩大，农村五保

① 《烈士褒扬条例》，《人民日报》，2011 年 8 月 1 日。

供养政策进一步完善，供养标准得到提高，供养设施明显改善，供养模式不断创新。职工和城镇居民基本医疗保险制度实现全覆盖，新型农村合作医疗参合率稳步提高，城乡医疗救助制度惠及“三无”老人和贫困老人，老年福利设施建设取得较好成效。

2005 年，全国平均每个街道有 1.32 个城市老年福利机构，每 9.8 个社区居委会有一个城市老年福利机构。但是，此时我国仍面临一些问题，社会养老保障制度尚不完善，公益性老龄服务设施、服务网络建设滞后，老龄服务市场发育不全、供给不足，“星光老年之家”的设施利用率整体很低，服务功能发挥较差，居民参与服务项目少。

（二）儿童福利事业成效显著，残疾人社会保障体系和服务体系不断完善

我国不断加快完善保护儿童权利的法律体系，强化政府责任，逐步提高儿童工作的法制化和科学化水平，我国儿童生存、保护、发展的环境和条件得到明显改善。截至 2010 年底，我国儿童健康、营养状况持续改善，婴儿、5 岁以下儿童死亡率分别从 2000 年的 32.2‰、39.7‰下降到 13.1‰、16.4‰，孕产妇死亡率从 2000 年的 0.53‰下降到 0.30‰，纳入国家免疫规划的疫苗接种率达到了 90%以上。孤儿、贫困家庭儿童、残疾儿童、流浪儿童、受艾滋病影响儿童等弱势儿童群体得到更多的关怀和救助。

与此同时，我国残疾人状况得到明显改善，政府和社会为残疾人服务的能力进一步提升。截至 2010 年底，我国重点康复工程成效显著，1037.9 万残疾人得到不同程度的康复；残疾人特殊教育学校达到 1704 所，在校残疾学生总数为 42.6 万人，残疾儿童、少年

义务教育入学水平明显提高；残疾人职业培训机构达到4704个，376.5万人次残疾人接受职业教育和培训；残疾人就业服务机构达到3019个，城镇新就业残疾人179.7万人次；扶持618.4万人次农村残疾人摆脱贫困；城乡残疾人接受各种形式的社会救助分别达到1623.7万人次和4237.6万人次；基层残疾人组织得到加强，残疾人综合服务设施网络初步建立，为残疾人服务的条件得到改善。

第四节　社会福利制度与社会优抚制度改革完善（2012—2022年）

党的十八大以来，中国特色社会主义逐步迈入新时代，以习近平同志为核心的党中央对社会福利事业高度重视，党中央、国务院作出一系列重大决策部署，我国社会各项事业深入推进，我国社会各项福利制度全面发展，取得积极成效，社会优抚制度更加完善。

一、新时代社会福利与社会优抚制度改革背景

（1）随着我国老龄化程度不断加深。老龄化进程与家庭小型化、空巢化相伴随，与经济社会转型期的矛盾相交织，社会养老保障和养老服务的需求将急剧增加，老龄事业和老龄工作相对滞后，社会养老保障制度尚不完善，公益性老龄服务设施、服务网络建设滞后，这就要求不断完善老年福利体系。

（2）儿童发展及权利保护仍然面临着诸多问题与挑战。这主要表现在城乡区域间儿童发展不平衡，贫困地区儿童整体发展水平较

低；出生缺陷发生率上升，出生人口性别比偏高；贫困家庭儿童、孤儿、弃婴、残疾儿童、流浪儿童的救助迫切需要制度保障；人口流动带来的儿童问题尚未得到有效解决等。

（3）残疾人事业基础还比较薄弱。我国残疾人社会保障和服务政策措施还不够完善，稳定的制度性保障还需要进一步推进；残疾人总体生活状况与社会平均水平存在较大差距，在基本生活、医疗、康复、教育、就业、社会参与等方面存在许多困难；农村残疾人的社会保障与服务亟待改善，残疾儿童在接受教育、抢救性康复等方面仍面临一些问题。此外，优抚对象各项优待政策还需进一步完善，保障水平还需进一步提高，确保军人的抚恤优待与经济和社会发展相适应。

二、不断深化社会福利制度与社会优抚制度改革

（一）完善老年人福利制度体系

2012年11月，党的十八大作出应对老龄化的战略部署，明确提出“积极应对人口老龄化，大力发展老龄服务事业和产业”[①]。把养老服务上升到国家重大政策层面。在这一思想指导下，关于养老服务的政策法规纷纷出台。在机构管理方面，2012年颁布的《养老机构设立许可办法》《养老机构管理办法》对养老机构的设立许可、法律责任、服务内容等作出明确规定。在养老服务供给方面，国务院先后颁布了《国务院关于加快发展养老服务业的若干意见》

① 胡锦涛：《坚定不移沿着中国特色社会主义道路前进 为全面建成小康社会而奋斗——在中国共产党第十八次全国代表大会上的报告》，北京：人民出版社，2012年版，第37页。

等若干个政策文件，民政部、国家发改委、财政部等部门先后出台了《关于鼓励民间资本参与养老服务业发展的实施意见》《促进民间投资健康发展若干政策措施》等实施意见和措施，探索政府购买服务、共建民营等多种供给方式，推动社会资本进入养老服务领域，解决民办机构在设立许可、养老用地、金融等方面存在的问题，降低准入的制度性成本，推进养老服务社会化的快速发展，有效增加供给总量。在养老服务体系方面，2013 年 9 月，国务院印发《关于加强养老服务业的若干意见》，医疗卫生与养老服务相结合发展的理念第一次被明确提出。2015 年 11 月，国家卫计委等部门印发《关于推进医疗卫生与养老服务相结合的指导意见》，充分体现了国家对于医养结合的高度重视。2016 年《国民经济和社会发展第十三个五年规划纲要》，明确建立以居家为基础、社区为依托、机构为补充的多层次养老服务体系，推进医疗卫生与养老服务相结合。将原先的“机构为支撑”调整为“机构为补充”，更加重视居家社区养老服务。同年，民政部、国家发改委印发了《民政事业发展第十三个五年规划》，将医养结合直接纳入养老服务体系中，明确提出“要全面建成以居家为基础、社区为依托、机构为补充、医养结合的多层次养老服务体系”。形成“居家”、“社区”、“机构”三种养老方式及其功能定位，和一项重要内容“医养结合”的社会养老服务体系的大致框架。

2017 年，党的十九大报告在积极应对人口老龄化，加快老龄事业和产业发展的同时，增加了“构建养老、孝老、敬老政策体系和社会环境，推进医养结合”的内容，养老服务体系的范围更加扩大，政策体系进一步完善。

在老年人权益保障与监管方面，2018 年 12 月，《中华人民共和国老年人权益保障法》进行第三次修订，明确指出不再实施养老机构设立许可，加强养老机构事中事后监管。这意味着国家全面放开了社会力量进入养老服务领域，国家从准入管理向综合监管迈进。

2019年1月，中共中央办公厅、国务院办公厅印发《民政部职能配置、内设机构和人员编制规定》，设置养老服务司，主要职责是承担老年人福利工作，拟订老年人福利补贴制度和养老服务体系建设规划、政策、标准等工作。2019年2月，国家市场监督管理总局、国家标准化管理委员发布《养老机构等级划分与评定》，这是我国首次发布养老机构星级评定的“国标”，将进一步规范养老机构建设，引导养老机构提供优质服务。2019年4月，国务院办公厅印发了《关于推进养老服务发展的意见》，从深化放管服改革、拓宽养老服务投融资渠道、扩大养老服务就业创业、扩大养老服务消费、促进养老服务高质量发展、促进养老服务基础设施建设等六个方面，提出28条推进养老服务发展具体政策措施，同时，提出建立由民政部牵头的养老服务部际联席会议制度，各地要将养老服务政策落实情况纳入政府年度绩效考核范围。[①]与此同时，各部门也加快推进养老服务实施措施，国家发改委等部门实施“城企联动普惠养老专项行动”，通过城企联动增加普惠养老服务的供给，推进养老服务综合改革；财政部、国家税务总局等6部委发布《关于养老、托育、家政等社区家庭服务业税费优惠政策的公告》，加大对养老社区家庭服务业的税收优惠。2019年11月，中共中央、国务院印发《国家积极应对人口老龄化中长期规划》，

① 《关于推进养老服务发展的意见》，国新网，2019年4月16日。

对养老服务体系的说法进一步调整，明确提出要“健全以居家为基础、社区为依托、机构充分发展、医养有机结合的多层次养老服务体系”，并指出从“社会财富储备”、“劳动力有效供给”、“养老服务和产品供给体系”、“科技创新能力”、“养老、孝老、敬老的社会环境”五个方面同时用力，养老服务纳入更大的范围体系之中，涉及经济、社会的方方面面。①2020年10月，党的十九届五中全会明确指出，构建居家社区机构相协调、医养康养相结合的养老服务体系。2021年11月，中共中央、国务院印发《关于加强新时代老龄工作的意见》，进一步指出加快建立健全相关政策体系和制度框架，促进老年人养老服务、健康服务等统筹发展，推动老龄事业高质量发展。②

（二）深入推进适度普惠型儿童福利制度建设

2013年6月，民政部发布《关于开展适度普惠型儿童福利制度建设试点工作的通知》，决定在江苏省昆山市、浙江省海宁市等地开展适度普惠型儿童福利制度建设试点工作。2014年4月，民政部发布《关于进一步开展适度普惠型儿童福利制度建设试点工作的通知》，决定在开展第一批适度普惠型儿童福利制度建设试点工作的基础上，在全国范围内开展第二批试点工作。

2015年10月，民政部召开“百县千村”基层儿童福利服务体

---

①《中共中央、国务院印发〈国家积极应对人口老龄化中长期规划〉》，《中国人力资源社会保障》，2019年12期。

②《中共中央、国务院关于加强新时代老龄工作的意见》，《人民日报》，2021年11月25日。

系建设试点工作启动视频会议。从2010年开始，民政部与联合国儿童基金会合作在山西、河南、四川、云南、新疆5个省（自治区）开展“中国儿童福利示范区”项目。通过五年的运作，项目区儿童福利工作得到切实加强，儿童福利政策得到全面落实，初步构建了以儿童信息报告监测反馈机制、儿童帮扶机制、儿童福利资源保障机制、多部门联动机制“四个机制”为核心内容，以村儿童之家为活动场所，以村儿童福利主任队伍为村社工作力量的基层儿童福利服务体系，惠及的7万多名儿童得到福利服务和保障，身体健康状况、生活环境、教育机会有所改善，基本权益得到保护。在总结实践经验的基础上，推广“中国儿童福利示范区”项目经验，在全国百县千村开展基层儿童福利服务体系建设试点工作。基层儿童福利服务体系建设试点在原中国儿童福利示范区项目12个县、120个村的项目单位基础上新增89个县（市、区）、890个村（社区）。试点工作包括建立政府主导、民政牵头、部门协同的儿童福利工作协调机制，建立儿童福利指导中心、儿童福利服务工作站和儿童之家，建立儿童福利主任队伍，建立基层儿童福利服务工作动态管理和评价机制。

2016年2月，国务院印发《关于加强农村留守儿童关爱保护工作的意见》，这是首次以农村留守儿童关爱保护为切入点系统性地明确未成年人保护政策措施和工作机制的国务院文件。2016年6月，国务院印发《关于加强困境儿童保障工作的意见》，提出加快形成家庭尽责、政府主导、社会参与的困境儿童保障工作格局，建立健全与我国经济社会发展水平相适应的困境儿童分类保障制度，困境儿童服务体系更加完善，全社会关爱保护儿童的意识明显增强，困境儿童成长环境更为改善、安全更有保障。[1] 2016 年 11 月，民政部、中央综治办、最高人民法院等八部门联合印发通知，在全国开展农村留守儿童“合力监护、相伴成长”关爱保护专项行动，将所有农村留守儿童纳入有效监护范围，杜绝农村留守儿童无人监护现象，有效遏制监护人侵害农村留守儿童权益行为，切实兜住农村留守儿童人身安全底线。从 2016 年开始，国家统计局为全面反映《中国儿童发展纲要（2011—2020 年）》建立了监测报告制度，对儿童在健康、教育、福利、社会环境和法律保护等领域的进展情况，进行中期监测和年度监测。我国已经初步形成包括国际公约、国家法律，以及中央、部委、地方五个层面的儿童福利法律制度和政策法规，为儿童福利制度发展奠定基础。

我国本着“适度普惠、分层次、分类型、分标准、分区域”的理念，按照“分层推进、分类立标、分地立制、分标施保”的原则和要求，逐步建立覆盖全体儿童的适度普惠型福利制度，保障服务内容丰富。在儿童健康内容中，包含妇幼卫生服务体系建设、儿童保健服务和管理、儿童营养状况改善、儿童生殖与心理健康服务体系建设等 13 项内容；在儿童教育内容中，包含儿童受教育权利保障、儿童科学育儿指导、儿童学前教育等 18 项内容；在儿童社会环境中，包含家庭教育指导、儿童活动设施建设、儿童社会工作队伍建设等 15 项内容；在儿童法律保护中，包含保护儿童的法律体系完善、儿童监护监督制度完善、儿童法律援助和司法救助机制完善等 12 项内容。

---

① 《国务院关于加强困境儿童保障工作的意见》，《中华人民共和国国务院公报》，2016 年 18 期。

2019 年 1 月，中共中央办公厅、国务院办公厅印发《民政部职能配置、内设机构和人员编制规定》，设置儿童福利司，主要职责是拟订儿童福利、孤弃儿童保障、儿童收养、儿童救助保护政策、标准，健全农村留守儿童关爱服务体系和困境儿童保障制度等工作。[①] 同年 4 月，民政部等 10 部门联合印发《关于进一步健全农村留守儿童和困境儿童关爱服务体系的意见》，以进一步完善中国基层关爱服务体系，切实维护农村留守儿童和困境儿童合法权益。同年 6 月，民政部等 12 部门联合印发《关于进一步加强事实无人抚养儿童保障工作的意见》，重点解决生活、医疗、教育和监护责任四方面问题，全面实施事实无人抚养儿童保障制度。[②] 2021 年 5 月，民政部、中央编办、国家发改委等 14 部门联合出台《关于进一步推进儿童福利机构优化提质和创新转型高质量发展的意见》，推进省级和地市级民政部门设立的儿童福利机构实现儿童养育、医疗、康复、教育、社会工作一体化发展，推进县级儿童福利机构实现未成年人救助保护机构转型。[③] 2021 年 9 月，国务院印发《中国儿童发展纲要（2021—2030 年）》，全面规划未来十年包括儿童福利事务在内的发展目标与框架性设想，保障儿童享有更加均等和可及的基本公共服务，享有更加普惠和优越的福利保障，享有更加和

---

① 《民政部职能配置、内设机构和人员编制规定》，《中国民政》，2019 年 03 期。

② 《民政部、高法院、高检院、发展改革委、教育部、公安部、司法部、财政部、医保局、共青团中央、全国妇联、中国残联关于进一步加强事实无人抚养儿童保障工作的意见》，《中华人民共和国国务院公报》，2019 年 29 期。

③ 《民政部 中央编办 发展改革委 教育部 公安部 财政部 人力资源社会保障部 住房城乡建设部 卫生健康委 应急部 市场监管总局 医保局 中央军委国防动员部 中国残联关于进一步推进儿童福利机构优化提质和创新转型高质量发展的意见》，《中华人民共和国国务院公报》，2021 年 21 期。

谐友好的家庭和社会环境。

（三）全面推进残疾人福利制度建设

党的十八大以来，党中央、国务院对残疾人工作格外关心、格外关注，对残疾人工作作出一系列重要部署，全面推进残疾人福利制度建设。2012 年 5 月，民政部启动“福康工程”项目，针对残疾人免费配置康复辅具，开展康复训练，重点对西部地区进行资助，截至 2017 年底累计投入资金 2.85 亿元，开展矫治手术 2949 例、配发各类康复辅具产品 65000 余台（套）。2018 年“福康工程”与脱贫攻坚结合，保障范围扩大到贫困家庭有康复需求的残疾人。

2015 年 2 月，国务院印发《关于加快推进残疾人小康进程的意见》，聚焦残疾人基本民生保障和就业增收，明确四个方面的主要措施：建立残疾人基本生活兜底保障机制，千方百计促进残疾人及其家庭就业增收，加强和改进对残疾人的基本公共服务，进一步发挥社会力量和市场机制的作用，大力发展残疾人慈善事业，加快发展残疾人服务产业，加大政府购买残疾人服务力度，为加快残疾人小康进程注入持久动力。[①] 同年 5 月，人力资源社会保障部、中国残联发布《关于实施〈残疾人职业技能提升计划（2016—2020 年）〉的通知》，明确要求到 2020 年，力争使新进入人力资源市场的残疾人都有机会接受至少一次相应的就业技能培训；使企业技能岗位的残疾人都有机会得到一次以上岗位技能提升培训或高技能人

① 《国务院关于加快推进残疾人小康进程的意见》，《中华人民共和国国务院公报》，2015 年 05 期。

才培训等。[①] 同年9月，国务院印发《关于全面建立困难残疾人生活补贴和重度残疾人护理补贴制度的意见》，第一次在全国层面建立了残疾人专项福利制度，具有填补残疾人社会保障体系空白的重要意义，是以全国残疾人基本服务状况与需求调查、残疾人状况监测为依据，针对广大残疾人迫切需要而推出的重大惠民举措。

2016年8月，国务院印发《"十三五"加快残疾人小康进程规划纲要》，进一步把残疾人兜底保障、就业增收和脱贫解困摆在重中之重，推动残疾人民生保障和基本公共服务实现"三大转变"*。2016年11月，国家发改委、民政部等七部门联合印发《基层残疾人综合服务能力建设"十三五"实施方案》，明确提出构建县（市、区）、乡镇（街道）、村（社区）三级联动互补的基本公共服务网络。[②] 2019年4月，民政部与财政部、国家卫健委、国务院扶贫办、中国残联印发的《关于在脱贫攻坚中做好贫困重度残疾人照护服务工作的通知》，提出做好贫困重度残疾人照护服务工作的五项主要任务和三项保障措施，明确工作路径和努力目标。2021年10月，国务院印发《"十四五"残疾人保障和发展规划》，进一步完善残疾人社会福利制度和社会优待政策，为残疾人提供更加稳定更高水平的民生保障。

* "三大转变"指从覆盖一部分人口向人口全覆盖转变，从临时性救助向制度化保障转变，从个别化帮扶向常态化服务转变。

① 《关于实施〈残疾人职业技能提升计划（2016—2020年）〉的通知》，人社部网站，2016年6月22日。

② 《七部门印发〈基层残疾人综合服务能力建设"十三五"实施方案〉》，国家发改委网站，2016年11月15日。

（四）完善社会优抚制度

党的十八大以来，我国不断完善社会优抚制度，健全政策体系。2018 年 4 月，退役军人事务部挂牌成立，改变了过去“多龙治水”的管理格局，随后省级退役军人事务部门全部挂牌组建，全国县级以上退役军人事务厅局全部挂牌运行，逐步建立和完善政策法规、待遇保障、优先优待、接收安置、服务管理、工作运行、督导检查等机制和体系，搭建起退役军人工作的“四梁八柱”，开启了优抚工作的新篇章。

国家建立健全退役军人优抚安置工作六大体系：一是完善政策制度体系，逐步形成与经济社会发展水平相适应、与国防和军队改革相衔接、以部门规章制度和规范性文件为支撑的政策制度体系；二是优化接收安置体系，进一步优化安排工作、扶持自主就业、退休、供养等安置方式；三是加强待遇保障体系，按照贡献与待遇匹配、普惠与优待叠加的原则，完善体现褒扬的优抚制度，建立兜底保障的困难援助机制；四是构建荣誉激励体系，坚持精神激励与物质保障并重，加强英烈纪念设施管理，定期进行退役军人事务领域表彰奖励，开展学习宣传活动；五是建立教育管理体系，加强基层党组织对退役军人党员的管理，将退役军人纳入社会诚信体系；六是健全组织运行体系，构建党委领导、政府牵头、退役军人事务部门协调、相关部门配合、社会参与的工作格局。

2018 年 5 月，国务院印发《关于推行终身职业技能培训制度的意见》，明确指出要对即将退役的军人开展退役前技能储备培训和职业指导，对退役军人开展就业技能培训。[①] 2018 年 7 月，退役军人事务部等 12 个部门联合印发《关于促进新时代退役军人就业创业工作的意见》，强调坚持政府推动、政策优先，市场导向、需求牵引，自愿选择、自主作为，社会支持、多方参与，调动各方面力量共同推进，保障退役军人在享受普惠性就业创业扶持政策和公共服务基础上再给予特殊优待。[②] 2020 年 11 月，《中华人民共和国退役军人保障法》的出台，标志着原先从“碎片化”、“打补丁”方式向整体设计、重塑再造推进，涵盖就业安置、待遇保障、抚恤优待、荣誉激励、教育管理等各领域的退役军人工作政策制度体系的建立。

三、社会福利制度与社会优抚制度更加健全

（一）老龄事业与儿童福利事业取得瞩目成就

党的十八大以来，在党和国家重大规划和政策意见引领下，我国老龄事业发展和养老服务体系建设取得一系列新成就，老年人福利制度体系迈上新台阶。政策法规体系不断完备，涉老相关法律法规、规章制度和政策措施不断完善，老年人权益保障机制、优待政策等不断细化，养老服务体系建设、运营、发展的标准和监管制度更加健全。养老服务体系不断完善，特别是“十三五”时期得到长

① 《国务院关于推行终身职业技能培训制度的意见》，《中华人民共和国国务院公报》，2018 年 14 期。

② 《退役军人部 中央组织部 中央政法委 教育部 公安部 民政部 财政部 人力资源社会保障部 国资委 税务总局 国务院扶贫办 中央军委政治工作部关于促进新时代退役军人就业创业工作的意见》，《中华人民共和国国务院公报》，2019 年 01 期。

足发展，全国各类养老服务机构和设施从 11.6 万个增加到 32.9 万个，床位数从 672.7 万张增加到 821 万张；持续推进公办养老机构建设，加强特困人员养老保障，对经济困难的高龄、失能（含失智）老年人给予补贴，初步建立农村留守老年人关爱服务体系；居家社区养老服务发展迅速，机构养老服务稳步推进，普惠养老专项行动顺利实施。

进入新时代，我国大力发展儿童事业，保障儿童权利的法律法规政策体系进一步完善。儿童福利服务保障范围逐渐扩大，从原先的只保障福利机构内的孤儿，拓展到包括社会散居的所有孤儿，资助范围从手术救助、脑瘫康复向医疗救助和综合康复延伸，逐步扩大救治病种。从原先重点关注残疾儿童，拓展到包括残疾儿童、重病儿童和流浪儿童在内的困境儿童，以及父母重度残疾或重病的儿童、父母长期服刑在押或强制戒毒的儿童、受艾滋病影响的儿童、父母一方死亡另一方因其他情况无法履行抚养义务和监护职责的儿童、贫困家庭的儿童都纳入了儿童福利关注的范围。

儿童福利机构和未成年人救助保护机构建设不断加强，截至 2020 年底，全国共有儿童福利和救助保护机构 760 个，比 2010 年底增加 280 个；机构共有床位 10.1 万张，比 2010 年底增加 4.5 万张。孤儿生活状况明显改善，遗弃儿童现象大幅减少，孤儿数量连续 8 年持续下降，截至 2020 年底，全国共有孤儿 19.3 万人；其中，集中养育孤儿和社会散居孤儿分别为 5.9 万人和 13.4 万人。2020 年，集中养育孤儿和社会散居孤儿每人每月基本生活保障平均标准分别为 1611.3 元和 1184.3 元，分别比 2016 年提高 467.6 元和 391.4 元。全国残疾儿童康复救助政策体系、工作体系和服务网络全面建立，截至 2020 年底，全国开展残疾儿童康复的残疾人康复机构10440个，比2011年增加7300个。

（二）残疾人福利制度体系与退役军人管理保障体制不断完善

党的十八大以来，残疾人福利制度体系不断完善，残疾人事业取得重大成就，“全面建成小康社会，残疾人一个也不能少”的目标如期实现。特别是在“十三五”时期，710万名农村建档立卡贫困残疾人脱贫，城乡新增180.8万名残疾人就业，1076.8万名困难残疾人被纳入最低生活保障范围；1212.6万名困难残疾人得到生活补贴，1473.8万名重度残疾人得到护理补贴。残疾人基本康复服务覆盖率达到80%，辅助器具适配率达到80%；残疾儿童少年接受义务教育的比例达到95%，5万多名残疾学生进入高等院校学习；城乡无障碍环境明显改善，关爱帮助残疾人的社会氛围日益浓厚。

与此同时，退役军人管理保障体制也不断建立健全，在全国形成覆盖全国、上下贯通的退役军人事务部门体系，为新时代加强退役军人优抚安置工作提供了组织保证，实现了对退役军人的思想政治工作、教育培训工作、荣誉褒奖工作、优抚安置工作、管理保障工作全覆盖，退役军人的合法权益得到更加全面切实的保护。退役军人保障法的出台，为系统构建退役军人保障制度体系提供有力支撑，为优抚安置提供了法律保障。

主要参考资料

1. 习近平. 习近平谈治国理政（第二卷）[M]. 北京：外文出版社，2017.
2. 周士禹、李本公. 优抚保障[M]. 北京：中国社会出版社，1996.
3. 张东江、聂和兴. 当代军人社会保障制度[M]. 北京：法律出版社，2001.
4. 窦玉沛. 重构中国社会保障体系的探索[M]. 北京：中国社会科学出版社，2001.
5. 郑功成. 中国社会保障制度变迁与评估[M]. 北京：中国人民大学出版社，2002.
6. 易松国. 社会福利社会化的理论与实践[M]. 北京：中国社会科学出版社，2006.
7. 王东进. 回顾与前瞻：中国医疗保险制度改革[M]. 北京：中国社会科学出版社，2008.
8. 郑功成. 中国社会保障 30 年[M]. 北京：人民出版社，2008.
9. 胡晓义. 走向和谐：中国社会保障发展 60 年[M]. 北京：中国劳动保障出版社，2009.
10. 李学举. 社会救助[M]. 北京：中国社会出版社，2009.
11. 陈竺、张茅. 中国新型农村合作医疗发展报告（2002—2012 年）[M]. 北京：人民卫生出版社，2013.
12. 宋晓梧. 构建共享型社会：中国社会体制改革 40 年[M]. 广州：广东经济出版社，2017.
13. 张军. 中国工伤保险制度建设与发展研究[M]. 北京：中国

劳动社会保障出版社，2018.
14. 宋晓梧. 新中国社会保障和民生发展70年[M]. 北京：人民出版社，2019.
15. 金维刚、李珍. 中国社会保障70年[M]. 北京：经济科学出版社，2019.
16. 陈刚. 中国工伤保险发展报告（2004—2020年）[M]. 北京：中国劳动社会保障出版社，2021.
17. 严运楼. 中国社会福利事业研究（1949—2019）[M]. 上海：上海社会科学院出版社，2021.
18. 白先经、吕旭尧. 论社会福利与社会稳定[J]. 学术论坛，1991（04）.
19. 唐钧. 关于城市社区服务的理论思考[J]. 中国社会科学，1992（04）.
20. 王延中、沈志渔、杜莹芬. 医疗保险制度改革中的“两江”模式[J]. 中国工业经济，1999（07）.
21. 窦玉沛. 应对人口老龄化的挑战 加快老年社会福利事业的发展[J]. 理论前沿，2000（24）.
22. 蔡昉、都阳. 建立农村“低保”制度的条件已经成熟[J]. 中国党政干部论坛，2004（09）.
23. 慈勤英. 失业者的再就业选择——最低生活保障制度的微观分析[J]. 社会学研究，2006（03）.
24. 杨宜勇. 构建城乡统筹的最低生活保障体系[J]. 中国人口科学，2006（06）.
25. 关信平. 论建立农村居民最低生活保障制度的条件、原则及运行机制[J]. 文史哲，2007（01）.

26. 曹艳春. 我国城市居民最低生活保障标准动态变迁实证研究[J]. 当代财经，2007（04）.
27. 尹志刚. 城市最低生活保障家庭收入和财产调查的状况、问题及对策[J]. 北京行政学院学报，2007（05）.
28. 刘旭东. 我国最低生活保障制度的历史演进[J]. 学术界，2007（06）.
29. 王宁. 各地区城市最低生活保障制度运行有效性分析[J]. 统计与决策，2007（06）.
30. 孙绍骋. 努力做好新形势下拥军优抚安置工作[J]. 求是，2007（09）.
31. 田华. 论中国社区服务前十年的发展轨迹[J]. 理论月刊，2007（11）.
32. 李明. 浅析中国特色的农村最低生活保障新模式[J]. 农业经济，2007（12）.
33. 程斌、汪早立、杨志勇、陈迎春、张西凡、汪升明、史慧. 2007 年全国未开展新型农村合作医疗地区的现状分析[J]. 中国农村卫生事业管理，2008（03）.
34. 张世飞. 1978—1992 年中国社会保障事业的恢复和发展[J]. 党史研究与教学，2008（04）.
35. 郭健. 劳动保险诞生记[J]. 中国社会保障，2009（10）.
36. 秀云、李雪臣. 我国儿童福利事业发展现状分析[J]. 经济研究参考，2017（53）.
37. 林闽钢、梁誉. 我国社会福利 70 年发展历程与总体趋势[J]. 行政管理改革，2019（07）.
38. 桂桢. 扛牢新时代赋予失业保险的新使命[J]. 中国社会保

障，2021（05）.

39. 桂桢. 构建具有中国特色积极的失业保险制度[J]. 中国社会保障，2022（05）.

CHINA'S REFORM AND OPENING UP

第二部分

史料篇

政策法规

▼

国务院关于发布改革劳动制度四个规定的通知（节选）[①]

（1986 年 7 月 12 日）

各省、自治区、直辖市人民政府，国务院各部委、各直属机构：

《国营企业实行劳动合同制暂行规定》、《国营企业招用工人暂行规定》、《国营企业辞退违纪职工暂行规定》和《国营企业职工待业保险暂行规定》，业经全国省长会议讨论修改和国务院常务会议通过，现予发布。请你们根据中共中央、国务院发出《关于认真执行改革劳动制度几个规定的通知》（中发〔1986〕9 号文件）精神，结合实际情况，认真做好准备工作，从一九八六年十月一日起开始实施。现将有关问题通知如下：

一、统一思想，提高认识。要采取自上而下、先党内后党外、先骨干后群众的步骤，层层组织传达、学习四个规定，深入地做好

① 《国务院关于发布改革劳动制度四个规定的通知》，中国政府网，2021 年 9 月 21 日。

干部、群众的思想政治工作。宣传部门和新闻单位，要按照统一的宣传提纲和统一部署，有计划有步骤地开展宣传工作，防止各行其是。几个《规定》见报的时间，要同有关部门联系。

二、认真做好改革的准备工作。要在七、八、九三个月抓紧研究落实有关的各项配套政策和措施，制定实施细则，搞好干部培训。要加强劳动人事部门的组织建设，相应地建立劳动争议仲裁和社会劳动保险机构，并充实和加强劳动服务公司。

考虑到北京、天津等地的具体情况，这两个市实行劳动合同制的时间可以适当推迟。

三、废止“子女顶替”制度。“子女顶替”制度实行多年，弊病甚多，必须废止。考虑到部分家居农村的老工人的实际情况，在贯彻执行中允许适当灵活一些，即对一九五七年底以前参加工作、家居农村的老工人，在他们办理退休手续后，允许其一名农村的适龄未婚子女到父母原工作单位的城镇，参加全民所有制单位或集体所有制单位的招工考试或考核，在同等条件下优先录用。被录用的，由当地劳动部门办理录用手续，公安、粮食部门办理户、粮关系转移手续，退休工人本人的户、粮关系同时迁回农村；未被录用的，仍应留在农村劳动。

“内招”职工子女的办法也必须废止。矿山井下、野外勘探、森林采伐、盐业生产等四个行业是否继续“内招”职工子女，由国务院有关主管部门与省、自治区、直辖市人民政府商定。

四、国家机关、事业单位今后招用工人，应当比照《国营企业实行劳动合同制暂行规定》和《国营企业招用工人暂行规定》执行。合同制工人的养老保险和待业保险基金的来源，机关从行政费中列支，事业单位从事业费中列支。

五、劳动制度的改革，关系广大群众的切身利益，牵涉面广，政策性强，各级人民政府要切实加强领导，精心部署。各有关部门要积极配合，协调行动。各地准备和贯彻实施四个规定的情况，应分别在今年九月中旬和十二月中旬向国务院报告，实施中的重要情况和问题要随时报告。

（下略）

国务院关于企业职工养老保险制度改革的决定[①]

（1991年6月26日）

我国企业职工的养老保险制度是五十年代初期建立的，以后在一九五八年和一九七八年两次作了修改。近年来，各地区适应经济体制改革的需要，又进行了以退休费用社会统筹为主要内容的改革，取得一定成效。按照国民经济和社会发展十年规划和第八个五年计划纲要的要求，在总结各地经验的基础上，国务院对企业职工养老保险制度改革作如下决定：

一、根据我国生产力发展水平和人口众多且老龄化发展迅速的情况，企业职工养老保险制度改革要处理好国家利益、集体利益和个人利益，目前利益和长远利益，整体利益和局部利益的关系，主要是对现行的制度办法进行调整、完善。考虑到各地区和企业的情况不同，各省、自治区、直辖市人民政府可以根据国家的统一政策，对职工养老保险作出具体规定，允许不同地区、企业之间存在一定的差别。

二、随着经济的发展，逐步建立起基本养老保险与企业补充养老保险和职工个人储蓄性养老保险相结合的制度。改变养老保险完全由国家、企业包下来的办法，实行国家、企业、个人三方共同负担，职工个人也要缴纳一定的费用。

三、基本养老保险基金由政府根据支付费用的实际需要和企业、职工的承受能力，按照以支定收、略有结余、留有部分积累的

① 《国务院关于企业职工养老保险制度改革的决定》，《中华人民共和国国务院公报》，1991年27期。

原则统一筹集。具体的提取比例和积累率，由省、自治区、直辖市人民政府经实际测算后确定，并报国务院备案。

四、企业和职工个人缴纳的基本养老保险费分别记入《职工养老保险手册》。

企业缴纳的基本养老保险费，按本企业职工工资总额和当地政府规定的比例在税前提取，由企业开户银行按月代为扣缴。企业逾期不缴，要按规定加收滞纳金，滞纳金并入基本养老保险基金。

职工个人缴纳基本养老保险费，在调整工资的基础上逐步实行，缴费标准开始时可不超过本人标准工资的 3%，以后随着经济的发展和职工工资的调整再逐步提高。职工个人缴纳的基本养老保险费，由企业在发放工资时代为收缴。

五、企业和职工个人缴纳的基本养老保险费转入社会保险管理机构在银行开设的“养老保险基金专户”，实行专项储存，专款专用，任何单位和个人均不得擅自动用。银行应按规定提取“应付未付利息”；对存入银行的基金，按其存期照人民银行规定的同期城乡居民储蓄存款利率计息，所得利息并入基金。积累基金的一部分可以购买国家债券。

地方各级政府要设立养老保险基金委员会，实施对养老保险基金管理的指导和监督。委员会由政府主管领导任主任，劳动、财政、计划、审计、银行、工会等部门的负责同志参加，办公室设在劳动部门。

六、职工退休后的基本养老金计发办法目前不作变动，今后可结合工资制度改革，通过增加标准工资在工资总额中的比重，逐步提高养老金的数额。

国家根据城镇居民生活费用价格指数增长情况，参照在职职工工资增长情况对基本养老金进行适当调整，所需费用从基本养老保险基金中开支。

七、尚未实行基本养老保险基金省级统筹的地区，要积极创造条件，由目前的市、县统筹逐步过渡到省级统筹。实行省级统筹后，原有固定职工和劳动合同制职工的养老保险基金要逐步按统一比例提取，合并调剂使用。具体办法由各省、自治区、直辖市人民政府制定。

中央部属企业，除国家另有规定者外，都要参加所在地区的统筹。

八、企业补充养老保险由企业根据自身经济能力，为本企业职工建立，所需费用从企业自有资金中的奖励、福利基金内提取。个人储蓄性养老保险由职工根据个人收入情况自愿参加。国家提倡、鼓励企业实行补充养老保险和职工参加个人储蓄性养老保险，并在政策上给予指导。同时，允许试行将个人储蓄性养老保险与企业补充养老保险挂钩的办法。补充养老保险基金，由社会保险管理机构按国家技术监督局发布的社会保障号码（国家标准GB 11643-89）记入职工个人帐户。

九、劳动部和地方各级劳动部门负责管理城镇企业（包括不在城镇的全民所有制企业）职工的养老保险工作。

劳动部门所属的社会保险管理机构，是非营利性的事业单位，经办基本养老保险和企业补充养老保险的具体业务，并受养老保险基金委员会委托，管理养老保险基金。现已由人民保险公司经办的养老保险业务，可以维持现状不作变动。个人储蓄性养老保险由职工个人自愿选择经办机构。

十、社会保险管理机构可从养老保险基金中提取一定的管理服务费，具体的提取比例根据实际工作需要和节约的原则，由当地劳动部门提出，经同级财政部门审核，报养老保险基金委员会批准。管理服务费主要用于支付必要的行政和业务等费用。养老保险基金及管理服务费，不计征税、费。

社会保险管理机构应根据国家的政策规定，建立健全基金管理的各项制度，编制养老保险基金和管理服务费收支的预、决算，报当地人民政府在预算中列收列支，并接受财政、审计、银行和工会的监督。

十一、本决定适用于全民所有制企业。城镇集体所有制企业可以参照执行；对外商投资企业中方职工、城镇私营企业职工和个体劳动者，也要逐步建立养老保险制度。具体办法由各省、自治区、直辖市人民政府制定。

十二、国家机关、事业单位和农村（含乡镇企业）的养老保险制度改革，分别由人事部、民政部负责，具体办法另行制定。

企业职工养老保险制度改革，是保障退休职工生活，维护社会安定的一项重要措施，对减轻国家和企业负担，促进经济体制改革以及合理引导消费有重要作用。这项工作政策性强，涉及面广，各级政府要切实加强领导，根据本决定的精神，结合实际抓紧制定具体的实施方案，积极稳妥地推进企业职工养老保险制度的改革。

县级农村社会养老保险基本方案（试行）[1]

（民政部）

（1992年1月3日）

一、指导思想和基本原则

农村社会养老保险是国家保障全体农民老年基本生活的制度，是政府的一项重要社会政策。建立农村社会养老保险制度，要从我国农村的实际出发，以保障老年人基本生活为目的；坚持资金个人交纳为主，集体补助为辅，国家予以政策扶持；坚持自助为主、互济为辅；坚持社会养老保险与家庭养老相结合；坚持农村务农、务工、经商等各类人员社会养老保险制度一体化的方向。由点到面，逐步发展。

二、保险对象及交纳、领取保险费的年龄

1. 保险对象：市城镇户口、不由国家供应商品粮的农村人口。一般以村为单位确认（包括村办企业职工、私营企业、个体户、外出人员等），组织投保。乡镇企业职工、民办教师、乡镇招聘干部、职工等，可以以乡镇或企业为单位确认，组织投保。少数乡镇因经济或地域等原因，也可以先搞乡镇企业职工的养老保险。外来劳务人员，原则上在其户口所在地参加养老保险。

2. 交纳保险年龄不分性别、职业为20周岁至60周岁。领取养老保险金的年龄一般在60周岁以后。

---

① 《县级农村社会养老保险基本方案（试行）》，中国政府网，2005年8月4日。

三、保险资金的筹集

资金筹集坚持以个人交纳为主，集体补助为辅，国家给予政策扶持的原则。个人交纳要占一定比例；集体补助主要从乡镇企业利润和集体积累中支付；国家予以政策扶持，主要是通过对乡镇企业支付集体补助予以税前列支体现。

1．在以个人交纳为主的基础上，集体可根据其经济状况予以适当补助（含国家让利部分）。具体方法，可由县或乡（镇）、村、企业制定。

2．个人的交费和集体的补助（含国家让利），分别记帐在个人名下。

3．同一投保单位，投保对象平等享受集体补助。

按计划生育有关政策，在没有实行独生子女补助的地区，独生子女父母参加养老保险，集体补助可高于其它对象。具体办法由地方政府制定。

4．乡镇企业职工的个人交费、企业补助分别记帐在个人名下，建立职工个人帐户，企业补助的比例，可同地方或企业根据情况决定。企业对职工及其它人员的集体补助，应予按工资总额的一定比例税前列支。具体办法由地方政府制定。

四、交费标准、支付及变动

1．多档次，月交费标准设 2、4、6、8、10、12、14、16、18、20 元十个档次，供不同的地区以及乡镇、村、企业和投保人选择。各业人员的交费档次可以有所区别。交费标准范围的选择以及按月交费还是按年交费，均由县（市）政府决定。

2．养老保险费可以补交和预交。个人补交或预交保险费，集体可视情况决定是否给预补助。补交后，总交费年数不得超过四十年。预交年数一般不超过三年。

3. 个人或集体根据收入的提高或下降，经社会养老保险管理部门批准，可按规定调整交纳档次。

4. 当遇到各种自然灾害或其它原因，个人或集体无能力交纳养老保险金，经社会养老保险管理部门批准，在规定的时间内可暂时停交保费。恢复交费后，对于停交期的保费，有条件也可以自愿补齐。服刑者停交保险费，刑满回原籍者，原保险关系可以恢复，继续投保。

5. 投保人在交费期间身亡者，个人交纳全部本息，退给其法定继承人或指定受益人。

6. 领取养老金从 60 周岁以后开始，根据交费的标准、年限，确定支付标准（具体标准，另行下发）。调整交费标准或中断交费者，其领取养老金标准，需待交费终止时，将各档次，各时期积累的保险金额合并，重新计算。

投保人领取养老金，保证期为十年。领取养老金不足十年身亡者，保证期内的养老金余额可以继承。无继承人或指定受益人者，按农村社会养老保险管理机构的有关规定支付丧葬费用。

领取养老金超过 10 年的长寿者，支付养老金直至身亡为止。

7. 投保对象从本县（市）迁往外地，若迁入地已建立农村社会养老保险制度，需将其保险关系（含资金）转入迁入地农村社会养老保险管理机构。若迁入地尚未建立养老保险制度，可将其个人交纳全部本息退发本人。

8. 投保人招工、提干、考学等农转非，可将保险关系（含资金）转入新的保险轨道，或将个人交纳全部本息退还本人。

五、基金的管理与保值增殖

基金以县为单位统一管理。保值增殖主要是购买国家财政发行的高利率债券和存入银行，不直接用于投资。基金使用，必须兼顾当前利益和长远利益，国家利益和地方利益，同时要建立监督保障机制。

1. 县（市）农村社会养老保险机构，在指定的专业银行设立农村社会养老保险基金专户，专帐专管，专款专用。民政部门和其它部门都不能动用资金。

2. 各乡镇交纳的养老保险基金直接入银行的专户。

3. 养老保险基金除需现支付部分外，原则上应及时转为国家债券。国家以偿还债务的形式返回养老金。现金通过银行收付。

4. 养老保险基金用于地方建设，原则上不由地方直接用于投资，而是存入银行，地方通过向银行贷款，用于建设。具体做法，另行规定。

5. 农村社会养老基金和按规定提取的管理服务费以及个人领取的养老金，都不计征税、费。

六、立法、机构、管理和经费

1. 根据《基本方案》，由县（市）政府制定《农村社会养老保险暂行管理办法》。通过实践，补充完善后，由政府发布决定或命令，依法建立农村社会养老保险制度。

2. 县级以上人民政府要设立农村社会养老保险基金管理委员会，实施对养老保险基金管理的指导和监督。委员会由政府主管领导同志任主任，其成员由民政、财政、税务、计划、乡镇企业、审计、银行等部门的负责同志和投保人代表组成。乡（镇）、村两级群众性的社会保障委员会要协助工作，并发挥监督作用。

3. 县（市）成立农村社会养老保险事业管理处（隶属民政局），为非营利性的事业机构，经办农村社会养老保险的具体业务，管理养老保险基金。

4. 乡镇设代办站或招聘代办员，负责收取、支付保费、登记建帐及其它日常工作。

5. 村由会计、出纳代办，负责收取保费、发放养老金等工作。

6. 农村社会养老保险，按人立户记帐建档，实行村（企业）、乡、县三级管理。保险费必须按期交纳，按规定进入银行专用帐户。逾期可罚交滞纳金。发给投保人保险费交费赁证，到领取年龄后，换发支付凭证。随着条件的成熟，逐步建立个人社会保障号码，运用计算机管理，提高效率。

7. 县（市）成立的事业性质农村社会养老保险机构，地方财政可一次性拨给开办费，逐步过渡到全部费用由管理服务费支出。管理服务费按国家的规定提取并分级使用。

七、理顺关系，稳妥处理与部分现行养老办法的衔接

农民的社会养老保险，是国家在农村建立的基本养老保障制度，标准较低，覆盖面大。除此之外，乡村（含乡镇企业）还可根据其经济力量，自办各种形式的补充养老保障，鼓励发展个人的养老储蓄。同时应充分发挥农村已有的各种基层社会保障形式的功能，形成更为完善、具有中国特色的农村社会保障体系。

1. 由保险公司开办的各种保险，可暂时维持现状，但不能再扩大，避免给建立农村社会养老保险制度造成困难。

2. 对于目前一些部门已搞的养老保险和乡（镇）、村或乡镇

企业的退休办法等，要慎重对待。一些以集体经济为基础的现收现支养老办法和其它形式的做法，有的可作为社会养老保险的补充层次而保留。有的待工作开展后，逐步调整。

3. 对于优抚对象、社会救济对象、五保户、贫困户，现行保障政策不变。

关于职工医疗制度改革的试点意见[①]

（国家体改委 财政部 劳动部 卫生部）

（1994 年 4 月 14 日）

我国现行的职工医疗制度（包括公费医疗和劳保医疗）对于保障职工身体健康、促进经济发展、维护社会安定曾发挥了重要作用。但是，随着经济的发展和改革的深入，现行医疗制度存在的一些缺陷日益突出，主要是：医疗费用由国家、企业包揽，缺乏有效的制约机制，造成严重的浪费；缺乏合理的医疗经费筹措机制和稳定的医疗费用来源，部分企业经营发生困难时，职工甚至得不到应有的基本医疗保障；医疗保障的覆盖面窄，管理和服务的社会化程度低，不利于劳动力的流动和减轻企业的社会负担。这种制度不仅不能适应建立社会主义市场经济体制的需要，而且本身也难于继续运转下去。

近年来，一些地方和许多企业在职工医疗制度改革方面进行了多种形式的探索，取得了一定成效，也遇到了严重的困难，原有制度的根本性缺陷还没有得到解决。为了推动职工医疗制度的改革，建立适应社会主义市场经济体制要求、符合中国国情的医疗保险新制度，并考虑到此项改革关系到职工的切身利益，政策性强，涉及面广，需要经过试点取得经验后才能逐步推广，现提出试点意见如下：

① 《关于职工医疗制度改革的试点意见》，中国政府网，2013 年 10 月 22 日。

一、改革的目标和基本原则

职工医疗保障制度改革的目标是建立社会统筹医疗基金与个人医疗帐户相结合的社会保险制度，并使之逐步覆盖城镇所有劳动者。

建立职工医疗保险制度的基本原则是：

1．适应建立社会主义市场经济体制的要求，使城镇全体劳动者都能获得基本医疗保障，有利于整个社会保障制度改革的推进，有利于减轻企业、事业单位的社会负担，有利于转换国有企业经营机制，建立现代企业制度。

2．基本医疗保障的水平和方式要与我国社会生产力发展水平以及各方面的承受能力相适应，国家和企业不能包揽全部医疗费用。

3．公平与效率相结合，职工享受基本医疗保障的待遇要与个人对社会的贡献适当挂钩，以利于调动职工劳动积极性。

4．建立对医患双方的制约机制，最大限度地减少浪费，保障职工基本医疗。

5．公费、劳保医疗制度按照统一的新制度和政策同步改革，保险费用的筹集方式和基本结构要统一，但经费使用可以分别独立核算。

6．实行政事分开，政府主管部门制定政策、制度、标准，职工医疗保险资金的收、付和运营等由相对独立的社会医疗保险事业机构承担，以利于加强行政监督和社会监督，保证资金的合理使用。职工医疗保险基金要纳入国家财政预算管理。

二、试点的主要内容

1．职工医疗保险费用的筹集办法。职工医疗保险费用由用人单位和职工共同缴纳。用人单位缴费，参照本城市上年实际支出的职工医疗费用换算成职工工资总额的一定比例缴纳。不超过职工工资总额10%的，由省人民政府决定，今后根据经济、社会发展情况和实际医疗费用水平适时调整。超过职工工资总额10%的，由省人民政府审核后，报经财政部批准。原养老、工伤社会保险费收缴中包含医疗保险费用的，应相应核减养老、工伤保险费的收缴比例。

用人单位缴费来源：国家机关、全额预算管理的事业单位和差额预算管理的全民所有制医院，由各单位预算内资金开支；差额预算管理的其他事业单位及自收自支预算管理的事业单位，由单位提取的医疗基金中开支；企业在职职工从职工福利费中开支，离退休人员在劳动保险费中开支。

职工个人缴费，先从本人工资的1%起步，由用人单位从职工工资中代扣，今后随经济发展和工资增加逐步提高。

个体劳动者的医疗保险费用，按照当地平均水平，全部由个人缴纳。

职工医疗制度改革实行属地原则，所有的企、事业单位都必须参加所在地的医疗制度改革，执行当地统一的缴费标准。

2. 建立社会统筹医疗基金和职工个人医疗帐户相结合的制度。用人单位为职工缴纳的医疗保险费用的大部分（不低于50%）和职工缴纳的医疗保险费用，记入个人医疗帐户，专款专用，用于支付个人的医疗费用。个人医疗帐户的本金和利息为职工个人所有，可以结转使用和继承。

用人单位为职工缴纳的医疗保险费用的其余部分进入社会统筹医疗基金，由市医疗保险机构管理，集中调剂使用。作为一种过渡办法，经市医疗保险机构批准，原实行劳保医疗的单位，可以管理一部分社会统筹医疗基金，在单位内部调剂使用。个人医疗帐户超支，可按规定由社会统筹医疗基金支付。职工患国家认定的特殊病种或实施计划生育手术及其后遗症所需治疗费用，全部由社会统筹医疗基金支付。

3. 建立对职工个人的医疗费用制约机制，减少浪费。职工就医，必须出示由医疗保险机构统一制发的带本人照片的医疗卡，诊疗记录和处方必须有一份送达医疗保险机构。医疗费用首先从个人医疗帐户支付；个人医疗帐户不足支付时，先由职工自付。按年度计算，职工在个人医疗帐户之外自付的医疗费，超过本人年工资收入的 5%以上部分，由社会统筹医疗基金中支付，但个人仍要负担一定比例。个人负担的比例随费用的升高而降低；超过本人年工资收入 5%以上，但不足 5000 元的部分，个人负担 10—20%；5000 元至 10000 元的部分，个人负担 8—10%；超过 10000 元的部分，个人负担 2%。

4. 加强对医疗单位的有效制约，改善医疗服务。职工可以到定点的几个医院就医，促使医疗单位通过合理竞争，提高医疗质量，改善服务态度，合理用药、合理检查，降低医疗费用。要在调整医疗服务价格的基础上，逐步实行医疗服务和销售药品分开核算，允许病人持处方到医院外购药。政府有关部门与医疗保险机构要对定点医疗和销售药品的单位进行资格审定并定期检查；要制定医疗诊治技术规范和合理的、分档次的医疗收费标准并定期修订；制定医疗保险基本药品报销目录和检查、治疗的费用控制标准并定期修订。医疗保险机构应与定点医疗和销售药品的单位签订有关医疗保险服务范围、项目、费用定额等内容的合同，明确责任、权利和义务。超出规定的医疗服务和用药，费用不能在个人医疗帐户中开支，医疗保险机构也不负责支付。

5. 加强管理，强化监督。医疗保险金的管理要坚持以收定支、收支平衡。要建立科学高效的运行机制。医疗保险行政管理部门要和经办机构分开。医疗保险机构的各项开支要厉行节约，杜绝浪费。管理费的提取比例，须经主管部门和财政部门审核后，报当地人民政府批准。要建立由政府的财政、审计等部门和工会、职工代表参加的医疗保险监督组织，定期听取医疗保险机构关于医疗保险资金收支、运营及管理、服务的工作汇报，并向社会公布。审计部门要定期对医疗保险机构的收支、资金运营情况进行审计。

三、试点的有关政策

1. 对特殊人员实行政策性照顾。老红军、二等乙级以上革命伤残军人、离休人员，不设立个人医疗帐户，个人也不缴纳医疗保险费，医疗费用全部由社会统筹医疗基金支付，但必须切实加强管理，具体管理办法另订。

职工退休后个人不再缴纳医疗保险费，新制度实行前已退休人员也不建立个人医疗帐户，新制度实行后退休人员个人医疗帐户中的资金不再增加。退休人员的医疗费用首先从个人医疗帐户支付，个人没有建立医疗帐户的或个人医疗帐户用完后由社会统筹医疗基金支付。社会统筹医疗基金支付时，退休人员个人负担的比例为在职职工的一半。今后，随着职工在职时个人医疗帐户资金积累的增加，这种照顾将逐步减少和取消。

大专院校在校生（不含自费生）不设立个人医疗帐户，个人不缴纳医疗保险费，但个人也要负担一定比例的医疗费，负担比例由地方确定。

2. 职工供养的直系亲属的医疗保险。由于医疗保险费用的大部分进入职工个人医疗帐户，原实行劳保医疗的单位，职工供养的直系亲属不实行个人医疗帐户，也不实行个人自付一定金额后再报销的办法，凡符合规定的医疗费用的40%，都由社会统筹医疗基金支付。原实行公费医疗的单位，职工供养的直系亲属的医疗费用仍采取个人自理的办法，也可以在职工自愿的前提下，发展多种合作互助的方式。

3. 对低收入和家庭生活困难的职工，由于医疗费用开支过多而影响家庭基本生活时，由职工所在单位从福利费中提供补助。

4. 为了不过多增加职工负担，职工个人缴纳医疗保险费，应在增加工资的基础上进行。企业增资原则上应在新增效益工资中列支。

5. 发展职工医疗互助基金和商业性的医疗保险，作为社会医疗保险的补充，以满足国家规定的基本医疗保障之外的医疗需求，但要坚持个人自愿参加、自主选择的原则。

6. 在农村，积极发展和完善农民的合作医疗制度。乡镇企业职工的医疗保险办法，由市人民政府根据本地区实际情况研究决定。

四、试点工作的组织领导

职工医疗制度改革政策性强、难度大，直接关系到职工的切身利益和国家的经济发展与社会安定，为了加强对医疗制度改革试点工作的领导，试点城市要有一名政府的主要负责同志亲自抓这项工作。国务院已确定由彭珮云同志召集和主持医疗制度改革办公会议，讨论决定医疗制度改革试点的重大问题。在统一政策、同步改革公费、劳保医疗的前提下，试点的具体组织工作由卫生、劳动部门分工负责，体改、财政、人事、工会、医药、物价等有关部门要搞好协调、配合，共同搞好试点的指导工作。试点城市要根据本试点意见结合本地实际情况，抓紧制定具体的试点方案，经省人民政府审核后，报国务院医疗制度改革小组办公会议批准后组织实施。

国务院关于深化企业职工养老保险制度改革的通知（摘要）[①]

（1995年3月1日）

各省、自治区、直辖市人民政府，国务院各部委、各直属机构：

《国务院关于企业职工养老保险制度改革的决定》（国发〔1991〕33号）发布以来，各地区、各有关部门积极进行企业职工养老保险制度改革，在推进保险费用社会统筹、扩大保险范围、实行职工个人缴费制度和进行社会统筹与个人帐户相结合试点等方面取得了一定成效，对保障企业离退休人员基本生活，维护社会稳定和促进经济发展发挥了重要作用。但是，由于这项改革尚处于探索阶段，现行的企业职工养老保险制度还不能适应建立社会主义市场经济体制的要求，必须进一步深化改革。根据《中共中央关于建立社会主义市场经济体制若干问题的决定》精神，经过调查研究和广泛征求意见，现就深化企业职工养老保险制度改革的有关问题通知如下：

一、企业职工养老保险制度改革的目标是：到本世纪末，基本建立起适应社会主义市场经济体制要求，适用城镇各类企业职工和个体劳动者，资金来源多渠道、保障方式多层次、社会统筹与个人帐户相结合、权利与义务相对应、管理服务社会化的养老保险体系。基本养老保险应逐步做到对各类企业和劳动者统一制度、统一标准、统一管理和统一调剂使用基金。

---

① 《国务院关于深化企业职工养老保险制度改革的通知（摘要）》，《中华人民共和国国务院公报》，1995年05期。

二、深化企业职工养老保险制度改革的原则是：保障水平要与我国社会生产力发展水平及各方面的承受能力相适应；社会互济与自我保障相结合，公平与效率相结合；政策统一，管理法制化；行政管理与保险基金管理分开。

三、基本养老保险费用由企业和个人共同负担，实行社会统筹与个人帐户相结合。在理顺分配关系，加快个人收入工资化、工资货币化进程的基础上，逐步提高个人缴费比例。提高个人缴费比例的幅度，由各省、自治区、直辖市人民政府根据本地区职工工资增长等情况确定。为适应各地区的不同情况，对实行社会统筹与个人帐户相结合提出两个实施办法（见附件），由地、市（不含县级市）提出选择意见报省、自治区人民政府批准，直辖市由市人民政府选择，均报劳动部备案，各地区还可以结合本地实际，对两个实施办法进行修改完善。

四、为了保障企业离退休人员基本生活，各地区应当建立基本养老金正常调整机制。基本养老金可按当地职工上一年度平均工资增长率的一定比例进行调整，具体办法在国家政策指导下由省、自治区、直辖市人民政府确定。

五、国家在建立基本养老保险、保障离退休人员基本生活的同时，鼓励建立企业补充养老保险和个人储蓄性养老保险。企业按规定缴纳基本养老保险费后，可以在国家政策指导下，根据本单位经济效益情况，为职工建立补充养老保险。企业补充养老保险和个人储蓄性养老保险，由企业和个人自主选择经办机构。

六、各地区应充分考虑到养老保险制度改革是一件涉及长远的大事，对企业与个人缴纳养老保险费的比例、发放养老金的标准和基金积累率等问题，要从我国生产力水平比较低、人口众多且老龄化问题日益突出等实际情况出发，兼顾国家、企业、个人三者利益，兼顾目前利益和长远利益，在充分测算论证的基础上进行统筹安排。要严格控制基本养老保险费的收缴比例和基本养老金的发放水平，减轻企业和国家的负担。

七、要根据国家有关规定建立健全养老保险基金的预算管理和财务、会计制度，做好缴费记录和个人帐户等基础工作，严格控制管理费的提取和使用，坚持专款专用原则，切实搞好基金管理，确保基金的安全并努力实现其保值增值。当前，养老保险基金的结余额，除留足两个月的支付费用外，80%左右应用于购买由国家发行的社会保险基金特种定向债券，任何单位和个人不得自行决定基金的其他用途。养老保险基金营运所得收益，全部并入基金并免征税费。

八、各地区和有关部门应积极创造条件，提高养老保险管理服务的社会化程度，逐步将企业发放养老金改为社会化发放，技术条件和基础工作较好的地区，可以实行由银行或者邮局直接发放；暂不具备条件的地区，可以由社会保险经办机构发放。社会保险经办机构也可以通过在大型企业设立派出机构等办法，对企业离退休人员进行管理服务。同时要充分发挥各方面的积极性，逐步将主要由企业管理离退休人员转为主要依托社区进行管理，提高社会化管理水平，切实减轻企业负担。

九、要实行社会保险行政管理与基金管理分开、执行机构与监督机构分设的管理体制。社会保险行政管理部门的主要任务是制订政策、规划，加强监督、指导。管理社会保险基金一律由社会保险经办机构负责。各地区和有关部门要设立由政府代表、企业代表、工会代表和离退休人员代表组成的社会保险监督委员会，加强对社会保险政策、法规执行情况和基金管理工作的监督。

十、已经国务院批准，由国务院有关部门和单位直接组织养老保险费用统筹的企业，仍参加主管部门和单位组织的统筹，但要按照社会统筹与个人帐户相结合的原则进行改革。

十一、全国城镇企业职工养老保险工作由劳动部负责指导、监督，深化企业职工养老保险制度改革的工作亦由劳动部负责推动。国家体改委要积极参与，可选择一些地方进行深化改革的试点，劳动部要积极给予支持。国家计委、国家经贸委、财政部、中国人民银行等有关部门也应按照各自的职责协同配合，搞好深化改革的工作。

深化企业职工养老保险制度改革是一项十分重要的工作，对于完善社会保障体系，促进改革、发展和稳定具有重要意义。各地区、各有关部门对这项工作要高度重视，切实加强领导，精心组织实施，积极稳妥地推进，务求抓出实效。对深化改革中出现的新情况、新问题，要及时认真地研究解决，重大问题及时报告。

附件：

一、企业职工基本养老保险社会统筹与个人帐户相结合实施办法之一

二、企业职工基本养老保险社会统筹与个人帐户相结合实施办法之二

附件一：

企业职工基本养老保险社会统筹与个人帐户相结合实施办法之一

一、基本养老保险费用的筹集

基本养老保险费用由单位和个人共同负担。

（一）个人缴纳养老保险费。

职工本人上一年度月平均工资为个人缴费工资基数。月平均工资应按国家统计局规定列入工资总额统计的项目计算，其中包括工资、奖金、津贴、补贴等收入。月平均工资超过当地职工平均工资200%或300%以上的部分，不计入个人缴费工资基数；低于当地职工平均工资60%的，按60%计入。

个人缴费的比例。自本办法实施之日起，职工按不低于个人缴费工资基数3%的比例缴费，以后一般每两年提高1个百分点，最终达到个人帐户养老保险费的50%。已离退休人员个人不缴费。

个体工商户本人、私营企业主等非工薪收入者，可以当地上一年度职工月平均工资作为缴费的基数，并由个人按20%左右的费率缴费，其中4%左右进入社会统筹基金，16%左右进入个人帐户。

（二）企业缴纳养老保险费。

企业按职工工资总额的一定比例缴纳基本养老保险费。为渡过本地区人口老龄化高峰，各地应按照部分积累制的筹资模式，测定长期的统筹费率。目前可先按当地现行的统筹费率缴纳养老保险费，通过提高收缴率和扩大覆盖面等措施，力求统筹费率稳定在测定的标准上并有所下降，以逐步减轻企业负担。

（三）企业缴纳的基本养老保险费在税前列支，个人缴纳的养老保险费不计征个人所得税。

基本养老保险基金发生困难时，由同级财政予以支持。

二、建立基本养老保险个人帐户

（一）按照社会统筹与个人帐户相结合的原则，由社会保险经办机构按照国家技术监督局发布的社会保障号码（国家标准GB11643—89）或居民身份证号码，为参加基本养老保险的人员每人建立一个终身不变的基本养老保险个人帐户。

（二）基本养老保险个人帐户按职工工资收入16%左右的费率记入，包括：

1. 职工本人缴纳的全部养老保险费。

2. 从企业缴纳的养老保险费中按个人缴费工资基数的一定比例划转记入的部分。

上述两项合计为11%左右。随着个人缴费比例的提高，从企业划转记入的比例相应降低。

3. 从企业缴纳的养老保险费中按当地职工月平均工资的5%左右划转记入的部分。

（三）基本养老保险个人帐户的储存额按“养老基金保值率”计算利息。“养老基金保值率”根据银行的居民定期存款利率，并参考当地上一年度职工平均工资增长率确定。

（四）职工在同一地区范围内调动工作，不变换基本养老保险个人帐户。职工由于各种原因中断工作，其个人帐户予以保留。职工调动或中断工作前后个人帐户的储存额可以累积计算，不间断计息。

（五）职工在不同地区之间调动工作，基本养老保险个人帐户的全部储存额由调出地社会保险经办机构向调入地社会保险经办机构划转，调入地社会保险经办机构为其建立基本养老保险个人帐户。

（六）职工基本养老保险个人帐户的储存额，只能用于职工本人离退休后按月支付养老金，不能移作他用。

（七）职工在离退休前或者离退休后死亡，其基本养老保险个人帐户的储存额尚未领取或未领取完，其余额中的个人缴费部分，按照规定发给职工指定的受益人或法定继承人；从企业缴纳的养老保险费中记入的部分，归入社会统筹基金。职工离退休后，基本养老保险个人帐户的储存额已领取完毕时，由社会统筹基金按规定标准继续支付，直至其死亡。

（八）建立基本养老保险社会统筹基金。企业缴纳的养老保险费的一部分进入社会统筹基金。原有离退休人员的养老金、改革时已有一定工龄的职工离退休后的部分养老金、寿命长和收入低的职工的部分养老金，以及根据在职职工工资增长调整养老金水平所需资金，按规定从社会统筹基金中支付。

三、基本养老保险金计发办法

职工到达法定离退休年龄，凡个人缴费累计满 15 年，或本办法实施前参加工作连续工龄（包括缴费年限）满 10 年的人员，均可享受基本养老保险待遇，按月领取养老金。

为确保职工离退休后的基本生活，又能体现本人在职期间的贡献大小和个人缴费多少，实行基本养老保险金与个人缴费的年限和数额挂钩。相应的计发办法是，以个人帐户累计储存额（包括本金和利息），按离退休后的预期平均余命按月计发。

鉴于在职职工以前没有实行个人缴费，有些职工实行个人缴费后不久即将离退休，因此分别不同对象，采用不同的计发办法，以使新老养老保险制度有机衔接，平稳过渡。

（一）凡本办法实施后参加工作的职工，到达法定离退休年龄离退休时，一律按基本养老保险个人帐户的储存额，按月支付基本养老金。计算公式为：

月基本养老金＝基本养老保险个人帐户储存额 ÷ 120

（二）本办法实施前已经离退休的人员，仍按原来的办法计发养老金，同时享受改革后的养老金调整待遇。本办法实施前参加工作、实施后 3 年内到达法定离退休年龄离退休的职工，在按改革前原养老金计发办法计发的同时，再按缴费期个人帐户累计额存额的一定比例增发养老金。计算公式为：

月基本养老金＝按改革前原计发办法计发的养老金＋基本养老保险个人帐户储存额 × 增发比例

确定增发比例的原则是，使同一工资水平的职工，后离退休的养老金比先离退休的略有增加，但差距不宜太大。

（三）本办法实施前参加工作、实施 3 年后到达法定离退休年龄离退休的职工，其在本办法实施前的工作年限可视同缴费年限，以职工个人帐户中的储存额推算出全部工作年限的储存额，再除以 120，按月计发基本养老金。计算公式为：

月基本养老金＝基本养老保险个人帐户储存额 × 系数 ÷ 120

设置系数是为了推算出其全部工作年限的储存额，以及合理调整过渡期间不同人员的养老金待遇。系数根据工龄和缴费年限制定。

少数职工按第（三）条计发的养老金如果低于按第（二）条计发的金额，可改按第（二）条计发。

（四）职工的离退休年龄，按现行规定不变。对国家规定可以提前离退休的从事高空、井下、高温、低温、有毒、有害工作和特别繁重体力劳动的职工，仍可按国家规定的离退休年龄执行，离退休时按本办法计发基本养老金。

（五）本办法实施后，职工获得劳动模范等称号时，由奖励单位给予一次性奖励或由本单位为其办理补充养老保险，离退休时不另外提高基本养老金计发标准。对本办法实施前获得国家规定可享受养老保险优惠待遇的劳动模范等称号的职工，离退休时仍保留优惠待遇。

（六）离退休人员养老金最低标准，由地方政府制定。凡符合按月领取养老金条件的离退休人员，养老金达不到最低标准的，可补足到规定的养老金最低标准。

（七）本办法实施前参加工作、连续工龄（包括缴费年限）不满 10 年，或者本办法实施后参加工作、缴费不满 15 年，到达退休年龄的人员，按其基本养老保险个人帐户中的全部储存额一次性支付给本人，同时终止养老保险关系。

（八）符合离休条件的人员，其离休待遇仍按国家现行规定执行。

附件二：

企业职工基本养老保险社会统筹与个人帐户相结合实施办法之二

一、基本养老保险费用的筹集

（一）职工本人上一年度月平均工资为个人缴纳基本养老保险费的基数（以下简称缴费工资基数）。企业以全部职工缴费工资基数之和为企业缴费工资基数。月平均工资应按国家统计局规定列入工资总额统计的项目计算，其中包括工资、奖金、津贴、补贴等收入。职工月平均工资低于当地职工平均工资60%的，按60%计算缴费工资基数；超过当地职工平均工资300%的部分不计入缴费工资基数，也不计入计发养老金的基数。

（二）基本养老保险费由企业和职工个人共同缴纳。企业和职工个人共同缴纳养老保险费的年限，称为“缴费年限”。实行个人缴费制度前，职工的连续工龄可视同缴费年限。

（三）企业按当地政府规定的比例缴费，并在税前列支。

职工按当地政府规定的比例缴费。个人缴纳的养老保险费不计征个人所得税。个人缴费比例随着职工工资收入的增长而逐步提高。具体比例由当地政府根据本地实际需要和职工承受能力确定。已离退休人员不缴纳养老保险费。

（四）个体工商户本人、私营企业主等非工薪收入者，可以当地全部职工月平均工资作为基数，缴纳基本养老保险费。缴费比例不超过当地企业缴费比例与个人缴费比例之和，具体比例由当地政府规定。缴费年限自开始缴费始，至到达法定退休年龄时止。

（五）社会统筹基金发生困难时，由同级财政予以支持。

二、建立基本养老保险个人帐户

（一）按照社会统筹与个人帐户相结合的原则，由社会保险经办机构按照国家技术监督局发布的社会保障号码（国家标准GB 11643 — 89），为每个参加基本养老保险的人员建立基本养老保险个人帐户。企业和个人缴纳的养老保险费逐月计入职工养老保险手册和个人帐户。手册和个人帐户由所在企业填写，社会保险经办机构定期审核，职工本人保管。职工离退休时，按照手册中记载的缴费工资和个人帐户中的储存额（包括本金和利息）为其计发养老金。

（二）个人帐户包括：

1. 职工个人缴费的全部或者一部分记入个人帐户；

2. 企业缴费中，职工缴费工资基数高于当地职工平均工资200%以上至300%的部分，可以全部或者一部分记入个人帐户；

3. 上述储存额的利息。

个人帐户中还应当记录企业和职工个人的缴费工资基数以及缴费比例。

（三）个人帐户中储存额的利息，按照养老保险基金营运的实际收益计算。

（四）职工在同一地区内调动工作，不变换个人帐户。职工由于各种因停止工作或失业而间断缴纳养老保险费的，其个人帐户予以保留。职工调动或中断工作前后缴费年限可以累积计算，个人帐户储存额不间断计息。

职工在不同地区之间调动工作，个人帐户及其储存额应随同转移。

三、基本养老保险金计发办法

（一）缴费年限满10年及以上的，按以下办法计发养老金：

1. 社会性养老金：按当地职工平均工资的20—25%计发，具体比例由当地政府确定。

2. 缴费性养老金：个人及企业缴费每满1年，按缴费工资基数的1.0%—1.4%计发，具体系数由当地政府确定。

社会性养老金和缴费性养老金从养老保险社会统筹基金中支付，按月计发。

3. 个人帐户养老金：记入基本养老保险个人帐户的储存额（包括本金和利息）归个人所有，职工符合离退休条件离退休后，可以由本人选择一次或者多次或者按月领取。职工或离退休人员死亡后，其个人帐户储存额的结余部分一次发给其指定的受益人或者法定继承人。职工未达到规定离退休条件但遇到非常特殊的困难时，经过申请、审查和批准，可以在个人帐户中提前支取一部分费用，具体办法另行规定。

4. 随着个人帐户养老金逐年增加，逐步冲减基本养老金中保留的各种补贴，以至缴费性养老金。逐步将基本养老金调整到与我国经济发展相适应的合理水平。

（二）缴费年限不满 10 年的，社会性养老金和缴费性养老金按缴费每满 1 年发给相当于两个月当地职工平均工资的养老金，一次付清。个人帐户养老金按个人帐户的储存额（包括本金和利息）计发，一次付清。

（三）职工的离退休年龄和离退休后其他待遇，暂不作变动。

从事高空、井下、高温、有毒、有害工作和特别繁重体力劳动的职工，仍可按国家规定的离退休年龄执行，离退休时按本办法计发基本养老金。

（四）本办法实施后，职工获得劳动模范等称号时，由奖励单位给予一次性奖励或由本单位为其办理补充养老保险，离退休时不另外提高基本养老金计发标准。对本办法实施前获得国家规定可享受养老保险优惠待遇的劳动模范等称号的职工，离退休时仍保留原规定的优惠待遇。

（五）符合离休条件的人员，其离休待遇仍按国家现行规定执行。

国务院关于建立统一的企业职工基本养老保险制度的决定[①]

（1997年7月16日）

各省、自治区、直辖市人民政府，国务院各部委、各直属机构：

近年来，各地区和有关部门按照《国务院关于深化企业职工养老保险制度改革的通知》（国发〔1995〕6号）要求，制定了社会统筹与个人帐户相结合的养老保险制度改革方案，建立了职工基本养老保险个人帐户，促进了养老保险新机制的形成，保障了离退休人员的基本生活，企业职工养老保险制度改革取得了新的进展。但是，由于这项改革仍处在试点阶段，目前还存在基本养老保险制度不统一、企业负担重、统筹层次低、管理制度不健全等问题，必须按照党中央、国务院确定的目标和原则，进一步加快改革步伐，建立统一的企业职工基本养老保险制度，促进经济与社会健康发展。为此，国务院在总结近几年改革试点经验的基础上作出如下决定：

一、到本世纪末，要基本建立起适应社会主义市场经济体制要求，适用城镇各类企业职工和个体劳动者，资金来源多渠道、保障方式多层次、社会统筹与个人帐户相结合、权利与义务相对应、管理服务社会化的养老保险体系。企业职工养老保险要贯彻社会互济与自我保障相结合、公平与效率相结合、行政管理与基金管理分开等原则，保障水平要与我国社会生产力发展水平及各方面的承受能力相适应。

---

① 《国务院关于建立统一的企业职工基本养老保险制度的决定》，《中华人民共和国国务院公报》，1997年28期。

二、各级人民政府要把社会保险事业纳入本地区国民经济与社会发展计划，贯彻基本养老保险只能保障退休人员基本生活的原则，把改革企业职工养老保险制度与建立多层次的社会保障体系紧密结合起来，确保离退休人员基本养老金和失业人员失业救济金的发放，积极推行城市居民最低生活保障制度。为使离退休人员的生活随着经济与社会发展不断得到改善，体现按劳分配原则和地区发展水平及企业经济效益的差异，各地区和有关部门要在国家政策指导下大力发展企业补充养老保险，同时发挥商业保险的补充作用。

三、企业缴纳基本养老保险费（以下简称企业缴费）的比例，一般不得超过企业工资总额的 20%（包括划入个人帐户的部分），具体比例由省、自治区、直辖市人民政府确定。少数省、自治区、直辖市因离退休人数较多、养老保险负担过重，确需超过企业工资总额 20%的，应报劳动部、财政部审批。个人缴纳基本养老保险费（以下简称个人缴费）的比例，1997 年不得低于本人缴费工资的 4%，1998 年起每两年提高 1 个百分点，最终达到本人缴费工资的 8%。有条件的地区和工资增长较快的年份，个人缴费比例提高的速度应适当加快。

四、按本人缴费工资 11%的数额为职工建立基本养老保险个人帐户，个人缴费全部记入个人帐户，其余部分从企业缴费中划入。随着个人缴费比例的提高，企业划入的部分要逐步降至 3%。个人帐户储存额，每年参考银行同期存款利率计算利息。个人帐户储存额只用于职工养老，不得提前支取。职工调动时，个人帐户全部随同转移。职工或退休人员死亡，个人帐户中的个人缴费部分可以继承。

五、本决定实施后参加工作的职工，个人缴费年限累计满 15

年的，退休后按月发给基本养老金。基本养老金由基础养老金和个人帐户养老金组成。退休时的基础养老金月标准为省、自治区、直辖市或地（市）上年度职工月平均工资的20%，个人帐户养老金月标准为本人帐户储存额除以120。个人缴费年限累计不满15年的，退休后不享受基础养老金待遇，其个人帐户储存额一次支付给本人。

本决定实施前已经离退休的人员，仍按国家原来的规定发给养老金，同时执行养老金调整办法。各地区和有关部门要按照国家规定进一步完善基本养老金正常调整机制，认真抓好落实。

本决定实施前参加工作、实施后退休且个人缴费和视同缴费年限累计满15年的人员，按照新老办法平稳衔接、待遇水平基本平衡等原则，在发给基础养老金和个人帐户养老金的基础上再确定过渡性养老金，过渡性养老金从养老保险基金中解决。具体办法，由劳动部会同有关部门制订并指导实施。

六、进一步扩大养老保险的覆盖范围，基本养老保险制度要逐步扩大到城镇所有企业及其职工。城镇个体劳动者也要逐步实行基本养老保险制度，其缴费比例和待遇水平由省、自治区、直辖市人民政府参照本决定精神确定。

七、抓紧制定企业职工养老保险基金管理条例，加强对养老保险基金的管理。基本养老保险基金实行收支两条线管理，要保证专款专用，全部用于职工养老保险，严禁挤占挪用和挥霍浪费。基金结余额，除预留相当于2个月的支付费用外，应全部购买国家债券和存入专户，严格禁止投入其他金融和经营性事业。要建立健全社会保险基金监督机构，财政、审计部门要依法加强监督，确保基金的安全。

八、为有利于提高基本养老保险基金的统筹层次和加强宏观调控，要逐步由县级统筹向省或省授权的地区统筹过渡。待全国基本实现省级统筹后，原经国务院批准由有关部门和单位组织统筹的企业，参加所在地区的社会统筹。

九、提高社会保险管理服务的社会化水平，尽快将目前由企业发放养老金改为社会化发放，积极创造条件将离退休人员的管理服务工作逐步由企业转向社会，减轻企业的社会事务负担。各级社会保险机构要进一步加强基础建设，改进和完善服务与管理工作，不断提高工作效率和服务质量，促进养老保险制度的改革。

十、实行企业化管理的事业单位，原则上按照企业养老保险制度执行。

建立统一的企业职工基本养老保险制度是深化社会保险制度改革的重要步骤，关系改革、发展和稳定的全局。各地区和有关部门要予以高度重视，切实加强领导，精心组织实施。劳动部要会同国家体改委等有关部门加强工作指导和监督检查，及时研究解决工作中遇到的问题，确保本决定的贯彻实施。

中共中央 国务院关于切实做好国有企业下岗职工基本生活保障和再就业工作的通知[①]

（1998年6月9日）

各省、自治区、直辖市党委和人民政府，各大军区党委，中央和国家机关各部委，军委各总部、各军兵种党委，各人民团体：

近几年来，国有企业职工下岗问题日益突出，引起全社会的普遍关注。党中央、国务院一直非常重视和关心下岗职工的生活和再就业问题，明确要求各级党委和政府采取积极措施，切实保障下岗职工的基本生活，大力实施再就业工程。通过各级党委、政府和社会各方面的共同努力，下岗职工基本生活保障和再就业工作取得了一定成效。但是，也必须清醒地看到，我们面临的形势依然严峻，做好国有企业下岗职工基本生活保障和再就业工作的任务还十分艰巨。当前和今后一个时期，我们要确保党的十五大提出的国有企业改革目标的实现，完成国有经济布局的战略性调整，必须进一步采取强有力的措施，切实做好国有企业下岗职工基本生活保障和再就业工作。为此，特通知如下：

一、统一思想认识，增强紧迫感和责任感

各级党委和政府要充分认识到，近年来出现职工大量下岗的现象，是计划经济条件下实行的就业体制和就业政策在经济转轨过程中的必然反映，也是长期以来重复建设、盲目建设以及企业经营机

① 《中共中央 国务院关于切实做好国有企业下岗职工基本生活保障和再就业工作的通知》,《光明日报》，1998年6月23日。

制深层次矛盾多年积累的结果。我们要建立起社会主义市场经济体制和现代企业制度，不可避免地要经历这样一个历史过程。从长远看，随着改革深入、科技进步和经济结构的调整，劳动力的相应调整与流动也会经常发生。要用3年左右的时间使大多数国有大中型亏损企业摆脱困境，促进国民经济发展实现良性循环，一个重要条件就是要切实解决企业人员臃肿、人浮于事的问题。虽然这会给一部分职工带来暂时的困难，但从根本上说，有利于经济发展和社会全面进步，符合工人阶级的长远利益。同时，还必须充分认识到，妥善解决国有企业下岗职工基本生活保障和再就业问题，不仅是一个重大的经济问题，也是重大的政治问题；不仅是现实的紧迫问题，也是关系长远的战略问题。做好这项工作，既是社会主义制度的本质要求，也是党和政府应尽的责任。它关系着国有企业改革的成败，关系着社会稳定和社会主义政权的巩固。因此，必须从改革、发展、稳定的全局着眼，增强紧迫感和责任感，采取一切必要的措施，切实把这件事情办好，为实现党的十五大提出的跨世纪宏伟蓝图创造良好的社会环境。

二、明确目标任务，加强宏观调控

根据国有企业改革的总体部署并考虑到社会各方面的承受能力，中央要求，当前和今后一个时期，主要解决国有企业下岗职工基本生活保障和再就业问题，把保障他们的基本生活作为首要任务，并力争每年实现再就业的人数大于当年新增下岗职工人数，1998年使已下岗职工和当年新增下岗职工的50%以上实现再就业。争取用5年左右的时间，初步建立起适应社会主义市场经济体制要求的社会保障体系和就业机制。

各地区、各有关部门（行业）要坚持认真负责、尽力而为、突出重点、加强调控的指导思想，围绕落实上述目标任务，制定切实可行的工作计划，明确具体目标和要求，使这项工作有组织、有计划地进行。同时，要坚持减员增效与促进再就业相结合、职工下岗与社会承受能力相适应的原则，把握好企业兼并破产、减员增效、下岗分流的节奏，加强宏观调控。要规范职工下岗程序，建立职工下岗申报备案制度。企业要充分考虑国家利益和社会责任，对本企业的职工负责到底。企业拟定职工下岗方案，应同时提出下岗职工基本生活保障和再就业的措施，在充分听取职代会意见后组织实施。为保障职工家庭的基本生活，夫妻在同一企业的，不要安排双方同时下岗；不在同一企业的，如果一方已下岗，另一方所在企业不要安排其下岗。要尽量避免全国及省（部）级劳动模范、烈军属、残疾人下岗。要普遍实行劳动预备制度，对城镇未能继续升学的初、高中毕业生，进行1—3年的职业技术培训。要继续鼓励和引导农村剩余劳动力就地就近转移，合理调控进城务工的规模。

三、普遍建立再就业服务中心，保障国有企业下岗职工基本生活

建立再就业服务中心是保障国有企业下岗职工基本生活和促进再就业的有效措施，是当前一项具有中国特色的社会保障制度。各地要自下而上地建立再就业服务中心组织体系。凡是有下岗职工的国有企业，都要建立再就业服务中心或类似机构，下岗职工不多的企业也可由有关科室代管。再就业服务中心（包括类似机构或代管科室）负责为本企业下岗职工发放基本生活费和代下岗职工缴纳养老、医疗、失业等社会保险费用，组织下岗职工参加职业指导和再就业培训，引导和帮助他们实现再就业。为加强再就业服务中心的组织、管理力量，可从行政机关抽调得力人员到中心工作。

进入再就业服务中心的对象，主要是实行劳动合同制以前参加工作的国有企业的正式职工（不含从农村招收的临时合同工），因企业生产经营等原因而下岗，但尚未与企业解除劳动关系、没有在社会上找到其他工作的人员。对于实行劳动合同制以后参加工作且合同期满的人员，可按照《中华人民共和国劳动法》和国务院有关规定终止劳动关系；合同期未满而下岗的，也要安排进入再就业服务中心。下岗职工在再就业服务中心的期限一般不超过 3 年；3 年期满仍未再就业的，应与企业解除劳动关系，按规定享受失业救济或社会救济。下岗职工在再就业服务中心期间的基本生活费，原则上可按略高于失业救济的标准安排并按适当比例逐年递减，但最低不得低于失业救济水平，具体标准由各地根据实际情况确定。

再就业服务中心用于保障下岗职工基本生活和缴纳社会保险费用的资金来源，原则上采取“三三制”的办法解决，即财政预算安排三分之一、企业负担三分之一、社会筹集（包括从失业保险基金中调剂）三分之一，具体比例各地可根据情况确定。财政承担的部分，中央企业由中央财政解决，地方企业由地方财政解决。对于困难较多的中西部地区和老工业基地，中央财政给予一定的支持。国有独资盈利企业和国有参股、控股企业保障下岗职工基本生活的资金，原则上都由本企业负担。财政承担和社会筹集的资金，由财政部门按专项资金管理。资金的安排，由再就业工作主管部门商财政部门研究提出意见，然后由财政部门统一拨付。保障下岗职工基本生活的资金，一定要加强管理和监督，保证专款专用，不得挪用于其他任何方面开支。再就业服务中心的管理费用和工作人员的工资、福利等，不得在保障下岗职工基本生活的资金中列支。

国务院确定的111个企业“优化资本结构”试点城市，以及兵器工业总公司、航天工业总公司列入《全国企业兼并破产和职工再就业工作计划》的企业和纺织行业下岗职工分流安置和再就业工作，仍按国务院的有关规定执行。

四、加大政策扶持力度，拓宽分流安置和再就业渠道

我国人口众多，做好就业工作是一项长期任务。解决这一问题的根本途径，是保持国民经济持续快速健康发展，不断开拓新的就业领域。各地区和有关部门要抓住调整和优化经济结构的机遇，积极培育经济增长点，继续加强基础产业和基础设施建设，因地制宜地发展劳动密集型产业，以利于扩大就业。要把发展第三产业，特别是商业、饮食业、旅游业、家庭和社区居民服务业等，作为下岗职工再就业的主要方向。对下岗职工从事社区居民服务业的，要简化工商登记手续，3年内可免征营业税、个人所得税以及行政性收费。要把发展中小型企业、劳动就业服务企业作为促进再就业的重要途径。各国有商业银行应设立小型企业信贷部，为其发展提供必要的贷款支持。要大力发展集体和个体、私营经济，鼓励下岗职工自谋职业或组织起来就业。对下岗职工申请从事个体工商经营、家庭手工业或开办私营企业的，工商、城建等部门要及时办理有关手续，开业一年内减免工商管理等行政性收费；对符合产业政策、产品适销对路的，金融机构应给予贷款。要鼓励企业主动吸收安置下岗职工，对企业利用现有场地、设施和技术发展多种经营，多渠道分流本企业富余人员和安置下岗职工的，要给予必要的政策扶持。具体政策措施，由各省、自治区、直辖市人民政府研究制定。

有条件的地区，还应安排专项资金，组织下岗职工参加市政与道路建设、环境保护、植树种草等公共工程，为下岗职工提供更多的就业机会。一些边远地区和矿区，可采取相应政策，鼓励下岗职工开发荒山、荒地、荒滩，从事农、林、牧、渔业生产。

五、加快社会保障制度改革，完善社会保障体系

要与建立社会主义市场经济体制和现代企业制度的要求相适应，在所有企业（包括个体、私营等非国有企业）以及外商投资企业的中方职工中推行和深化养老、医疗、失业等社会保险制度及住房制度的改革，建立健全社会保障体系，为劳动力资源的合理配置和正常流动创造条件。

对于下岗职工无论以何种方式实现再就业或不再就业，过去的连续工龄和养老保险缴费年限与以后的缴费年限合并计算，达到法定退休年龄时，按规定享受相应的养老保险待遇。下岗职工分流安置和再就业后，在原企业的住房，已按房改政策购买的，应根据有关规定明确个人和原企业的产权关系；未购买的，可以继续租用，租金标准按当地政府规定执行。对生活特别困难的下岗职工子女就学，应减免学杂费。要加快建立城市居民最低生活保障制度，使下岗职工家庭的基本生活得到保证。同时，要使社会保险制度、下岗职工基本生活保障制度和城市居民最低生活保障制度相互衔接、相互补充，不断完善社会保障体系。

为了完善失业保险机制，提高失业保险基金的支付能力，从1998 年开始将失业保险基金的缴费比例由企业工资总额的 1%提高到 3%，由企业单方负担改为企业和职工个人共同负担，其中个人缴纳 1%，企业缴纳 2%。

在做好国有企业下岗职工基本生活保障工作的同时，要继续深化企业职工养老保险制度改革，加快立法步伐。要确保离退休人员的基本生活，保证按时足额发放养老金，不得发生新的拖欠，对过去拖欠的应逐步予以补发。要扩大养老保险覆盖面，加强养老保险基金的收缴工作，努力提高收缴率。1998 年，要在全国实现基本养老保险省级统筹，建立养老保险基金调剂机制，省、自治区、直辖市社会保险经办机构实行系统管理；中央有关部门（单位）实行养老保险行业统筹的企业改为参加地方统筹，具体实施办法请有关部门抓紧研究制定。要尽快完善养老保险基金收支两条线的管理办法，形成财政、银行、社会保险机构相互监督的机制。要将养老保险基金差额缴拨改为全额缴拨，推进社会化管理进程。要严格控制企业职工提前退休。除国务院规定的 111 个企业“优化资本结构”试点城市的破产工业企业和 3 年内有压锭任务的国有纺织企业的细纱和织布工种中符合条件的职工，可提前退休外，各地区、各部门不得自行扩大提前退休的范围。

六、加强劳动力市场建设，强化再就业培训

要建立和完善市场就业机制，实行在国家政策指导下，劳动者自主择业、市场调节就业和政府促进就业的方针。要按照科学化、规范化、现代化的要求，大力加强劳动力市场建设。各地区特别是各大中城市要充分利用电视、广播等现代化信息网络，提供求职、招聘、职业指导等方面的信息和咨询服务。公共职业介绍机构要开设专门服务窗口，加强对下岗职工的职业指导，并实行免费服务。要进一步加强街道就业服务工作，对再就业难度较大的下岗职工要逐一列出名单，由专人负责帮助他们实现再就业。对用人单位要实行空岗报告、招聘广告审查等制度，鼓励用人单位优先招用下岗职

工，特别是下岗女工。要认真贯彻执行《中华人民共和国劳动法》及其他有关规定，不得歧视下岗职工，切实保护他们的合法权益。要加强劳动力市场的管理、监督和检查，防止乱收费等不正之风，坚决取缔非法劳务中介，严厉打击欺诈行为，维护劳动力市场秩序。

要动员社会各方面的力量，大力开展再就业培训。实行在政府指导和扶持下，个人自学、企业组织和社会帮助相结合的办法，根据下岗职工特点和社会需要，突出培训的实用性和有效性，提高下岗职工的再就业能力。对为下岗职工提供再就业培训的，可给予一定的补贴。劳动力市场建设和促进再就业的经费，由财政部门核拨。

七、切实加强思想政治工作，搞好宣传教育

要充分发挥我们党的思想政治工作优势，发扬党同人民群众同呼吸、共命运、心连心的优良传统，切实加强下岗职工的思想政治工作。各级领导机关和领导干部要不断改进工作作风和工作方法，坚决制止和克服官僚主义倾向。要深入企业、深入下岗职工家庭，及时了解和掌握下岗职工的生活状况，体察他们的疾苦，听取他们的呼声，主动为他们排忧解难，决不允许采取不闻不问、麻木不仁的态度。企业经营者在抓好企业生产经营、千方百计使企业摆脱困境的同时，要积极组织下岗职工开展生产自救，努力帮助他们解决生活中的困难和问题，做好经常性的思想工作，坚持与职工群众同甘共苦、不搞特殊化。要动员全社会都来关心、支持下岗职工基本生活保障和再就业工作，多为他们办好事、献爱心、送温暖，形成良好的社会氛围。要大力宣传党和政府的有关方针政策，教育下岗职工及广大人民群众理解和体谅国家困难，积极支持企业改革，自

党维护社会稳定。要注重树立并大力宣扬下岗职工自强不息、积极创业的先进典型，引导下岗职工摒弃“等、靠、要”的思想，帮助他们树立正确的择业观，使他们认识到在国家政策、法律允许的范围之内，做任何工作都没有高低贵贱之分，不论从事什么职业都是光荣的，从而去主动适应社会主义市场经济的要求。

八、切实加强领导，确保国有企业下岗职工基本生活保障和再就业工作顺利进行

各级党委、政府和有关部门必须把国有企业下岗职工基本生活保障和再就业工作列入重要议事日程，实行党政“一把手”负责制，并纳入政绩考核的重要内容。要结合本地区、本部门（行业）实际，抓紧研究制定贯彻本通知的具体办法，确保本通知精神落到实处。要充分发挥各民主党派、工商联和工会、共青团、妇联等群众团体的作用，群策群力，共同做好这方面的工作。要认真总结和推广好的经验与做法，及时研究解决工作中遇到的新情况、新问题，不断把这项工作引向深入。为有利于这项工作的开展，中央确定，由国务院国有企业改革工作联席会议负责指导和组织协调，具体工作由劳动和社会保障部、国家经济贸易委员会组织实施。各地区也可采取相应的组织形式，以确保国有企业下岗职工基本生活保障和再就业工作的顺利进行。

城镇集体企业下岗职工基本生活保障和再就业工作，由各省、自治区、直辖市党委和人民政府根据本地区的实际情况研究制定具体办法。

国务院关于建立城镇职工基本医疗保险制度的决定①

（1998 年 12 月 14 日）

各省、自治区、直辖市人民政府，国务院各部委、各直属机构：

加快医疗保险制度改革，保障职工基本医疗，是建立社会主义市场经济体制的客观要求和重要保障。在认真总结近年来各地医疗保险制度改革试点经验的基础上，国务院决定，在全国范围内进行城镇职工医疗保险制度改革。

一、改革的任务和原则

医疗保险制度改革的主要任务是建立城镇职工基本医疗保险制度，即适应社会主义市场经济体制，根据财政、企业和个人的承受能力，建立保障职工基本医疗需求的社会医疗保险制度。

建立城镇职工基本医疗保险制度的原则是：基本医疗保险的水平要与社会主义初级阶段生产力发展水平相适应；城镇所有用人单位及其职工都要参加基本医疗保险，实行属地管理；基本医疗保险费由用人单位和职工双方共同负担；基本医疗保险基金实行社会统筹和个人帐户相结合。

二、覆盖范围和缴费办法

城镇所有用人单位，包括企业（国有企业、集体企业、外商投

① 《国务院关于建立城镇职工基本医疗保险制度的决定》，《中华人民共和国国务院公报》，1998 年 33 期。

资企业、私营企业等）、机关、事业单位、社会团体、民办非企业单位及其职工，都要参加基本医疗保险。乡镇企业及其职工、城镇个体经济组织业主及其从业人员是否参加基本医疗保险，由各省、自治区、直辖市人民政府决定。

基本医疗保险原则上以地级以上行政区（包括地、市、州、盟）为统筹单位，也可以县（市）为统筹单位，北京、天津、上海3个直辖市原则上在全市范围内实行统筹（以下简称统筹地区）。所有用人单位及其职工都要按照属地管理原则参加所在统筹地区的基本医疗保险，执行统一政策，实行基本医疗保险基金的统一筹集、使用和管理。铁路、电力、远洋运输等跨地区、生产流动性较大的企业及其职工，可以相对集中的方式异地参加统筹地区的基本医疗保险。

基本医疗保险费由用人单位和职工共同缴纳。用人单位缴费率应控制在职工工资总额的6%左右，职工缴费率一般为本人工资收入的2%。随着经济发展，用人单位和职工缴费率可作相应调整。

三、建立基本医疗保险统筹基金和个人帐户

要建立基本医疗保险统筹基金和个人帐户。基本医疗保险基金由统筹基金和个人帐户构成。职工个人缴纳的基本医疗保险费，全部计入个人帐户。用人单位缴纳的基本医疗保险费分为两部分，一部分用于建立统筹基金，一部分划入个人帐户。划入个人帐户的比例一般为用人单位缴费的30%左右，具体比例由统筹地区根据个人帐户的支付范围和职工年龄等因素确定。

统筹基金和个人帐户要划定各自的支付范围，分别核算，不得互相挤占。要确定统筹基金的起付标准和最高支付限额，起付标准原则上控制在当地职工年平均工资的10%左右，最高支付限额原则上控制在当地职工年平均工资的4倍左右。起付标准以下的医疗费用，从个人帐户中支付或由个人自付。起付标准以上、最高支付限额以下的医疗费用，主要从统筹基金中支付，个人也要负担一定比例。超过最高支付限额的医疗费用，可以通过商业医疗保险等途径解决。统筹基金的具体起付标准、最高支付限额以及在起付标准以上和最高支付限额以下医疗费用的个人负担比例，由统筹地区根据以收定支、收支平衡的原则确定。

四、健全基本医疗保险基金的管理和监督机制

基本医疗保险基金纳入财政专户管理，专款专用，不得挤占挪用。

社会保险经办机构负责基本医疗保险基金的筹集、管理和支付，并要建立健全预决算制度、财务会计制度和内部审计制度。社会保险经办机构的事业经费不得从基金中提取，由各级财政预算解决。

基本医疗保险基金的银行计息办法：当年筹集的部分，按活期存款利率计息；上年结转的基金本息，按3个月期整存整取银行存款利率计息；存入社会保障财政专户的沉淀资金，比照3年期零存整取储蓄存款利率计息，并不低于该档次利率水平。个人帐户的本金和利息归个人所有，可以结转使用和继承。

各级劳动保障和财政部门，要加强对基本医疗保险基金的监督管理。审计部门要定期对社会保险经办机构的基金收支情况和管理情况进行审计。统筹地区应设立由政府有关部门代表、用人单位代表、医疗机构代表、工会代表和有关专家参加的医疗保险基金监督

组织，加强对基本医疗保险基金的社会监督。

五、加强医疗服务管理

要确定基本医疗保险的服务范围和标准。劳动保障部会同卫生部、财政部等有关部门制定基本医疗服务的范围、标准和医药费用结算办法，制定国家基本医疗保险药品目录、诊疗项目、医疗服务设施标准及相应的管理办法。各省、自治区、直辖市劳动保障行政管理部门根据国家规定，会同有关部门制定本地区相应的实施标准和办法。

基本医疗保险实行定点医疗机构（包括中医医院）和定点药店管理。劳动保障部会同卫生部、财政部等有关部门制定定点医疗机构和定点药店的资格审定办法。社会保险经办机构要根据中西医并举，基层、专科和综合医疗机构兼顾，方便职工就医的原则，负责确定定点医疗机构和定点药店，并同定点医疗机构和定点药店签订合同，明确各自的责任、权利和义务。在确定定点医疗机构和定点药店时，要引进竞争机制，职工可选择若干定点医疗机构就医、购药，也可持处方在若干定点药店购药。国家药品监督管理局会同有关部门制定定点药店购药事故处理办法。

各地要认真贯彻《中共中央、国务院关于卫生改革与发展的决定》（中发〔1997〕3号）精神，积极推进医药卫生体制改革，以较少的经费投入，使人民群众得到良好的医疗服务，促进医药卫生事业的健康发展。要建立医药分开核算、分别管理的制度，形成医疗服务和药品流通的竞争机制，合理控制医药费用水平；要加强医疗机构和药店的内部管理，规范医药服务行为，减员增效，降低医药成本；要理顺医疗服务价格，在实行医药分开核算、分别管理，降低药品收入占医疗总收入比重的基础上，合理提高医疗技术劳务价格；要加强业务技术培训和职业道德教育，提高医药服务人员的素质和服务质量；要合理调整医疗机构布局，优化医疗卫生资源配置，积极发展社区卫生服务，将社区卫生服务中的基本医疗服务项目纳入基本医疗保险范围。卫生部会同有关部门制定医疗机构改革方案和发展社区卫生服务的有关政策。国家经贸委等部门要认真配合做好药品流通体制改革工作。

六、妥善解决有关人员的医疗待遇

离休人员、老红军的医疗待遇不变，医疗费用按原资金渠道解决，支付确有困难的，由同级人民政府帮助解决。离休人员、老红军的医疗管理办法由省、自治区、直辖市人民政府制定。

二等乙级以上革命伤残军人的医疗待遇不变，医疗费用按原资金渠道解决，由社会保险经办机构单独列帐管理。医疗费支付不足部分，由当地人民政府帮助解决。

退休人员参加基本医疗保险，个人不缴纳基本医疗保险费。对退休人员个人帐户的计入金额和个人负担医疗费的比例给予适当照顾。

国家公务员在参加基本医疗保险的基础上，享受医疗补助政策。具体办法另行制定。

为了不降低一些特定行业职工现有的医疗消费水平，在参加基本医疗保险的基础上，作为过渡措施，允许建立企业补充医疗保险。企业补充医疗保险费在工资总额4%以内的部分，从职工福利费中列支，福利费不足列支的部分，经同级财政部门核准后列入成本。

国有企业下岗职工的基本医疗保险费，包括单位缴费和个人缴费，均由再就业服务中心按照当地上年度职工平均工资的60%为基数缴纳。

七、加强组织领导

医疗保险制度改革政策性强，涉及广大职工的切身利益，关系到国民经济发展和社会稳定。各级人民政府要切实加强领导，统一思想，提高认识，做好宣传工作和政治思想工作，使广大职工和社会各方面都积极支持和参与这项改革。各地要按照建立城镇职工基本医疗保险制度的任务、原则和要求，结合本地实际，精心组织实施，保证新旧制度的平稳过渡。

建立城镇职工基本医疗保险制度工作从1999年初开始启动，1999年底基本完成。各省、自治区、直辖市人民政府要按照本决定的要求，制定医疗保险制度改革的总体规划，报劳动保障部备案。统筹地区要根据规划要求，制定基本医疗保险实施方案，报省、自治区、直辖市人民政府审批后执行。

劳动保障部要加强对建立城镇职工基本医疗保险制度工作的指导和检查，及时研究解决工作中出现的问题。财政、卫生、药品监督管理等有关部门要积极参与，密切配合，共同努力，确保城镇职工基本医疗保险制度改革工作的顺利进行。

国务院办公厅转发民政部等部门关于加快实现社会福利社会化意见的通知（节选）[①]

（2000 年 2 月 13 日）

（上略）

关于加快实现社会福利社会化的意见

民政部 国家计委 国家经贸委 教育部 财政部 劳动保障部
国土资源部 建设部 外经贸部 卫生部 税务总局

（二〇〇〇年二月十三日）

为了推进我国社会福利事业的改革与发展，建立适应社会主义市场经济体制的社会福利服务体系，现就加快实现社会福利社会化问题提出如下意见：

一、推进社会福利社会化的必要性和紧迫性

新中国成立 50 年来特别是改革开放以来，在党和政府的重视、关怀下，我国以老年人、残疾人、孤儿等社会特殊困难群体为主要对象的社会福利事业取得了长足进展，在社会主义物质文明和精神文明建设中发挥了积极作用。

我国已经进入老龄社会，老年人口基数大，增长快，特别是随着家庭小型化的发展，社会化养老的需求迅速增长。同时，残疾人

① 《国务院办公厅转发民政部等部门关于加快实现社会福利社会化的意见的通知》，《中华人民共和国国务院公报》，2000 年 11 期。

和孤儿的养护、康复条件也亟待改善。但是长期以来，我国社会福利由国家和集体包办，存在资金不足、福利机构少、服务水平较低等问题，难以满足人民群众对福利服务需求日益增长的需要。社会福利事业的改革与发展，已经引起党和政府及全社会的广泛关注。为此，必须从长远和全局出发，广泛动员和依靠社会力量，大力推进社会福利社会化，加快社会福利事业的发展，这对于进一步建立健全社会保障制度，促进社会稳定和社会文明进步具有重要意义。同时，推进社会福利社会化，对于扩大内需，拉动经济增长，增加就业，也有积极的现实意义。

推进社会福利社会化不仅是必要的，也是切实可行的。全社会对社会福利需求的急剧增长，使社会福利社会化具有广阔的发展前景；我国综合国力的增强，人民群众生活水平和道德水准的提高，为推进社会福利社会化奠定了良好的基础；企业"办社会"职能分离后的资源与社会上闲置资源的综合开发利用和置换，国内外一些社会团体、慈善组织和个人的积极参与（捐助或投资），社区服务中养老、托幼和助残等系列化服务的蓬勃发展，为实现社会福利社会化创造了有利条件。

二、推进社会福利社会化的指导思想、目标和总体要求

（一）推进社会福利社会化的指导思想：立足我国社会主义初级阶段的基本国情，以邓小平理论和党的十五大精神为指导，在供养方式上坚持以居家为基础、以社区为依托、以社会福利机构为补充的发展方向，探索出一条国家倡导资助、社会各方面力量积极兴办社会福利事业的新路子，建立与社会主义市场经济体制和社会发展相适应的社会福利事业管理体制和运行机制，促进社会福利事业健康有序地发展。

（二）推进社会福利社会化的目标：到2005年，在我国基本建成以国家兴办的社会福利机构为示范、其他多种所有制形式的社会福利机构为骨干、社区福利服务为依托、居家供养为基础的社会福利服务网络。各类社会福利机构的数量和集中收养人员的数量每年以10%左右的速度增长，尤其是老年人社会福利服务机构的数量有较大增长；城市中各种所有制形式的养老服务机构床位数达到每千名老人10张左右，普遍建立起社区福利服务设施并开展家庭护理等系列服务项目；农村90%以上的乡镇建立起以“五保”老人为主要对象，同时面向所有老年人、残疾人和孤儿的社会福利机构。

（三）推进社会福利社会化的总体要求：

一是投资主体多元化。从我国的基本国情出发，推进社会福利社会化采取国家、集体和个人等多渠道投资方式，形成社会福利机构多种所有制形式共同发展的格局。各级政府应根据经济和社会发展的需要，逐年增加对社会福利事业的投入，重点用在一些基础性、示范性社会福利机构的建设上，同时采取民办公助的办法，将一部分资金用于鼓励、支持和资助各种社会力量兴办社会福利机构；适当增加中国福利彩票发行额度，为社会福利事业的发展筹措更多的资金；采取优惠政策，鼓励集体、村（居）民自治组织、社会团体、个人和外资以多种形式捐助或兴办社会福利事业；企事业单位可以根据自身条件自愿捐助社会福利事业，或利用闲置资源投资“面向社区、自主经营、自负盈亏”的社会福利事业；儿童福利机构在今后一段时期仍以政府管理为主，也可吸纳社会资金合办，同时通过收养、寄养、助养和接受捐赠等多种形式，走社会化发展的路子。

二是服务对象公众化。社会福利机构除确保国家供养的“三无”对象（无劳动能力、无生活来源、无法定抚养人或赡养人）、孤儿等特困群体的需求外，还要面向全社会老年人、残疾人，拓展服务领域，扩大服务范围和覆盖面，并根据服务对象的不同情况，实行有偿、减免或无偿等多种服务。

三是服务方式多样化。社会福利机构和社区除集中养老、助残外，应发挥多种服务功能，为家庭服务提供支持。要大力发展社区福利服务设施和网点，建立社区福利服务体系，因地制宜地为老年人、残疾人、孤儿等特殊困难群体提供各种福利服务。要积极推进单位福利设施社会化。

四是服务队伍专业化。要逐步提高社会福利服务队伍的专业化水平，制定岗位专业标准和操作规范，实行职业资格和技术等级管理认证制度；加强社会福利工作系统的专业教育、在职教育及岗位技能培训，建立并完善学科建设和教材体系；大力倡导志愿者服务，加强志愿者服务队伍建设，使志愿者服务制度化、规范化。

三、制定优惠政策，引导社会力量积极参与社会福利事业

对社会力量投资创办社会福利机构，各级政府及有关部门应给予政策上的扶持和优惠。

（一）各地要将社会福利机构及床位数作为社会发展的指导性指标纳入国民经济和社会发展计划，要在基本建设计划中统筹安排社会福利设施建设。

（二）社会福利机构的建设用地，按照法律、法规规定应当采用划拨方式供地的，要划拨供地；按照法律、法规规定应当采用有偿方式供地的，在地价上要适当给予优惠；属出让土地的，土地出让金收取标准应适当降低。

（三）各地在制定城市居住区规划时，无论是新区建设还是旧区改造，都应按原国家技术监督局、建设部发布的《城市居住区规划设计规范》（GB50180—93）的有关规定，将社会福利设施特别是老年人服务设施纳入公共设施进行统一规划。城镇人口不足6万人的街道办事处要设立一处老年人综合福利服务设施，同时附设一处可容纳30名左右老人的养老院；城镇人口超过6万人的街道办事处则要按上述要求增设新的老年人综合福利服务设施。要充分考虑社会福利服务对象的要求和社会福利事业发展的需要，尽可能在靠近社区、交通便利、环境良好的区位安排社会福利设施建设，施工中要严格按照规划和福利机构建设、建筑标准及规范实施，建成后任何部门和单位不得挤占。各市人民政府对此项市政基础设施配套建设费应酌情给予减免。

（四）对社会福利机构及其提供的福利性服务和兴办的第三产业，安置残疾人的福利企业，以及单位和个人捐赠支持社会福利事业的，国家给予税收优惠政策，按照现行国家税法规定执行。

（五）对获得民政部门批准设置的社会福利机构按规定到有关部门办理法人注册登记时，有关部门应优先办理；对未获得民政部门批准而设置的社会福利机构，有关部门不应办理法人注册登记手续。

（六）对社会福利机构的用电按当地最优惠价格收费，用水按居民生活用水价格收费；对社会福利机构使用电话等电信业务要给予优惠和优先照顾。

（七）各地在制定本区域卫生事业发展规划时，要充分考虑老年人、残疾人、孤残儿童的医疗、预防、保健、康复等卫生需要，积极支持社区卫生服务机构开展老年医疗、预防、保健、康复、健康教育等工作，鼓励并扶持社会力量兴办以老年人、残疾人、孤儿为服务对象的非营利性医疗机构。对社会福利机构所办医疗机构已取得执业许可证并申请城镇职工基本医疗保险定点医疗机构的，可根据劳动保障部下发的《关于印发城镇职工基本医疗保险定点医疗机构管理暂行办法的通知》（劳社部发〔1999〕14号）的规定，经审查合格后纳入城镇职工基本医疗保险定点范围，社会福利机构收养人员中的基本医疗保险参保人员，在定点的社会福利机构所办医疗机构就医所发生的医疗费用，按基本医疗保险的规定支付。

（八）对社会福利机构中收养的（包括社会福利机构在社区和居民家庭中分散寄养的）就读于小学、初中的孤儿，要按有关规定免收杂费、书本费；对被高中（职业高中）、技校、中专、高等学校录取的孤儿，要免收学费、住宿费。

（九）对各类社会福利机构中具有劳动能力的成年孤残人员，应积极采取措施，优先推荐就业，免费给予上岗前的培训。社会福利企业、事业单位及其职工，要依据国家有关规定，参加社会保险，缴纳社会保险费，依法保障职工享受各项社会保险待遇的权益。对进入社会福利机构养老并享受社会保险的人员，社会保险机构可委托社会福利机构代办其养老金发放等服务性工作。

四、统筹规划，规范管理，有序发展

（一）统筹规划、依法规范社会福利事业的发展。各级政府及有关部门要加强调查研究，合理确定社会福利事业发展目标，对社会福利机构的数量、布局、规模档次以及资金、用地等统筹安排，防止盲目发展、一哄而起和重复建设，避免资源浪费。

要抓紧制定社会福利事业的有关法规，使社会福利事业的建设与管理有章可循、有法可依。今后，申办社会福利机构，要严格执行民政部颁布的《社会福利机构管理暂行办法》的有关规定，老年人福利设施建设要按照建设部、民政部联合颁布的《老年人建筑设计规范》（JGJ122—99）进行设计和施工，接受行政主管部门的检查和监督。

（二）建立充满生机和活力的管理体制和运行机制。要按照社会主义市场经济体制的要求，处理好社会福利工作中政府职能和社会化的关系，研究制定社会福利机构分类管理的政策措施，逐步建立起政府宏观管理、社会力量兴办、社会福利机构自主经营的管理体制。要按照产业化的发展方向逐步建立起适应市场经济要求的运行机制。要深化现有国家、集体兴办的社会福利机构改革，探索社会化管理的新路子，盘活存量。对新办的社会福利机构，要打破旧框框，按照市场经济的要求运作，真正体现市场配置资源、价值规律调节、公平竞争、优胜劣汰的市场经济法则，使各类社会福利机构都能够自主经营、自负盈亏、自我发展。

（三）加强领导，促进社会福利社会化有序发展。社会化是我国社会福利事业发展的方向，也是我国社会福利事业管理体制的重大改革，必须积极稳妥地推进。各级政府要切实加强领导，把社会福利社会化列入重要议事日程，作为一件大事抓紧抓好；要从实际出发，因地制宜，积极推进；要注意抓好试点，总结经验，逐步推广。各级民政部门要当好政府的参谋，提出切实可行的实施方案，做好服务协调和督促检查工作。各有关部门要密切配合，大力协助，为社会福利社会化健康有序地发展做出积极贡献。

国务院关于完善城镇社会保障体系的试点方案（节选）[1]

（2000 年 12 月 25 日）

（上略）

一、完善社会保障体系的目标、原则和主要任务

（一）完善社会保障体系的总目标是：建立独立于企业事业单位之外、资金来源多元化、保障制度规范化、管理服务社会化的社会保障体系。

（二）完善社会保障体系的原则是：由近及远，逐步完善；保持社会保障政策的连续性，改善居民对改革的心理预期；国家统一决策与分级管理相结合，局部利益服从全局利益；社会保障的标准要同国情国力及各方面的承受能力相适应，公平与效率相结合，权利与义务相对应；明确划分社会保障事权，调动各方面的积极性，推动多层次社会保障体系建设。

（三）当前完善社会保障体系的主要任务是：调整和完善城镇企业职工基本养老保险制度；研究制定机关事业单位职工养老保险办法；加快建立城镇职工基本医疗保险制度；推动国有企业下岗职工基本生活保障向失业保险并轨；加强和完善城市居民最低生活保障制度；实现社会保障管理和服务的社会化；加强社会保障资金的筹集和管理；加快社会保障立法步伐。

---

① 《国务院关于印发完善城镇社会保障体系试点方案的通知》，中国政府网，2000 年 12 月 25 日。

二、调整和完善城镇企业职工基本养老保险制度

（一）坚持社会统筹与个人帐户相结合的基本养老保险制度，基本养老保险费由企业和职工共同负担。

（二）企业依法缴纳基本养老保险费，缴费比例一般为企业工资总额的20%左右，目前高于20%的地区，可暂维持不变。企业缴费部分不再划入个人帐户，全部纳入社会统筹基金，并以省（自治区、直辖市）为单位进行调剂。

（三）职工依法缴纳基本养老保险费，缴费比例为本人缴费工资的8%，并全部计入个人帐户。个人帐户规模由本人缴费工资的11%调整为8%。个人帐户储存额的多少，取决于个人缴费额和个人帐户基金收益，并由社会保险经办机构定期公布。个人帐户基金只用于职工养老，不得提前支取。职工跨统筹范围流动时，个人帐户随同转移。职工或退休人员死亡，个人帐户可以继承。

（四）社会统筹基金与个人帐户基金实行分别管理。社会统筹基金不能占用个人帐户基金。个人帐户基金由省级社会保险经办机构统一管理，按国家规定存入银行，全部用于购买国债，以实现保值增值，运营收益率要高于银行同期存款利率。

（五）基本养老金由基础养老金和个人帐户养老金组成。职工达到法定退休年龄且个人缴费满15年的，基础养老金月标准为省（自治区、直辖市）或市（地）上年度职工月平均工资的20%，以后缴费每满一年增加一定比例的基础养老金，总体水平控制在30%左右；个人缴费不满15年的，不发给基础养老金，个人帐户全部储存额一次支付给本人。基础养老金由社会统筹基金支付；个人帐户养老金由个人帐户基金支付，月发放标准根据本人帐户储存额除以120。个人帐户基金用完后，由社会统筹基金支付。已经离

退休的人员，仍按国家原来的规定发给养老金；1997年统一全国企业职工基本养老保险制度前参加工作的人员，其退休后在发给基础养老金和个人帐户养老金的基础上，再发给过渡性养老金。

（六）基本养老金领取者死亡后，其遗属按国家有关规定领取丧葬补助金，丧葬补助金由基本养老保险社会统筹基金支付。

（七）基本养老金水平的调整，由劳动保障部和财政部参照城市居民生活费用价格指数和在职职工工资增长情况，提出方案报国务院审定后统一组织实施。

（八）未参加过基本养老保险统筹，且已经没有生产经营能力、无力缴纳养老保险费的城镇集体企业，不再纳入养老保险统筹范围，其已退休职工本人由民政部门按企业所在地城市居民最低生活保障标准按月发放生活费。

（九）自由职业人员、城镇个体工商户应参加基本养老保险，具体办法由各省（自治区、直辖市）人民政府规定。

（十）有条件的企业可为职工建立企业年金，并实行市场化运营和管理。企业年金实行基金完全积累，采用个人帐户方式进行管理，费用由企业和职工个人缴纳，企业缴费在工资总额4%以内的部分，可从成本中列支。同时，鼓励开展个人储蓄性养老保险。

三、改革机关事业单位职工养老保险办法

（一）公务员（含参照国家公务员制度管理的事业单位工作人员，下同）的现行养老保险制度仍维持不变。

（二）全部由财政供款的事业单位，仍维持现行养老保险制度；已改制为企业的，执行城镇企业职工基本养老保险制度，并保持已退休人员基本养老金水平不变；由财政部分供款事业单位的养老保险办法，在调查研究和试点的基础上另行制定。

（三）公务员转入企业工作的，执行企业职工的基本养老保险制度；企业职工调入机关的，执行机关的基本养老保险制度。其养老保险关系的衔接以及退休时待遇计发的办法，另行研究制定。

（四）已经进行机关事业单位养老保险制度改革试点的地区，要继续完善和规范。

（下略）

国务院办公厅转发卫生部等部门关于建立新型农村合作医疗制度意见的通知（节选）①

（2003 年 1 月 16 日）

（上略）

关于建立新型农村合作医疗制度的意见

（卫生部、财政部、农业部 二〇〇三年一月十日）

建立新型农村合作医疗制度是新时期农村卫生工作的重要内容，是实践“三个代表”重要思想的具体体现，对提高农民健康水平，促进农村经济发展，维护社会稳定具有重大意义。根据《中共中央、国务院关于进一步加强农村卫生工作的决定》（中发〔2002〕13 号），提出以下意见。

一、目标和原则

新型农村合作医疗制度是由政府组织、引导、支持，农民自愿参加，个人、集体和政府多方筹资，以大病统筹为主的农民医疗互助共济制度。从 2003 年起，各省、自治区、直辖市至少要选择 2—3 个县（市）先行试点，取得经验后逐步推开。到 2010 年，实现在全国建立基本覆盖农村居民的新型农村合作医疗制度的目标，减轻农民因疾病带来的经济负担，提高农民健康水平。

---

① 《国务院办公厅转发卫生部等部门关于建立新型农村合作医疗制度意见的通知》，《中华人民共和国国务院公报》，2003 年 06 期。

建立新型农村合作医疗制度要遵循以下原则：

（一）自愿参加，多方筹资。农民以家庭为单位自愿参加新型农村合作医疗，遵守有关规章制度，按时足额缴纳合作医疗经费；乡（镇）、村集体要给予资金扶持；中央和地方各级财政每年要安排一定专项资金予以支持。

（二）以收定支，保障适度。新型农村合作医疗制度要坚持以收定支，收支平衡的原则，既保证这项制度持续有效运行，又使农民能够享有最基本的医疗服务。

（三）先行试点，逐步推广。建立新型农村合作医疗制度必须从实际出发，通过试点总结经验，不断完善，稳步发展。要随着农村社会经济的发展和农民收入的增加，逐步提高新型农村合作医疗制度的社会化程度和抗风险能力。

二、组织管理

（一）新型农村合作医疗制度一般采取以县（市）为单位进行统筹。条件不具备的地方，在起步阶段也可采取以乡（镇）为单位进行统筹，逐步向县（市）统筹过渡。

（二）要按照精简、效能的原则，建立新型农村合作医疗制度管理体制。省、地级人民政府成立由卫生、财政、农业、民政、审计、扶贫等部门组成的农村合作医疗协调小组。各级卫生行政部门内部应设立专门的农村合作医疗管理机构，原则上不增加编制。

县级人民政府成立由有关部门和参加合作医疗的农民代表组成的农村合作医疗管理委员会，负责有关组织、协调、管理和指导工作。委员会下设经办机构，负责具体业务工作，人员由县级人民政府调剂解决。根据需要在乡（镇）可设立派出机构（人员）或委托有关机构管理。经办机构的人员和工作经费列入同级财政预算，不得从农村合作医疗基金中提取。

三、筹资标准

新型农村合作医疗制度实行个人缴费、集体扶持和政府资助相结合的筹资机制。

（一）农民个人每年的缴费标准不应低于10元，经济条件好的地区可相应提高缴费标准。乡镇企业职工（不含以农民家庭为单位参加新型农村合作医疗的人员）是否参加新型农村合作医疗由县级人民政府确定。

（二）有条件的乡村集体经济组织应对本地新型农村合作医疗制度给予适当扶持。扶持新型农村合作医疗的乡村集体经济组织类型、出资标准由县级人民政府确定，但集体出资部分不得向农民摊派。鼓励社会团体和个人资助新型农村合作医疗制度。

（三）地方财政每年对参加新型农村合作医疗农民的资助不低于人均10元，具体补助标准和分级负担比例由省级人民政府确定。经济较发达的东部地区，地方各级财政可适当增加投入。从2003年起，中央财政每年通过专项转移支付对中西部地区除市区以外的参加新型农村合作医疗的农民按人均10元安排补助资金。

四、资金管理

农村合作医疗基金是由农民自愿缴纳、集体扶持、政府资助的民办公助社会性资金，要按照以收定支、收支平衡和公开、公平、公正的原则进行管理，必须专款专用，专户储存，不得挤占挪用。

（一）农村合作医疗基金由农村合作医疗管理委员会及其经办

机构进行管理。农村合作医疗经办机构应在管理委员会认定的国有商业银行设立农村合作医疗基金专用账户，确保基金的安全和完整，并建立健全农村合作医疗基金管理的规章制度，按照规定合理筹集、及时审核支付农村合作医疗基金。

（二）农村合作医疗基金中农民个人缴费及乡村集体经济组织的扶持资金，原则上按年由农村合作医疗经办机构在乡（镇）设立的派出机构（人员）或委托有关机构收缴，存入农村合作医疗基金专用账户；地方财政支持资金，由地方各级财政部门根据参加新型农村合作医疗的实际人数，划拨到农村合作医疗基金专用账户；中央财政补助中西部地区新型农村合作医疗的专项资金，由财政部根据各地区参加新型农村合作医疗的实际人数和资金到位等情况核定，向省级财政划拨。中央和地方各级财政要确保补助资金及时、全额拨付到农村合作医疗基金专用账户，并通过新型农村合作医疗试点逐步完善补助资金的划拨办法，尽可能简化程序，易于操作。要结合财政国库管理制度改革和完善情况，逐步实现财政直接支付。关于新型农村合作医疗资金具体补助办法，由财政部商有关部门研究制定。

（三）农村合作医疗基金主要补助参加新型农村合作医疗农民的大额医疗费用或住院医疗费用。有条件的地方，可实行大额医疗费用补助与小额医疗费用补助结合的办法，既提高抗风险能力又兼顾农民受益面。对参加新型农村合作医疗的农民，年内没有动用农村合作医疗基金的，要安排进行一次常规性体检。各省、自治区、直辖市要制订农村合作医疗报销基本药物目录。各县（市）要根据筹资总额，结合当地实际，科学合理地确定农村合作医疗基金的支付范围、支付标准和额度，确定常规性体检的具体检查项目和方式，防止农村合作医疗基金超支或过多结余。

（四）加强对农村合作医疗基金的监管。农村合作医疗经办机构要定期向农村合作医疗管理委员会汇报农村合作医疗基金的收支、使用情况；要采取张榜公布等措施，定期向社会公布农村合作医疗基金的具体收支、使用情况，保证参加合作医疗农民的参与、知情和监督的权利。县级人民政府可根据本地实际，成立由相关政府部门和参加合作医疗的农民代表共同组成的农村合作医疗监督委员会，定期检查、监督农村合作医疗基金使用和管理情况。农村合作医疗管理委员会要定期向监督委员会和同级人民代表大会汇报工作，主动接受监督。审计部门要定期对农村合作医疗基金收支和管理情况进行审计。

五、医疗服务管理

加强农村卫生服务网络建设，强化对农村医疗卫生机构的行业管理，积极推进农村医疗卫生体制改革，不断提高医疗卫生服务能力和水平，使农民得到较好的医疗服务。各地区要根据情况，在农村卫生机构中择优选择农村合作医疗的服务机构，并加强监管力度，实行动态管理。要完善并落实各种诊疗规范和管理制度，保证服务质量，提高服务效率，控制医疗费用。

六、组织实施

（一）省级人民政府要制订新型农村合作医疗制度的管理办法，本着农民参保积极性较高，财政承受能力较强，管理基础较好的原则选择试点县（市），积极、稳妥地开展新型农村合作医疗试点工作。试点工作的重点是探索新型农村合作医疗管理体制、筹资机制和运行机制。县级人民政府要制定具体方案，各级相关部门在同级人民政府统一领导下组织实施。

（二）要切实加强对新型农村合作医疗的宣传教育，采取多种形式向农民宣传新型农村合作医疗的重要意义和当地的具体做法，引导农民不断增强自我保健和互助共济意识，动员广大农民自愿、积极参加新型农村合作医疗。农民参加合作医疗所履行的缴费义务，不能视为增加农民负担。

建立新型农村合作医疗制度是帮助农民抵御重大疾病风险的有效途径，是推进农村卫生改革与发展的重要举措，政策性强，任务艰巨。各地区、各有关部门要高度重视，加强领导，落实政策措施，抓好试点，总结经验，积极稳妥地做好这项工作。

民政部 卫生部 财政部关于实施农村医疗救助的意见①

（2003年11月18日）

各省、自治区、直辖市民政厅（局）、卫生厅（局）、财政厅（局）：

为贯彻落实《中共中央、国务院关于进一步加强农村卫生工作的决定》（中发〔2002〕13号）的精神，对建立和实施农村医疗救助制度，提出以下意见。

一、目标和原则

农村医疗救助制度是政府拨款和社会各界自愿捐助等多渠道筹资，对患大病农村五保户和贫困农民家庭实行医疗救助的制度。各省、自治区、直辖市在全面推行农村医疗救助制度的同时，可选择2—3个县（市）作为示范点，通过示范指导推进农村医疗救助工作的开展。力争到2005年，在全国基本建立起规范、完善的农村医疗救助制度。

建立农村医疗救助制度，要从当地实际出发，医疗救助水平要与当地经济社会发展水平和财政支付能力相适应，确保这项制度平稳运行。农村医疗救助从贫困农民中最困难的人员和最急需的医疗支出中开始实施，并随着经济的发展逐步完善农村医疗救助制度。

---

①《民政部 卫生部 财政部关于实施农村医疗救助的意见》，《中华人民共和国国务院公报》，2004年24期。

二、救助对象

（一）农村五保户，农村贫困户家庭成员。

（二）地方政府规定的其他符合条件的农村贫困农民。

救助对象的具体条件由地方民政部门会同财政、卫生部门制定，报同级人民政府批准。

三、救助办法

（一）开展新型农村合作医疗的地区，资助医疗救助对象缴纳个人应负担的全部或部分资金，参加当地合作医疗，享受合作医疗待遇。因患大病经合作医疗补助后个人负担医疗费用过高，影响家庭基本生活的，再给予适当的医疗救助。

（二）尚未开展新型农村合作医疗的地区，对因患大病个人负担费用难以承担，影响家庭基本生活的，给予适当医疗救助。

（三）国家规定的特种传染病救治费用，按有关规定给予补助。

医疗救助对象全年个人累计享受医疗救助金额原则上不超过当地规定的医疗救助标准。对于特殊困难人员，可适当提高医疗救助水平。

四、申请、审批程序

（一）医疗救助实行属地化管理原则，申请人（户主）向村民委员会提出书面申请，填写申请表，如实提供医疗诊断书、医疗费用收据、必要的病史材料、已参加合作医疗按规定领取的合作医疗补助凭证、社会互助帮困情况证明等，经村民代表会议评议同意后报乡镇人民政府审核。

（二）乡镇人民政府对上报的申请表和有关材料进行逐项审核，对符合医疗救助条件的上报县（市、区）民政局审批。

乡镇人民政府根据需要，可以采取入户调查、邻里访问以及信函索证等方式对申请人的医疗支出和家庭经济状况等有关材料进行调查核实。

（三）县级人民政府民政部门对乡镇上报的有关材料进行复审核实，并及时签署审批意见。对符合医疗救助条件的家庭核准其享受医疗救助金额，对不符合享受医疗救助条件的，应当书面通知申请人，并说明理由。

（四）医疗救助金由乡镇人民政府发放，也可以采取社会化发放或其他发放办法。

五、医疗救助服务

（一）已开展新型农村合作医疗的地区，由农村合作医疗定点卫生医疗机构提供医疗救助服务；未开展新型农村合作医疗的地区，由救助对象户口所在地乡（镇）卫生院和县级医院等提供医疗救助服务。

（二）提供医疗救助服务的医疗卫生机构等应在规定范围内，按照本地合作医疗或医疗保险用药目录、诊疗项目目录及医疗服务设施目录，为医疗救助对象提供医疗服务。

（三）遇到疑难重症需转到非指定医疗卫生机构就诊时，要按当地医疗救助的有关规定办理转院手续。

（四）承担医疗救助的医疗卫生机构要完善并落实各种诊疗规范和管理制度，保证服务质量，控制医疗费用。

六、基金的筹集和管理

各地要建立医疗救助基金，基金主要通过各级财政拨款和社会各界自愿捐助等多渠道筹集。

（一）地方各级财政每年年初根据实际需要和财力情况安排医疗救助资金，列入当年财政预算。

（二）中央财政通过专项转移支付对中西部贫困地区农民贫困家庭医疗救助给予适当支持。

（三）社会捐赠及其他资金。

中央具体补助金额由财政部、民政部根据各地医疗救助人数和财政状况以及工作成效等因素确定。

医疗救助资金纳入社会保障基金财政专户。各级财政、民政部门对医疗救助资金实行专项管理，专款专用。

七、组织与实施

地方人民政府要制订农村医疗救助管理办法，医疗救助在当地人民政府领导下由民政部门管理，并组织实施，有关部门要各负其责，积极配合，共同抓好落实。

（一）各级民政部门要认真调查研究，掌握情况，建章立制，完善程序，并做好综合协调工作。要按照公开、公平、公正的原则，实行医疗救助公示制度，接受社会和群众监督。

（二）财政部门应会同民政部门，制定医疗救助基金管理办法。县（市、区）财政部门根据审核确定的用款计划及时将医疗救助资金拨付到位。

（三）卫生部门应加强对提供医疗救助服务的医疗卫生机构等的监督管理，规范医疗服务行为，提高服务质量和效率。

（四）财政、审计部门应对医疗救助资金实施财务监管和审计，确保医疗救助资金按时拨付和合理使用，杜绝挤占挪用等现象的发生。

（五）有关单位、组织和个人应当如实提供所需情况，配合有关医疗救助工作的调查。

国务院办公厅转发卫生部等部门关于进一步做好新型农村合作医疗试点工作指导意见的通知（节选）[①]

（2004 年 1 月 13 日）

（上略）

关于进一步做好新型农村合作医疗试点工作的指导意见

卫生部　民政部　财政部　农业部　发展改革委　教育部

人事部　人口计生委　食品药品监管局　中医药局　扶贫办

（二〇〇三年十二月十五日）

全国农村卫生工作会议以来，各地区、各有关部门认真贯彻落实《中共中央国务院关于进一步加强农村卫生工作的决定》（中发〔2002〕13 号）和会议精神，按照国务院办公厅转发卫生部等部门《关于建立新型农村合作医疗制度的意见》，积极组织开展新型农村合作医疗试点工作，取得了初步进展，受到了农民的欢迎。一些试点地区在实践中摸索出一些有效的做法，同时也发现了一些问题。为保证新型农村合作医疗试点工作顺利进行，现提出以下指导意见。

① 《国务院办公厅转发卫生部等部门关于进一步做好新型农村合作医疗试点工作指导意见的通知》，《中华人民共和国国务院公报》，2004 年 08 期。

一、充分认识开展新型农村合作医疗试点工作的重要性和艰巨性

建立新型农村合作医疗制度，是新形势下党中央、国务院为切实解决农业、农村、农民问题，统筹城乡、区域、经济社会协调发展的重大举措，对于提高农民健康保障水平，减轻医疗负担，解决因病致贫、因病返贫问题，具有重要作用。建立新型农村合作医疗制度是一项十分复杂、艰巨的工作。各地区、各有关部门一定要从维护广大农民根本利益出发，因地制宜，分类指导，精心组织，精心运作，务求扎实推进试点工作，为新型农村合作医疗健康发展奠定良好基础。

二、明确试点工作的目标任务

建立新型农村合作医疗制度是一项复杂的社会系统工程，必须先行试点，逐步完善和推广。试点工作的主要目标任务是，研究和探索适应经济发展水平、农民经济承受能力、医疗服务供需状况的新型农村合作医疗政策措施、运行机制和监管方式，为全面建立新型农村合作医疗制度提供经验。各地区在试点期间不要定指标，不要赶进度，不要盲目追求试点数量，要注重试点质量，力争试点一个成功一个，切实让农民得到实惠。各地区试点工作多是在 2003 年下半年开始启动的，为有充分时间扎实做好试点工作，2004 年原则上不再扩大试点数量。

三、必须坚持农民自愿参加的原则

开展新型农村合作医疗试点，一定要坚持农民自愿参加的原则，严禁硬性规定农民参加合作医疗的指标、向乡村干部搞任务包干摊派、强迫乡（镇）卫生院和乡村医生代缴以及强迫农民贷款缴

纳经费等简单粗暴、强迫命令的错误做法。各地区要加强督查，发现这些问题，必须及时严肃查处，坚决予以纠正。

四、深入细致地做好对农民的宣传和引导工作

新型农村合作医疗制度真正受到农民的拥护，是这项制度不断发展的基础。地方各级人民政府必须高度重视，切实做好对农民的宣传教育和引导工作。要深入了解和分析农民对新型农村合作医疗存在的疑虑和意见，有针对性地通过典型事例进行具体、形象、生动的宣传，把新型农村合作医疗的参加办法、参加人的权利与义务以及报销和管理办法等宣传到千家万户，使广大农民真正认识建立新型农村合作医疗制度的意义和好处，树立互助共济意识，自觉自愿地参加新型农村合作医疗。

五、切实加强组织管理

各省、自治区、直辖市及试点地（市）人民政府要尽快成立由卫生、财政、农业、民政、发展改革、审计、食品药品监管、中医药、扶贫等部门组成的新型农村合作医疗协调领导小组，协调相关政策，加强工作指导和督查。合作医疗协调领导小组在同级卫生行政部门设办公室，负责有关具体工作。卫生部成立专家技术指导组，重点做好吉林、浙江、湖北、云南四省试点工作的跟踪指导、评估和全国省级业务骨干人员培训工作。各省、自治区、直辖市也要成立省级专家技术指导组，指导试点县（市）的工作。

试点县（市）要成立县级新型农村合作医疗管理委员会，建立经办机构，负责新型农村合作医疗的业务管理；在乡（镇）可设立派出机构（人员）或委托有关机构管理。县、乡经办机构的设立要坚持精简、高效的原则，合理配备人员，保证工作需要，编制由县级人民政府从现有行政或事业编制中调剂解决。经办机构的人员和工作经费列入同级年度财政预算，予以保证，不得从新型农村合作医疗基金中提取。地方各级人民政府要为试点县（市）开展新型农村合作医疗工作适当提供启动经费。

六、慎重选择试点县（市）

新型农村合作医疗试点县（市）原则上由省级人民政府确定，根据以下四个方面综合考虑：一是县（市）人民政府特别是主要负责人高度重视，积极主动地提出申请；二是县（市）财政状况较好，农民有基本的支付能力；三是县（市）卫生行政部门管理能力和医疗卫生机构服务能力较强；四是农村基层组织比较健全，领导有力，农民参加新型农村合作医疗积极性较高。暂不具备条件的县（市）先不要急于开展试点，可在总结试点经验的基础上逐步推进。

七、认真开展基线调查

各省、自治区、直辖市要组织有关专家，制订统一的基线调查方案，重点对试点县（市）的经济发展水平、医疗卫生机构服务现状、农民疾病发生状况、就医用药及费用情况、农民对参加新型农村合作医疗的意愿等进行摸底调查。已正式启动新型农村合作医疗试点工作，但尚未开展或未按要求开展基线调查的试点县（市），要抓紧时间，尽快完成这项工作，减少试点工作的盲目性。

八、合理确定筹资标准

要根据农民收入情况，合理确定个人缴费数额。原则上农民个人每年每人缴费不低于10元，经济发达地区可在农民自愿的基础上，根据农民收入水平及实际需要相应提高缴费标准。要积极鼓励有条件的乡村集体经济组织对本地新型农村合作医疗给予适当扶持，但集体出资部分不得向农民摊派。中央财政对中西部除市区以外参加新型农村合作医疗农民平均每年每人补助10元，中西部地区各级财政对参加新型农村合作医疗农民的资助总额不低于每年每人10元，东部地区各级财政对参加新型农村合作医疗农民的资助总额应争取达到20元。地方各级财政的负担比例可根据本地经济状况确定。地方各级人民政府要根据《民政部、卫生部、财政部关于实施农村医疗救助的意见》制订实施细则，尽快建立农村医疗救助制度，资助贫困农民参加新型农村合作医疗，并对患大病的贫困农民提供一定医药费用补助，对患特种传染病的农民按有关规定给予补助；要注意把建立新型农村合作医疗制度同扶贫和医疗救助等工作结合起来，共同推进和发展。

九、进一步完善资金收缴方式

要改进农民个人缴费收缴方式，可在农民自愿参加并签约承诺的前提下，由乡（镇）农税或财税部门一次性代收，开具由省级财税部门统一印制的专用收据；也可采取其他符合农民意愿的缴费方式。各地区应将新型农村合作医疗资金运作周期与财政年度一致起来。地方各级财政要在农民个人缴费到位后，及时下拨补助资金，不得弄虚作假，套取上级财政补助资金，一旦发现要严肃查处。

十、合理设置统筹基金与家庭账户

各试点县（市）要在坚持大病统筹为主的原则下，根据实际情况，确定新型农村合作医疗的补助方式，鼓励基层积极创新。要积极探索以大额医疗费用统筹补助为主、兼顾小额费用补助的方式，在建立大病统筹基金的同时，可建立家庭账户。可用个人缴费的一部分建立家庭账户，由个人用于支付门诊医疗费用；个人缴费的其余部分和各级财政补助资金建立大病统筹基金，用于参加新型农村合作医疗农民的大额或住院医疗费用的报销。个人缴费划入家庭账户的比例，由各地区合理确定。

十一、合理确定补助标准

各试点县（市）要坚持以收定支、量入为出、逐步调整、保障适度的原则，在充分听取农民意见的基础上，根据基线调查、筹资总额和参加新型农村合作医疗后农民就医可能增加等情况，科学合理地确定大额或住院医药费用补助的起付线、封顶线和补助比例，并根据实际及时调整，既要防止补助比例过高而透支，又不能因支付比例太低使基金沉淀过多，影响农民受益。在基本条件相似、筹资水平等同的条件下，同一省（自治区、直辖市）内试点县（市）的起付线、封顶线和补助比例差距不宜过大。各地区根据实际确定门诊费用的报销比例，引导农民合理使用家庭账户。家庭账户节余资金，可以结转到下一年度使用。

十二、探索手续简便的报账方式

农民在县（市）、乡（镇）、村定点医疗机构就诊，可先由定点医疗机构初审并垫付规定费用，然后由定点医疗机构定期到县（市）或乡（镇）新型农村合作医疗经办机构核销。新型农村合作医疗经办机构应及时审核支付定点医疗机构的垫付资金，保证定点医疗机构的正常运转。新型农村合作医疗经办机构在审核诊疗项目和费用账目时，如发现定点医疗机构有违反新型农村合作医疗制度相关规定的情况，不予核销，已发生费用由定点医疗机构承担。农民经批准到县（市）级以上医疗机构就医，可先自行垫付有关费用，再由本县（市）新型农村合作医疗经办机构按相关规定及时审核报销。

十三、严格资金管理，确保基金安全

各省、自治区、直辖市财政等部门要组织制订新型农村合作医疗基金管理办法和基金会计制度，按照公开、公平、公正的原则管好、用好基金，不得挤占挪用。一旦发现有挪用或贪污浪费基金等行为的，要依法严处。省级新型农村合作医疗协调领导小组办公室应采取统一招标方式，选择网点覆盖面广、信誉好、服务质量高、提供优惠支持条件多的国有商业银行作为试点县（市）基金代理银行。可由财政部门在代理银行设立基金专用账户。所有新型农村合作医疗资金全部进入代理银行基金专户储存、管理。县（市）新型农村合作医疗经办机构负责审核汇总支付费用，交由财政部门审核开具申请支付凭证，提交代理银行办理资金结算业务，直接将资金转入医疗机构的银行账户。做到银行管钱不管账，经办机构管账不管钱，实现基金收支分离，管用分开，封闭运行。

十四、加强基金监管

新型农村合作医疗经办机构要定期向社会公布新型农村合作医疗基金的具体收支、使用情况，保证农民知情、参与和监督的权利，并接受有关部门的监督。试点县（市）要把基金收支和管理情况纳入当地审计部门的年度审计计划，定期予以专项审计并公开审计结果；县（市）、乡（镇）人民政府可根据本地实际，成立由相关部门和参加新型农村合作医疗的农民代表共同组成的新型农村合作医疗监督委员会，定期检查、监督基金使用和管理情况；各行政村要把新型农村合作医疗支付情况作为村务公开的重要内容之一，至少每季度张榜公布一次，接受村民的监督。

十五、努力改善农村卫生服务条件，提高服务质量

各地区要将试点工作同农村卫生改革与发展有机结合起来，大力推进县（市）、乡（镇）、村三级农村医疗卫生服务网的建设，改善基础设施条件，提高医疗服务水平，坚持预防为主，做好农村预防保健等公共卫生服务。要积极推进县、乡医疗卫生机构内部改革，推动乡（镇）卫生院上划县级卫生行政部门管理的工作，实行全员聘用制。鼓励县、乡、村卫生机构间的纵向合作，使县级医疗机构的技术服务向乡（镇）延伸，乡（镇）医疗卫生机构的技术服务向村延伸，同时鼓励发展民办医疗机构，让农民不出村、乡就能享受到较好的卫生服务。要制定引导医学院校大学毕业生到农村工作锻炼的政策，加大城市卫生支农工作力度，加强基层卫生人员培训，多方面提高农村卫生人员素质。县级卫生行政部门要合理确定新型农村合作医疗定点医疗服务机构，制订和完善诊疗规范，实行双向转诊制度，切实加强监管，严格控制医疗收费标准，不断提高医疗服务质量，向农民提供合理、有效、质优、价廉的医疗卫生服务。乡（镇）、村医疗卫生机构要转变观念，转变作风，立足于为民、便民、利民，端正医德医风，严格执行诊疗规范和新型农村合作医疗用药规定，深入到农民家庭开展预防保健和基本医疗服务，千方百计为农民节约合作医疗经费，使有限的资金发挥最大的效益。充分发挥中医药作用和优势，积极运用中医药为农民提供服务。

十六、加强农村药品质量和购销的监管

食品药品监管部门要加强农村药品质量的监管，严格药品批发企业、零售企业标准，规范农村药品采购渠道，切实加强对农村药品质量的监管力度，保证农民用药有效、安全。价格主管部门要加强对农村医疗卫生机构、药店销售药品的价格监督，严厉查处价格违法违规行为。卫生行政部门要规范医疗卫生机构用药行为，各省、自治区、直辖市卫生行政部门要制订新型农村合作医疗基本药物目录。推行农村卫生机构药品集中采购，也可由县级医疗卫生机构或乡（镇）卫生院为村卫生室代购药品，严格控制农村医药费用的不合理增长，减轻农民医药费用负担。关于加强药品质量和购销监管的具体办法，由食品药品监管局商有关部门另行制订。

地方各级人民政府要加强对新型农村合作医疗试点工作的领导，按照本指导意见提出的要求，加强调查研究和检查指导，结合本地区试点工作实际，不断调整和完善试点方案，扎扎实实地做好试点工作。

国务院关于完善企业职工基本养老保险制度的决定（节选）[1]

（2005年12月3日）

（上略）

二、确保基本养老金按时足额发放。要继续把确保企业离退休人员基本养老金按时足额发放作为首要任务，进一步完善各项政策和工作机制，确保离退休人员基本养老金按时足额发放，不得发生新的基本养老金拖欠，切实保障离退休人员的合法权益。对过去拖欠的基本养老金，各地要根据《中共中央办公厅 国务院办公厅关于进一步做好补发拖欠基本养老金和企业调整工资工作的通知》要求，认真加以解决。

三、扩大基本养老保险覆盖范围。城镇各类企业职工、个体工商户和灵活就业人员都要参加企业职工基本养老保险。当前及今后一个时期，要以非公有制企业、城镇个体工商户和灵活就业人员参保工作为重点，扩大基本养老保险覆盖范围。要进一步落实国家有关社会保险补贴政策，帮助就业困难人员参保缴费。城镇个体工商户和灵活就业人员参加基本养老保险的缴费基数为当地上年度在岗职工平均工资，缴费比例为20%，其中8%记入个人账户，退休后按企业职工基本养老金计发办法计发基本养老金。

四、逐步做实个人账户。做实个人账户，积累基本养老保险基金，是应对人口老龄化的重要举措，也是实现企业职工基本养老保

① 《国务院关于完善企业职工基本养老保险制度的决定》，《中华人民共和国国务院公报》，2006年03期。

险制度可持续发展的重要保证。要继续抓好东北三省做实个人账户试点工作，抓紧研究制订其他地区扩大做实个人账户试点的具体方案，报国务院批准后实施。国家制订个人账户基金管理和投资运营办法，实现保值增值。

五、加强基本养老保险基金征缴与监管。要全面落实《社会保险费征缴暂行条例》的各项规定，严格执行社会保险登记和缴费申报制度，强化社会保险稽核和劳动保障监察执法工作，努力提高征缴率。凡是参加企业职工基本养老保险的单位和个人，都必须按时足额缴纳基本养老保险费；对拒缴、瞒报少缴基本养老保险费的，要依法处理；对欠缴基本养老保险费的，要采取各种措施，加大追缴力度，确保基本养老保险基金应收尽收。各地要按照建立公共财政的要求，积极调整财政支出结构，加大对社会保障的资金投入。

基本养老保险基金要纳入财政专户，实行收支两条线管理，严禁挤占挪用。要制定和完善社会保险基金监督管理的法律法规，实现依法监督。各省、自治区、直辖市人民政府要完善工作机制，保证基金监管制度的顺利实施。要继续发挥审计监督、社会监督和舆论监督的作用，共同维护基金安全。

六、改革基本养老金计发办法。为与做实个人账户相衔接，从2006年1月1日起，个人账户的规模统一由本人缴费工资的11%调整为8%，全部由个人缴费形成，单位缴费不再划入个人账户。同时，进一步完善鼓励职工参保缴费的激励约束机制，相应调整基本养老金计发办法。

《国务院关于建立统一的企业职工基本养老保险制度的决定》（国发〔1997〕26号）实施后参加工作、缴费年限（含视同缴费年限，下同）累计满 15 年的人员，退休后按月发给基本养老金。基本养老金由基础养老金和个人账户养老金组成。退休时的基础养老金月标准以当地上年度在岗职工月平均工资和本人指数化月平均缴费工资的平均值为基数，缴费每满 1 年发给 1%。个人账户养老金月标准为个人账户储存额除以计发月数，计发月数根据职工退休时城镇人口平均预期寿命、本人退休年龄、利息等因素确定。（详见附件）

国发〔1997〕26 号文件实施前参加工作，本决定实施后退休且缴费年限累计满 15 年的人员，在发给基础养老金和个人账户养老金的基础上，再发给过渡性养老金。各省、自治区、直辖市人民政府要按照待遇水平合理衔接、新老政策平稳过渡的原则，在认真测算的基础上，制订具体的过渡办法，并报劳动保障部、财政部备案。

本决定实施后到达退休年龄但缴费年限累计不满 15 年的人员，不发给基础养老金；个人账户储存额一次性支付给本人，终止基本养老保险关系。

本决定实施前已经离退休的人员，仍按国家原来的规定发给基本养老金，同时执行基本养老金调整办法。

七、建立基本养老金正常调整机制。根据职工工资和物价变动等情况，国务院适时调整企业退休人员基本养老金水平，调整幅度为省、自治区、直辖市当地企业在岗职工平均工资年增长率的一定比例。各地根据本地实际情况提出具体调整方案，报劳动保障部、财政部审批后实施。

八、加快提高统筹层次。进一步加强省级基金预算管理，明确省、市、县各级人民政府的责任，建立健全省级基金调剂制度，加大基金调剂力度。在完善市级统筹的基础上，尽快提高统筹层次，实现省级统筹，为构建全国统一的劳动力市场和促进人员合理流动创造条件。

九、发展企业年金。为建立多层次的养老保险体系，增强企业的人才竞争能力，更好地保障企业职工退休后的生活，具备条件的企业可为职工建立企业年金。企业年金基金实行完全积累，采取市场化的方式进行管理和运营。要切实做好企业年金基金监管工作，实现规范运作，切实维护企业和职工的利益。

十、做好退休人员社会化管理服务工作。要按照建立独立于企业事业单位之外社会保障体系的要求，继续做好企业退休人员社会化管理工作。要加强街道、社区劳动保障工作平台建设，加快公共老年服务设施和服务网络建设，条件具备的地方，可开展老年护理服务，兴建退休人员公寓，为退休人员提供更多更好的服务，不断提高退休人员的生活质量。

十一、不断提高社会保险管理服务水平。要高度重视社会保险经办能力建设，加快社会保障信息服务网络建设步伐，建立高效运转的经办管理服务体系，把社会保险的政策落到实处。各级社会保险经办机构要完善管理制度，制定技术标准，规范业务流程，实现规范化、信息化和专业化管理。同时，要加强人员培训，提高政治和业务素质，不断提高工作效率和服务质量。

完善企业职工基本养老保险制度是构建社会主义和谐社会的重要内容，事关改革发展稳定的大局。各地区和有关部门要高度重视，加强领导，精心组织实施，研究制订具体的实施意见和办法，并报劳动保障部备案。劳动保障部要会同有关部门加强指导和监督检查，及时研究解决工作中遇到的问题，确保本决定的贯彻实施。

（下略）

国务院关于开展城镇居民基本医疗保险试点的指导意见（节选）[①]

（2007 年 7 月 10 日）

各省、自治区、直辖市人民政府，国务院各部委、各直属机构：

党中央、国务院高度重视解决广大人民群众的医疗保障问题，不断完善医疗保障制度。1998 年我国开始建立城镇职工基本医疗保险制度，之后又启动了新型农村合作医疗制度试点，建立了城乡医疗救助制度。目前没有医疗保障制度安排的主要是城镇非从业居民。为实现基本建立覆盖城乡全体居民的医疗保障体系的目标，国务院决定，从今年起开展城镇居民基本医疗保险试点（以下简称试点）。各地区各部门要充分认识这项工作的重要性，将其作为落实科学发展观、构建社会主义和谐社会的一项重要任务，高度重视，统筹规划，规范引导，稳步推进。

一、目标和原则

（一）试点目标。2007 年在有条件的省份选择 2 至 3 个城市启动试点，2008 年扩大试点，争取 2009 年试点城市达到 80%以上，2010 年在全国全面推开，逐步覆盖全体城镇非从业居民。要通过试点，探索和完善城镇居民基本医疗保险的政策体系，形成合理的筹资机制、健全的管理体制和规范的运行机制，逐步建立以大病统筹为主的城镇居民基本医疗保险制度。

---

① 《国务院关于开展城镇居民基本医疗保险试点的指导意见》，《中华人民共和国国务院公报》，2007 年 24 期。

（二）试点原则。试点工作要坚持低水平起步，根据经济发展水平和各方面承受能力，合理确定筹资水平和保障标准，重点保障城镇非从业居民的大病医疗需求，逐步提高保障水平；坚持自愿原则，充分尊重群众意愿；明确中央和地方政府的责任，中央确定基本原则和主要政策，地方制订具体办法，对参保居民实行属地管理；坚持统筹协调，做好各类医疗保障制度之间基本政策、标准和管理措施等的衔接。

二、参保范围和筹资水平

（三）参保范围。不属于城镇职工基本医疗保险制度覆盖范围的中小学阶段的学生（包括职业高中、中专、技校学生）、少年儿童和其他非从业城镇居民都可自愿参加城镇居民基本医疗保险。

（四）筹资水平。试点城市应根据当地的经济发展水平以及成年人和未成年人等不同人群的基本医疗消费需求，并考虑当地居民家庭和财政的负担能力，恰当确定筹资水平；探索建立筹资水平、缴费年限和待遇水平相挂钩的机制。

（五）缴费和补助。城镇居民基本医疗保险以家庭缴费为主，政府给予适当补助。参保居民按规定缴纳基本医疗保险费，享受相应的医疗保险待遇，有条件的用人单位可以对职工家属参保缴费给予补助。国家对个人缴费和单位补助资金制定税收鼓励政策。

对试点城市的参保居民，政府每年按不低于人均 40 元给予补助，其中，中央财政从 2007 年起每年通过专项转移支付，对中西部地区按人均 20 元给予补助。在此基础上，对属于低保对象的或重度残疾的学生和儿童参保所需的家庭缴费部分，政府原则上每年再按不低于人均 10 元给予补助，其中，中央财政对中西部地区按人均5元给予补助；对其他低保对象、丧失劳动能力的重度残疾人、低收入家庭60周岁以上的老年人等困难居民参保所需家庭缴费部分，政府每年再按不低于人均60元给予补助，其中，中央财政对中西部地区按人均30元给予补助。中央财政对东部地区参照新型农村合作医疗的补助办法给予适当补助。财政补助的具体方案由财政部门商劳动保障、民政等部门研究确定，补助经费要纳入各级政府的财政预算。

（六）费用支付。城镇居民基本医疗保险基金重点用于参保居民的住院和门诊大病医疗支出，有条件的地区可以逐步试行门诊医疗费用统筹。

城镇居民基本医疗保险基金的使用要坚持以收定支、收支平衡、略有结余的原则。要合理制定城镇居民基本医疗保险基金起付标准、支付比例和最高支付限额，完善支付办法，合理控制医疗费用。探索适合困难城镇非从业居民经济承受能力的医疗服务和费用支付办法，减轻他们的医疗费用负担。城镇居民基本医疗保险基金用于支付规定范围内的医疗费用，其他费用可以通过补充医疗保险、商业健康保险、医疗救助和社会慈善捐助等方式解决。

三、加强管理和服务

（七）组织管理。对城镇居民基本医疗保险的管理，原则上参照城镇职工基本医疗保险的有关规定执行。各地要充分利用现有管理服务体系，改进管理方式，提高管理效率。鼓励有条件的地区结合城镇职工基本医疗保险和新型农村合作医疗管理的实际，进一步整合基本医疗保障管理资源。要探索建立健全由政府机构、参保居民、社会团体、医药服务机构等方面代表参加的医疗保险社会监督组织，加强对城镇居民基本医疗保险管理、服务、运行的监督。建立医疗保险专业技术标准组织和专家咨询组织，完善医疗保险服务管理专业技术标准和业务规范。根据医疗保险事业发展的需要，切实加强医疗保险管理服务机构和队伍建设。建立健全管理制度，完善运行机制，加强医疗保险信息系统建设。

（八）基金管理。要将城镇居民基本医疗保险基金纳入社会保障基金财政专户统一管理，单独列账。试点城市要按照社会保险基金管理等有关规定，严格执行财务制度，加强对基本医疗保险基金的管理和监督，探索建立健全基金的风险防范和调剂机制，确保基金安全。

（九）服务管理。对城镇居民基本医疗保险的医疗服务管理，原则上参照城镇职工基本医疗保险的有关规定执行，具体办法由试点城市劳动保障部门会同发展改革、财政、卫生等部门制定。要综合考虑参保居民的基本医疗需求和基本医疗保险基金的承受能力等因素，合理确定医疗服务的范围。通过订立和履行定点服务协议，规范对定点医疗机构和定点零售药店的管理，明确医疗保险经办机构和定点的医疗机构、零售药店的权利和义务。医疗保险经办机构要简化审批手续，方便居民参保和报销医疗费用；明确医疗费用结算办法，按规定与医疗机构及时结算。加强对医疗费用支出的管理，探索建立医疗保险管理服务的奖惩机制。积极推行医疗费用按病种付费、按总额预付等结算方式，探索协议确定医疗费用标准的办法。

（十）充分发挥城市社区服务组织等的作用。整合、提升、拓宽城市社区服务组织的功能，加强社区服务平台建设，做好基本医疗保险管理服务工作。大力发展社区卫生服务，将符合条件的社区卫生服务机构纳入医疗保险定点范围；对参保居民到社区卫生服务机构就医发生的医疗费用，要适当提高医疗保险基金的支付比例。

四、深化相关改革

（十一）继续完善各项医疗保障制度。进一步完善城镇职工基本医疗保险制度，采取有效措施将混合所有制、非公有制经济组织从业人员以及灵活就业人员纳入城镇职工基本医疗保险；大力推进进城务工的农民工参加城镇职工基本医疗保险，重点解决大病统筹问题；继续着力解决国有困难企业、关闭破产企业等职工和退休人员的医疗保障问题；鼓励劳动年龄内有劳动能力的城镇居民，以多种方式就业并参加城镇职工基本医疗保险；进一步规范现行城镇职工基本医疗保险的支付政策，强化医疗服务管理。加快实施新型农村合作医疗制度。进一步完善城市和农村医疗救助制度。完善多层次医疗保障体系，搞好各项医疗保障制度的衔接。

（十二）协同推进医疗卫生体制和药品生产流通体制改革。根据深化医药卫生体制改革的总体要求，统筹协调医疗卫生、药品生产流通和医疗保障体系的改革和制度衔接，充分发挥医疗保障体系在筹集医疗资金、提高医疗质量和控制医疗费用等方面的作用。进一步转变政府职能，加强区域卫生规划，健全医疗服务体系。建立健全卫生行业标准体系，加强对医疗服务和药品市场的监管。规范医疗服务行为，逐步建立和完善临床操作规范、临床诊疗指南、临床用药规范和出入院标准等技术标准。加快城市社区卫生服务体系建设，充分发挥社区卫生服务和中医药服务在医疗服务中的作用，有条件的地区可探索实行参保居民分级医疗的办法。

五、加强组织领导

（十三）建立国务院城镇居民基本医疗保险部际联席会议制度。在国务院领导下，国务院城镇居民基本医疗保险部际联席会议（以下简称部际联席会议）负责组织协调和宏观指导试点工作，研究制定相关政策并督促检查政策的落实情况，总结评估试点工作，协调解决试点工作中出现的问题，并就重大问题向国务院提出报告和建议。

（十四）选择确定试点城市。省级人民政府可根据本地条件选择2至3个试点城市，报部际联席会议审定。试点城市的试点实施方案报部际联席会议办公室备案，由省（区、市）人民政府批准实施。

（十五）制定配套政策和措施。劳动保障部门要会同发展改革、财政、卫生、民政、教育、药品监督和中医药管理等有关部门制定相关配套政策和措施。各部门要根据各自的职责，协同配合，加快推进各项配套改革。动员社会各方面力量，为推进医疗保险制度改革创造良好的环境、提供有力的支持，确保试点工作的顺利进行。

（十六）精心组织实施。地方各级人民政府要充分认识试点工作的重大意义，切实加强组织领导。省级人民政府要根据本指导意见规定的试点目标和任务、基本政策和工作步骤，统筹规划，积极稳妥地推进本行政区域的试点工作。试点城市要在充分调研、周密测算、多方论证的基础上，制订试点实施方案并精心组织实施。已经先行开展基本医疗保险工作的城市，要及时总结经验，完善制度，进一步探索更加符合实际的基本医疗保险的体制和机制。

（十七）做好舆论宣传工作。建立城镇居民基本医疗保险制度直接关系广大群众的切身利益，是一项重大的民生工程，政策性很强。各地要坚持正确的舆论导向，加强对试点工作重要意义、基本原则和方针政策的宣传，加强对试点中好的做法和经验的总结推广，使这项惠民政策深入人心，真正得到广大群众和社会各界的理解和支持，使试点工作成为广大群众积极参与的实践。

（下略）

国务院关于开展新型农村社会养老保险试点的指导意见（节选）[①]

（2009 年 9 月 1 日）

（上略）

二、任务目标

探索建立个人缴费、集体补助、政府补贴相结合的新农保制度，实行社会统筹与个人账户相结合，与家庭养老、土地保障、社会救助等其他社会保障政策措施相配套，保障农村居民老年基本生活。2009 年试点覆盖面为全国 10%的县（市、区、旗），以后逐步扩大试点，在全国普遍实施，2020 年之前基本实现对农村适龄居民的全覆盖。

三、参保范围

年满 16 周岁（不含在校学生）、未参加城镇职工基本养老保险的农村居民，可以在户籍地自愿参加新农保。

四、基金筹集

新农保基金由个人缴费、集体补助、政府补贴构成。

（一）个人缴费。参加新农保的农村居民应当按规定缴纳养老保险费。缴费标准目前设为每年 100 元、200 元、300 元、400 元、500 元 5 个档次，地方可以根据实际情况增设缴费档次。参保

① 《国务院关于开展新型农村社会养老保险试点的指导意见》，《中华人民共和国国务院公报》，2009 年 26 期。

人自主选择档次缴费，多缴多得。国家依据农村居民人均纯收入增长等情况适时调整缴费档次。

（二）集体补助。有条件的村集体应当对参保人缴费给予补助，补助标准由村民委员会召开村民会议民主确定。鼓励其他经济组织、社会公益组织、个人为参保人缴费提供资助。

（三）政府补贴。政府对符合领取条件的参保人全额支付新农保基础养老金，其中中央财政对中西部地区按中央确定的基础养老金标准给予全额补助，对东部地区给予 50%的补助。

地方政府应当对参保人缴费给予补贴，补贴标准不低于每人每年 30 元；对选择较高档次标准缴费的，可给予适当鼓励，具体标准和办法由省（区、市）人民政府确定。对农村重度残疾人等缴费困难群体，地方政府为其代缴部分或全部最低标准的养老保险费。

五、建立个人账户

国家为每个新农保参保人建立终身记录的养老保险个人账户。个人缴费，集体补助及其他经济组织、社会公益组织、个人对参保人缴费的资助，地方政府对参保人的缴费补贴，全部记入个人账户。个人账户储存额目前每年参考中国人民银行公布的金融机构人民币一年期存款利率计息。

六、养老金待遇

养老金待遇由基础养老金和个人账户养老金组成，支付终身。

中央确定的基础养老金标准为每人每月 55 元。地方政府可以根据实际情况提高基础养老金标准，对于长期缴费的农村居民，可适当加发基础养老金，提高和加发部分的资金由地方政府支出。

个人账户养老金的月计发标准为个人账户全部储存额除以139（与现行城镇职工基本养老保险个人账户养老金计发系数相同）。参保人死亡，个人账户中的资金余额，除政府补贴外，可以依法继承；政府补贴余额用于继续支付其他参保人的养老金。

七、养老金待遇领取条件

年满60周岁、未享受城镇职工基本养老保险待遇的农村有户籍的老年人，可以按月领取养老金。

新农保制度实施时，已年满60周岁、未享受城镇职工基本养老保险待遇的，不用缴费，可以按月领取基础养老金，但其符合参保条件的子女应当参保缴费；距领取年龄不足15年的，应按年缴费，也允许补缴，累计缴费不超过15年；距领取年龄超过15年的，应按年缴费，累计缴费不少于15年。

（下略）

关于做好国有企业老工伤人员等纳入工伤保险统筹管理有关工作的通知[①]

（人社部 财政部 国务院国资委 监察部）

（2011 年 1 月 20 日）

党中央、国务院高度重视企业工伤职工的权益保障工作。近年来，各级党委政府积极采取措施，大力推进将企业未纳入统筹管理的工伤人员（以下简称老工伤人员）纳入工伤保险统筹管理工作，取得了积极的成效。为彻底解决国有企业老工伤人员等纳入工伤保险统筹问题，切实保障好他们的工伤保险权益，经国务院同意，现就有关问题通知如下：

一、高度重视国有企业老工伤人员等纳入统筹问题

各地要高度重视将国有企业老工伤人员等纳入工伤保险统筹工作，按照要求采取切实有效措施，在 2011 年 4 月底前将国有企业（包括中央企业、中央下放企业及已实施关闭破产的中央和中央下放企业）有伤残等级老工伤人员和工亡职工供养亲属全部纳入工伤保险统筹管理，同时统筹解决好国有企业其他老工伤人员和集体企业、原国有集体改制企业老工伤人员纳入工伤保险统筹管理问题，确保到 2011 年底前基本实现上述各类企业老工伤人员全部纳入工伤保险统筹管理。

---

① 《关于做好国有企业老工伤人员等纳入工伤保险统筹管理有关工作的通知》，中国政府网，2011 年 1 月 20 日。

二、多渠道筹集国有企业老工伤人员纳入统筹所需资金

各地要通过统筹基金调剂、企业趸缴部分费用、政府补助等多渠道筹集国有企业老工伤人员纳入工伤保险统筹所需资金。对尚未参保的企业，要依照《工伤保险条例》督促其参保，并同步将其老工伤人员全部纳入工伤保险统筹管理；各地可规定企业除按规定参保缴费外，再按一定标准一次性趸缴部分费用。对已参保的企业，应将其老工伤人员直接纳入工伤保险统筹管理，所需资金通过工伤保险基金调剂解决；工伤保险基金没有结余或结余较少的，也可规定企业按一定标准一次性趸缴部分费用。企业已实施关闭破产的，老工伤人员纳入工伤保险所需资金，主要通过工伤保险基金调剂解决，同级财政给予适当补助。具体办法由统筹地区政府根据统筹基金收支、结余及老工伤人员待遇支出等情况确定。

三、统筹解决其他企业老工伤人员纳入统筹问题

各地要制定具体的实施办法，切实解决好集体企业、其他企业老工伤人员纳入工伤保险统筹管理问题。对原已按照规定通过一次性支付补偿金等办法终结工伤待遇关系的各类企业工伤人员，不再作为老工伤人员纳入工伤保险统筹管理。

四、政府对老工伤人员纳入统筹给予适当支持

各统筹地区政府应切实督促各类企业参保，并按要求将企业老工伤人员纳入工伤保险统筹管理。对通过扩大工伤保险覆盖面、工伤保险基金调剂、企业趸缴部分费用后仍难以满足老工伤人员待遇资金需求的，统筹地区人民政府应安排一定的补助资金，确保老工伤人员纳入统筹管理后工伤保险基金平稳定运行。省级财政对解决老工伤问题工作任务重、统筹地区负担有困难的地区给予适当支持。中央财政按照“奖补结合”的原则，给予一次性补助，并对工作任务重、财政困难的地区给予适当倾斜。

五、确保老工伤人员各项待遇

企业老工伤人员纳入工伤保险统筹管理后，按《工伤保险条例》规定由工伤保险基金支付其新发生的工伤保险待遇。已经按城镇企业职工基本养老保险政策规定享受养老保险待遇的退休老工伤人员，继续按原渠道领取基本养老金，以后的工伤医疗费等其他工伤保险待遇纳入工伤保险基金统筹管理。

六、做好工伤保险各项基础工作

各地要加快扩大工伤保险覆盖面，按社会保险法和《工伤保险条例》规定实现各类企业全部参加工伤保险，并按规定将各类企业工伤人员纳入工伤保险统筹管理。同时，加强工伤保险费征收管理，确保应收尽收，增强基金保障能力。今后企业参加工伤保险，要一并解决参保前工伤人员纳入工伤保险统筹问题，避免再出现新的老工伤人员。要逐步提高工伤保险统筹层次，到 2011 年底前全部实现地市级统筹，有条件的地区可实行省级统筹。

七、切实抓好督促落实

各地要认真履行职责，切实担起责任，抓好工作落实。各统筹地区要按照规定加大工作力度，多渠道筹措资金，制定明确具体的工作计划，保证资金到位、政策到位、管理到位，确保按期完成工作任务。各省、自治区、直辖市人民政府要对企业老工伤人员纳入工伤保险统筹管理工作负总责，制定切实可行的工作方案，进一步明确政策要求，切实加大对统筹地区的工作指导、监督力度，确保各项政策的落实。人力资源社会保障部、财政部、国资委、监察部将与各省、自治区、直辖市人民政府签订工作目标协议书，强化工作责任，明确工作要求，并适时组织对各地落实情况的督促检查。

关于开展城乡居民大病保险工作的指导意见[①]

（国家发展改革委 卫生部 财政部 人力资源社会保障部 民政部 保监会）

（2012年8月24日）

各省、自治区、直辖市人民政府，新疆生产建设兵团：

根据《国务院关于印发“十二五”期间深化医药卫生体制改革规划暨实施方案的通知》（国发〔2012〕11号），为进一步完善城乡居民医疗保障制度，健全多层次医疗保障体系，有效提高重特大疾病保障水平，经国务院同意，现就开展城乡居民大病保险工作提出以下指导意见：

一、充分认识开展城乡居民大病保险工作的必要性

近年来，随着全民医保体系的初步建立，人民群众看病就医有了基本保障，但由于我国的基本医疗保障制度，特别是城镇居民基本医疗保险（以下简称城镇居民医保）、新型农村合作医疗（以下简称新农合）的保障水平还比较低，人民群众对大病医疗费用负担重反映仍较强烈。

城乡居民大病保险，是在基本医疗保障的基础上，对大病患者发生的高额医疗费用给予进一步保障的一项制度性安排，可进一步放大保障效用，是基本医疗保障制度的拓展和延伸，是对基本医疗保障的有益补充。开展这项工作，是减轻人民群众大病医疗费用负

---

① 《关于开展城乡居民大病保险工作的指导意见》，《中国人力资源社会保障》，2012年10期。

担，解决因病致贫、因病返贫问题的迫切需要；是建立健全多层次医疗保障体系，推进全民医保制度建设的内在要求；是推动医保、医疗、医药互联互动，并促进政府主导与市场机制作用相结合，提高基本医疗保障水平和质量的有效途径；是进一步体现互助共济，促进社会公平正义的重要举措。

二、开展城乡居民大病保险工作的基本原则

（一）坚持以人为本，统筹安排。把维护人民群众健康权益放在首位，切实解决人民群众因病致贫、因病返贫的突出问题。充分发挥基本医疗保险、大病保险与重特大疾病医疗救助等的协同互补作用，加强制度之间的衔接，形成合力。

（二）坚持政府主导，专业运作。政府负责基本政策制定、组织协调、筹资管理，并加强监管指导。利用商业保险机构的专业优势，支持商业保险机构承办大病保险，发挥市场机制作用，提高大病保险的运行效率、服务水平和质量。

（三）坚持责任共担，持续发展。大病保险保障水平要与经济社会发展、医疗消费水平及承受能力相适应。强化社会互助共济的意识和作用，形成政府、个人和保险机构共同分担大病风险的机制。强化当年收支平衡的原则，合理测算、稳妥起步，规范运作，保障资金安全，实现可持续发展。

（四）坚持因地制宜，机制创新。各省、区、市、新疆生产建设兵团在国家确定的原则下，结合当地实际，制定开展大病保险的具体方案。鼓励地方不断探索创新，完善大病保险承办准入、退出和监管制度，完善支付制度，引导合理诊疗，建立大病保险长期稳健运行的长效机制。

三、城乡居民大病保险的筹资机制

（一）筹资标准。各地结合当地经济社会发展水平、医疗保险筹资能力、患大病发生高额医疗费用的情况、基本医疗保险补偿水平，以及大病保险保障水平等因素，精细测算，科学合理确定大病保险的筹资标准。

（二）资金来源。从城镇居民医保基金、新农合基金中划出一定比例或额度作为大病保险资金。城镇居民医保和新农合基金有结余的地区，利用结余筹集大病保险资金；结余不足或没有结余的地区，在城镇居民医保、新农合年度提高筹资时统筹解决资金来源，逐步完善城镇居民医保、新农合多渠道筹资机制。

（三）统筹层次和范围。开展大病保险可以市（地）级统筹，也可以探索全省（区、市）统一政策，统一组织实施，提高抗风险能力。有条件的地方可以探索建立覆盖职工、城镇居民、农村居民的统一的大病保险制度。

四、城乡居民大病保险的保障内容

（一）保障对象。大病保险保障对象为城镇居民医保、新农合的参保（合）人。

（二）保障范围。大病保险的保障范围要与城镇居民医保、新农合相衔接。城镇居民医保、新农合应按政策规定提供基本医疗保障。在此基础上，大病保险主要在参保（合）人患大病发生高额医疗费用的情况下，对城镇居民医保、新农合补偿后需个人负担的合规医疗费用给予保障。高额医疗费用，可以个人年度累计负担的合规医疗费用超过当地统计部门公布的上一年度城镇居民年人均可支配收入、农村居民年人均纯收入为判定标准，具体金额由地方政府确定。合规医疗费用，指实际发生的、合理的医疗费用（可规定不予支付的事项），具体由地方政府确定。各地也可以从个人负担较重的疾病病种起步开展大病保险。

（三）保障水平。以力争避免城乡居民发生家庭灾难性医疗支出为目标，合理确定大病保险补偿政策，实际支付比例不低于50%；按医疗费用高低分段制定支付比例，原则上医疗费用越高支付比例越高。随着筹资、管理和保障水平的不断提高，逐步提高大病报销比例，最大限度地减轻个人医疗费用负担。

做好基本医疗保险、大病保险与重特大疾病医疗救助的衔接，建立大病信息通报制度，及时掌握大病患者医保支付情况，强化政策联动，切实避免因病致贫、因病返贫问题。城乡医疗救助的定点医疗机构、用药和诊疗范围分别参照基本医疗保险、大病保险的有关政策规定执行。

五、城乡居民大病保险的承办方式

（一）采取向商业保险机构购买大病保险的方式。地方政府卫生、人力资源社会保障、财政、发展改革部门制定大病保险的筹资、报销范围、最低补偿比例，以及就医、结算管理等基本政策要求，并通过政府招标选定承办大病保险的商业保险机构。招标主要包括具体补偿比例、盈亏率、配备的承办和管理力量等内容。符合基本准入条件的商业保险机构自愿参加投标，中标后以保险合同形式承办大病保险，承担经营风险，自负盈亏。商业保险机构承办大病保险的保费收入，按现行规定免征营业税。已开展城乡居民大病保障、补充保险等的地区，要逐步完善机制，做好衔接。

（二）规范大病保险招标投标与合同管理。各地要坚持公开、公平、公正和诚实信用的原则，建立健全招标机制，规范招标程序。商业保险机构要依法投标。招标人应与中标商业保险机构签署保险合同，明确双方的责任、权利和义务，合作期限原则不低于3年。要遵循收支平衡、保本微利的原则，合理控制商业保险机构盈利率，建立起以保障水平和参保（合）人满意度为核心的考核办法。为有利于大病保险长期稳定运行，切实保障参保（合）人实际受益水平，可以在合同中对超额结余及政策性亏损建立相应动态调整机制。各地要不断完善合同内容，探索制定全省（区、市）统一的合同范本。因违反合同约定，或发生其他严重损害参保（合）人权益的情况，合同双方可以提前终止或解除合作，并依法追究责任。

（三）严格商业保险机构基本准入条件。承办大病保险的商业保险机构必须具备以下基本条件：符合保监会规定的经营健康保险的必备条件；在中国境内经营健康保险专项业务5年以上，具有良好市场信誉；具备完善的服务网络和较强的医疗保险专业能力；配备医学等专业背景的专职工作人员；商业保险机构总部同意分支机构参与当地大病保险业务，并提供业务、财务、信息技术等支持；能够实现大病保险业务单独核算。

（四）不断提升大病保险管理服务的能力和水平。规范资金管理，商业保险机构承办大病保险获得的保费实行单独核算，确保资金安全，保证偿付能力。加强与城镇居民医保、新农合经办服务的衔接，提供“一站式”即时结算服务，确保群众方便、及时享受大病保险待遇。经城镇居民医保、新农合经办机构授权，可依托城镇居民医保、新农合信息系统，进行必要的信息交换和数据共享，以完善服务流程，简化报销手续。发挥商业保险机构全国网络等优势，为参保（合）人提供异地结算等服务。与基本医疗保险协同推进支付方式改革，按照诊疗规范和临床路径，规范医疗行为，控制医疗费用。

商业保险机构要切实加强管理，控制风险，降低管理成本、提升服务效率，加快结算速度，依规及时、合理向医疗机构支付医疗费用。鼓励商业保险机构在承办好大病保险业务的基础上，提供多样化的健康保险产品。

六、切实加强监管

（一）加强对商业保险机构承办大病保险的监管。各相关部门要各负其责，配合协同，切实保障参保（合）人权益。卫生、人力资源社会保障部门作为新农合、城镇居民医保主管部门和招标人，通过日常抽查、建立投诉受理渠道等多种方式进行监督检查，督促商业保险机构按合同要求提高服务质量和水平，维护参保（合）人信息安全，防止信息外泄和滥用，对违法违约行为及时处理。保险业监管部门做好从业资格审查、服务质量与日常业务监管，加强偿付能力和市场行为监管，对商业保险机构的违规行为和不正当竞争行为加大查处力度。财政部门对利用基本医保基金向商业保险机构购买大病保险明确相应的财务列支和会计核算办法，加强基金管理。审计部门按规定进行严格审计。

（二）强化对医疗机构和医疗费用的管控。各相关部门和机构要通过多种方式加强监督管理，防控不合理医疗行为和费用，保障医疗服务质量。卫生部门要加强对医疗机构、医疗服务行为和质量的监管。商业保险机构要充分发挥医疗保险机制的作用，与卫生、人力资源社会保障部门密切配合，加强对相关医疗服务和医疗费用的监控。

（三）建立信息公开、社会多方参与的监管制度。将与商业保险机构签订协议的情况，以及筹资标准、待遇水平、支付流程、结算效率和大病保险年度收支情况等向社会公开，接受社会监督。

七、工作要求

（一）加强领导，认真组织实施。各地要充分认识开展大病保险的重要性，精心谋划，周密部署，先行试点，逐步推开。已开展大病保险试点的省份要及时总结经验，逐步扩大实施范围。尚未开展试点的省份可以选择几个市（地）试点或全省进行试点。各地要在实践中不断完善政策。各省（区、市）医改领导小组要将本省份制定的实施方案报国务院医改领导小组办公室、卫生部、财政部、人力资源社会保障部、保监会备案。

（二）稳妥推进，注意趋利避害。各地要充分考虑大病保险保障的稳定性和可持续性，循序推进，重点探索大病保险的保障范围、保障程度、资金管理、招标机制、运行规范等。注意总结经验，及时研究解决发现的问题，加强评估，每年对大病保险工作进展和运行情况进行总结。各省（区、市）医改领导小组要将年度报告报送国务院医改领导小组办公室、卫生部、财政部、人力资源社会保障部、保监会、民政部。

（三）统筹协调，加强部门协作。开展大病保险涉及多个部门、多项制度衔接，各地要在医改领导小组的领导下，建立由发展改革（医改领导小组办公室）、卫生、人力资源社会保障、财政、保监、民政等部门组成的大病保险工作协调推进机制。中央有关部门加强对城乡居民大病保险工作的指导协调。卫生、人力资源社会保障、财政、保监等部门要按职责分工抓好落实，细化配套措施，并加强沟通协作，形成合力。各地医改领导小组办公室要发挥统筹协调和服务作用，并做好跟踪分析、监测评价等工作。

（四）注重宣传，做好舆论引导。要加强对大病保险政策的宣传和解读，密切跟踪分析舆情，增强全社会的保险责任意识，使这项政策深入人心，得到广大群众和社会各界的理解和支持，为大病保险实施营造良好的社会环境。

国务院关于建立统一的城乡居民基本养老保险制度的意见（节选）[①]

（2014年2月21日）

（上略）

二、任务目标

坚持和完善社会统筹与个人账户相结合的制度模式，巩固和拓宽个人缴费、集体补助、政府补贴相结合的资金筹集渠道，完善基础养老金和个人账户养老金相结合的待遇支付政策，强化长缴多得、多缴多得等制度的激励机制，建立基础养老金正常调整机制，健全服务网络，提高管理水平，为参保居民提供方便快捷的服务。"十二五"末，在全国基本实现新农保和城居保制度合并实施，并与职工基本养老保险制度相衔接。2020年前，全面建成公平、统一、规范的城乡居民养老保险制度，与社会救助、社会福利等其他社会保障政策相配套，充分发挥家庭养老等传统保障方式的积极作用，更好保障参保城乡居民的老年基本生活。

三、参保范围

年满16周岁（不含在校学生），非国家机关和事业单位工作人员及不属于职工基本养老保险制度覆盖范围的城乡居民，可以在户籍地参加城乡居民养老保险。

① 《国务院关于建立统一的城乡居民基本养老保险制度的意见》，中国政府网，2014年2月26日。

四、基金筹集

城乡居民养老保险基金由个人缴费、集体补助、政府补贴构成。

（一）个人缴费。

参加城乡居民养老保险的人员应当按规定缴纳养老保险费。缴费标准目前设为每年100元、200元、300元、400元、500元、600元、700元、800元、900元、1000元、1500元、2000元12个档次，省（区、市）人民政府可以根据实际情况增设缴费档次，最高缴费档次标准原则上不超过当地灵活就业人员参加职工基本养老保险的年缴费额，并报人力资源社会保障部备案。人力资源社会保障部会同财政部依据城乡居民收入增长等情况适时调整缴费档次标准。参保人自主选择档次缴费，多缴多得。

（二）集体补助。

有条件的村集体经济组织应当对参保人缴费给予补助，补助标准由村民委员会召开村民会议民主确定，鼓励有条件的社区将集体补助纳入社区公益事业资金筹集范围。鼓励其他社会经济组织、公益慈善组织、个人为参保人缴费提供资助。补助、资助金额不超过当地设定的最高缴费档次标准。

（三）政府补贴。

政府对符合领取城乡居民养老保险待遇条件的参保人全额支付基础养老金，其中，中央财政对中西部地区按中央确定的基础养老金标准给予全额补助，对东部地区给予50%的补助。

地方人民政府应当对参保人缴费给予补贴，对选择最低档次标准缴费的，补贴标准不低于每人每年30元；对选择较高档次标准缴费的，适当增加补贴金额；对选择500元及以上档次标准缴费的，补贴标准不低于每人每年60元，具体标准和办法由省（区、市）人民政府确定。对重度残疾人等缴费困难群体，地方人民政府为其代缴部分或全部最低标准的养老保险费。

五、建立个人账户

国家为每个参保人员建立终身记录的养老保险个人账户，个人缴费、地方人民政府对参保人的缴费补贴、集体补助及其他社会经济组织、公益慈善组织、个人对参保人的缴费资助，全部记入个人账户。个人账户储存额按国家规定计息。

六、养老保险待遇及调整

城乡居民养老保险待遇由基础养老金和个人账户养老金构成，支付终身。

（一）基础养老金。中央确定基础养老金最低标准，建立基础养老金最低标准正常调整机制，根据经济发展和物价变动等情况，适时调整全国基础养老金最低标准。地方人民政府可以根据实际情况适当提高基础养老金标准；对长期缴费的，可适当加发基础养老金，提高和加发部分的资金由地方人民政府支出，具体办法由省（区、市）人民政府规定，并报人力资源社会保障部备案。

（二）个人账户养老金。个人账户养老金的月计发标准，目前为个人账户全部储存额除以 139（与现行职工基本养老保险个人账户养老金计发系数相同）。参保人死亡，个人账户资金余额可以依法继承。

（下略）

国务院关于全面建立临时救助制度的通知[①]

（2014 年 10 月 3 日）

各省、自治区、直辖市人民政府，国务院各部委、各直属机构：

为贯彻落实党的十八大和十八届二中、三中全会精神，进一步发挥社会救助托底线、救急难作用，解决城乡困难群众突发性、紧迫性、临时性生活困难，根据《社会救助暂行办法》有关规定，国务院决定全面建立临时救助制度。现就有关问题通知如下：

一、充分认识全面建立临时救助制度的重要意义

党和政府高度重视社会救助工作。多年来，以最低生活保障、特困人员供养、受灾人员救助等基本生活救助和医疗、教育、住房、就业等专项救助制度为支撑的社会救助体系基本建立，绝大多数困难群众得到了及时、有效的救助。同时，社会救助体系仍存在“短板”，解决一些遭遇突发性、紧迫性、临时性生活困难的群众救助问题仍缺乏相应的制度安排，迫切需要全面建立临时救助制度，发挥救急难功能，使城乡困难群众基本生活都能得到有效保障，兜住底线。

建立临时救助制度是填补社会救助体系空白，提升社会救助综合效益，确保社会救助安全网网底不破的必然要求，对于全面深化改革、促进社会公平正义、全面建成小康社会具有重要意义。各地区、各部门要充分认识建立临时救助制度的重要性和紧迫性，增强

① 《国务院关于全面建立临时救助制度的通知》，中国政府网，2014 年 10 月 24 日。

使命感和责任感，将其作为加强和改善民生的一项重要任务，全面落实，扎实推进。

二、明确建立临时救助制度的目标任务和总体要求

临时救助制度要以解决城乡群众突发性、紧迫性、临时性基本生活困难问题为目标，通过完善政策措施，健全工作机制，强化责任落实，鼓励社会参与，增强救助时效，补“短板”、扫“盲区”，编实织密困难群众基本生活安全网，切实保障困难群众基本生活权益。

临时救助制度实行地方各级人民政府负责制。县级以上地方人民政府民政部门要统筹做好本行政区域内的临时救助工作，卫生计生、教育、住房城乡建设、人力资源社会保障、财政等部门要主动配合，密切协作。

国务院民政部门统筹全国临时救助制度建设。国务院民政、卫生计生、教育、住房城乡建设、人力资源社会保障、财政等部门，按照各自职责做好相关工作。

临时救助工作要坚持应救尽救，确保有困难的群众都能求助有门，并按规定得到及时救助；坚持适度救助，着眼于解决基本生活困难、摆脱临时困境，既要尽力而为，又要量力而行；坚持公开公正，做到政策公开、过程透明、结果公正；坚持制度衔接，加强各项救助、保障制度的衔接配合，形成整体合力；坚持资源统筹，政府救助、社会帮扶、家庭自救有机结合。

三、临时救助制度的主要内容

临时救助是国家对遭遇突发事件、意外伤害、重大疾病或其他

特殊原因导致基本生活陷入困境，其他社会救助制度暂时无法覆盖或救助之后基本生活暂时仍有严重困难的家庭或个人给予的应急性、过渡性的救助。

（一）对象范围。

家庭对象。因火灾、交通事故等意外事件，家庭成员突发重大疾病等原因，导致基本生活暂时出现严重困难的家庭；因生活必需支出突然增加超出家庭承受能力，导致基本生活暂时出现严重困难的最低生活保障家庭；遭遇其他特殊困难的家庭。

个人对象。因遭遇火灾、交通事故、突发重大疾病或其他特殊困难，暂时无法得到家庭支持，导致基本生活陷入困境的个人。其中，符合生活无着的流浪、乞讨人员救助条件的，由县级人民政府按有关规定提供临时食宿、急病救治、协助返回等救助。

因自然灾害、事故灾难、公共卫生、社会安全等突发公共事件，需要开展紧急转移安置和基本生活救助，以及属于疾病应急救助范围的，按照有关规定执行。

县级以上地方人民政府应当根据当地实际，制定具体的临时救助对象认定办法，规定意外事件、突发重大疾病、生活必需支出突然增加以及其他特殊困难的类型和范围。

（二）申请受理。

依申请受理。凡认为符合救助条件的城乡居民家庭或个人均可以向所在地乡镇人民政府（街道办事处）提出临时救助申请；受申请人委托，村（居）民委员会或其他单位、个人可以代为提出临时救助申请。对于具有本地户籍、持有当地居住证的，由当地乡镇人民政府（街道办事处）受理；对于上述情形以外的，当地乡镇人民政府（街道办事处）应当协助其向县级人民政府设立的救助管理机构（即救助管理站、未成年人救助保护中心等）申请救助；当地县级人民政府没有设立救助管理机构的，乡镇人民政府（街道办事处）应当协助其向县级人民政府民政部门申请救助。申请临时救助，应按规定提交相关证明材料，无正当理由，乡镇人民政府（街道办事处）不得拒绝受理；因情况紧急无法在申请时提供相关证明材料的，乡镇人民政府（街道办事处）可先行受理。

主动发现受理。乡镇人民政府（街道办事处）、村（居）民委员会要及时核实辖区居民遭遇突发事件、意外事故、罹患重病等特殊情况，帮助有困难的家庭或个人提出救助申请。公安、城管等部门在执法中发现身处困境的未成年人、精神病人等无民事行为能力人或限制民事行为能力人，以及失去主动求助能力的危重病人等，应主动采取必要措施，帮助其脱离困境。乡镇人民政府（街道办事处）或县级人民政府民政部门、救助管理机构在发现或接到有关部门、社会组织、公民个人报告救助线索后，应主动核查情况，对于其中符合临时救助条件的，应协助其申请救助并受理。

（三）审核审批。

一般程序。乡镇人民政府（街道办事处）应当在村（居）民委员会协助下，对临时救助申请人的家庭经济状况、人口状况、遭遇困难类型等逐一调查，视情组织民主评议，提出审核意见，并在申请人所居住的村（居）民委员会张榜公示后，报县级人民政府民政部门审批。对申请临时救助的非本地户籍居民，户籍所在地县级人民政府民政部门应配合做好有关审核工作。县级人民政府民政部门根据乡镇人民政府（街道办事处）提交的审核意见作出审批决定。救助金额较小的，县级人民政府民政部门可以委托乡镇人民政府（街道办事处）审批，但应报县级人民政府民政部门备案。对符合条件的，应及时予以批准；不符合条件不予批准，并书面向申请人说明理由。申请人以同一事由重复申请临时救助，无正当理由的，不予救助。对于未持有当地居住证的非本地户籍人员，县级人民政府民政部门、救助管理机构可以按生活无着人员救助管理有关规定审核审批，提供救助。

紧急程序。对于情况紧急、需立即采取措施以防止造成无法挽回的损失或无法改变的严重后果的，乡镇人民政府（街道办事处）、县级人民政府民政部门应先行救助。紧急情况解除之后，应按规定补齐审核审批手续。

（四）救助方式。

对符合条件的救助对象，可采取以下救助方式：

发放临时救助金。各地要全面推行临时救助金社会化发放，按照财政国库管理制度将临时救助金直接支付到救助对象个人账户，确保救助金足额、及时发放到位。必要时，可直接发放现金。

发放实物。根据临时救助标准和救助对象基本生活需要，可采取发放衣物、食品、饮用水，提供临时住所等方式予以救助。对于采取实物发放形式的，除紧急情况外，要严格按照政府采购制度的有关规定执行。

提供转介服务。对给予临时救助金、实物救助后，仍不能解决临时救助对象困难的，可分情况提供转介服务。对符合最低生活保障或医疗、教育、住房、就业等专项救助条件的，要协助其申请；对需要公益慈善组织、社会工作服务机构等通过慈善项目、发动社会募捐、提供专业服务、志愿服务等形式给予帮扶的，要及时转介。

（五）救助标准。

临时救助标准要与当地经济社会发展水平相适应。县级以上地方人民政府要根据救助对象困难类型、困难程度，统筹考虑其他社会救助制度保障水平，合理确定临时救助标准，并适时调整。临时救助标准应向社会公布。省级人民政府要加强对本行政区域内临时救助标准制定的统筹，推动形成相对统一的区域临时救助标准。

四、建立健全临时救助工作机制

（一）建立“一门受理、协同办理”机制。

各地要建立“一门受理、协同办理”机制，依托乡镇人民政府（街道办事处）政务大厅、办事大厅等，设立统一的社会救助申请受理窗口，方便群众求助。要根据部门职责建立受理、分办、转办、结果反馈流程，明确办理时限和要求，跟踪办理结果，将有关情况及时告知求助对象。要建立社会救助热线，畅通求助、报告渠道。

（二）加快建立社会救助信息共享机制。

各级政府要建立社会救助管理部门之间的信息共享机制，充分利用已有资源，加快建设社会救助管理信息系统，实现民政与卫生计生、教育、住房城乡建设、人力资源社会保障等部门的信息共享。要依法完善跨部门、多层次、信息共享的救助申请家庭经济状况核对机制，提高审核甄别能力。要建立救助对象需求与公益慈善组织、社会工作服务机构的救助资源对接机制，实现政府救助与社会帮扶的有机结合，做到因情施救、各有侧重、相互补充。

（三）建立健全社会力量参与机制。

要充分发挥群众团体、社会组织尤其是公益慈善组织、社会工作服务机构和企事业单位、志愿者队伍等社会力量资源丰富、方法灵活、形式多样的特点，通过委托、承包、采购等方式向社会力量购买服务，鼓励、支持其参与临时救助。要动员、引导具有影响力的公益慈善组织、大中型企业等设立专项公益基金，在民政部门的统筹协调下有序开展临时救助。

公益慈善组织、社会工作服务机构、企事业单位、志愿者队伍等社会力量可以利用自身优势，在对象发现、专业服务、发动社会募捐等方面发挥积极作用。社会力量参与社会救助的，按照国家有关规定享受财政补贴、税收优惠、费用减免等政策。

（四）不断完善临时救助资金筹集机制。

地方各级人民政府要将临时救助资金列入财政预算；省级人民政府要优化财政支出结构，切实加大临时救助资金投入；城乡居民最低生活保障资金有结余的地方，可安排部分资金用于最低生活保障对象的临时救助支出。中央财政对地方实施临时救助制度给予适当补助，重点向救助任务重、财政困难、工作成效突出的地区倾斜。

五、强化临时救助制度实施的保障措施

（一）加强组织领导。地方各级人民政府要按照属地原则，将建立完善临时救助制度列入重要议事日程，抓紧完善配套政策措施，确保 2014 年底前全面实施临时救助制度。要进一步建立健全政府领导、民政部门牵头、有关部门配合、社会力量参与的社会救助工作协调机制，及时研究解决工作中遇到的问题。要将临时救助等社会救助工作列入地方领导班子和领导干部政绩考核评价指标体系，并合理确定权重；考核结果纳入政府领导班子和相关领导干部综合考核评价的重要内容，作为干部选拔任用、管理监督的重要依据。民政部门要切实履行主管部门职责，发挥好统筹协调作用；财政部门要加强资金保障，提高资金使用效益；其他有关部门要各司其职，积极配合，形成齐抓共管、整体推进的工作格局。

（二）加强能力建设。省级人民政府要切实加强临时救助能力建设，统筹考虑常住人口、最低生活保障对象和特困供养人员数量等因素，制定落实基层社会救助职责的具体办法和措施。地方各级人民政府要结合本地实际全面落实临时救助制度要求，科学整合县（市、区）、乡镇人民政府（街道办事处）管理机构及人力资源，充实加强基层临时救助工作力量，确保事有人管、责有人负。要积极研究制定政府购买服务的具体办法，充分利用市场机制，加强基层临时救助能力建设。要充分发挥社区居民委员会和村民委员会的作用，协助做好困难排查、信息报送、宣传引导、公示监督等工作。要加强人员培训，不断提高临时救助管理服务水平。要加强经费保障，将临时救助所需工作经费纳入社会救助工作经费统筹考虑，列入地方各级财政预算。

（三）加强监督管理。县级以上地方人民政府要切实担负起临时救助政策制定、资金投入、工作保障和监督管理责任，乡镇人民政府（街道办事处）要切实履行临时救助受理、审核等职责，民政部门要会同卫生计生、教育、住房城乡建设、人力资源社会保障等部门，按照“一门受理、协同办理”的工作要求，明确各业务环节的经办主体责任，强化责任落实，确保困难群众求助有门、受助及时。民政、财政部门要会同有关部门将临时救助制度落实情况作为督查督办的重点内容，定期组织开展专项检查。财政、审计、监察部门要加强对临时救助资金管理使用情况的监督检查，防止挤占、挪用、套取等违纪违法现象发生。对于出具虚假证明材料骗取救助的单位和个人，要在社会信用体系中予以记录。临时救助实施情况要定期向社会公开，充分发挥社会监督作用，对于公众和媒体发现揭露的问题，应及时查处并公布处理结果。要完善临时救助责任追究制度，明确细化责任追究对象、方式和程序，加大行政问责力度，对因责任不落实、相互推诿、处置不及时等造成严重后果的单位和个人，要依纪依法追究责任。

（四）加强政策宣传。各地要组织好临时救助政策宣传，充分利用报刊、广播、电视等媒体和互联网，以及公共查阅室、资料索取点、信息宣传栏、宣传册、明白纸等群众喜闻乐见的途径和形式，不断加大政策宣传普及力度，使临时救助政策家喻户晓、人人皆知。要加强舆论引导，从政府作用、个人权利、家庭责任、社会参与等方面，多角度宣传临时救助的功能定位和制度特点，引导社会公众理解、支持临时救助工作，营造良好社会舆论氛围，弘扬中华民族团结友爱、互助共济的传统美德。

国家选择有特点、有代表性的区域进行“救急难”工作综合试点，在体制机制、服务方式、信息共享、财政税费等方面进行探索创新，先行先试，为不断完善临时救助制度，全面开展“救急难”工作提供经验。省级人民政府要根据本通知要求，结合实际，抓紧制定配套落实政策，国务院相关部门要根据本部门职责，抓紧制定具体政策措施。民政部、财政部要加强对本通知执行情况的监督检查，及时向国务院报告。国务院将适时组织专项督查。

国务院关于机关事业单位工作人员养老保险制度改革的决定（节选）①

（2015 年 1 月 3 日）

（上略）

二、改革的范围。本决定适用于按照公务员法管理的单位、参照公务员法管理的机关（单位）、事业单位及其编制内的工作人员。

三、实行社会统筹与个人账户相结合的基本养老保险制度。基本养老保险费由单位和个人共同负担。单位缴纳基本养老保险费（以下简称单位缴费）的比例为本单位工资总额的 20%，个人缴纳基本养老保险费（以下简称个人缴费）的比例为本人缴费工资的 8%，由单位代扣。按本人缴费工资 8%的数额建立基本养老保险个人账户，全部由个人缴费形成。个人工资超过当地上年度在岗职工平均工资 300%以上的部分，不计入个人缴费工资基数；低于当地上年度在岗职工平均工资 60%的，按当地在岗职工平均工资的 60%计算个人缴费工资基数。

个人账户储存额只用于工作人员养老，不得提前支取，每年按照国家统一公布的记账利率计算利息，免征利息税。参保人员死亡的，个人账户余额可以依法继承。

四、改革基本养老金计发办法。本决定实施后参加工作、个人缴费年限累计满 15 年的人员，退休后按月发给基本养老金。基本养老金由基础养老金和个人账户养老金组成。退休时的基础养老金

① 《国务院关于机关事业单位工作人员养老保险制度改革的决定》，北京：人民出版社，2015 年版。

月标准以当地上年度在岗职工月平均工资和本人指数化月平均缴费工资的平均值为基数，缴费每满 1 年发给 1%。个人账户养老金月标准为个人账户储存额除以计发月数，计发月数根据本人退休时城镇人口平均预期寿命、本人退休年龄、利息等因素确定（详见附件）。

本决定实施前参加工作、实施后退休且缴费年限（含视同缴费年限，下同）累计满 15 年的人员，按照合理衔接、平稳过渡的原则，在发给基础养老金和个人账户养老金的基础上，再依据视同缴费年限长短发给过渡性养老金。具体办法由人力资源社会保障部会同有关部门制定并指导实施。

本决定实施后达到退休年龄但个人缴费年限累计不满 15 年的人员，其基本养老保险关系处理和基本养老金计发比照《实施〈中华人民共和国社会保险法〉若干规定》（人力资源社会保障部令第 13 号）执行。

本决定实施前已经退休的人员，继续按照国家规定的原待遇标准发放基本养老金，同时执行基本养老金调整办法。

机关事业单位离休人员仍按照国家统一规定发给离休费，并调整相关待遇。

（下略）

国务院关于整合城乡居民基本医疗保险制度的意见①

（2016年1月3日）

各省、自治区、直辖市人民政府，国务院各部委、各直属机构：

整合城镇居民基本医疗保险（以下简称城镇居民医保）和新型农村合作医疗（以下简称新农合）两项制度，建立统一的城乡居民基本医疗保险（以下简称城乡居民医保）制度，是推进医药卫生体制改革、实现城乡居民公平享有基本医疗保险权益、促进社会公平正义、增进人民福祉的重大举措，对促进城乡经济社会协调发展、全面建成小康社会具有重要意义。在总结城镇居民医保和新农合运行情况以及地方探索实践经验的基础上，现就整合建立城乡居民医保制度提出如下意见。

一、总体要求与基本原则

（一）总体要求。

以邓小平理论、“三个代表”重要思想、科学发展观为指导，认真贯彻党的十八大、十八届二中、三中、四中、五中全会和习近平总书记系列重要讲话精神，落实党中央、国务院关于深化医药卫生体制改革的要求，按照全覆盖、保基本、多层次、可持续的方针，加强统筹协调与顶层设计，遵循先易后难、循序渐进的原则，从完善政策入手，推进城镇居民医保和新农合制度整合，逐步在全国范

① 《国务院关于整合城乡居民基本医疗保险制度的意见》，《中华人民共和国国务院公报》，2016年03期。

围内建立起统一的城乡居民医保制度，推动保障更加公平、管理服务更加规范、医疗资源利用更加有效，促进全民医保体系持续健康发展。

（二）基本原则。

1. 统筹规划、协调发展。要把城乡居民医保制度整合纳入全民医保体系发展和深化医改全局，统筹安排，合理规划，突出医保、医疗、医药三医联动，加强基本医保、大病保险、医疗救助、疾病应急救助、商业健康保险等衔接，强化制度的系统性、整体性、协同性。

2. 立足基本、保障公平。要准确定位，科学设计，立足经济社会发展水平、城乡居民负担和基金承受能力，充分考虑并逐步缩小城乡差距、地区差异，保障城乡居民公平享有基本医保待遇，实现城乡居民医保制度可持续发展。

3. 因地制宜、有序推进。要结合实际，全面分析研判，周密制订实施方案，加强整合前后的衔接，确保工作顺畅接续、有序过渡，确保群众基本医保待遇不受影响，确保医保基金安全和制度运行平稳。

4. 创新机制、提升效能。要坚持管办分开，落实政府责任，完善管理运行机制，深入推进支付方式改革，提升医保资金使用效率和经办管理服务效能。充分发挥市场机制作用，调动社会力量参与基本医保经办服务。

二、整合基本制度政策

（一）统一覆盖范围。

城乡居民医保制度覆盖范围包括现有城镇居民医保和新农合所

有应参保（合）人员，即覆盖除职工基本医疗保险应参保人员以外的其他所有城乡居民。农民工和灵活就业人员依法参加职工基本医疗保险，有困难的可按照当地规定参加城乡居民医保。各地要完善参保方式，促进应保尽保，避免重复参保。

（二）统一筹资政策。

坚持多渠道筹资，继续实行个人缴费与政府补助相结合为主的筹资方式，鼓励集体、单位或其他社会经济组织给予扶持或资助。各地要统筹考虑城乡居民医保与大病保险保障需求，按照基金收支平衡的原则，合理确定城乡统一的筹资标准。现有城镇居民医保和新农合个人缴费标准差距较大的地区，可采取差别缴费的办法，利用2—3年时间逐步过渡。整合后的实际人均筹资和个人缴费不得低于现有水平。

完善筹资动态调整机制。在精算平衡的基础上，逐步建立与经济社会发展水平、各方承受能力相适应的稳定筹资机制。逐步建立个人缴费标准与城乡居民人均可支配收入相衔接的机制。合理划分政府与个人的筹资责任，在提高政府补助标准的同时，适当提高个人缴费比重。

（三）统一保障待遇。

遵循保障适度、收支平衡的原则，均衡城乡保障待遇，逐步统一保障范围和支付标准，为参保人员提供公平的基本医疗保障。妥善处理整合前的特殊保障政策，做好过渡与衔接。

城乡居民医保基金主要用于支付参保人员发生的住院和门诊医药费用。稳定住院保障水平，政策范围内住院费用支付比例保持在75%左右。进一步完善门诊统筹，逐步提高门诊保障水平。逐步缩小政策范围内支付比例与实际支付比例间的差距。

（四）统一医保目录。

统一城乡居民医保药品目录和医疗服务项目目录，明确药品和医疗服务支付范围。各省（区、市）要按照国家基本医保用药管理和基本药物制度有关规定，遵循临床必需、安全有效、价格合理、技术适宜、基金可承受的原则，在现有城镇居民医保和新农合目录的基础上，适当考虑参保人员需求变化进行调整，有增有减、有控有扩，做到种类基本齐全、结构总体合理。完善医保目录管理办法，实行分级管理、动态调整。

（五）统一定点管理。

统一城乡居民医保定点机构管理办法，强化定点服务协议管理，建立健全考核评价机制和动态的准入退出机制。对非公立医疗机构与公立医疗机构实行同等的定点管理政策。原则上由统筹地区管理机构负责定点机构的准入、退出和监管，省级管理机构负责制订定点机构的准入原则和管理办法，并重点加强对统筹区域外的省、市级定点医疗机构的指导与监督。

（六）统一基金管理。

城乡居民医保执行国家统一的基金财务制度、会计制度和基金预决算管理制度。城乡居民医保基金纳入财政专户，实行“收支两条线”管理。基金独立核算、专户管理，任何单位和个人不得挤占挪用。

结合基金预算管理全面推进付费总额控制。基金使用遵循以收定支、收支平衡、略有结余的原则，确保应支付费用及时足额拨付，合理控制基金当年结余率和累计结余率。建立健全基金运行风险预警机制，防范基金风险，提高使用效率。

强化基金内部审计和外部监督，坚持基金收支运行情况信息公开和参保人员就医结算信息公示制度，加强社会监督、民主监督和舆论监督。

三、理顺管理体制

（一）整合经办机构。

鼓励有条件的地区理顺医保管理体制，统一基本医保行政管理职能。充分利用现有城镇居民医保、新农合经办资源，整合城乡居民医保经办机构、人员和信息系统，规范经办流程，提供一体化的经办服务。完善经办机构内外部监督制约机制，加强培训和绩效考核。

（二）创新经办管理。

完善管理运行机制，改进服务手段和管理办法，优化经办流程，提高管理效率和服务水平。鼓励有条件的地区创新经办服务模式，推进管办分开，引入竞争机制，在确保基金安全和有效监管的前提下，以政府购买服务的方式委托具有资质的商业保险机构等社会力量参与基本医保的经办服务，激发经办活力。

四、提升服务效能

（一）提高统筹层次。

城乡居民医保制度原则上实行市（地）级统筹，各地要围绕统一待遇政策、基金管理、信息系统和就医结算等重点，稳步推进市（地）级统筹。做好医保关系转移接续和异地就医结算服务。根据统筹地区内各县（市、区）的经济发展和医疗服务水平，加强基金的分级管理，充分调动县级政府、经办管理机构基金管理的积极性和主动性。鼓励有条件的地区实行省级统筹。

（二）完善信息系统。

整合现有信息系统，支撑城乡居民医保制度运行和功能拓展。推动城乡居民医保信息系统与定点机构信息系统、医疗救助信息系统的业务协同和信息共享，做好城乡居民医保信息系统与参与经办服务的商业保险机构信息系统必要的信息交换和数据共享。强化信息安全和患者信息隐私保护。

（三）完善支付方式。

系统推进按人头付费、按病种付费、按床日付费、总额预付等多种付费方式相结合的复合支付方式改革，建立健全医保经办机构与医疗机构及药品供应商的谈判协商机制和风险分担机制，推动形成合理的医保支付标准，引导定点医疗机构规范服务行为，控制医疗费用不合理增长。

通过支持参保居民与基层医疗机构及全科医师开展签约服务、制定差别化的支付政策等措施，推进分级诊疗制度建设，逐步形成基层首诊、双向转诊、急慢分治、上下联动的就医新秩序。

（四）加强医疗服务监管。

完善城乡居民医保服务监管办法，充分运用协议管理，强化对医疗服务的监控作用。各级医保经办机构要利用信息化手段，推进医保智能审核和实时监控，促进合理诊疗、合理用药。卫生计生行政部门要加强医疗服务监管，规范医疗服务行为。

五、精心组织实施，确保整合工作平稳推进

（一）加强组织领导。

整合城乡居民医保制度是深化医改的一项重点任务，关系城乡居民切身利益，涉及面广、政策性强。各地各有关部门要按照全面深化改革的战略布局要求，充分认识这项工作的重要意义，加强领导，精心组织，确保整合工作平稳有序推进。各省级医改领导小组要加强统筹协调，及时研究解决整合过程中的问题。

（二）明确工作进度和责任分工。

各省（区、市）要于2016年6月底前对整合城乡居民医保工作作出规划和部署，明确时间表、路线图，健全工作推进和考核评价机制，严格落实责任制，确保各项政策措施落实到位。各统筹地区要于2016年12月底前出台具体实施方案。综合医改试点省要将整合城乡居民医保作为重点改革内容，加强与医改其他工作的统筹协调，加快推进。

各地人力资源社会保障、卫生计生部门要完善相关政策措施，加强城乡居民医保制度整合前后的衔接；财政部门要完善基金财务会计制度，会同相关部门做好基金监管工作；保险监管部门要加强对参与经办服务的商业保险机构的从业资格审查、服务质量和市场行为监管；发展改革部门要将城乡居民医保制度整合纳入国民经济和社会发展规划；编制管理部门要在经办资源和管理体制整合工作中发挥职能作用；医改办要协调相关部门做好跟踪评价、经验总结和推广工作。

（三）做好宣传工作。

要加强正面宣传和舆论引导，及时准确解读政策，宣传各地经验亮点，妥善回应公众关切，合理引导社会预期，努力营造城乡居民医保制度整合的良好氛围。

国务院关于进一步健全特困人员救助供养制度的意见①

（2016 年 2 月 10 日）

各省、自治区、直辖市人民政府，国务院各部委、各直属机构：

保障城乡特困人员基本生活，是完善社会救助体系、编密织牢民生安全网的重要举措，是坚持共享发展、保障和改善民生的应有之义，也是打赢脱贫攻坚战、全面建成小康社会的必然要求。长期以来，在党和政府的高度重视下，我国先后建立起农村五保供养、城市“三无”人员救济和福利院供养制度，城乡特困人员基本生活得到了保障。2014 年，国务院公布施行了《社会救助暂行办法》，将城乡“三无”人员保障制度统一为特困人员供养制度，我国城乡特困人员保障工作进入新的发展阶段。为解决城乡发展不平衡、相关政策不衔接、工作机制不健全、资金渠道不通畅、管理服务不规范等问题，切实保障特困人员基本生活，根据《社会救助暂行办法》、《农村五保供养工作条例》，现就进一步健全特困人员救助供养制度提出以下意见。

一、总体要求和基本原则

（一）总体要求。

以党的十八大和十八届三中、四中、五中全会精神为指导，按照党中央、国务院决策部署，以解决城乡特困人员突出困难、满足

① 《国务院关于进一步健全特困人员救助供养制度的意见》，中国政府网，2016 年 2 月 17 日。

城乡特困人员基本需求为目标，坚持政府主导，发挥社会力量作用，在全国建立起城乡统筹、政策衔接、运行规范、与经济社会发展水平相适应的特困人员救助供养制度，将符合条件的特困人员全部纳入救助供养范围，切实维护他们的基本生活权益。

（二）基本原则。

坚持托底供养。强化政府托底保障职责，为城乡特困人员提供基本生活、照料服务、疾病治疗和殡葬服务等方面保障，做到应救尽救、应养尽养。

坚持属地管理。县级以上地方人民政府统筹做好本行政区域内特困人员救助供养工作，分级管理，落实责任，强化管理服务和资金保障，为特困人员提供规范、适度的救助供养服务。

坚持城乡统筹。健全城乡特困人员救助供养工作管理体制，在政策目标、资金筹集、对象范围、供养标准、经办服务等方面实现城乡统筹，确保城乡特困人员都能获得救助供养服务。

坚持适度保障。立足经济社会发展水平，科学合理制定救助供养标准，加强与其他社会保障制度衔接，实现特困人员救助供养制度保基本、全覆盖、可持续。

坚持社会参与。鼓励、引导、支持社会力量通过承接政府购买服务、慈善捐赠以及提供志愿服务等方式，为特困人员提供服务和帮扶，形成全社会关心、支持、参与特困人员救助供养工作的良好氛围。

二、制度内容

（一）对象范围。

城乡老年人、残疾人以及未满 16 周岁的未成年人，同时具备以下条件的，应当依法纳入特困人员救助供养范围：

无劳动能力、无生活来源、无法定赡养抚养扶养义务人或者其法定义务人无履行义务能力。

具体认定办法由民政部负责制定。

（二）办理程序。

申请程序。申请特困人员救助供养，由本人向户籍所在地的乡镇人民政府（街道办事处）提出书面申请，按规定提交相关材料，书面说明劳动能力、生活来源以及赡养、抚养、扶养情况。本人申请有困难的，可以委托村（居）民委员会或者他人代为提出申请。

乡镇人民政府（街道办事处）以及村（居）民委员会应当及时了解掌握辖区内居民的生活情况，发现符合特困人员救助供养条件的人员，应当告知其救助供养政策，对无民事行为能力等无法自主申请的，应当主动帮助其申请。

审核程序。乡镇人民政府（街道办事处）应当通过入户调查、邻里访问、信函索证、群众评议、信息核查等方式，对申请人的收入状况、财产状况以及其他证明材料等进行调查核实，于20个工作日内提出初审意见，在申请人所在村（社区）公示后，报县级人民政府民政部门审批。申请人及有关单位、组织或者个人应当配合调查，如实提供有关情况。

审批程序。县级人民政府民政部门应当全面审查乡镇人民政府（街道办事处）上报的调查材料和审核意见，并随机抽查核实，于20个工作日内作出审批决定。对符合条件的申请予以批准，并在申请人所在村（社区）公布；对不符合条件的申请不予批准，并书面向申请人说明理由。

终止程序。特困人员不再符合救助供养条件的，村（居）民委员会或者供养服务机构应当及时告知乡镇人民政府（街道办事处），由乡镇人民政府（街道办事处）审核并报县级人民政府民政部门核准后，终止救助供养并予以公示。

县级人民政府民政部门、乡镇人民政府（街道办事处）在工作中发现特困人员不再符合救助供养条件的，应当及时办理终止救助供养手续。特困人员中的未成年人，满16周岁后仍在接受义务教育或在普通高中、中等职业学校就读的，可继续享有救助供养待遇。

（三）救助供养内容。

特困人员救助供养主要包括以下内容：

提供基本生活条件。包括供给粮油、副食品、生活用燃料、服装、被褥等日常生活用品和零用钱。可以通过实物或者现金的方式予以保障。

对生活不能自理的给予照料。包括日常生活、住院期间的必要照料等基本服务。

提供疾病治疗。全额资助参加城乡居民基本医疗保险的个人缴费部分。医疗费用按照基本医疗保险、大病保险和医疗救助等医疗保障制度规定支付后仍有不足的，由救助供养经费予以支持。

办理丧葬事宜。特困人员死亡后的丧葬事宜，集中供养的由供养服务机构办理，分散供养的由乡镇人民政府（街道办事处）委托村（居）民委员会或者其亲属办理。丧葬费用从救助供养经费中支出。

对符合规定标准的住房困难的分散供养特困人员，通过配租公共租赁住房、发放住房租赁补贴、农村危房改造等方式给予住房救助。对在义务教育阶段就学的特困人员，给予教育救助；对在高中教育（含中等职业教育）、普通高等教育阶段就学的特困人员，根据实际情况给予适当教育救助。

（四）救助供养标准。

特困人员救助供养标准包括基本生活标准和照料护理标准。

基本生活标准应当满足特困人员基本生活所需。照料护理标准应当根据特困人员生活自理能力和服务需求分类制定，体现差异性。

特困人员救助供养标准由省、自治区、直辖市或者设区的市级人民政府综合考虑地区、城乡差异等因素确定、公布，并根据当地经济社会发展水平和物价变化情况适时调整。民政部、财政部要加强对特困人员救助供养标准制定工作的指导。

（五）救助供养形式。

特困人员救助供养形式分为在家分散供养和在当地的供养服务机构集中供养。具备生活自理能力的，鼓励其在家分散供养；完全或者部分丧失生活自理能力的，优先为其提供集中供养服务。

分散供养。对分散供养的特困人员，经本人同意，乡镇人民政府（街道办事处）可委托其亲友或村（居）民委员会、供养服务机构、社会组织、社会工作服务机构等提供日常看护、生活照料、住院陪护等服务。有条件的地方，可为分散供养的特困人员提供社区日间照料服务。

集中供养。对需要集中供养的特困人员，由县级人民政府民政部门按照便于管理的原则，就近安排到相应的供养服务机构；未满16周岁的，安置到儿童福利机构。

供养服务机构管理。供养服务机构应当依法办理法人登记，建立健全内部管理、安全管理和服务管理等制度，为特困人员提供日常生活照料、送医治疗等基本救助供养服务。有条件的经卫生计生行政部门批准可设立医务室或者护理站。供养服务机构应当根据服务对象人数和照料护理需求，按照一定比例配备工作人员，加强社会工作岗位开发设置，合理配备使用社会工作者。

三、保障措施

（一）加强组织领导。

各地要将特困人员救助供养工作列入政府重要议事日程，将供养服务机构建设纳入经济社会发展总体规划，强化其托底保障功能，进一步完善工作协调机制，切实担负起资金投入、工作条件保障和监督检查责任。民政部门要切实履行主管部门职责，发挥好统筹协调作用，重点加强特困人员救助供养工作日常管理、能力建设，推动相关标准体系完善和信息化建设，实行特困人员“一人一档案”，提升管理服务水平；加强对特困人员救助供养等社会救助工作的绩效评价，将结果送组织部门，作为对地方政府领导班子和有关领导干部综合考核评价的重要参考。卫生计生、教育、住房城乡建设、人力资源社会保障等其他社会救助管理部门要依据职责分工，积极配合民政部门做好特困人员救助供养相关工作，实现社会救助信息互联互通、资源共享，形成齐抓共管、整体推进的工作格局。发展改革部门要将特困人员救助供养纳入相关专项规划，支持供养服务设施建设。财政部门要做好相关资金保障工作。

（二）做好制度衔接。

各地要统筹做好特困人员救助供养制度与城乡居民基本养老保险、基本医疗保障、最低生活保障、孤儿基本生活保障、社会福利等制度的有效衔接。符合相关条件的特困人员，可同时享受城乡居民基本养老保险、基本医疗保险等社会保险和高龄津贴等社会福利待遇。纳入特困人员救助供养范围的，不再适用最低生活保障政策。纳入孤儿基本生活保障范围的，不再适用特困人员救助供养政策。纳入特困人员救助供养范围的残疾人，不再享受困难残疾人生活补贴和重度残疾人护理补贴。

（三）强化资金保障。

县级以上地方人民政府要将政府设立的供养服务机构运转费用、特困人员救助供养所需资金列入财政预算。省级人民政府要优化财政支出结构，统筹安排特困人员救助供养资金。中央财政给予适当补助，并重点向特困人员救助供养任务重、财政困难、工作成效突出的地区倾斜。有农村集体经营等收入的地方，可从中安排资金用于特困人员救助供养工作。各地要完善救助供养资金发放机制，确保资金及时足额发放到位。

（四）加强监督管理。

各地区、各有关部门要将特困人员救助供养制度落实情况作为督查督办的重点内容，定期组织开展专项检查。加强对特困人员救助供养资金管理使用情况的监督检查，严肃查处挤占、挪用、虚报、冒领等违纪违法行为。充分发挥社会监督作用，对公众和媒体发现揭露的问题，要及时查处并公布处理结果。完善责任追究制度，加大行政问责力度，对因责任不落实造成严重后果的单位和个人，要依纪依法追究责任。

（五）鼓励社会参与。

鼓励群众团体、公益慈善等社会组织、社会工作服务机构和企事业单位、志愿者等社会力量参与特困人员救助供养工作。鼓励运用政府和社会资本合作（PPP）模式，采取公建民营、民办公助等方式，支持供养服务机构建设。加大政府购买服务和项目支持力度，落实各项财政补贴、税收优惠和收费减免等政策，引导、激励公益慈善组织、社会工作服务机构，以及社会力量举办的养老、医疗等服务机构，为特困人员提供专业化个性化服务。

（六）加强政策宣传。

各地区、各有关部门要采用群众喜闻乐见的形式，大力宣传特困人员救助供养政策，不断提高社会知晓度，积极营造全社会关心关爱特困人员的良好氛围。

民政部、财政部要加强对本意见执行情况的监督检查，重大情况及时向国务院报告。国务院将适时组织专项督查。

人力资源社会保障部、财政部关于失业保险支持参保职工提升职业技能有关问题的通知[①]

（2017 年 5 月 15 日）

各省、自治区、直辖市及新疆生产建设兵团人力资源社会保障厅（局）、财政（财务）厅（局）：

为贯彻落实《国务院关于做好当前和今后一段时期就业创业工作的意见》（国发〔2017〕28 号）关于“依法参加失业保险 3 年以上、当年取得职业资格证书或职业技能等级证书的企业职工，可申请参保职工技能提升补贴，所需资金按规定从失业保险基金中列支”的要求，提升参加失业保险职工的职业技能，发挥失业保险促进就业作用，现就有关问题通知如下：

一、申领条件

同时符合以下条件的企业职工，可申领技能提升补贴：

（一）依法参加失业保险，累计缴纳失业保险费 36 个月（含 36 个月）以上的。

（二）自 2017 年 1 月 1 日起取得初级（五级）、中级（四级）、高级（三级）职业资格证书或职业技能等级证书的。

二、审核程序

（一）职工应在职业资格证书或职业技能等级证书核发之日起

---

① 《人力资源社会保障部、财政部关于失业保险支持参保职工提升职业技能有关问题的通知》，人社部网站，2017 年 5 月 18 日。

12个月内，到本人失业保险参保地失业保险经办机构，申领技能提升补贴。

（二）失业保险经办机构通过职业资格证书或职业技能等级证书联网查询、与失业保险参保信息比对等方式进行审核。

（三）失业保险经办机构按照规定程序对申请审核通过后，应直接将补贴资金发放至申请人本人的个人银行账户或社会保障卡。

技能提升补贴申请、审核的具体程序和操作办法，由各省级人力资源社会保障部门、财政部门根据本地实际，本着方便、快捷、安全、审慎的原则制定，并主动向社会公开。

三、补贴标准

技能提升补贴的标准由省级人力资源社会保障部门、财政部门根据本地失业保险基金运行情况、职业技能培训、鉴定收费标准等因素综合确定，并适时调整。

补贴标准应根据取得职业资格证书或职业技能等级证书有所区别。职工取得初级（五级）职业资格证书或职业技能等级证书的，补贴标准一般不超过1000元；职工取得中级（四级）职业资格证书或职业技能等级证书的，补贴标准一般不超过1500元；职工取得高级（三级）职业资格证书或职业技能等级证书的，补贴标准一般不超过2000元。

各省（自治区、直辖市）可根据本地产业发展方向和人力资源市场需求，研究制定本地区紧缺急需的职业（工种）目录。技能提升补贴标准可向地区紧缺急需职业（工种）予以倾斜。

同一职业（工种）同一等级只能申请并享受一次技能提升补贴。

四、资金使用

在失业保险基金科目中设立技能提升补贴科目，所需资金从失业保险基金技能提升补贴科目中列支。

各省（自治区、直辖市）要将技能提升补贴支出纳入失业保险基金预算管理，规范运作，切实保证基金有效使用和安全运行。要重点关注基金支付能力相对较弱的统筹地区，发挥省级调剂金的作用，确保每个地区符合条件的职工都能享受到政策。

五、工作要求

（一）加强组织领导。失业保险基金用于参保职工技能提升补贴，有利于引导职工提高职业技能水平和职业转换能力，从源头上减少失业、稳定就业；有利于弘扬工匠精神，推动我国由人力资源大国向人力资源强国迈进，为我国产业转型升级提供强有力的人才支撑。各级人力资源社会保障部门、财政部门要高度重视，将其作为失业保险预防失业、稳定就业的重要举措，精心组织、狠抓落实。要尽快制定实施办法，在 6 月 30 日前报人力资源社会保障部、财政部备案。

（二）提高审核效率。以“规范、安全、便捷”为原则，整合利用现有资源，将受理、审核、发放、监督等工作纳入信息化管理，简化申报材料，优化审核流程，强化信息共享，完善服务标准，创新服务模式，提高经办服务质量。有条件的地区，可以运用电子政务手段，探索实行技能提升补贴网络在线申请、审核。

（三）强化监督管理。职业技能鉴定机构要严格鉴定标准，严把证书发放质量。失业保险经办机构要建立与职业技能鉴定机构的信息共享、沟通协调机制，通过信息比对有效甄别证书的真实性，严防冒领、骗取补贴。制订补贴资金的审核、公示、拨付、监督等制度，严格财务管理和资金监管，防范廉洁风险。公示补贴发放情况，畅通投诉举报渠道，发挥社会监督作用。对违法违规行为，按规定追究相关责任。

（四）加大宣传力度。设计编印通俗易懂的宣传材料，深入企业、街道、社区，开展形式多样的政策解读和集中宣传活动；在失业保险经办机构、职业技能鉴定机构、人力资源市场等场所，悬挂、张贴、发放宣传材料；运用广播电视、报纸期刊、微博微信等渠道宣传申领条件、申请办法、受理部门、办理时限。通过广泛宣传，使参保职工了解政策内容，熟悉办理程序，知晓办事场所，更方便更快捷地享受政策。

本《通知》自印发之日起开始施行。各地在政策执行中遇到的重大问题应及时向人力资源社会保障部、财政部报告。人力资源社会保障部、财政部适时组织开展政策绩效评估，根据实际调整完善政策。

国务院办公厅关于进一步深化基本医疗保险支付方式改革的指导意见[①]

（2017 年 6 月 20 日）

各省、自治区、直辖市人民政府，国务院各部委、各直属机构：

医保支付是基本医保管理和深化医改的重要环节，是调节医疗服务行为、引导医疗资源配置的重要杠杆。新一轮医改以来，各地积极探索医保支付方式改革，在保障参保人员权益、控制医保基金不合理支出等方面取得积极成效，但医保对医疗服务供需双方特别是对供方的引导制约作用尚未得到有效发挥。为更好地保障参保人员权益、规范医疗服务行为、控制医疗费用不合理增长，充分发挥医保在医改中的基础性作用，经国务院同意，现就进一步深化基本医疗保险支付方式改革提出如下意见。

一、总体要求

（一）指导思想。

全面贯彻党的十八大和十八届三中、四中、五中、六中全会精神，深入贯彻习近平总书记系列重要讲话精神和治国理政新理念新思想新战略，按照党中央、国务院决策部署，落实全国卫生与健康大会精神，紧紧围绕深化医药卫生体制改革目标，正确处理政府和市场关系，全面建立并不断完善符合我国国情和医疗服务特点的医保支付体系。健全医保支付机制和利益调控机制，实行精细化管

① 《国务院办公厅关于进一步深化基本医疗保险支付方式改革的指导意见》，《中华人民共和国国务院公报》，2017 年 20 期。

理，激发医疗机构规范行为、控制成本、合理收治和转诊患者的内生动力，引导医疗资源合理配置和患者有序就医，支持建立分级诊疗模式和基层医疗卫生机构健康发展，切实保障广大参保人员基本医疗权益和医保制度长期可持续发展。

（二）基本原则。

一是保障基本。坚持以收定支、收支平衡、略有结余，不断提高医保基金使用效率，着力保障参保人员基本医疗需求，促进医疗卫生资源合理利用，筑牢保障底线。

二是建立机制。发挥医保第三方优势，健全医保对医疗行为的激励约束机制以及对医疗费用的控制机制。建立健全医保经办机构与医疗机构间公开平等的谈判协商机制、“结余留用、合理超支分担”的激励和风险分担机制，提高医疗机构自我管理的积极性，促进医疗机构从规模扩张向内涵式发展转变。

三是因地制宜。各地要从实际出发，充分考虑医保基金支付能力、医保管理服务能力、医疗服务特点、疾病谱分布等因素，积极探索创新，实行符合本地实际的医保支付方式。

四是统筹推进。统筹推进医疗、医保、医药各项改革，注重改革的系统性、整体性、协调性，发挥部门合力，多措并举，实现政策叠加效应。

（三）主要目标。

2017 年起，进一步加强医保基金预算管理，全面推行以按病种付费为主的多元复合式医保支付方式。各地要选择一定数量的病种实施按病种付费，国家选择部分地区开展按疾病诊断相关分组（DRGs）付费试点，鼓励各地完善按人头、按床日等多种付费方式。到 2020 年，医保支付方式改革覆盖所有医疗机构及医疗服务，全国范围内普遍实施适应不同疾病、不同服务特点的多元复合式医保支付方式，按项目付费占比明显下降。

二、改革的主要内容

（一）实行多元复合式医保支付方式。针对不同医疗服务特点，推进医保支付方式分类改革。对住院医疗服务，主要按病种、按疾病诊断相关分组付费，长期、慢性病住院医疗服务可按床日付费；对基层医疗服务，可按人头付费，积极探索将按人头付费与慢性病管理相结合；对不宜打包付费的复杂病例和门诊费用，可按项目付费。探索符合中医药服务特点的支付方式，鼓励提供和使用适宜的中医药服务。

（二）重点推行按病种付费。原则上对诊疗方案和出入院标准比较明确、诊疗技术比较成熟的疾病实行按病种付费。逐步将日间手术以及符合条件的中西医病种门诊治疗纳入医保基金病种付费范围。建立健全谈判协商机制，以既往费用数据和医保基金支付能力为基础，在保证疗效的基础上科学合理确定中西医病种付费标准，引导适宜技术使用，节约医疗费用。做好按病种收费、付费政策衔接，合理确定收费、付费标准，由医保基金和个人共同分担。加快制定医疗服务项目技术规范，实现全国范围内医疗服务项目名称和内涵的统一。逐步统一疾病分类编码（ICD—10）、手术与操作编码系统，明确病历及病案首页书写规范，制定完善符合基本医疗需求的临床路径等行业技术标准，为推行按病种付费打下良好基础。

（三）开展按疾病诊断相关分组付费试点。探索建立按疾病诊断相关分组付费体系。按疾病病情严重程度、治疗方法复杂程度和实际资源消耗水平等进行病种分组，坚持分组公开、分组逻辑公开、基础费率公开，结合实际确定和调整完善各组之间的相对比价关系。可以疾病诊断相关分组技术为支撑进行医疗机构诊疗成本与疗效测量评价，加强不同医疗机构同一病种组间的横向比较，利用评价结果完善医保付费机制，促进医疗机构提升绩效、控制费用。加快提升医保精细化管理水平，逐步将疾病诊断相关分组用于实际付费并扩大应用范围。疾病诊断相关分组收费、付费标准包括医保基金和个人付费在内的全部医疗费用。

（四）完善按人头付费、按床日付费等支付方式。支持分级诊疗模式和家庭医生签约服务制度建设，依托基层医疗卫生机构推行门诊统筹按人头付费，促进基层医疗卫生机构提供优质医疗服务。各统筹地区要明确按人头付费的基本医疗服务包范围，保障医保目录内药品、基本医疗服务费用和一般诊疗费的支付。逐步从糖尿病、高血压、慢性肾功能衰竭等治疗方案标准、评估指标明确的慢性病入手，开展特殊慢性病按人头付费，鼓励医疗机构做好健康管理。有条件的地区可探索将签约居民的门诊基金按人头支付给基层医疗卫生机构或家庭医生团队，患者向医院转诊的，由基层医疗卫生机构或家庭医生团队支付一定的转诊费用。对于精神病、安宁疗护、医疗康复等需要长期住院治疗且日均费用较稳定的疾病，可采取按床日付费的方式，同时加强对平均住院天数、日均费用以及治疗效果的考核评估。

（五）强化医保对医疗行为的监管。完善医保服务协议管理，将监管重点从医疗费用控制转向医疗费用和医疗质量双控制。根据各级各类医疗机构的功能定位和服务特点，分类完善科学合理的考核评价体系，将考核结果与医保基金支付挂钩。中医医疗机构考核指标应包括中医药服务提供比例。有条件的地方医保经办机构可以按协议约定向医疗机构预付一部分医保资金，缓解其资金运行压力。医保经办机构要全面推开医保智能监控工作，实现医保费用结算从部分审核向全面审核转变，从事后纠正向事前提示、事中监督转变，从单纯管制向监督、管理、服务相结合转变。不断完善医保信息系统，确保信息安全。积极探索将医保监管延伸到医务人员医疗服务行为的有效方式，探索将监管考核结果向社会公布，促进医疗机构强化医务人员管理。

三、配套改革措施

（一）加强医保基金预算管理。按照以收定支、收支平衡、略有结余的原则，科学编制并严格执行医保基金收支预算。加快推进医保基金收支决算公开，接受社会监督。

各统筹地区要结合医保基金预算管理完善总额控制办法，提高总额控制指标的科学性、合理性。完善与总额控制相适应的考核评价体系和动态调整机制，对超总额控制指标的医疗机构合理增加的工作量，可根据考核情况按协议约定给予补偿，保证医疗机构正常运行。健全医保经办机构与医疗机构之间的协商机制，促进医疗机构集体协商。总额控制指标应向基层医疗卫生机构、儿童医疗机构等适当倾斜，制定过程按规定向医疗机构、相关部门和社会公开。

有条件的地区可积极探索将点数法与预算总额管理、按病种付费等相结合，逐步使用区域（或一定范围内）医保基金总额控制代替具体医疗机构总额控制。采取点数法的地区确定本区域（或一定范围内）医保基金总额控制指标后，不再细化明确各医疗机构的总额控制指标，而是将项目、病种、床日等各种医疗服务的价值以一定点数体现，年底根据各医疗机构所提供服务的总点数以及地区医保基金支出预算指标，得出每个点的实际价值，按照各医疗机构实际点数付费，促进医疗机构之间分工协作、有序竞争和资源合理配置。

（二）完善医保支付政策措施。严格规范基本医保责任边界，基本医保重点保障符合“临床必需、安全有效、价格合理”原则的药品、医疗服务和基本服务设施相关费用。公共卫生费用、与疾病治疗无直接关系的体育健身或养生保健消费等，不得纳入医保支付范围。各地要充分考虑医保基金支付能力、社会总体承受能力和参保人个人负担，坚持基本保障和责任分担的原则，按照规定程序调整待遇政策。科学合理确定药品和医疗服务项目的医保支付标准。

结合分级诊疗模式和家庭医生签约服务制度建设，引导参保人员优先到基层首诊，对符合规定的转诊住院患者可以连续计算起付线，将符合规定的家庭医生签约服务费纳入医保支付范围。探索对纵向合作的医疗联合体等分工协作模式实行医保总额付费，合理引导双向转诊，发挥家庭医生在医保控费方面的“守门人”作用。鼓励定点零售药店做好慢性病用药供应保障，患者可凭处方自由选择在医疗机构或到医疗机构外购药。

（三）协同推进医药卫生体制相关改革。建立区域内医疗卫生资源总量、医疗费用总量与经济发展水平、医保基金支付能力相适应的宏观调控机制，控制医疗费用过快增长。推行临床路径管理，提高诊疗行为透明度。推进同级医疗机构医学检查检验结果互认，减少重复检查。建立医疗机构效率和费用信息公开机制，将费用、患者负担水平等指标定期公开，接受社会监督，并为参保人就医选择提供参考。完善公立医疗机构内部绩效考核和收入分配机制，引导医疗机构建立以合理诊疗为核心的绩效考核评价体系，体现多劳多得、优劳优酬。规范和推动医务人员多点执业。

四、组织实施

（一）加强组织领导。各省（区、市）要高度认识深化医保支付方式改革的重要性，在医改领导小组领导下，协调推进医保支付方式及相关领域改革，妥善做好政策衔接，发挥政策合力。各级人力资源社会保障、卫生计生、财政、发展改革、中医药等部门要根据各自职能，协同推进医保支付方式改革，明确时间表、路线图，做好规划和组织落实工作。

（二）切实抓好落实。各统筹地区要按照本意见精神，在总结经验的基础上，结合本地实际，于 2017 年 9 月底前制定具体改革实施方案。人力资源社会保障部、国家卫生计生委会同财政部、国家中医药局成立按疾病诊断相关分组付费试点工作组，2017 年选择部分地区开展按疾病诊断相关分组付费试点，并加强技术指导。

（三）做好交流评估。加强不同地区间医保支付方式改革成果交流，及时总结推广好的经验做法。各统筹地区要开展改革效果评估，既对改革前后医疗费用、医疗服务数量和质量、医保待遇水平、参保人员健康水平等进行纵向评估，又与周边地区、经济和医疗水平相似地区进行横向比较，通过评估为完善政策提供支持。

人力资源社会保障部关于工伤保险待遇调整和确定机制的指导意见（节选）[①]

（2017 年 7 月 28 日）

各省、自治区、直辖市及新疆生产建设兵团人力资源社会保障厅（局）：

工伤保险待遇是工伤保险制度的重要内容。随着经济社会发展，职工平均工资与生活费用发生变化，适时调整工伤保险待遇水平，既是工伤保险制度的内在要求，也是促进社会公平、维护社会和谐的职责所在，是各级党委、政府保障和改善民生的具体体现。根据《工伤保险条例》，现就工伤保险待遇调整和确定机制，制定如下指导意见：

一、总体要求

全面贯彻党的十八大和十八届三中、四中、五中、六中全会精神，深入贯彻习近平总书记系列重要讲话精神和治国理政新理念新思想新战略，紧紧围绕统筹推进“五位一体”总体布局和协调推进“四个全面”战略布局，坚持以人民为中心的发展思想，依据社会保险法和《工伤保险条例》，建立工伤保险待遇调整和确定机制，科学合理确定待遇调整水平，提高工伤保险待遇给付的服务与管理水平，推进建立更加公平、更可持续的工伤保险制度，不断增强人民群众的获得感与幸福感。

① 《人力资源社会保障部印发〈关于工伤保险待遇调整和确定机制的指导意见〉》，中国政府网，2017 年 8 月 20 日。

工伤保险待遇调整和确定要与经济发展水平相适应，综合考虑职工工资增长、居民消费价格指数变化、工伤保险基金支付能力、相关社会保障待遇调整情况等因素，兼顾不同地区待遇差别，按照基金省级统筹要求，适度、稳步提升，实现待遇平衡。原则上每两年至少调整一次。

二、主要内容

（一）伤残津贴的调整。伤残津贴是对因工致残而退出工作岗位的工伤职工工资收入损失的合理补偿。一级至四级伤残津贴调整以上年度省（区、市）一级至四级工伤职工月人均伤残津贴为基数，综合考虑职工平均工资增长和居民消费价格指数变化情况，侧重职工平均工资增长因素，兼顾工伤保险基金支付能力和相关社会保障待遇调整情况，综合进行调节。伤残津贴调整可以采取定额调整和适当倾斜的办法，对伤残程度高、伤残津贴低于平均水平的工伤职工予以适当倾斜。（具体计算公式见附件 1）

五级、六级工伤职工的伤残津贴按照《工伤保险条例》的规定执行。

（二）供养亲属抚恤金的调整。供养亲属抚恤金是工亡职工供养亲属基本生活的合理保障。供养亲属抚恤金调整以上年度省（区、市）月人均供养亲属抚恤金为基数，综合考虑职工平均工资增长和居民消费价格指数变化情况，侧重居民消费价格指数变化，兼顾工伤保险基金支付能力和相关社会保障待遇调整情况，综合进行调节。供养亲属抚恤金调整采取定额调整的办法。（具体计算公式见附件 2）

（三）生活护理费的调整。生活护理费根据《工伤保险条例》

和《劳动能力鉴定 职工工伤与职业病致残等级》相关规定进行计发，按照上年度省（区、市）职工平均工资增长比例同步调整。职工平均工资下降时不调整。

（四）住院伙食补助费的确定。省（区、市）可参考当地城镇居民消费支出结构，科学确定工伤职工住院伙食补助费标准。住院伙食补助费原则上不超过上年度省（区、市）城镇居民日人均消费支出额的40%。

（五）其他待遇。一次性伤残补助金、一次性工亡补助金、丧葬补助金按照《工伤保险条例》规定的计发标准计发。工伤医疗费、辅助器具配置费、工伤康复和统筹地区以外就医期间交通、食宿费用等待遇，根据《工伤保险条例》和相关目录、标准据实支付。

一次性伤残就业补助金和一次性工伤医疗补助金，由省（区、市）综合考虑工伤职工伤残程度、伤病类别、年龄等因素制定标准，注重引导和促进工伤职工稳定就业。

三、工作要求

（一）高度重视，加强部署。建立工伤保险待遇调整和确定机制，关系广大工伤职工及工亡职工供养亲属的切身利益。各地要切实加强组织领导，提高认识，扎实推进，从2018年开始，要按照指导意见规定，结合当地实际，做好待遇调整和确定工作，与工伤保险基金省级统筹工作有机结合、紧密配合、同步推进，防止出现衔接问题和政策冲突。

（二）统筹兼顾，加强管理。要统筹考虑工伤保险待遇调整涉及的多种因素，详细论证，周密测算，选好参数和系数，确定科学、合理的调整额，建立科学、有效的调整机制。省（区、市）人力资源社会保障部门要根据《工伤保险条例》和本指导意见制定调整方案，报经省（区、市）人民政府批准后实施。要加强管理，根据《工伤保险条例》规定，统筹做好工伤保险其他待遇的调整、确定和计发，进一步加强待遇支付管理，依规发放和支付，防止跑冒滴漏、恶意骗保，维护基金安全。

（三）正确引导，确保稳定。工伤保险待遇调整直接涉及民生，关乎公平与效率。要加强工伤保险政策宣传，正确引导舆论，争取社会对待遇调整工作的理解与支持，为调整工作营造良好舆论氛围。做好调整方案的风险评估工作，制定应急处置预案，确保待遇调整工作平稳、有序、高效。待遇调整情况请及时报人力资源社会保障部。

（下略）

国务院关于建立企业职工基本养老保险基金中央调剂制度的通知（节选）[①]

（2018 年 5 月 30 日）

（上略）

二、主要内容

在现行企业职工基本养老保险省级统筹基础上，建立中央调剂基金，对各省份养老保险基金进行适度调剂，确保基本养老金按时足额发放。

（一）中央调剂基金筹集。

中央调剂基金由各省份养老保险基金上解的资金构成。按照各省份职工平均工资的 90%和在职应参保人数作为计算上解额的基数，上解比例从 3%起步，逐步提高。

某省份上解额=（某省份职工平均工资 × 90%）× 某省份在职应参保人数 × 上解比例。

各省份职工平均工资，为统计部门提供的城镇非私营单位和私营单位就业人员加权平均工资。

各省份在职应参保人数，暂以在职参保人数和国家统计局公布的企业就业人数二者的平均值为基数核定。将来条件成熟时，以覆盖常住人口的全民参保计划数据为基础确定在职应参保人数。

（二）中央调剂基金拨付。

中央调剂基金实行以收定支，当年筹集的资金全部拨付地方。

---

① 《国务院关于建立企业职工基本养老保险基金中央调剂制度的通知》，《中华人民共和国国务院公报》，2018 年 18 期。

中央调剂基金按照人均定额拨付，根据人力资源社会保障部、财政部核定的各省份离退休人数确定拨付资金数额。

某省份拨付额=核定的某省份离退休人数×全国人均拨付额。

其中：全国人均拨付额=筹集的中央调剂基金/核定的全国离退休人数。

（三）中央调剂基金管理。

中央调剂基金是养老保险基金的组成部分，纳入中央级社会保障基金财政专户，实行收支两条线管理，专款专用，不得用于平衡财政预算。中央调剂基金采取先预缴预拨后清算的办法，资金按季度上解下拨，年终统一清算。

各地在实施养老保险基金中央调剂制度之前累计结余基金原则上留存地方，用于本省（自治区、直辖市）范围内养老保险基金余缺调剂。

（四）中央财政补助。

现行中央财政补助政策和补助方式保持不变。中央政府在下达中央财政补助资金和拨付中央调剂基金后，各省份养老保险基金缺口由地方政府承担。省级政府要切实承担确保基本养老金按时足额发放和弥补养老保险基金缺口的主体责任。

三、健全保障措施

（一）完善省级统筹制度。

各省（自治区、直辖市）要在统一基本养老保险制度、缴费政策、待遇政策、基金使用、基金预算和经办管理的基础上，推进养老保险基金统收统支工作，并建立地方各级政府养老保险基金缺口责任分担机制。

（二）强化基金预算管理。

各级政府及财政、人力资源社会保障部门要切实加强基金预算编制和审核工作，严格规范收支内容、标准和范围，并按照批准的预算和规定的程序执行，不得随意调整。进一步强化基金预算的严肃性和硬约束，确保应收尽收，杜绝违规支出。

（三）建立健全考核奖惩机制。

将各省（自治区、直辖市）养老保险扩面征缴、确保基本养老金发放、严格养老保险基金管理、养老保险基金中央调剂制度落实等情况列入省级政府工作责任制考核内容，对工作业绩好的省级政府进行奖励，对出现问题的省级政府及相关责任人进行问责。具体办法另行制定。

（四）推进信息化建设。

建立全国养老保险缴费和待遇查询系统、养老保险基金中央调剂监控系统以及全国共享的中央数据库。在中央与地方之间以及各部门之间实现信息、数据互联互通，有效监控在职应参保人数和离退休人数，及时掌握和规范中央调剂基金与省级统筹基金收支行为，防范风险。

（下略）

民政部关于进一步加强生活困难下岗失业人员基本生活保障工作的通知[①]

（2019年1月16日）

各省、自治区、直辖市民政厅（局）、新疆生产建设兵团民政局：

保障生活困难下岗失业人员基本生活，是落实社会救助政策、强化困难群众兜底保障的必然要求，是坚持以人民为中心的发展思想、保障和改善民生的应有之义。为深入贯彻落实《国务院关于做好当前和今后一个时期促进就业工作的若干意见》（国发〔2018〕39号），充分发挥社会救助托底线、救急难作用，切实保障生活困难下岗失业人员基本生活，现就有关问题通知如下。

一、加强最低生活保障工作

各地要全面落实最低生活保障制度，对因下岗失业导致基本生活困难，共同生活的家庭成员人均收入低于当地最低生活保障标准，且符合当地最低生活保障家庭财产状况规定的家庭，要及时纳入最低生活保障范围，切实做到“应保尽保”。进一步健全最低生活保障对象认定办法，完善社会救助申请家庭经济状况核查机制，细化核算范围和计算方法，可根据实际情况适当考虑家庭成员因残疾、患重病等增加的刚性支出因素，综合评估家庭贫困程度。对纳入最低生活保障的下岗失业人员家庭中的老年人、未成年人、重度残疾人、重病患者等重点救助对象，要采取增发低保金等多种措施

① 《民政部关于进一步加强生活困难下岗失业人员基本生活保障工作的通知》，民政部网站，2019年3月15日。

提高救助水平，保障其基本生活。对重新就业或创业后，家庭人均收入超过当地低保标准的，可实施“低保渐退”，给予一定时期的渐退期，实现稳定就业创业后再退出最低生活保障范围。

二、加大临时救助工作力度

各地要进一步发挥临时救助制度效能，按照规定加大对生活困难下岗失业人员及其家庭临时救助力度，帮助他们缓解陷入生活困境之急、解除创业就业后顾之忧，切实兜住基本生活保障底线。要根据下岗失业人员及其家庭的生活困难具体情形，区分救助类别，确定救助标准。积极开展先行救助，不断增强救助时效性。落实县、乡两级审批政策规定，逐步提高救助水平。对实施临时救助后，仍不能解决其困难的，要充分运用好“转介服务”，符合最低生活保障条件的，及时纳入最低生活保障范围；符合医疗、教育、住房、就业等专项救助条件的，积极转介相关部门协同救助；需要慈善救助帮扶的，及时转介给相关公益慈善组织，形成救助合力。对遭遇重大生活困难的下岗失业人员家庭，要在综合运用各项救助帮扶政策的基础上，充分发挥县级困难群众基本生活保障工作协调机制的作用，采取一事一议方式确定帮扶措施，提高救助额度。

三、积极引导和支持社会力量参与救助帮扶

各地要完善和落实支持社会力量参与社会救助的政策措施，引导和支持公益慈善组织，通过设立慈善项目、发动社会募捐等形式，积极参与对生活困难下岗失业人员家庭的救助帮扶，形成与政府救助的有效衔接、接续救助。充分发挥专业社会工作服务机构作用，为生活困难下岗失业人员家庭提供生活帮扶、心理疏导、资源

链接、能力提升、社会融入等专业服务，帮助他们改善困难处境、增强生活信心、提升发展能力。积极探索通过政府购买服务，为生活困难下岗失业人员家庭中的老年人、残疾人提供生活照料等救助服务，为这些家庭中在劳动年龄段内、有劳动能力的成员创业和再就业解除后顾之忧，创造有利条件。

四、进一步加强相关制度衔接

加强最低生活保障、临时救助与其他社会救助制度以及失业、医疗等保险制度的衔接，积极配合相关部门做好生活困难下岗失业人员家庭医疗、教育、住房、就业等专项救助工作。进一步完善最低生活保障与就业联动机制，配合有关部门加大职业指导、技能培训、岗位推荐、跟踪服务力度，激发创业、就业意愿，优先安排政府公益性岗位，促进劳动年龄段内、有劳动能力的生活困难下岗失业人员积极就业。对于无正当理由，连续3次拒绝接受人力资源社会保障等部门介绍的与其健康状况、劳动能力等相适应工作的低保对象，可以按规定减发或者停发其本人最低生活保障金。对于家庭中有重度残疾人、重病患者和失能老年人等需要专人照料的生活困难下岗失业人员，要充分考虑其劳动条件和家庭实际情况，按照就近就便原则，采取有针对性的措施帮助其实现再就业。对于重新就业的生活困难下岗失业人员，在核算其家庭收入时，可以扣减必要的就业成本。要加强临时救助与下岗失业人员临时生活补助的衔接，对于享受人力资源社会保障部门发放的临时生活补助后，生活仍有困难的下岗失业人员及其家庭，要及时按规定给予临时救助。

五、强化社会救助政策落实

各地民政部门要充分认识新形势下加强生活困难下岗失业人员基本生活保障工作的重要意义，进一步加强组织领导，健全工作机制，强化责任担当，全面落实最低生活保障、临时救助等社会救助制度，加强对生活困难下岗失业人员及其家庭的兜底保障。要健全完善主动发现机制，及时了解、掌握辖区内下岗失业人员生活困难，做到早发现、早介入、早救助。要加强与工会组织的协同配合，做好困难职工家庭数据比对工作，推动困难职工帮扶信息与社会救助信息共享，形成对生活困难下岗失业人员及其家庭的救助合力。要进一步加强政策宣传，深入社区、企业大力宣讲社会救助政策，不断提高社会知晓度，在全社会营造良好的舆论氛围。

人力资源社会保障部 财政部 国家发展改革委 工业和信息化部关于失业保险支持企业稳定就业岗位的通知①

（2019 年 3 月 11 日）

各省、自治区、直辖市及新疆生产建设兵团人力资源社会保障厅（局）、财政厅（局）、发展改革委、工业和信息化主管部门：

按照中央关于稳就业的部署要求，深入贯彻落实《国务院关于做好当前和今后一个时期促进就业工作的若干意见》（国发〔2018〕39 号），充分发挥失业保险支持企业稳定就业岗位的作用，加大援企稳岗力度，维护就业局势总体稳定，现就有关事项通知如下：

一、加大稳岗支持力度

对不裁员或少裁员的参保企业，可返还其上年度实际缴纳失业保险的 50%（以下简称“企业稳岗返还”）。2019 年 1 月 1 日至 12 月 31 日，对面临暂时性生产经营困难且恢复有望、坚持不裁员少裁员的参保企业，返还标准可按 6 个月的当地月人均失业保险和参保职工人数确定，或按 6 个月的企业及其职工应缴纳社会保险费 50%的标准确定（以下简称“经营困难且恢复有望企业稳岗返还”）。上述两项政策实施的基本条件、资金使用、审核认定等按下列规定执行：

（一）失业保险统筹地区实施稳岗返还应同时具备以下条件：

① 《人力资源社会保障部 财政部 国家发展改革委 工业和信息化部关于失业保险支持企业稳定就业岗位的通知》，人社部网站，2019 年 3 月 11 日。

实施企业稳岗返还的统筹地区上年失业保险基金滚存结余应具备12个月以上支付能力，实施经营困难且恢复有望企业稳岗返还的统筹地区上年失业保险基金滚存结余应具备24个月以上支付能力；失业保险基金使用管理规范。

（二）申请稳岗返还的企业应同时具备以下条件：生产经营活动符合国家及所在区域产业结构调整和环保政策；参加失业保险并足额缴纳失业保险费12个月以上；上年度未裁员或裁员率低于统筹地区城镇登记失业率。申请经营困难且恢复有望企业稳岗返还的，还需符合当地人力资源社会保障部门会同财政等相关部门的认定标准，并提供与工会组织协商制定的稳定就业岗位措施。

（三）返还标准。企业稳岗返还标准，可按该企业及其职工上年度实际缴纳失业保险费的50%确定，对去产能企业，各省（区、市）可按规定提高标准。经营困难且恢复有望企业稳岗返还标准，各省（区、市）可结合失业保险基金结余情况，明确本省（区、市）返还标准是按6个月的当地月人均失业保险金和参保职工人数确定，还是按6个月的企业及其职工上年度应缴纳社会保险费50%的标准确定。

（四）审核认定。企业稳岗返还的审核认定由各地人力资源社会保障部门负责。经营困难且恢复有望企业稳岗返还的审核认定，由各地人力资源社会保障部门会同财政等相关部门制定认定标准和审核办法，建立会审机制并组织实施。对拟给予稳岗返还的企业名单和资金数额应当向社会公示，不少于5个工作日，并及时做好享受稳岗返还企业实名制信息登记工作。

（五）资金使用。激励企业承担稳定就业的社会责任，稳岗返还资金主要用于职工生活补助、缴纳社会保险费、转岗培训、技能提升培训等稳定就业岗位相关支出。返还资金由失业保险基金列支，其中，企业稳岗返还资金从失业保险基金“稳岗补贴”科目支出，经营困难且恢复有望企业稳岗返还资金从“其他支出”科目中列支。稳岗返还资金一次性发放，同一企业同一年度只能享受其中一项。

（六）适当放宽裁员率标准。在计算企业裁员率时，各地可按上年度参保职工减少人数或领取失业保险金人数与上年度参保职工人数比较确定。基金结余规模较大的地区可根据本地实际放宽裁员率标准，对上年度裁员率高于统筹地区城镇登记失业率但低于全国城镇登记失业率的参保企业，可以适用稳岗返还政策，提高政策受益率。

二、放宽技术技能提升补贴申领条件

2019 年 1 月 1 日至 2020 年 12 月 31 日，将现行技能提升补贴政策申领条件由企业在职职工累计缴纳失业保险费 36 个月及以上放宽至累计缴纳失业保险费 12 个月及以上。参保职工当年取得职业资格证书或职业技能等级证书，并且证书信息可在人力资源社会保障部职业技能鉴定中心、人事考试中心等全国联网查询系统上查询到的，可在取证之日起 12 个月内到本人失业保险参保地经办机构申领技术技能提升补贴，补贴标准和审核发放办法由各地按现行技能提升补贴政策根据本地实际制定。

三、加大对深度贫困地区的倾斜支持力度

各地要深入落实《关于使用失业保险基金支持脱贫攻坚的通知》（人社部发〔2018〕35 号）要求，对“三区三州”等深度贫困地区的失业保险参保企业，将企业稳岗返还标准提高到该企业及其

职工上年度实际缴纳失业保险费总额的60%，并按规定将吸纳建档立卡贫困人员就业并签订劳动合同的事业单位纳入稳岗返还和技能提升补贴政策范围。加大对深度贫困地区支持力度，充分考虑当地实际情况和客观困难，采取超常规举措，切实落实各项倾斜性政策。

四、发放价格临时补贴

各地要继续落实《关于进一步完善社会救助和保障标准与物价上涨挂钩联动机制和通知》(发改价格规〔2016〕1835号)，达到启动条件时，及时对领取失业保险金人员发放价格临时补贴，确保困难群众基本生活水平不因物价上涨降低。

五、优化经办服务

各地要以规范、安全、便捷为原则，提高失业保险经办服务质量和效率。在审核稳岗返还时，要充分利用人力资源社会保障部门已掌握的企业和职工参保信息、领取失业保险金信息进行审核，减少证明材料，减少企业跑腿次数。不得设定集中申报期，企业只要在年度内申报，经办机构都要及时受理；要优化审核流程，强化信息共享，进一步缩短办理时限。要加强对企业使用稳岗返还资金的指导，引导企业更多地用于职工培训，提升就业技能，增强就业稳定性。各地可结合基金结余情况，研究欠费企业补缴后享受稳岗返还的办法，使更多企业受益。大力推广在线办事，直辖市、计划单列市、省会城市要尽快实现稳岗返还、技能提升补贴事项的网上办理，加快释放政策红利。

六、防范基金风险

各地要密切关注失业保险基金支出情况，按月监测基金运行状况，加强情况预判和适时调控，确保基金收支平衡和安全可持续。建立健全资金审核、公示、拨付等监督机制，加强内部监管，严防廉政风险。畅通渠道，严格公示，主动接受社会监督。各地要制定审核工作规程，对经营困难且恢复有望企业稳岗返还涉及资金金额较大的，报请统筹地区人民政府审议。加强技防人防，充分利用信息化手段验证资格条件，减少自由裁量权，防范内外勾结。严防骗取套取，对骗取或套取稳岗返还等资金造成失业保险基金损失的，要依法严肃追究行政责任和刑事责任。

七、工作要求

失业保险支持企业稳定就业岗位，是落实中央稳就业方针的重要举措。各级人力资源社会保障部门要高度重视，按照积极稳妥、突出重点、严格审核的原则，精心组织，加力增效，会同相关部门各司其责，协同配合，有力有序推动政策落实。要及时跟踪了解使用失业保险基金支持企业稳定就业岗位特别是支持深度贫困地区脱贫攻坚的政策效果。加大精准扶持力度，突出对符合产业发展方向、长期吸纳就业人数较多企业的政策支持，对技术落后、没有市场前景、生产恢复无望的“僵尸企业”以及严重失信企业，不宜返还失业保险费。加大宣传力度，结合失业保险援企稳岗“护航行动”、职工技能提升“展翅行动”，失业保险惠企政策进民企和进厂房进工地进矿区等专项活动，主动宣传解读政策；采取短信推送方式，提示符合条件的参保企业和职工及时申领；积极宣传受益企业和职工稳定就业岗位的实际成效，多渠道扩大政策知晓度。各省级人力资源社会保障部门要在本通知下发1个月内，制定经营困难且恢复有望企业的认定标准和审核办法，要重点关注基金支付能力相对较弱的统筹地区，发挥省级调剂金作用，尽可能让符合条件的企业、职工、失业人员都能享受政策支持。各地要按月上报政策实施和基金结余情况，在执行中遇到的重大问题及时向人力资源社会保障部、财政部报告。

中共中央 国务院关于深化医疗保障制度改革的意见[①]

（2020 年 2 月 25 日）

医疗保障是减轻群众就医负担、增进民生福祉、维护社会和谐稳定的重大制度安排。党中央、国务院高度重视人民健康，建立了覆盖全民的基本医疗保障制度。党的十八大以来，全民医疗保障制度改革持续推进，在破解看病难、看病贵问题上取得了突破性进展。为深入贯彻党的十九大关于全面建立中国特色医疗保障制度的决策部署，着力解决医疗保障发展不平衡不充分的问题，现就深化医疗保障制度改革提出如下意见。

一、总体要求

（一）指导思想。以习近平新时代中国特色社会主义思想为指导，全面贯彻党的十九大和十九届二中、三中、四中全会精神，坚持以人民健康为中心，加快建成覆盖全民、城乡统筹、权责清晰、保障适度、可持续的多层次医疗保障体系，通过统一制度、完善政策、健全机制、提升服务，增强医疗保障的公平性、协调性，发挥医保基金战略性购买作用，推进医疗保障和医药服务高质量协同发展，促进健康中国战略实施，使人民群众有更多获得感、幸福感、安全感。

（二）基本原则。坚持应保尽保、保障基本，基本医疗保障依

① 《中共中央 国务院关于深化医疗保障制度改革的意见》，《人民日报》，2020 年 3 月 6 日。

法覆盖全民，尽力而为、量力而行，实事求是确定保障范围和标准。坚持稳健持续、防范风险，科学确定筹资水平，均衡各方缴费责任，加强统筹共济，确保基金可持续。坚持促进公平、筑牢底线，强化制度公平，逐步缩小待遇差距，增强对贫困群众基础性、兜底性保障。坚持治理创新、提质增效，发挥市场决定性作用，更好发挥政府作用，提高医保治理社会化、法治化、标准化、智能化水平。坚持系统集成、协同高效，增强医保、医疗、医药联动改革的整体性、系统性、协同性，保障群众获得高质量、有效率、能负担的医药服务。

（三）改革发展目标。到 2025 年，医疗保障制度更加成熟定型，基本完成待遇保障、筹资运行、医保支付、基金监管等重要机制和医药服务供给、医保管理服务等关键领域的改革任务。到 2030 年，全面建成以基本医疗保险为主体，医疗救助为托底，补充医疗保险、商业健康保险、慈善捐赠、医疗互助共同发展的医疗保障制度体系，待遇保障公平适度，基金运行稳健持续，管理服务优化便捷，医保治理现代化水平显著提升，实现更好保障病有所医的目标。

二、完善公平适度的待遇保障机制

公平适度的待遇保障是增进人民健康福祉的内在要求。要推进法定医疗保障制度更加成熟定型，健全重特大疾病医疗保险和救助制度，统筹规划各类医疗保障高质量发展，根据经济发展水平和基金承受能力稳步提高医疗保障水平。

（四）完善基本医疗保险制度。坚持和完善覆盖全民、依法参加的基本医疗保险制度和政策体系，职工和城乡居民分类保障，待遇与缴费挂钩，基金分别建账、分账核算。统一基本医疗保险统筹层次、医保目录，规范医保支付政策确定办法。逐步将门诊医疗费用纳入基本医疗保险统筹基金支付范围，改革职工基本医疗保险个人账户，建立健全门诊共济保障机制。

（五）实行医疗保障待遇清单制度。建立健全医疗保障待遇清单制度，规范政府决策权限，科学界定基本制度、基本政策、基金支付项目和标准，促进医疗保障制度法定化、决策科学化、管理规范化。各地区要确保政令畅通，未经批准不得出台超出清单授权范围的政策。严格执行基本支付范围和标准，实施公平适度保障，纠正过度保障和保障不足问题。

（六）健全统一规范的医疗救助制度。建立救助对象及时精准识别机制，科学确定救助范围。全面落实资助重点救助对象参保缴费政策，健全重点救助对象医疗费用救助机制。建立防范和化解因病致贫返贫长效机制。增强医疗救助托底保障功能，通过明确诊疗方案、规范转诊等措施降低医疗成本，提高年度医疗救助限额，合理控制贫困群众政策范围内自付费用比例。

（七）完善重大疫情医疗救治费用保障机制。在突发疫情等紧急情况时，确保医疗机构先救治、后收费。健全重大疫情医疗救治医保支付政策，完善异地就医直接结算制度，确保患者不因费用问题影响就医。探索建立特殊群体、特定疾病医药费豁免制度，有针对性免除医保目录、支付限额、用药量等限制性条款，减轻困难群众就医就诊后顾之忧。统筹医疗保障基金和公共卫生服务资金使用，提高对基层医疗机构的支付比例，实现公共卫生服务和医疗服务有效衔接。

（八）促进多层次医疗保障体系发展。强化基本医疗保险、大病保险与医疗救助三重保障功能，促进各类医疗保障互补衔接，提高重特大疾病和多元医疗需求保障水平。完善和规范居民大病保险、职工大额医疗费用补助、公务员医疗补助及企业补充医疗保险。加快发展商业健康保险，丰富健康保险产品供给，用足用好商业健康保险个人所得税政策，研究扩大保险产品范围。加强市场行为监管，突出健康保险产品设计、销售、赔付等关键环节监管，提高健康保障服务能力。鼓励社会慈善捐赠，统筹调动慈善医疗救助力量，支持医疗互助有序发展。探索罕见病用药保障机制。

三、健全稳健可持续的筹资运行机制

合理筹资、稳健运行是医疗保障制度可持续的基本保证。要建立与社会主义初级阶段基本国情相适应、与各方承受能力相匹配、与基本健康需求相协调的筹资机制，切实加强基金运行管理，加强风险预警，坚决守住不发生系统性风险底线。

（九）完善筹资分担和调整机制。就业人员参加基本医疗保险由用人单位和个人共同缴费。非就业人员参加基本医疗保险由个人缴费，政府按规定给予补助，缴费与经济社会发展水平和居民人均可支配收入挂钩。适应新业态发展，完善灵活就业人员参保缴费方式。建立基本医疗保险基准费率制度，规范缴费基数政策，合理确定费率，实行动态调整。均衡个人、用人单位、政府三方筹资缴费责任，优化个人缴费和政府补助结构，研究应对老龄化医疗负担的多渠道筹资政策。加强财政对医疗救助投入，拓宽医疗救助筹资渠道。

（十）巩固提高统筹层次。按照制度政策统一、基金统收统支、管理服务一体的标准，全面做实基本医疗保险市地级统筹。探索推进市地级以下医疗保障部门垂直管理。鼓励有条件的省（自治

区、直辖市）按照分级管理、责任共担、统筹调剂、预算考核的思路，推进省级统筹。加强医疗救助基金管理，促进医疗救助统筹层次与基本医疗保险统筹层次相协调，提高救助资金使用效率，最大限度惠及贫困群众。

（十一）加强基金预算管理和风险预警。科学编制医疗保障基金收支预算，加强预算执行监督，全面实施预算绩效管理。适应异地就医直接结算、“互联网+医疗”和医疗机构服务模式发展需要，探索开展跨区域基金预算试点。加强基金中长期精算，构建收支平衡机制，健全基金运行风险评估、预警机制。

四、建立管用高效的医保支付机制

医保支付是保障群众获得优质医药服务、提高基金使用效率的关键机制。要聚焦临床需要、合理诊治、适宜技术，完善医保目录、协议、结算管理，实施更有效率的医保支付，更好保障参保人员权益，增强医保对医药服务领域的激励约束作用。

（十二）完善医保目录动态调整机制。立足基金承受能力，适应群众基本医疗需求、临床技术进步，调整优化医保目录，将临床价值高、经济性评价优良的药品、诊疗项目、医用耗材纳入医保支付范围，规范医疗服务设施支付范围。健全医保目录动态调整机制，完善医保准入谈判制度。合理划分中央与地方目录调整职责和权限，各地区不得自行制定目录或调整医保用药限定支付范围，逐步实现全国医保用药范围基本统一。建立医保药品、诊疗项目、医用耗材评价规则和指标体系，健全退出机制。

（十三）创新医保协议管理。完善基本医疗保险协议管理，简化优化医药机构定点申请、专业评估、协商谈判程序。将符合条件的医药机构纳入医保协议管理范围，支持“互联网+医疗”等新服务模式发展。建立健全跨区域就医协议管理机制。制定定点医药机构履行协议考核办法，突出行为规范、服务质量和费用控制考核评价，完善定点医药机构退出机制。

（十四）持续推进医保支付方式改革。完善医保基金总额预算办法，健全医疗保障经办机构与医疗机构之间协商谈判机制，促进医疗机构集体协商，科学制定总额预算，与医疗质量、协议履行绩效考核结果相挂钩。大力推进大数据应用，推行以按病种付费为主的多元复合式医保支付方式，推广按疾病诊断相关分组付费，医疗康复、慢性精神疾病等长期住院按床日付费，门诊特殊慢性病按人头付费。探索医疗服务与药品分开支付。适应医疗服务模式发展创新，完善医保基金支付方式和结算管理机制。探索对紧密型医疗联合体实行总额付费，加强监督考核，结余留用、合理超支分担，有条件的地区可按协议约定向医疗机构预付部分医保资金，缓解其资金运行压力。

五、健全严密有力的基金监管机制

医疗保障基金是人民群众的“保命钱”，必须始终把维护基金安全作为首要任务。要织密扎牢医保基金监管的制度笼子，着力推进监管体制改革，建立健全医疗保障信用管理体系，以零容忍的态度严厉打击欺诈骗保行为，确保基金安全高效、合理使用。

（十五）改革完善医保基金监管体制。加强医保基金监管能力建设，进一步健全基金监管体制机制，切实维护基金安全、提高基金使用效率。加强医疗保障公共服务机构内控机构建设，落实协议管理、费用监控、稽查审核责任。实施跨部门协同监管，积极引入第三方监管力量，强化社会监督。

（十六）完善创新基金监管方式。建立监督检查常态机制，实施大数据实时动态智能监控。完善对医疗服务的监控机制，建立信息强制披露制度，依法依规向社会公开医药费用、费用结构等信息。实施基金运行全过程绩效管理，建立医保基金绩效评价体系。健全医疗保障社会监督激励机制，完善欺诈骗保举报奖励制度。

（十七）依法追究欺诈骗保行为责任。制定完善医保基金监管相关法律法规，规范监管权限、程序、处罚标准等，推进有法可依、依法行政。建立医疗保障信用体系，推行守信联合激励和失信联合惩戒。加强部门联合执法，综合运用协议、行政、司法等手段，严肃追究欺诈骗保单位和个人责任，对涉嫌犯罪的依法追究刑事责任，坚决打击欺诈骗保、危害参保群众权益的行为。

六、协同推进医药服务供给侧改革

医药服务供给关系人民健康和医疗保障功能的实现。要充分发挥药品、医用耗材集中带量采购在深化医药服务供给侧改革中的引领作用，推进医保、医疗、医药联动改革系统集成，加强政策和管理协同，保障群众获得优质实惠的医药服务。

（十八）深化药品、医用耗材集中带量采购制度改革。坚持招采合一、量价挂钩，全面实行药品、医用耗材集中带量采购。以医保支付为基础，建立招标、采购、交易、结算、监督一体化的省级招标采购平台，推进构建区域性、全国性联盟采购机制，形成竞争充分、价格合理、规范有序的供应保障体系。推进医保基金与医药企业直接结算，完善医保支付标准与集中采购价格协同机制。

（十九）完善医药服务价格形成机制。建立以市场为主导的药品、医用耗材价格形成机制，建立全国交易价格信息共享机制。治理药品、高值医用耗材价格虚高。完善医疗服务项目准入制度，加快审核新增医疗服务价格项目，建立价格科学确定、动态调整机制，持续优化医疗服务价格结构。建立医药价格信息、产业发展指数监测与披露机制，建立药品价格和招采信用评价制度，完善价格函询、约谈制度。

（二十）增强医药服务可及性。健全全科和专科医疗服务合作分工的现代医疗服务体系，强化基层全科医疗服务。加强区域医疗服务能力评估，合理规划各类医疗资源布局，促进资源共享利用，加快发展社会办医，规范“互联网+医疗”等新服务模式发展。完善区域公立医院医疗设备配置管理，引导合理配置，严控超常超量配备。补齐护理、儿科、老年科、精神科等紧缺医疗服务短板。做好仿制药质量和疗效一致性评价受理与审评，通过完善医保支付标准和药品招标采购机制，支持优质仿制药研发和使用，促进仿制药替代。健全短缺药品监测预警和分级应对体系。

（二十一）促进医疗服务能力提升。规范医疗机构和医务人员诊疗行为，推行处方点评制度，促进合理用药。加强医疗机构内部专业化、精细化管理，分类完善科学合理的考核评价体系，将考核结果与医保基金支付挂钩。改革现行科室和个人核算方式，完善激励相容、灵活高效、符合医疗行业特点的人事薪酬制度，健全绩效考核分配制度。

七、优化医疗保障公共管理服务

医疗保障公共管理服务关系亿万群众切身利益。要完善经办管理和公共服务体系，更好提供精准化、精细化服务，提高信息化服务水平，推进医保治理创新，为人民群众提供便捷高效的医疗保障服务。

（二十二）优化医疗保障公共服务。推进医疗保障公共服务标准化规范化，实现医疗保障一站式服务、一窗口办理、一单制结算。适应人口流动需要，做好各类人群参保和医保关系跨地区转移接续，加快完善异地就医直接结算服务。深化医疗保障系统作风建设，建立统一的医疗保障服务热线，加快推进服务事项网上办理，提高运行效率和服务质量。

（二十三）高起点推进标准化和信息化建设。统一医疗保障业务标准和技术标准，建立全国统一、高效、兼容、便捷、安全的医疗保障信息系统，实现全国医疗保障信息互联互通，加强数据有序共享。规范数据管理和应用权限，依法保护参保人员基本信息和数据安全。加强大数据开发，突出应用导向，强化服务支撑功能，推进医疗保障公共服务均等可及。

（二十四）加强经办能力建设。构建全国统一的医疗保障经办管理体系，大力推进服务下沉，实现省、市、县、乡镇（街道）、村（社区）全覆盖。加强经办服务队伍建设，打造与新时代医疗保障公共服务要求相适应的专业队伍。加强医疗保障公共管理服务能力配置，建立与管理服务绩效挂钩的激励约束机制。政府合理安排预算，保证医疗保障公共服务机构正常运行。

（二十五）持续推进医保治理创新。推进医疗保障经办机构法人治理，积极引入社会力量参与经办服务，探索建立共建共治共享的医保治理格局。规范和加强与商业保险机构、社会组织的合作，完善激励约束机制。探索建立跨区域医保管理协作机制，实现全流程、无缝隙公共服务和基金监管。更好发挥高端智库和专业机构的决策支持和技术支撑作用。

八、组织保障

（二十六）加强党的领导。各级党委和政府要把医疗保障制度改革作为重要工作任务，把党的领导贯彻到医疗保障改革发展全过程。严格按照统一部署，健全工作机制，结合实际制定切实可行的政策措施。将落实医疗保障制度改革纳入保障和改善民生的重点任务，确保改革目标如期实现。

（二十七）强化协同配合。加强医疗保障领域立法工作，加快形成与医疗保障改革相衔接、有利于制度定型完善的法律法规体系。建立部门协同机制，加强医保、医疗、医药制度政策之间的统筹协调和综合配套。国务院医疗保障主管部门负责统筹推进医疗保障制度改革，会同有关部门研究解决改革中跨部门、跨区域、跨行业的重大问题，指导各地区政策衔接规范、保障水平适宜适度。

（二十八）营造良好氛围。各地区各部门要主动做好医疗保障政策解读和服务宣传，及时回应社会关切，合理引导预期。充分调动各方支持配合改革的积极性和主动性，凝聚社会共识。重要改革事项要广泛听取意见，提前做好风险评估。遇到重大情况，及时向党中央、国务院请示报告。

关于改革完善社会救助制度的意见[①]

（中共中央办公厅 国务院办公厅）

（2020 年 4 月 22 日）

社会救助事关困难群众基本生活和衣食冷暖，是保障基本民生、促进社会公平、维护社会稳定的兜底性、基础性制度安排，也是我们党全心全意为人民服务根本宗旨的集中体现。为全面贯彻党中央、国务院决策部署，统筹发展社会救助体系，巩固脱贫攻坚成果，切实兜住兜牢基本民生保障底线，现就改革完善社会救助制度提出如下意见。

一、总体要求

（一）指导思想。以习近平新时代中国特色社会主义思想为指导，全面贯彻党的十九大和十九届二中、三中、四中全会精神，紧紧围绕统筹推进“五位一体”总体布局和协调推进“四个全面”战略布局，坚持以人民为中心的发展思想，按照保基本、兜底线、救急难、可持续的总体思路，以统筹救助资源、增强兜底功能、提升服务能力为重点，完善法规制度，健全体制机制，强化政策落实，不断增强困难群众的获得感、幸福感、安全感。

（二）基本原则。坚持党对社会救助工作的全面领导，充分发挥各级党组织作用，为保障困难群众基本生活提供有力政治保证和组织保证。坚持以人民为中心，把维护困难群众基本权益作为社会

① 《关于改革完善社会救助制度的意见》，北京：人民出版社，2020 年版。

救助的根本出发点和落脚点，确保困难群众共享改革发展成果。坚持问题导向，聚焦突出问题，回应群众关切，不断增强困难群众的幸福感和满意度。坚持尽力而为、量力而行，与经济社会发展水平相适应，既不降低标准，也不吊高胃口。坚持统筹兼顾，加强政策衔接，形成兜底保障困难群众基本生活的合力。

（三）总体目标。用2年左右时间，健全分层分类、城乡统筹的中国特色社会救助体系，在制度更加成熟更加定型上取得明显成效。社会救助法制健全完备，体制机制高效顺畅，服务管理便民惠民，兜底保障功能有效发挥，城乡困难群众都能得到及时救助。到2035年，实现社会救助事业高质量发展，改革发展成果更多更公平惠及困难群众，民生兜底保障安全网密实牢靠，总体适应基本实现社会主义现代化的宏伟目标。

二、重点任务

（一）建立健全分层分类的社会救助体系

1．构建综合救助格局。以增强社会救助及时性、有效性为目标，加快构建政府主导、社会参与、制度健全、政策衔接、兜底有力的综合救助格局。以基本生活救助、专项社会救助、急难社会救助为主体，社会力量参与为补充，建立健全分层分类的救助制度体系。完善体制机制，运用现代信息技术推进救助信息聚合、救助资源统筹、救助效率提升，实现精准救助、高效救助、温暖救助、智慧救助。

2．打造多层次救助体系。完善低保、特困和低收入家庭认定办法。对共同生活的家庭成员人均收入低于当地最低生活保障标准且符合财产状况规定的家庭，给予最低生活保障。对无劳动能力、无生活来源、无法定赡养抚养扶养义务人或者其法定义务人无履行义务能力的城乡老年人、残疾人、未成年人，给予特困人员救助供养。同时，根据实际需要给予相应的医疗、住房、教育、就业等专项社会救助。对不符合低保或特困供养条件的低收入家庭和刚性支出较大导致基本生活出现严重困难的家庭，根据实际需要给予相应的医疗、住房、教育、就业等专项社会救助或实施其他必要救助措施。对遭遇突发事件、意外伤害、重大疾病，受传染病疫情等突发公共卫生事件影响或由于其他特殊原因导致基本生活暂时陷入困境的家庭或个人以及临时遇困、生活无着人员，给予急难社会救助。对遭遇自然灾害的，给予受灾人员救助。

3．创新社会救助方式。积极发展服务类社会救助，形成“物质+服务”的救助方式。探索通过政府购买服务对社会救助家庭中生活不能自理的老年人、未成年人、残疾人等提供必要的访视、照料服务。加强专业社会工作服务，帮助救助对象构建家庭和社会支持网络。完善对重度残疾人、重病患者以及老年人、未成年人等特殊困难群体的救助政策，依据困难类型、困难程度实施类别化、差异化救助。

4．促进城乡统筹发展。推进社会救助制度城乡统筹，加快实现城乡救助服务均等化。顺应农业转移人口市民化进程，及时对符合条件的农业转移人口提供相应救助帮扶。有条件的地区有序推进持有居住证人员在居住地申办社会救助。加大农村社会救助投入，逐步缩小城乡差距。加强与乡村振兴战略衔接。推进城镇困难群众解困脱困。

（二）夯实基本生活救助

5．完善基本生活救助制度。规范完善最低生活保障制度，分档或根据家庭成员人均收入与低保标准的实际差额发放低保金。对不符合低保条件的低收入家庭中的重度残疾人、重病患者等完全丧失劳动能力和部分丧失劳动能力且无法依靠产业就业帮扶脱贫的人员，采取必要措施保障其基本生活。将特困救助供养覆盖的未成年人年龄从16周岁延长至18周岁。

6. 规范基本生活救助标准调整机制。综合考虑居民人均消费支出或人均可支配收入等因素，结合财力状况合理制定低保标准和特困人员供养标准并建立动态调整机制。制定基本生活救助家庭财产标准或条件。各省（自治区、直辖市）制定本行政区域内相对统一的区域救助标准或最低指导标准。进一步完善社会救助和保障标准与物价上涨挂钩的联动机制。

7. 加强分类动态管理。健全社会救助对象定期核查机制。对特困人员、短期内经济状况变化不大的低保家庭，每年核查一次；对收入来源不固定、家庭成员有劳动能力的低保家庭，每半年核查一次。复核期内救助对象家庭经济状况没有明显变化的，不再调整救助水平。规范救助对象家庭人口、经济状况重大变化报告机制。

（三）健全专项社会救助

8. 健全医疗救助制度。健全医疗救助对象动态认定核查机制，将符合条件的救助对象纳入救助范围，做好分类资助参保和直接救助工作。完善疾病应急救助。在突发疫情等紧急情况时，确保医疗机构先救治、后收费。健全重大疫情医疗救治医保支付政策，确保贫困患者不因费用问题影响就医。加强医疗救助与其他医疗保障制度、社会救助制度衔接，发挥制度合力，减轻困难群众就医就诊后顾之忧。

9. 健全教育救助制度。对在学前教育、义务教育、高中阶段教育（含中等职业教育）和普通高等教育（含高职、大专）阶段就学的低保、特困等家庭学生以及因身心障碍等原因不方便入学接受义务教育的适龄残疾未成年人，根据不同教育阶段需求和实际情况，采取减免相关费用、发放助学金、安排勤工助学岗位、送教上门等方式，给予相应的教育救助。

10. 健全住房救助制度。对符合规定标准的住房困难的低保家庭、分散供养的特困人员等实施住房救助。对农村住房救助对象优先实施危房改造，对城镇住房救助对象优先实施公租房保障。探索建立农村低收入群体住房安全保障长效机制，稳定、持久保障农村低收入家庭住房安全。

11. 健全就业救助制度。为社会救助对象优先提供公共就业服务，按规定落实税费减免、贷款贴息、社会保险补贴、公益性岗位补贴等政策，确保零就业家庭实现动态“清零”。对已就业的低保对象，在核算其家庭收入时扣减必要的就业成本，并在其家庭成员人均收入超过当地低保标准后给予一定时间的渐退期。

12. 健全受灾人员救助制度。健全自然灾害应急救助体系，调整优化国家应急响应启动标准和条件，完善重大自然灾害应对程序和措施，逐步建立与经济社会发展水平相适应的自然灾害救助标准调整机制，统筹做好应急救助、过渡期生活救助、旱灾临时生活困难救助、冬春临时生活困难救助和因灾倒损民房恢复重建等工作。

13. 发展其他救助帮扶。鼓励各地根据城乡居民遇到的困难类型，适时给予相应救助帮扶。加强法律援助，依法为符合条件的社会救助对象提供法律援助服务。积极开展司法救助，帮助受到侵害但无法获得有效赔偿的生活困难当事人摆脱生活困境，为涉刑事案件家庭提供救助帮扶、心理疏导、关系调适等服务。开展取暖救助，使寒冷地区的困难群众冬天不受冻。做好身故困难群众基本殡葬服务，为其减免相关费用。推进残疾儿童康复救助、重度残疾人护理补贴、孤儿基本生活保障等工作，加强事实无人抚养儿童等困境儿童保障，做好与社会救助政策衔接工作。鼓励有条件的地方将困难残疾人生活补贴延伸至低收入家庭。

（四）完善急难社会救助

14. 强化急难社会救助功能。对遭遇突发性、紧迫性、灾难性困难，生活陷入困境，靠自身和家庭无力解决，其他社会救助制度暂时无法覆盖或救助之后生活仍有困难的家庭或个人，通过临时救助或生活无着流浪乞讨人员救助给予应急性、过渡性生活保障。依据困难情况制定临时救助标准，分类分档予以救助。逐步取消户籍地、居住地申请限制，探索由急难发生地实施临时救助。畅通急难社会救助申请和急难情况及时报告、主动发现渠道，建立健全快速响应、个案会商“救急难”工作机制。

15. 完善临时救助政策措施。将临时救助分为急难型临时救助和支出型临时救助。实施急难型临时救助，可实行“小金额先行救助”，事后补充说明情况；实施支出型临时救助，按照审核审批程序办理。采取“跟进救助”、“一次审批、分阶段救助”等方式，增强救助时效性。必要时启动县级困难群众基本生活保障工作协调机制进行“一事一议”审批。推动在乡镇（街道）建立临时救助备用金制度。加强临时救助与其他救助制度、慈善帮扶的衔接，形成救助合力。

16. 加强和改进生活无着流浪乞讨人员救助管理。强化地方党委和政府属地管理责任，压实各级民政部门、救助管理机构和托养机构责任，切实保障流浪乞讨人员人身安全和基本生活。完善源头治理和回归稳固机制，做好长期滞留人员落户安置工作，为符合条件人员落实社会保障政策。积极为走失、务工不着、家庭暴力受害人等离家在外的临时遇困人员提供救助。

17. 做好重大疫情等突发公共事件困难群众急难救助工作。将困难群众急难救助纳入突发公共事件相关应急预案，明确应急期社会救助政策措施和紧急救助程序。重大疫情等突发公共卫生事件和其他突发公共事件发生时，要及时分析研判对困难群众造成的影响以及其他各类人员陷入生活困境的风险，积极做好应对工作，适时启动紧急救助程序，适当提高受影响地区城乡低保、特困人员救助等保障标准，把因突发公共事件陷入困境的人员纳入救助范围，对受影响严重地区人员发放临时生活补贴，及时启动相关价格补贴联动机制，强化对困难群体的基本生活保障。

（五）促进社会力量参与

18. 发展慈善事业。鼓励支持自然人、法人及其他组织以捐赠财产、设立项目、提供服务等方式，自愿开展慈善帮扶活动。动员引导慈善组织加大社会救助方面支出。按照有关规定，对参与社会救助的慈善组织给予税收优惠、费用减免等，有突出表现的给予表彰。建立政府救助与慈善救助衔接机制。加强对慈善组织和互联网公开募捐信息平台的监管，对互联网慈善进行有效引导和规范，推进信息公开，防止诈捐、骗捐。

19. 引导社会工作专业力量参与社会救助。通过购买服务、开发岗位、政策引导、提供工作场所、设立基层社工站等方式，鼓励社会工作服务机构和社会工作者协助社会救助部门开展家庭经济状况调查评估、建档访视、需求分析等事务，并为救助对象提供心理疏导、资源链接、能力提升、社会融入等服务。鼓励引导以社会救助为主的服务机构按一定比例设置社会工作专业岗位。

20．促进社会救助领域志愿服务发展。支持引导志愿服务组织、社会爱心人士开展扶贫济困志愿服务。加强社会救助志愿服务制度建设，积极发挥志愿服务在汇聚社会资源、帮扶困难群众、保护弱势群体、传递社会关爱等方面作用。

21．推进政府购买社会救助服务。进一步完善政府购买社会救助服务政策措施，鼓励社会力量和市场主体参与社会救助，扩大社会救助服务供给。制定政府购买社会救助服务清单，规范购买流程，加强监督评估。政府购买社会救助服务所需经费从已有社会救助工作经费或困难群众救助补助资金等社会救助专项经费中列支。

（六）深化“放管服”改革

22．建立完善主动发现机制。将走访、发现需要救助的困难群众列为村（社区）组织重要工作内容。承担社会救助工作的国家公职人员以及承担政府委托从事困难群众服务工作的企事业单位、基层群众性自治组织、社会组织等，在工作中发现困难群众基本生活难以为继的，应当及时报告有关部门。县级民政部门开通“12349”社会救助服务热线，逐步实现全国联通。

23．全面推行“一门受理、协同办理”。乡镇（街道）经办机构统一受理社会救助申请，根据申请人困难情况、致贫原因，统筹考虑家庭人口结构、健康状况、劳动能力和劳动条件、刚性支出等因素，综合评估救助需求，提出综合实施社会救助措施的意见，并按照职责分工及时办理或转请县级相关职能部门办理。鼓励有条件的地方异地受理基本生活救助申请。

24．优化审核确认程序。有条件的地方可按程序将低保、特困等社会救助审核确认权限下放至乡镇（街道），县级民政部门加强监督指导。对没有争议的救助申请家庭，可不再进行民主评议。取消可以通过国家或地方政务服务平台查询的相关证明材料。健全社会救助家庭经济状况核对机制，发挥各级核对机构作用。

25. 加快服务管理转型升级。加强社会救助信息化，推进互联网、大数据、人工智能、区块链、5G等现代信息技术在社会救助领域的运用。依托国家数据共享交换平台体系，完善社会救助资源库，将政府部门、群团组织等开展救助帮扶的各类信息统一汇集、互通共享，为相关部门、单位和社会力量开展救助帮扶提供支持。推动社会救助服务向移动端延伸，实现救助事项“掌上办”、“指尖办”，为困难群众提供方便快捷的救助事项申请、办理、查询等服务。

三、保障措施

（一）加强组织领导。强化党委领导、政府负责、民政牵头、部门协同、社会参与的工作机制。地方各级依法依规成立社会救助工作领导小组或困难群众基本生活保障工作协调机制。将社会救助政策落实情况纳入各地区各部门工作绩效评价。加快推进社会救助立法。完善社会救助统计制度。加强社会救助政策宣传和理论研究。按有关规定申报社会救助表彰奖励项目，对有突出表现的给予表彰。

（二）落实部门责任。民政部门承担社会救助体系建设牵头统筹职责，负责基本生活救助；教育、人力资源社会保障、住房城乡建设、卫生健康、应急管理、医疗保障等部门根据职责分工，分别负责相关专项社会救助；财政部门根据困难群众基本生活保障需要和物价变动等情况，做好各项社会救助资金保障。中央财政困难群众救助补助资金重点向救助任务重、财政困难地区倾斜。

（三）提高基层服务能力。实施基层社会救助能力提升工程。各省（自治区、直辖市）党委和政府要统筹研究制定按照社会救助对象数量、人员结构等因素完善救助机构、合理配备相应工作人员的具体措施。强化乡镇（街道）社会救助责任和相关保障条件。村级设立社会救助协理员，困难群众较多的村（社区）建立社会救助服务站（点）。开展社会救助所需工作经费纳入地方各级财政预算。关爱基层救助工作人员，提供必要的工作场所、交通、通信费用以及薪资待遇，保障履职需要。加强业务培训，打造政治过硬、业务素质高、对困难群众有感情的社会救助干部队伍。

（四）加强监督检查。加强资金监管，强化审计监督，对挤占、挪用、截留和滞留资金等问题，及时纠正并依法依规追究有关责任人的责任。健全“双随机、一公开”监督机制，加强社会救助事中事后监管。加大对骗取社会救助行为查处力度，依法依规追回骗取的社会救助金并追究相应责任。建立容错纠错机制，鼓励各地根据实际情况改革创新，激励基层干部担当作为，落实“三个区分开来”要求，对秉持公心、履职尽责但因客观原因出现失误偏差且能够及时纠正的经办人员依法依规免于问责。

人力资源社会保障部 财政部关于扩大失业保险保障范围的通知[①]

（2020 年 5 月 29 日）

各省、自治区、直辖市人民政府，新疆生产建设兵团：

为深入贯彻落实党中央、国务院关于扩大失业保险保障范围、更好保障失业人员基本生活的决策部署，确保失业人员待遇应发尽发、应保尽保，经国务院同意，现就扩大失业保险保障范围有关事项通知如下：

一、充分认识做好失业人员生活保障的重要意义。扩大失业保险保障范围是党中央、国务院为应对新冠肺炎疫情影响、保障基本民生作出的一项重要决策部署，对于做好困难群众兜底保障、维护社会稳定具有重要意义。各地要切实把思想和行动统一到党中央、国务院决策部署上来，进一步增强责任感和紧迫感，充分发挥失业保险保生活基础功能，抓紧抓实抓细政策落地见效，努力扩大受益面，切实保障参保失业人员基本生活。

二、及时发放失业保险金。对参保缴费满 1 年、非因本人意愿中断就业、已办理失业登记并有求职要求的失业人员，应及时足额发放失业保险金，代缴基本医疗保险费，按规定发放价格临时补贴、丧葬补助金和抚恤金。自 2019 年 12 月起，延长大龄失业人员领取失业保险金期限，对领取失业保险金期满仍未就业且距法定退休年龄不足 1 年的失业人员，可继续发放失业保险金至法定退休年龄。

① 《人力资源社会保障部 财政部关于扩大失业保险保障范围的通知》，人社部网站，2020 年 5 月 29 日。

三、阶段性实施失业补助金政策。2020年3月至12月，领取失业保险金期满仍未就业的失业人员、不符合领取失业保险金条件的参保失业人员，可以申领6个月的失业补助金，标准不超过当地失业保险金的80%。领取失业补助金期间不享受失业保险金、代缴基本医疗保险费、丧葬补助金和抚恤金。失业人员领取失业补助金期满、被用人单位招用并参保、死亡、应征服兵役、移居境外、享受城镇职工基本养老保险或城乡居民养老保险待遇、被判刑收监执行的，停发失业补助金。领取失业补助金期限不核减参保缴费年限。失业补助金按月发放，从失业保险基金“其他支出”科目列支。

四、阶段性扩大失业农民工保障范围。对《失业保险条例》规定的参保单位招用、个人不缴费且连续工作满1年的失业农民工，及时发放一次性生活补助。2020年5月至12月，对2019年1月1日之后参保不满1年的失业农民工，参照参保地城市低保标准，按月发放不超过3个月的临时生活补助。与城镇职工同等参保缴费的失业农民工，按参保地规定发放失业保险金或失业补助金。

五、阶段性提高价格临时补贴标准。2020年3月至6月，对领取失业保险金和失业补助金人员发放的价格临时补贴，补贴标准在现行标准基础上提高1倍。

六、畅通失业保险待遇申领渠道。各地要优化经办流程，减少证明材料，取消附加条件，让参保失业人员方便快捷得到保障。参保失业人员可凭社会保障卡或身份证件申领失业保险金、失业补助金、一次性生活补助或临时生活补助，可不提供解除或者终止劳动关系、失业登记证明等材料。经办机构应通过核验参保信息库中的参保缴费信息，确认申领人员是否符合领取条件对应的失业状态，不得增加其他义务、条件或时限要求。各地要在实现线上申领失业保险金基础上，于6月底前实现失业补助金等其他失业保险待遇线上申领；人力资源社会保障部建立领取失业保险金、失业补助金全国线上申领入口，并向地方提供全国参保信息联网核验服务。

七、切实防范基金运行风险。各地要密切关注失业保险基金运行情况，加强监测预警，对困难地区及时做好帮扶。要结合本地失业保险基金结余情况，做好资金测算，合理确定补助标准，优先保障保生活支出。基金支撑能力较弱的统筹地区，要适时调整基金支出方向和结构。有条件的省份要充分发挥省级调剂金作用，支持统筹地区各项政策有序实施。要强化监督管理，严防冒领、骗取、套取基金行为，切实维护基金安全。

八、做好组织实施工作。各地要围绕应发尽发、应保尽保的目标任务，统筹谋划，周密部署，压实工作责任，建立健全抓落实的体制机制，确保扩大失业保险保障范围政策尽快落地见效。地方各级人力资源社会保障、财政部门要主动履职尽责，加强工作调度，做好政策宣传解读，提高政策知晓度，及时回应群众关切。各地在执行中遇有重大情况和问题，及时报人力资源社会保障部、财政部。

民政部 财政部关于进一步做好困难群众基本生活保障工作的通知[①]

（2020 年 6 月 3 日）

各省、自治区、直辖市民政厅（局）、财政厅（局），各计划单列市民政局、财政局，新疆生产建设兵团民政局、财政局：

为贯彻落实国务院常务会议精神，确保符合条件的城乡困难家庭应保尽保，及时将受疫情影响陷入困境的人员纳入救助范围，切实保障困难群众基本生活，经国务院同意，现就有关要求通知如下：

一、适度扩大最低生活保障覆盖范围，做到“应保尽保”

在坚持现有标准、确保低保制度持续平稳运行的基础上，适度扩大低保覆盖范围。对低收入家庭中的重残人员、重病患者等特殊困难人员，经本人申请，参照“单人户”纳入低保。低收入家庭一般是指家庭人均收入高于当地城乡低保标准，但低于低保标准 1.5 倍，且财产状况符合当地相关规定的低保边缘家庭；重残人员是指持有中华人民共和国残疾人证的一级、二级重度残疾人，有条件的地方可扩大到三级智力、精神残疾人；重病患者是指患有当地有关部门认定的重特大疾病的人员。低收入家庭及重残人员、重病患者的具体认定办法以及相关对象纳入低保后的待遇水平，由各地结合实际研究制定，并做好与现有低保对象待遇的衔接。

对无法外出务工、经营、就业，导致收入下降、基本生活出现

① 《民政部 财政部关于进一步做好困难群众基本生活保障工作的通知》，《中华人民共和国国务院公报》，2020 年 29 期。

困难的城乡居民，凡符合低保条件的，要全部纳入低保范围。受疫情影响严重的地区，可适当放宽低保认定条件。积极促进有劳动能力和劳动条件的低保对象务工就业。严格落实社会救助和保障标准与物价上涨挂钩联动机制，依规发放价格临时补贴。全面详细摸清城乡低保家庭和低收入家庭情况，掌握工作底数。

二、适度扩大临时救助范围，实现“应救尽救”

加强对生活困难未参保失业人员的救助帮扶，适度扩大临时救助范围。对受疫情影响无法返岗复工、连续三个月无收入来源，生活困难且失业保险政策无法覆盖的农民工等未参保失业人员，未纳入低保范围的，经本人申请，由务工地或经常居住地发放一次性临时救助金，帮助其渡过生活难关。具体标准由各地根据救助保障需要和疫情影响情况确定。

坚持凡困必帮、有难必救，对其他基本生活受到疫情影响陷入困境，相关社会救助和保障制度暂时无法覆盖的家庭或个人，及时纳入临时救助范围。对遭遇重大生活困难的，可采取一事一议方式提高救助额度。全面建立乡镇（街道）临时救助备用金制度，积极开展“先行救助”，有条件的地区可委托社区（村）直接实施临时救助，做到发现困难立即救助。

三、落实特困人员救助供养政策，提升照料服务

完善特困人员认定条件，将特困人员救助供养覆盖的未成年人年龄从 16 周岁延长至 18 周岁。加强特困人员供养服务机构建设和设施改造，尽最大努力收住有集中供养意愿的特困人员。严格落实供养服务机构服务保障、安全管理等规定，不断提高集中供养服务

质量。加强分散供养特困人员照料服务，督促照料服务人员认真履行委托照料服务协议，全面落实各项照料服务，照顾好特困人员日常生活。加强对分散供养特困人员的探访，及时了解疫情对特困人员生活的影响，重点跟踪关注高龄、重度残疾等生活不能自理特困人员，帮助解决实际困难。

四、加强贫困人口摸底排查，强化兜底保障

扎实推进社会救助兜底脱贫工作，健全完善监测预警机制，密切关注未脱贫人口和收入不稳定、持续增收能力较弱、返贫风险较高的已脱贫人口，以及建档立卡边缘人口。加强数据比对，逐户逐人摸底排查，及时将符合条件的贫困人口纳入农村低保、特困人员救助供养或临时救助覆盖范围，确保兜底保障“不漏一户、不落一人”。坚持“脱贫不脱政策”，对已脱贫且家庭人均收入超过当地低保标准的低保对象，给予一定时间的渐退期，巩固脱贫成果。

五、优化社会救助工作流程，提高服务水平

简化优化低保、特困人员救助供养和临时救助审核审批流程，充分运用APP、全流程网上办理等方式快速办理救助申请。制定低保、临时救助审核审批办法或操作指南，方便困难群众申请救助。鼓励有条件的地方将低保、特困人员救助供养的审批权限下放到乡镇（街道）。科学调整入户调查、民主评议和张榜公示等形式，对没有争议的救助申请，可不再进行民主评议。加强社会救助家庭经济状况核对机制建设，积极开展社会救助信息共享与数据比对。强化主动发现机制，畅通社会救助服务热线，采取多种方式加强热线宣传，提高群众知晓度，确保困难群众“求助有门、受助及时”。

六、加强组织领导，确保落实落地

各地要加强组织领导，落实属地责任，强化资金保障，统筹使用中央财政困难群众救助补助资金和地方各级财政安排的资金，扎实做好低保、临时救助和特困人员救助供养工作，坚决守住民生底线，防止发生冲击社会道德底线事件。加强部门衔接配合，及时比对核实失业保险、失业登记等相关信息，精准认定救助对象。强化工作监督和资金监管，加大信息公开力度，按规定向社会公布社会救助相关事项，不断提高工作透明度。持续深化农村低保专项治理，聚焦“漏保”、形式主义、官僚主义、资金监管不力等问题重点发力，坚决防止“兜不住底”的情况发生。落实“三个区分开来”要求，建立容错纠错机制，激励基层干部担当作为，对非主观原因导致不符合条件人员纳入救助帮扶范围的，可免予追究相关责任。

国务院办公厅关于建立健全职工基本医疗保险门诊共济保障机制的指导意见①

（2021 年 4 月 13 日）

各省、自治区、直辖市人民政府，国务院各部委、各直属机构：

为进一步健全互助共济、责任共担的职工基本医疗保险（以下简称职工医保）制度，更好解决职工医保参保人员门诊保障问题，切实减轻其医疗费用负担，按照党中央、国务院关于深化医疗保障制度改革任务部署，经国务院同意，现就建立健全职工医保门诊共济保障机制提出如下意见。

一、总体要求

（一）指导思想。以习近平新时代中国特色社会主义思想为指导，全面贯彻党的十九大和十九届二中、三中、四中、五中全会精神，既尽力而为、又量力而行，坚持人人尽责、人人享有，完善制度、引导预期，加快医疗保障重点领域和关键环节改革，将门诊费用纳入职工医保统筹基金支付范围，改革职工医保个人账户，建立健全门诊共济保障机制，提高医保基金使用效率，逐步减轻参保人员医疗费用负担，实现制度更加公平更可持续。

（二）基本原则。坚持保障基本，实行统筹共济，切实维护参保人员权益。坚持平稳过渡，保持政策连续性，确保改革前后待遇顺畅衔接。坚持协同联动，完善门诊保障机制和改进个人账户制度

① 《国务院办公厅关于建立健全职工基本医疗保险门诊共济保障机制的指导意见》，《中华人民共和国国务院公报》，2021 年 13 期。

同步推进、逐步转换。坚持因地制宜，在整体设计基础上，鼓励地方从实际出发，积极探索增强职工医保门诊保障的有效途径。

二、主要措施

（三）增强门诊共济保障功能。建立完善职工医保普通门诊费用统筹保障机制，在做好高血压、糖尿病等群众负担较重的门诊慢性病、特殊疾病（以下统称门诊慢特病）医疗保障工作的基础上，逐步将多发病、常见病的普通门诊费用纳入统筹基金支付范围。普通门诊统筹覆盖职工医保全体参保人员，政策范围内支付比例从50%起步，随着医保基金承受能力增强逐步提高保障水平，待遇支付可适当向退休人员倾斜。针对门诊医疗服务特点，科学测算起付标准和最高支付限额，并做好与住院费用支付政策的衔接。同步完善城乡居民基本医疗保险门诊统筹，并逐步提高保障水平。

根据医保基金承受能力，逐步扩大由统筹基金支付的门诊慢特病病种范围，将部分治疗周期长、对健康损害大、费用负担重的疾病门诊费用纳入共济保障，对部分适合在门诊开展、比住院更经济方便的特殊治疗，可参照住院待遇进行管理。不断健全门诊共济保障机制，逐步由病种保障向费用保障过渡。将符合条件的定点零售药店提供的用药保障服务纳入门诊保障范围，支持外配处方在定点零售药店结算和配药，充分发挥定点零售药店便民、可及的作用。探索将符合条件的“互联网+”医疗服务纳入保障范围。

（四）改进个人账户计入办法。科学合理确定个人账户计入办法和计入水平，在职职工个人账户由个人缴纳的基本医疗保险费计入，计入标准原则上控制在本人参保缴费基数的2%，单位缴纳的基本医疗保险费全部计入统筹基金；退休人员个人账户原则上由统筹基金按定额划入，划入额度逐步调整到统筹地区根据本意见实施改革当年基本养老金平均水平的2%左右。个人账户的具体划入比例或标准，由省级医保部门会同财政部门按照以上原则，指导统筹地区结合本地实际研究确定。调整统筹基金和个人账户结构后，增加的统筹基金主要用于门诊共济保障，提高参保人员门诊待遇。

（五）规范个人账户使用范围。个人账户主要用于支付参保人员在定点医疗机构或定点零售药店发生的政策范围内自付费用。可以用于支付参保人员本人及其配偶、父母、子女在定点医疗机构就医发生的由个人负担的医疗费用，以及在定点零售药店购买药品、医疗器械、医用耗材发生的由个人负担的费用。探索个人账户用于配偶、父母、子女参加城乡居民基本医疗保险等的个人缴费。个人账户不得用于公共卫生费用、体育健身或养生保健消费等不属于基本医疗保险保障范围的支出。健全完善个人账户使用管理办法，做好收支信息统计。

（六）加强监督管理。完善管理服务措施，创新制度运行机制，引导医疗资源合理利用，确保医保基金稳定运行，充分发挥保障功能。严格执行医保基金预算管理制度，加强基金稽核制度和内控制度建设。建立对个人账户全流程动态管理机制，加强对个人账户使用、结算等环节的审核。强化对医疗行为和医疗费用的监管，严肃查处“挂床”住院、诱导住院等违法违规行为。建立医保基金安全防控机制，严厉打击欺诈骗保行为，确保基金安全高效、合理使用。创新门诊就医服务管理办法，健全医疗服务监控、分析和考核体系，引导定点医疗机构规范提供诊疗服务。加快全国统一的医疗保障信息平台建设，推进门诊费用异地就医直接结算。通过协同推动基层医疗服务体系建设、完善家庭医生签约服务、规范长期处方管理等，引导参保人员在基层就医首诊。结合完善门诊慢特病管理措施，规范基层定点医疗机构诊疗及转诊等行为。

（七）完善与门诊共济保障相适应的付费机制。对基层医疗服务可按人头付费，积极探索将按人头付费与慢性病管理相结合；对日间手术及符合条件的门诊特殊病种，推行按病种或按疾病诊断相关分组付费；对不宜打包付费的门诊费用，可按项目付费。科学合理确定医保药品支付标准，引导医疗机构和患者主动使用疗效确切、价格合理的药品。

三、组织实施

（八）加强组织领导。建立健全职工医保门诊共济保障机制是深化医疗保障制度改革的重要内容，涉及广大参保人员切身利益，政策性和技术性强。各省级人民政府要高度重视，切实加强领导，建立协调机制，抓好工作落实。国家医保局、财政部要会同相关部门加强对各地的工作指导，上下联动，形成合力。

（九）积极稳妥推进。各省级人民政府要按照本意见要求，统筹安排，科学决策，在 2021 年 12 月底前出台实施办法，指导各统筹地区推进落实，可设置 3 年左右的过渡期，逐步实现改革目标。各统筹地区要结合本地实际，进一步明确和细化政策规定，妥善处理好改革前后的政策衔接，确保参保人员待遇平稳过渡，已经开展相关工作的要进一步规范政策标准，尚未开展相关工作的要积极稳妥启动实施。

（十）注重宣传引导。要创新宣传方式，丰富宣传手段，广泛开展宣传，准确解读政策。充分宣传建立健全职工医保门诊共济保障机制对减轻参保人员医疗费用负担、促进制度更加公平更可持续的重要作用，大力宣传医疗保险共建共享、互助共济的重要意义。要建立舆情监测和处置机制，积极主动回应社会关切，营造良好舆论氛围。

国务院办公厅关于健全重特大疾病医疗保险和救助制度的意见①

（2021 年 10 月 28 日）

各省、自治区、直辖市人民政府，国务院各部委、各直属机构：

做好重特大疾病医疗保障，是进一步减轻困难群众和大病患者医疗费用负担、防范因病致贫返贫、筑牢民生保障底线的重要举措。为深入贯彻党中央、国务院关于深化医疗保障制度改革和完善社会救助制度的决策部署，巩固拓展医疗保障脱贫攻坚成果，不断增强人民群众获得感、幸福感、安全感，经国务院同意，现就健全重特大疾病医疗保险和救助制度提出以下意见。

一、总体要求

以习近平新时代中国特色社会主义思想为指导，全面贯彻党的十九大和十九届二中、三中、四中、五中全会精神，坚持以人民为中心，坚持共同富裕方向，坚持应保尽保、保障基本，尽力而为、量力而行，推动民生改善更可持续。聚焦减轻困难群众重特大疾病医疗费用负担，建立健全防范和化解因病致贫返贫长效机制，强化基本医保、大病保险、医疗救助（以下统称三重制度）综合保障，实事求是确定困难群众医疗保障待遇标准，确保困难群众基本医疗有保障，不因罹患重特大疾病影响基本生活，同时避免过度保障。促进三重制度综合保障与慈善救助、商业健康保险等协同发展、有

① 《国务院办公厅关于健全重特大疾病医疗保险和救助制度的意见》，《中华人民共和国国务院公报》，2021 年 34 期。

效衔接，构建政府主导、多方参与的多层次医疗保障体系。

二、科学确定医疗救助对象范围

（一）及时精准确定救助对象。医疗救助公平覆盖医疗费用负担较重的困难职工和城乡居民，根据救助对象类别实施分类救助。对低保对象、特困人员、低保边缘家庭成员和纳入监测范围的农村易返贫致贫人口，按规定给予救助。对不符合低保、特困人员救助供养或低保边缘家庭条件，但因高额医疗费用支出导致家庭基本生活出现严重困难的大病患者（以下称因病致贫重病患者），根据实际给予一定救助。综合考虑家庭经济状况、医疗费用支出、医疗保险支付等情况，由省（自治区、直辖市）民政部门会同医疗保障等相关部门合理确定因病致贫重病患者认定条件。县级以上地方人民政府规定的其他特殊困难人员，按上述救助对象类别给予相应救助。

三、强化三重制度综合保障

（二）确保困难群众应保尽保。困难群众依法参加基本医保，按规定享有三重制度保障权益。全面落实城乡居民基本医保参保财政补助政策，对个人缴费确有困难的群众给予分类资助。全额资助特困人员，定额资助低保对象、返贫致贫人口。定额资助标准由省级人民政府根据实际确定。适应人口流动和参保需求变化，灵活调整救助对象参保缴费方式，确保其及时参保、应保尽保。

（三）促进三重制度互补衔接。发挥基本医保主体保障功能，严格执行基本医保支付范围和标准，实施公平适度保障；增强大病保险减负功能，探索完善大病保险对低保对象、特困人员和返贫致贫人口的倾斜支付政策，发挥补充保障作用；夯实医疗救助托底保障功能，按照“先保险后救助”的原则，对基本医保、大病保险等支付后个人医疗费用负担仍然较重的救助对象按规定实施救助，合力防范因病致贫返贫风险。完善农村易返贫致贫人口医保帮扶措施，推动实现巩固拓展医疗保障脱贫攻坚成果同乡村振兴有效衔接。

四、夯实医疗救助托底保障

（四）明确救助费用保障范围。坚持保基本，妥善解决救助对象政策范围内基本医疗需求。救助费用主要覆盖救助对象在定点医药机构发生的住院费用、因慢性病需长期服药或患重特大疾病需长期门诊治疗的费用。由医疗救助基金支付的药品、医用耗材、诊疗项目原则上应符合国家有关基本医保支付范围的规定。基本医保、大病保险起付线以下的政策范围内个人自付费用，按规定纳入救助保障。除国家另有明确规定外，各统筹地区不得自行制定或用变通的方法擅自扩大医疗救助费用保障范围。

（五）合理确定基本救助水平。按救助对象家庭困难情况，分类设定年度救助起付标准（以下简称起付标准）。对低保对象、特困人员原则上取消起付标准，暂不具备条件的地区，其起付标准不得高于所在统筹地区上年居民人均可支配收入的5%，并逐步探索取消起付标准。低保边缘家庭成员起付标准按所在统筹地区上年居民人均可支配收入的10%左右确定，因病致贫重病患者按25%左右确定。对低保对象、特困人员符合规定的医疗费用可按不低于70%的比例救助，其他救助对象救助比例原则上略低于低保对象。具体救助比例的确定要适宜适度，防止泛福利化倾向。各统筹地区要根据经济社会发展水平、人民健康需求、医疗救助基金支撑能力，合理设定医疗救助年度救助限额。农村易返贫致贫人口救助水平，按巩固拓展医疗保障脱贫攻坚成果有效衔接乡村振兴战略有关政策规定执行。

（六）统筹完善托底保障措施。加强门诊慢性病、特殊疾病救助保障，门诊和住院救助共用年度救助限额，统筹资金使用，着力减轻救助对象门诊慢性病、特殊疾病医疗费用负担。对规范转诊且在省域内就医的救助对象，经三重制度综合保障后政策范围内个人负担仍然较重的，给予倾斜救助，具体救助标准由统筹地区人民政府根据医疗救助基金筹资情况科学确定，避免过度保障。通过明确诊疗方案、规范诊疗等措施降低医疗成本，合理控制困难群众政策范围内自付费用比例。

五、建立健全防范和化解因病致贫返贫长效机制

（七）强化高额医疗费用支出预警监测。实施医疗救助对象信息动态管理。分类健全因病致贫和因病返贫双预警机制，结合实际合理确定监测标准。重点监测经基本医保、大病保险等支付后个人年度医疗费用负担仍然较重的低保边缘家庭成员和农村易返贫致贫人口，做到及时预警。加强部门间信息共享和核查比对，协同做好风险研判和处置。加强对监测人群的动态管理，符合条件的及时纳入救助范围。

（八）依申请落实综合保障政策。全面建立依申请救助机制，畅通低保边缘家庭成员和农村易返贫致贫人口、因病致贫重病患者医疗救助申请渠道，增强救助时效性。已认定为低保对象、特困人员的，直接获得医疗救助。强化医疗救助、临时救助、慈善救助等

综合性保障措施，精准实施分层分类帮扶。综合救助水平要根据家庭经济状况、个人实际费用负担情况合理确定。

六、积极引导慈善等社会力量参与救助保障

（九）发展壮大慈善救助。鼓励慈善组织和其他社会组织设立大病救助项目，发挥补充救助作用。促进互联网公开募捐信息平台发展和平台间慈善资源共享，规范互联网个人大病求助平台信息发布，推行阳光救助。支持医疗救助领域社会工作服务和志愿服务发展，丰富救助服务内容。根据经济社会发展水平和各方承受能力，探索建立罕见病用药保障机制，整合医疗保障、社会救助、慈善帮扶等资源，实施综合保障。建立慈善参与激励机制，落实相应税收优惠、费用减免等政策。

（十）鼓励医疗互助和商业健康保险发展。支持开展职工医疗互助，规范互联网平台互助，加强风险管控，引导医疗互助健康发展。支持商业健康保险发展，满足基本医疗保障以外的保障需求。鼓励商业保险机构加强产品创新，在产品定价、赔付条件、保障范围等方面对困难群众适当倾斜。

七、规范经办管理服务

（十一）加快推进一体化经办。细化完善救助服务事项清单，出台医疗救助经办管理服务规程，做好救助对象信息共享互认、资助参保、待遇给付等经办服务。推动基本医保和医疗救助服务融合，依托全国统一的医疗保障信息平台，依法依规加强数据归口管理。统一协议管理，强化定点医疗机构费用管控主体责任。统一基金监管，做好费用监控、稽查审核，保持打击欺诈骗保高压态势，

对开展医疗救助服务的定点医疗机构实行重点监控，确保基金安全高效、合理使用。推动实行“一站式”服务、“一窗口”办理，提高结算服务便利性。

（十二）优化救助申请审核程序。简化申请、审核、救助金给付流程，低保对象、特困人员直接纳入“一站式”结算，探索完善其他救助对象费用直接结算方式。加强部门工作协同，全面对接社会救助经办服务，按照职责分工做好困难群众医疗救助申请受理、分办转办及结果反馈。动员基层干部，依托基层医疗卫生机构，做好政策宣传和救助申请委托代办等，及时主动帮助困难群众。

（十三）提高综合服务管理水平。加强对救助对象就医行为的引导，推行基层首诊，规范转诊，促进合理就医。完善定点医疗机构医疗救助服务内容，提高服务质量，按规定做好基本医保和医疗救助费用结算。按照安全有效、经济适宜、救助基本的原则，引导医疗救助对象和定点医疗机构优先选择纳入基本医保支付范围的药品、医用耗材和诊疗项目，严控不合理费用支出。经基层首诊转诊的低保对象、特困人员在市域内定点医疗机构住院，实行“先诊疗后付费”，全面免除其住院押金。做好异地安置和异地转诊救助对象登记备案、就医结算，按规定转诊的救助对象，执行户籍地所在统筹地区救助标准。未按规定转诊的救助对象，所发生的医疗费用原则上不纳入医疗救助范围。

八、强化组织保障

（十四）加强组织领导。强化党委领导、政府主导、部门协同、社会参与的重特大疾病保障工作机制。将困难群众重特大疾病医疗救助托底保障政策落实情况作为加强和改善民生的重要指标，纳入医疗救助工作绩效评价。各省（自治区、直辖市）要落实主体责任，细化政策措施，强化监督检查，确保政策落地、待遇落实、群众得实惠。要结合落实医疗保障待遇清单制度，制定出台细化措施，切实规范医疗救助保障范围，坚持基本保障标准，确保制度可持续发展。加强政策宣传解读，及时回应社会关切，营造良好舆论氛围。各地区政策实施情况及时报送国家医保局。

（十五）加强部门协同。建立健全部门协同机制，加强医疗保障、社会救助、医疗卫生制度政策及经办服务统筹协调。医疗保障部门要统筹推进医疗保险、医疗救助制度改革和管理工作，落实好医疗保障政策。民政部门要做好低保对象、特困人员、低保边缘家庭成员等救助对象认定工作，会同相关部门做好因病致贫重病患者认定和相关信息共享，支持慈善救助发展。财政部门要按规定做好资金支持。卫生健康部门要强化对医疗机构的行业管理，规范诊疗路径，促进分级诊疗。税务部门要做好基本医保保费征缴相关工作。银保监部门要加强对商业保险机构承办大病保险的行业监管，规范商业健康保险发展。乡村振兴部门要做好农村易返贫致贫人口监测和信息共享。工会要做好职工医疗互助和罹患大病困难职工帮扶。

（十六）加强基金预算管理。在确保医疗救助基金安全运行基础上，统筹协调基金预算和政策制定，落实医疗救助投入保障责任。拓宽筹资渠道，动员社会力量，通过慈善和社会捐助等多渠道筹集资金，统筹医疗救助资金使用。加强预算执行监督，全面实施预算绩效管理。促进医疗救助统筹层次与基本医保统筹层次相协调，提高救助资金使用效率。

（十七）加强基层能力建设。加强基层医疗保障经办队伍建设，统筹医疗保障公共服务需求和服务能力配置，做好相应保障。积极引入社会力量参与经办服务，大力推动医疗救助经办服务下沉，重点提升信息化和经办服务水平。加强医疗救助政策和业务能力培训，努力打造综合素质高、工作作风好、业务能力强的基层经办队伍。

国务院办公厅关于推动个人养老金发展的意见（节选）①

（2022 年 4 月 8 日）

（上略）

二、参加范围

在中国境内参加城镇职工基本养老保险或者城乡居民基本养老保险的劳动者，可以参加个人养老金制度。

三、制度模式

个人养老金实行个人账户制度，缴费完全由参加人个人承担，实行完全积累。参加人通过个人养老金信息管理服务平台（以下简称信息平台），建立个人养老金账户。个人养老金账户是参加个人养老金制度、享受税收优惠政策的基础。

参加人可以用缴纳的个人养老金在符合规定的金融机构或者其依法合规委托的销售渠道（以下统称金融产品销售机构）购买金融产品，并承担相应的风险。参加人应当指定或者开立一个本人唯一的个人养老金资金账户，用于个人养老金缴费、归集收益、支付和缴纳个人所得税。个人养老金资金账户可以由参加人在符合规定的商业银行指定或者开立，也可以通过其他符合规定的金融产品销售机构指定。个人养老金资金账户实行封闭运行，其权益归参加人所有，除另有规定外不得提前支取。

① 《国务院办公厅关于推动个人养老金发展的意见》，《中华人民共和国国务院公报》，2022 年 13 期。

参加人变更个人养老金资金账户开户银行时，应当经信息平台核验后，将原个人养老金资金账户内的资金转移至新的个人养老金资金账户并注销原资金账户。

四、缴费水平

参加人每年缴纳个人养老金的上限为 12000 元。人力资源社会保障部、财政部根据经济社会发展水平和多层次、多支柱养老保险体系发展情况等因素适时调整缴费上限。

五、税收政策

国家制定税收优惠政策，鼓励符合条件的人员参加个人养老金制度并依规领取个人养老金。

六、个人养老金投资

个人养老金资金账户资金用于购买符合规定的银行理财、储蓄存款、商业养老保险、公募基金等运作安全、成熟稳定、标的规范、侧重长期保值的满足不同投资者偏好的金融产品，参加人可自主选择。参与个人养老金运行的金融机构和金融产品由相关金融监管部门确定，并通过信息平台和金融行业平台向社会发布。

七、个人养老金领取

参加人达到领取基本养老金年龄、完全丧失劳动能力、出国（境）定居，或者具有其他符合国家规定的情形，经信息平台核验领取条件后，可以按月、分次或者一次性领取个人养老金，领取方式一经确定不得更改。领取时，应将个人养老金由个人养老金资金账户转入本人社会保障卡银行账户。

参加人死亡后，其个人养老金资金账户中的资产可以继承。

八、信息平台

信息平台由人力资源社会保障部组织建设，与符合规定的商业银行以及相关金融行业平台对接，归集相关信息，与财政、税务等部门共享相关信息，为参加人提供个人养老金账户管理、缴费管理、信息查询等服务，支持参加人享受税收优惠政策，为个人养老金运行提供信息核验和综合监管支撑，为相关金融监管部门、参与个人养老金运行的金融机构提供相关信息服务。不断提升信息平台的规范化、信息化、专业化管理水平，运用“互联网+”创新服务方式，为参加人提供方便快捷的服务。

（下略）

国有企业职工待业保险规定①

（1993年4月12日国务院第115次常务会议通过）

第一章 总则

第一条 为了完善国有企业的劳动制度，保障待业职工的基本生活，维护社会安全，制定本规定。

第二条 本规定所称待业职工，是指因下列情形之一，失去工作的国有企业（以下简称企业）职工：

（一）依法宣告破产的企业的职工；

（二）濒临破产的企业在法定整顿期间被精减的职工；

（三）按照国家有关规定被撤销、解散企业的职工；

（四）按照国家有关规定停产整顿企业被精减的职工；

（五）终止或者解除劳动合同的职工；

（六）企业辞退、除名或者开除的职工；

（七）依照法律、法规规定或者按照省、自治区、直辖市人民政府规定，享受待业保险的其他职工。

第三条 待业保险工作应当与职业介绍、就业训练和生产自救等就业服务工作紧密结合，统筹安排。

第二章 待业保险基金的筹集和管理

第四条 待业保险基金的来源：

（一）企业缴纳的待业保险费；

① 《国有企业职工待业保险规定》，《中华人民共和国国务院公报》，1993年08期。

（二）待业保险费的利息收入；

（三）财政补贴。

第五条　企业按照全部职工工资总额的0.6%缴纳待业保险费。待业保险基金不足或者结余较多的，经省、自治区、直辖市人民政府决定，可以适当增加或者减少企业缴纳的待业保险费，但是企业缴纳的待业保险费总额最多不得超过企业职工工资总额的1%。

企业缴纳的待业保险费在缴纳所得税前列支，由企业的开户银行按月代为扣缴。

第六条　企业缴纳的待业保险费转入企业所在地的待业保险机构在银行开设的“待业保险基金专户”，专项储存，专款专用，任何部门、单位和个人不得挪用。

待业保险基金存入银行后，按照城乡居民储蓄存款利率计息，所得利息纳入待业保险基金。

第七条　待业保险基金实行市、县统筹，省、自治区可以集中部分待业保险基金调剂使用。直辖市根据需要，可以统筹使用全部或者部分待业保险基金。

第八条　待业保险基金及其管理费收支的预算、决算，按照统筹范围，由劳动行政主管部门负责编制，经同级财政行政主管部门审核汇总后，纳入本级预算、决算，报本级人民政府审定，并且不得用于平衡财政收支。

财政行政主管部门、审计部门应当加强对待业保险基金及其管理费收支的监督。

第九条　待业保险基金及其管理费不计征税、费。

第三章　待业保险基金的使用

第十条　待业保险基金的开支项目：

（一）待业职工的待业救济金；

（二）待业职工在领取待业救济金期间的医疗费、丧葬补助费，其供养的直系亲属的抚恤费、救济费；

（三）待业职工的转业训练费；

（四）扶持待业职工的生产自救费；

（五）待业保险管理费；

（六）经省、自治区、直辖市人民政府批准，为解决待业职工生活困难和帮助其再就业确需支付的其他费用。

第十一条　符合本规定第二条规定的待业职工，向企业所在地的待业保险机构办理待业登记后，方可领取待业救济金。

第十二条　待业职工领取待业救济金的期限，根据待业职工待业前在企业连续工作时间确定：

（一）待业职工待业前在企业连续工作一年以上不足五年的，领取待业救济金的期限最长为十二个月；

（二）待业职工待业前在企业连续工作五年以上的，领取待业救济金的期限最长为二十四个月。

第十三条　待业救济金由待业保险机构按月发给待业职工。

待业救济金的发放标准为相当于当地民政部门规定的社会救济金额的120%—150%。具体金额由省、自治区、直辖市人民政府规定。

第十四条　待业职工医疗费的发放标准，由省、自治区、直辖市人民政府规定。

待业职工丧葬补助费和其供养的直系亲属的抚恤费、救济费的发放标准，参照当地职工社会保险有关规定办理。

第十五条　待业职工转业训练费和生产自救费，按照上年度筹集待业保险基金的一定比例提取。具体提取比例和使用办法，由省、自治区、直辖市人民政府规定。

第十六条　待业职工有下列情况之一的，待业保险机构停止发给待业救济金及其他费用：

（一）领取待业救济金期限届满的；

（二）参军或者出国定居的；

（三）重新就业的；

（四）无正当理由，两次不接受劳动就业服务机构介绍就业的；

（五）在领取待业救济金期限内被劳动教养或者被判刑的。

第四章　组织管理机构的职责

第十七条　国务院劳动行政主管部门负责全国企业职工待业保险的管理工作。

县级以上地方各级人民政府劳动行政主管部门负责本行政区域内企业职工待业保险的管理工作，负责待业职工的待业保险、职业介绍、就业训练和生产自救等项工作的统筹规划和组织实施，并指导待业保险机构做好待业保险基金的筹集、管理和发放以及待业职工的组织、管理等工作。

县级以上地方各级人民政府设立的待业保险基金委员会，实施对待业保险基金管理的指导和监督。委员会主任由本级人民政府负责人担任，劳动、财政、计（经）委、审计、银行等部门和本级总工会的负责人参加，办公室设在劳动行政主管部门。

第十八条　地方待业保险机构为非营利性的事业单位，具体经办待业保险业务。

待业保险机构的人员编制，由省、自治区、直辖市人民政府根据实际需要确定。

待业保险机构的经费在待业保险管理费中列支。待业保险管理费的开支标准，由省、自治区、直辖市人民政府劳动行政主管部门提出，经同级财政行政主管部门审核，报本级人民政府批准。

第五章　罚则

第十九条　以非法手段领取待业救济金和其他待业保险费用的，由待业保险机构追回其全部非法所得；构成犯罪的，依法追究刑事责任。

第二十条　任何单位和个人挪用待业保险基金的，对主管人员和直接责任人员，根据情节轻重，给予行政处分；构成犯罪的，依法追究刑事责任。

第二十一条　待业保险机构违反规定拖欠支付待业救济金和其他待业保险费的，由劳动行政主管部门责令改正；情节严重的，对主管人员和直接责任人员给予行政处分。

第六章　附则

第二十二条　实行企业化管理的事业单位职工待业保险，依照本规定执行，待业保险费在事业单位自有资金中列支。

第二十三条　本规定不适用企业招用的农民合同制工人。

第二十四条　省、自治区、直辖市人民政府可以根据本规定制定实施办法。

第二十五条　本规定由国务院劳动行政主管部门负责解释。

第二十六条　本规定自一九九三年五月一日起施行。一九八六年七月十二日国务院发布的《国营企业职工待业保险暂行规定》同时废止。

深圳经济特区工伤保险条例[①]

（1993年12月24日深圳市第一届人民代表大会常务委员会第二十次会议通过）

第一章　总则

第一条　为保障深圳经济特区（以下简称特区）内因工伤残员工的基本生活，对因工死亡员工的亲属进行抚恤，根据特区实际情况，制定本条例。

第二条　下列员工应当参加工伤保险：

（一）所有企业的员工；

（二）机关、团体、事业单位中除公务员及参照享受公务员待遇的人员以外的员工；

（三）个体工商户、专业户招用的人员。

第三条　工伤保险应当与工伤预防及康复相结合。

用人单位和员工必须贯彻执行“安全第一，预防为主”的方针，遵守国家安全卫生法律、法规和安全生产规程，积极预防工伤事故和职业病。

深圳市人民政府（以下简称市政府）发展医疗康复和职业康复事业，为因工伤残员工重新走上工作岗位创造条件。

第四条　工伤保险工作应当与安全生产检查、宣传、教育工作相结合。

第五条　市政府劳动行政主管部门（以下简称劳动部门）是工

① 《深圳经济特区工伤保险条例》，深圳政府网，2000年1月11日。

伤保险工作的主管部门。

市政府设立的社会保险机构负责办理工伤保险业务。

工伤保险业务由劳动部门、工会、企事业单位代表及专家组成的社会保险监督机构监督。

第二章　工伤保险基金

第六条　市社会保险机构通过建立工伤保险基金为符合本条例规定的因工伤残员工和因工死亡员工的亲属支付工伤保险待遇的各项费用。

第七条　工伤保险基金来源如下：

（一）工伤保险费及其利息收入；

（二）工伤保险费滞纳金；

（三）工伤保险基金经营收益。

第八条　用人单位应当按市政府统计部门公布的市上年度社会月平均工资的一定比例为其员工缴纳工伤保险费。缴纳比例由市政府根据行业性质、劳动工作条件、危险程度和工伤保险基金收支情况确定，并可以作定期或者不定期调整。

第九条　用人单位应当按月向市社会保险机构缴纳工伤保险费。

用人单位可以委托开户银行或者以其他方式缴纳工伤保险费。

违反本条第一款规定，未按期缴纳工伤保险费的，市社会保险机构可以发出追缴通知书，用人单位应当自收到通知书之日起30日内向市社会保险机构缴纳工伤保险费和滞纳金。滞纳金从逾期之日起，每日按滞纳工伤保险费的千分之五缴交。拒不缴纳者，由市社会保险机构申请人民法院强制执行，并由劳动部门处以应缴而未缴的工伤保险费二倍的罚款。

第十条　工伤保险费，企业在成本中列支；机关、团体、事业单位在行政、事业费中列支；个体工商户、专业户在经营收入中列支。

用人单位不得将工伤保险费转嫁员工负担。

违反本条第二款规定的，责令返还，并由劳动部门处以所转嫁费用二倍的罚款。

第十一条　工伤保险基金应当存放于国有银行，经社会保险监督机构同意，可以用于购买国家债券和其他有利于本基金保值增值的投资。

第十二条　工伤保险基金由市社会保险机构管理，实行专款专用。

市社会保险机构应当每年定期将上年度工伤保险基金的征集、支付、结存、经营等基本情况在市政府机关报上公布，接受社会监督。

第十三条　工伤保险基金使用范围包括：支付工伤保险待遇的各项费用（含伤残员工康复服务费用）、奖励金、宣传费、管理费、应急储备金。管理费的提取比例由市政府确定。

第十四条　遇有特殊情况，工伤保险基金不足支付时，由市财政给予补贴。

第三章　工伤保险待遇

第十五条　员工有下列情形之一的，享受本条例规定的工伤保险待遇：

（一）在用人单位从事劳动合同规定的生产和工作任务时负伤、致残、死亡的；

（二）从事用人单位负责人或者有关管理人员临时指定或者同意的有关工作时负伤、致残、死亡的；

（三）在用人单位工作区域内工作时，因不可抗力遭受意外伤害的；

（四）在用人单位工作区域内因接触有毒有害物质患职业病的；

（五）在紧急情况下，为维护本单位或者社会和人民的利益而负伤、致残、死亡的；

（六）在执行用人单位安排的生产工作任务中因病而猝然死亡的；

（七）在上下班、因公外出或者工作调动途中遭受非本人责任的意外事故或者患疾病死亡的；

（八）法律、法规规定的其他情形。

第十六条　员工有下列情形之一的，不享受工伤保险待遇：

（一）本人故意或者因私负伤、致残、死亡的；

（二）本人的行为属违法犯罪的。

第十七条　员工因工负伤后的医疗费用由市社会保险机构支付。国家规定的自费药品因医疗需要使用的，应当经市社会保险机构同意。

员工因工负伤致残后旧伤复发的，经市医务劳动鉴定机构鉴定确认后，其医疗费用由市社会保险机构支付。

本条例所称医疗费用包括治疗费、药品费和住院费。

第十八条　员工工伤医疗终结后，经市医务劳动鉴定机构认定需要安装假肢、义牙、义眼和配置轮椅、拐杖及其他康复器具的，其购买、安装康复器具的费用由市社会保险机构支付。支付标准以国产同类康复器具的购买价格和国内安装费用为准。

第十九条　因工伤残员工被鉴定为 1 至 3 级残废的，由市社会保险机构按下列标准发给一次性补偿金和按月支付补助金、护理

（扶助）补助费：

（一）一次性补偿金：一至三级残废依次按十五个月、十四个月、十三个月的市上年度社会月平均工资支付；

（二）残废补助金：一至三级残废每月按市上年度社会月平均工资的百分之一百支付；

（三）护理（扶助）补助费：一至三级残废每月依次按市上年度社会月平均工资的百分之七十、百分之五十、百分之三十五支付。

因工伤残员工被鉴定为四至十级残废的，由市社会保险机构根据评残结论，按伤残程度（等级）百分比等参数，给予一次性补偿金。一次性补偿金用下列公式计算：

一次性补偿金＝市上年度社会月平均工资的百分之六十五×伤残程度（等级）百分比×一百

第二十条　员工因工死亡的，由市社会保险机构依本条例规定，支付丧葬费、一次性抚恤金和供养亲属的生活补助费。

丧葬费：按五个月的市上年度社会月平均工资支付给处理丧葬事宜的单位或者个人。

一次性抚恤金：按三十六个月的市上年度社会月平均工资支付给死亡员工亲属。第一领取顺序为配偶、子女、父母；第二领取顺序为兄弟姐妹和其他直系亲属。一次性抚恤金由第一顺序亲属领取。第一顺序不领取或者没有第一顺序领取人的，由第二顺序亲属领取。

供养亲属的生活补助费按下列标准支付：

（一）一人的，每月支付市上年度社会月平均工资的百分之五十；

（二）二人的，每月共支付市上年度社会月平均工资的百分之八十；

（三）三人及三人以上的，每月共支付市上年度社会月平均工资的百分之一百。

孤寡老人或者孤儿的生活补助费按本条第四款第（一）、（二）、（三）项标准的百分之一百二十支付。

供养亲属的范围、条件按国家有关法律、法规执行。

第二十一条　因工伤残、死亡员工的工伤保险待遇的各项费用自事故发生月或者职业病确诊月起计发。因工死亡员工供养亲属的生活补助费自员工死亡后次月起计发。

第二十二条　员工在享受工伤保险待遇期间，因犯罪被判处拘役、有期徒刑的，在服刑期间停止享受工伤保险待遇。刑满释放后，原有的工伤保险待遇可按规定继续享受，但已停发的工伤保险待遇的各项费用不予补发。

第二十三条　已获得商业保险支付或者赔偿的因工伤残员工或者因工死亡员工的亲属，仍可以依本条例享受工伤保险待遇。

第四章　工伤保险管理

第二十四条　用人单位应当为其员工办理参加工伤保险手续和其他有关工伤保险事宜。

违反前款规定的，责令其补交当年应当缴纳的工伤保险费和滞纳金，并由劳动部门处以应缴纳保险费金额二倍的罚款；补交前发生工伤事故的，由用人单位按本条例规定的标准，向因工伤残员工或者死亡员工的亲属支付各项费用。

第二十五条　用人单位应当将市社会保险机构发给的《工伤保险证》置于本单位的显著位置，以便员工监督和有关部门检查。

违反前款规定的，由劳动部门处以五百元以上一千元以下罚款。

第二十六条　市社会保险机构为核查用人单位的员工人数，有权查阅用人单位的员工名册及有关资料，用人单位应当予以配合。

用人单位违反前款规定，拒不提供有关资料的，由劳动部门处以五千元以上一万元以下罚款。

第二十七条　员工因工负伤后，用人单位应当立即送往就近的市、区、镇属医院抢救、医治。因医疗条件所限需转往深圳市外的医院医治时，应当经医院和市社会保险机构同意。医疗费用由用人单位先行垫付。

第二十八条　用人单位应当在工伤事故发生后五日内通知市社会保险机构。逾期不通知的，市社会保险机构可以拒绝支付该项工伤保险的各项费用，本条例所规定的工伤保险待遇的各项费用由用人单位负担。

第二十九条　市社会保险机构有权对员工因工伤亡情况进行调查，用人单位应当如实提供情况和有关证据。有意隐瞒伤亡事故真相、提供虚假证据或者虚假数据资料以及拒绝配合事故调查的，市社会保险机构可以拒绝支付该项工伤保险待遇的各项费用，本条例所规定的工伤保险待遇的各项费用由用人单位负担。

第三十条　伤残者经治疗至痊愈或者处于相对稳定状态时，由医疗机构作出医疗终结。自工伤事故发生之日起至医疗终结的期限不得超过十八个月。因病情需延长治疗的，应当经市医务劳动鉴定机构同意。

第三十一条　员工因工致残医疗终结后三十日内，应当持医院疾病诊断证明书、伤残程度（等级）鉴定表格及用人单位的评残申请到市医务劳动鉴定机构进行伤残程度（等级）的鉴定。市医务劳动鉴定机构应当在收到用人单位评残申请后三十日内对伤残者作出伤残程度（等级）鉴定结论。

第三十二条　员工因工负伤未致残的，用人单位应当在医疗终结后三十日内持有关申报资料，到市社会保险机构办理补偿事宜；员工因工负伤致残的，用人单位应当在伤残程度（等级）鉴定后30日内持伤残程度（等级）鉴定结论和有关申报资料到市社会保险机构办理补偿事宜。逾期未办理的，市社会保险机构不予补偿，本条例所规定的工伤保险待遇的各项费用，由用人单位负担。

市社会保险机构收到前款资料后，应当在十五日内核发工伤保险待遇的各项费用。

第三十三条　员工因工负伤后，不配合检查治疗影响伤残程度（等级）鉴定或者擅自涂改伤残程度（等级）鉴定结论及有关资料的，市社会保险机构可以停发或者减发有关工伤保险补偿金；对虚报骗领的，追缴其骗领金额并由劳动部门处以骗领金额百分之三十的罚款。

第三十四条　员工因工死亡后，用人单位和死者亲属应当按照市殡葬管理有关规定办理丧葬事宜，故意拖延处理遗体的，其尸体冷冻费用，属用人单位责任的由用人单位负担，属死者亲属责任的由死者亲属负担。

第三十五条　员工因工死亡的，用人单位应当于医院开具死亡证明后三十日内凭死者的死亡证明及死者亲属资料到市社会保险机构申报办理工伤保险补偿事宜。市社会保险机构应当在接到用人单位的申报后十五日内核发一次性抚恤金、丧葬费及供养亲属的生活补助费。

死亡员工的供养亲属的生活补助费，由其亲属本人或者代理人依本条例逐月领取。在外地的供养亲属，经申请可以一次性领取生活补助费。一次性领取的办法，由劳动部门规定。

第三十六条　因工伤残员工或者因工死亡员工的亲属享受工伤保险待遇的条件和有关情形发生变更或者消失的，应当在三十日内通知市社会保险机构。

违反前款规定冒领工伤保险金的，追缴其非法所得，并由劳动部门处以冒领金额百分之二十的罚款。

第三十七条　在处理工伤事故中，任何人不得无理取闹、聚众闹事，违者由公安机关依有关法律、法规予以处罚；构成犯罪的，由司法机关依法追究刑事责任。

第三十八条　市社会保险机构对于当年没有发生工伤致残、重伤、死亡事故的用人单位，按该单位当年缴纳的工伤保险费总额的百分之五至百分之十发给奖励金，用于奖励该单位安全生产责任人和安全生产成绩显著者。

第三十九条　市社会保险机构及劳动部门的工作人员渎职的，由其所在单位或者有关部门给予行政处分；造成用人单位、因工伤残员工或者因工死亡员工的亲属损失的，应当负赔偿责任；情节严重构成犯罪的，由司法机关依法追究刑事责任。

第五章　争议处理

第四十条　当事人对劳动部门作出的处罚决定不服的，可以自收到处罚决定书之日起十五日内向市政府行政复议机关申请复议；对复议决定仍然不服的，可以自收到复议决定书之日起十五日内向人民法院提起诉讼。当事人也可以自收到处罚决定书之日起十五日内直接向人民法院提起诉讼。逾期不申请复议或者不起诉，又不履行处罚决定的，由劳动部门或者复议机关申请人民法院强制执行。

第四十一条　当事人对市社会保险机构有关工伤保险的处理有异议的，可以自知道处理决定之日起十五日内向市劳动部门申请复议；对复议决定仍然不服的，可以自收到复议决定书之日起十五日内向人民法院提起诉讼。当事人也可以自知道处理决定之日起十五日内直接向人民法院提起诉讼。

第四十二条　员工或者其亲属与用人单位因执行本条例而发生争议的，依《中华人民共和国企业劳动争议处理条例》处理。

第六章　附则

第四十三条　在特区工作的香港、澳门、台湾居民和外国公民，经本人申请，可以依本条例规定参加工伤保险。

第四十四条　市政府可以依据本条例制定实施细则。

第四十五条　本条例自一九九四年五月一日起施行。

报刊摘要

▼

改革和健全退休、养老保险制度的初步设想

（魏礼群、李铁军，《计划经济研究》，1982 年 33 期）

针对现行退休、养老保险制度存在的问题，改革和健全这一制度的基本原则和方向应该是：

（一）逐步地在全体劳动者中实行退休、养老保险制度。人大常委会通过的宪法（草案）规定，每个中华人民共和国公民在年老或丧失劳动能力的情况下，都有从国家和社会获得物质帮助的权利，国家也应当发展为公民享受这种权利所需要的社会保险。本着这个精神，我们不仅要改进和完善全民所有制单位已经实行的职工退休、养老保险制度，而且应当在各种类型的城镇集体所有制企业职工中普遍实行这一制度。同时，还要根据实际条件，并且通过经济的、法律的手段，在广大农民中，在城乡个体劳动者中逐步地、广泛地推行这一制度。

（二）推行退休、养老保险金预先定期提取、缴纳的制度。要发挥社会保险的职能，使退休、养老保险金做到提前缴纳储备，社会统筹规划，合理调剂使用。每个实行退休、养老保险制度的单位

或个人，都要为本单位的劳动者或为自己按期预付一定数额的退休、养老保险金。新职工从参加工作之日起即开始预付；现有职工也可考虑按规定提前缴纳。农民和个体劳动者在从实行养老保险制度起，就缴纳养老保险金。这样做，社会上就可以保持相当数额的退休、养老保险金，从而避免过去那种退休、养老保险金平时既不提取，又不统筹，而是集中在短期内大量支付，急剧增加企业和国家负担的被动现象。

（三）采取多种方法筹集退休、养老保险金。根据不同情况，可采取公助与自助相结合、强制和自愿相结合的原则，从国家、集体、个人三个方面筹集和建立退休、养老保险基金。实行这种原则，是把提前建立的退休、养老保险基金分为两种：

一种是“基本退休、养老保险基金”，即维持基本生活需要的费用。这部分基金来源，在全民所有制单位，仍然由单位支付，企业支付的退休金，一部分继续列营业外支出，一部分可从企业利润留成中提取（还可以考虑适当提高职工工资水平，规定职工个人必须按一定比例交纳一部分，实行单位和个人共同交纳，以单位缴纳为主）；在城镇集体所有制企业，由企业和职工个人共同按一定比例分摊交纳，以企业缴纳为主，国家也适当少量补助一部分；在农村，由基层生产单位（从公益金中提取）和农民个人共同缴纳，以集体缴纳为主；城乡个体劳动者，则全部由他们个人交纳。

一种是“附加退休、养老保险基金”。这部分保险基金完全由个人缴纳，采取强制和自愿相结合的办法，促使一部分劳动者从个人收入中建立更多的退休、养老保险基金。国家可以通过法律规定，对那些收入水平超过一定界限的全民所有制职工（例如按家庭人口计算，每人平均月收入在100元以上的人），按收入的一定比例交纳养老保险基金，在规定的收入水平界限以下的劳动者，提倡量力建立这种保险基金。为了鼓励人们积极建立这种保险基金，可以适当提高这笔基金的利息率，使其高于同期的银行存款的利息率，以增加吸引力。

（四）制定有区别的、鼓励上进的退休、养老金发放标准。这里主要指全民所有制和城镇集体所有制单位职工的基本退休、养老金发放标准的确定。这部分退休、养老金是国家和社会对丧失劳动能力者的帮助，不是实行按劳分配的原则。因此，基本退休、养老金的标准，主要应按劳动者工龄的长短、退休时基本工资的水平、退休前十年平均月工资水平而确定。基本工资低的人，其退休金占基本工资的比例应适当高一些；基本工资高的人，其退休金占基本工资的比例应适当低一些。这样，既可以避免退休的劳动者生活高低悬殊，也可节省一部分国家财政开支。为了鼓励人们乐于到艰苦的地方去工作，激励人们为社会做出更大的贡献，在确定职工基本退休金发放标准时，还应对那些长期从事特殊工种（如高温、井下等工种），在特殊条件下（如高山、荒野、边疆、海洋、航空等）工作和对社会做出特殊贡献者酌情提高一点标准。此外，为了更好地推行计划生育，鼓励一对夫妇只生一个孩子，国家可以考虑为独生子女的父母建立“优待退休金。”现在不少地方对独生子女的父母发了一笔“独生子女费”，可将这笔钱作为建立“优待退休金”的费用。

对于集体生产单位中的农民和城乡个体劳动者基本退休、养老金发放标准的确定，主要按其缴纳养老金时间的长短和数额的多少计算比例，符合退休、养老年龄后，退休养老金可以一次或几次发放，也可以定期支付。

劳动者退休、养老金的发放标准，应当在生产发展的基础上逐步调整、提高，使所有老年人的生活水平也能同广大在职劳动者一样，随着生产发展而逐步有所提高。同时，还应当考虑物价上升因素，定期适当提高退休、养老金标准，以保障退休、养老者生活水平不致下降。

（五）普遍建立社会保险机构，统一管理退休、养老人员。为适应改革和健全退休、养老保险制度的需要，建议成立全国劳动者退休、养老保险公司。这个社会保险机构，应当是一个相对独立的、自负盈亏（国家也要适当帮助）的经济组织系统。它的主要任务：一是负责所属地区劳动者退休、养老保险基金的提取、收缴、发放和保管、使用；二是负责所有退休、养老人员的人事管理、思想教育工作，安排退休养老人员的生活福利事宜；三是组织所有退休、养老人员以不同的方式继续为社会做贡献；四是开展多种有益于老年人身心健康的文化、体育活动；五是发展和壮大退休、养老保险事业，扩建用于劳动者养老的住宅、养老院、疗养所以及卫生保健、文化体育场所等设施；六是搞好多种经济和社会服务事业。这一机构的建立及其职能作用的发挥，一定会大大推进我国退休、养老保险事业向企业化、专业化、社会化发展。

（六）制定我国公民退休、养老保险法。明确规定改革和健全我国退休、养老保险制度的指导思想、方针政策以及一些基本原则，使退休、养老保险工作做到有章可循，有法可依，从而促进我国新的退休、养老保险制度的建立和不断完善。

实行以上退休、养老保险制度的主要好处

对我国退休、养老保险制度实行上述改革，可有以下八个好处：

第一，有利于减轻国家和企业，特别是老企业的负担。实行上述退休、养老保险制度后，由于劳动者退休、养老金是逐年按一定比例预先提取；也由于社会上建立了退休、养老保险机构，退休、养老金是由社会集中起来统筹调剂使用，对每一个单位来说，不会发生退休人员越多，退休金负担越重的情况，从而也可以避免上面所说的由于退休人员多少不同而造成的新老企业苦乐不均的现象。

第二，有利于改善经营管理。企业经营管理得好，得到的利润多，在扣除一定的退休金之后，就可以从利润中提取更多的部分，用于发展生产、集体福利和职工奖金。这样，既有利于促进企业讲求经济核算，又有利于激发在职职工的劳动积极性。

第三，有利于把一部分消费基金转化为积累基金，弥补国家建设资金不足的困难。实行上述制度后，全社会每年将集中一笔相当数额的退休养老金。扣除当年应该支付的退休、养老金，每年还会有不少数额可以转化为生产、建设的发展基金。把这部分钱统筹使用好，对经济和社会的发展将会起到很好的促进作用。

第四，有利于巩固、壮大集体所有制经济和适当发展个体经济。实行上述制度后，城乡集体所有制单位同全民所有制单位一样，都为职工建立了退休、养老保险基金，个体经营者也将用自己的收入建立了养老基金，老年后基本生活有了社会保障。这样，已经从事集体经济和个体经济的劳动者将会安心自己的工作。新达到劳动年龄的青年也会乐于到集体所有制企业工作或从事各种个体经营。因此，积极推行上述退休、养老保险制度，对于适应我国现阶段生产力水平、坚持在社会主义公有制经济为主的条件下发展多种经济形式和经营方式，有着重要的意义。

第五，有利于控制人口增长。上述退休、养老保险制度推行得越广泛，“养儿防老”的思想就会越来越少，自觉实行计划生育的人就会大大增多。

第六，有利于增加就业。实行上述改革制度，全国上下建立了退休养老社会保险机构网，既能为社会提供大量劳务，又可以解决一批劳动者的生活出路，这对于安置日益增多的过剩的劳动力很有好处。

第七，有利于推动整个社会保险事业的发展。退休养老保险制度实行专业化、社会化管理，必然带动其他社会保险事业，如卫生保健保险、待业保险、事故保险、财产保险、人身保险等广泛发展起来。

第八，有利于经济发展和社会发展的紧密结合，相互促进。上述退休、养老保险制度的实行，不仅可以坚定广大人民对社会主义的信心，改善人与人之间的关系，保持社会安定，推动社会进步，而且经济建设将会有一个良好的社会条件，对整个经济事业的进展也一定能起到重大的保证和促进作用。

以上我们仅仅对改革现行退休、养老保险制度的方向、原则提出了一些粗浅看法。至于改革的具体方案、措施、步骤和方法，还需要根据我国的经济发展水平，国家财力的可能，以及经过广泛的调查研究，深入的讨论和科学的计算、论证。从根本上改革和健全劳动者退休、养老保险制度，是一项涉及面广和极为复杂的问题，在这方面，我们还缺乏经验。因此态度要积极，步骤要稳妥，制定方案后，要经过试点，取得经验，逐步推广。近期内，急需统一认识，集思广益。在这个基础上，拟订出一个切实可行的方案，并付诸试验。争取尽早地建立起符合我国国情的，能够充分发挥社会主义制度优越性的，促进经济和社会协调发展的退休、养老保险制度。

待业保险刍议

（张小建，《中国劳动科学》，1986 年 10 期）

从广义上讲，待业保险是国家和社会向待业人员提供的一种社会保障，其目的是使劳动者在待业期间获得必要的物质帮助，以保证其基本生活的需要。本文拟就实行待业保险制度的意义、作用及其有关问题作一初步探讨。

（一）

在我国，建立待业保险制度是劳动制度改革的需要，也是社会保障制度完善发展的一个重要方面。

众所周知，随着改革的每一步前进，都会出现这样那样的新问题，需要及时加以解决。劳动制度的改革也是如此，它在克服旧体制弊端的同时，也带来一些新的问题。当前，突出的问题有这样几个方面：第一，由于简政放权，企业已经具有了选择劳动者、裁减冗员、提高效率的内在动力，但因缺乏社会保障措施，企业往往不敢按规定辞退职工，使企业活力受到限制。第二，对长期亏损，资不抵债的企业，国家将按照经济规律的要求，实行破产制度，将其淘汰。但要做到这一点，国家必须考虑破产企业职工的安置和出路。第三，在用工制度改革中，劳动合同制能够较好地实现“两个选择”（单位选择职工，劳动者选择职业岗位），但在劳动合同终止后，能否保障劳动者的基本生活，以利重新就业，直接关系到劳动合同制的成败，等等。总之，随着劳动制度改革的逐步深入，迫切要求沟通企业和社会之间劳动力转移和安置的渠道，建立一个社会保障系统，以利劳动力能进能出。

实行待业保险，在完善我国社会保障制度方面也具有重要意义。我国的社会保障制度是建国初期建立起来的，三十多年来，虽然有所补充和发展，但相对于社会生产力的发展和人民生活水平的提高，则显得很不适应，突出表现在保障范围不大，社会化程度较低等方面。所以，“七五”期间，加快社会保障制度的改革和完善，是一项紧迫的任务，而建立待业保险制度，则是这项任务中的重要一环。实行待业保险，一方面扩大了社会保障的范围，填补了保险制度在待业人员方面的“空白”，把劳动者在待业期间同在业期间和退休后各阶段的保险有机地联系起来，有利于实现劳动者社会保险的全面化；另一方面，由于对待业人员进行的是全社会的统筹保险，解除了长期以来待业问题压在企业和职工家庭身上的负担。

（二）

为了保证待业保险制度顺利地实行并达到预期的效果，必须在建立这项制度时打好基础。下面就建立、完善这项制度的几个重要环节问题谈谈个人的看法：

1. 待业保险的范围

待业保险的范围，应当包括所有的待业人员。待业救济金发放的基本条件应当确定为：在法定劳动年龄内，具有劳动能力，在一定期限内没有工作，到法定机构进行待业登记，要求工作的人。在我国，待业人员中，既有刚毕业的青年，又有企业辞退的、破产精减的和解除合同的职工。在后一部分待业人员中，又存在具有不同所有制“身份”的问题，所以，在推行待业保险制度时，有两种方法可供选择。一是全社会制定统一的待业保险标准和办法，进行统一管理。这样做，既有利于打破部门、所有制的界限，加速待业保险的社会化进程，又有利于安置各类待业人员贯彻“三结合”的就业方针。但是，由于不同所有制的基础不同，以及历史上形成的制度和管理方法差别较大，资金筹集渠道不一，因此，实行全社会统一的待业保险制度尚需一个较长的过程。二是在统一的指导思想下，区别不同情况，制定出不同的待业保险办法。如分别制定国营企业职工待业保险办法，集体企业职工待业保险办法等，多种形式逐步展开，先易后难，先局部后全局，待条件成熟后，再协调、完善，逐步形成一套全社会统一的制度。后一种做法比较适合当前的国情。但应注意，各种形式的待业保险，必须建立在范围尽可能大的社会统筹的基础上，名种待业保险之间又要有所协调和衔接；同时，对于由此可能加深不同所有制之间的“鸿沟”的倾向，对安置就业中不利于贯彻“三结合”就业方针的问题，都应当认真加以研究，采取相应措施解决。当然，考虑到待业保险制度的初创，由于缺乏经验，为避免骤然把面儿铺得过广，给实际工作造成混乱，考虑目前社会经济力量有限，一时不容易集中很多的资金，在建立这项制度初期实施范围小一些，标准稍低一些也是必要的。

2. 待业保险基金的筹集

待业保险费用是一项专门的基金。这笔基金应主要按企业（用人单位）职工工资总额的一定比例提取，税前列支，进入成本。由于利率能在一定程度上反映货币值在不同时期的变化，所以银行对这笔基本金付的利息也应属于其中的一部分，对由于出现特殊情况而发生待业保险基金入不敷出时，国家和地方财政要考虑给予一定的补贴。对于尚未就业的待业青年，国家目前采取了每年拨付一定量的就业经费的解决办法，但常常出现经费无保证或使用不当的问题。从长远看，应当建立一项由国家或地方财政直接拨付，由待业保险机构管理，供安置待业青年使用的专项待业基金。

3．待业保险基金的管理和使用

在待业保险基金的管理上，应当贯彻以社会统筹为主，尽可能扩大统筹范围的原则，以发挥社会化保险“互助互济”的功能。社会化保险与企业保险的最大区别，就在于社会化保险的范围大、根基深，能解决个别企业无法解决的许多问题。所以，在管理中，统筹问题解决得越好，社会保障和救济的效果就越大。

在待业保险基金的使用上，首先，应当紧密结合待业保险的性质和功能确定开支项目。目前，至少要包括这样四个基本方面：一是待业人员的基本生活费用（包括医疗、死亡抚恤和供养家属等）；二是待业人员转业训练的费用；三是扶持待业人员生产自救的费用；四是对待业人员和待业保险基金进行管理的费用。在每个统筹地区，各项开支比例可以有所不同，但无论如何生活救济的费用必须得到切实保证。其次，要掌握好待业救济的“度”。我们应当认真借鉴那些实行失业保险制度的国家的经验和教训。在这些国家中往往存在两种倾向，一种是救济标准定得过低，使失业人员的基本生活得不到保障，没有达到救济的目的；另一种是救济标准定得过高，失业人员靠救济就能过上一般的生活，使一些人丧失了寻求工作的动力，这从根本上违背了失业保险的宗旨。所以，我们应结合我国具体情况，制定适当的待业救济标准和期限，并采取一些必要的措施，对积极就业者予以鼓励，对寻求职业消极的人进行限制，防止或减少可能出现的弊端和漏洞，为这项制度的发展打下一个良好的基础。

4．待业保险管理机构的建立和实施管理

对待业人员的管理，是一种社会性的管理。待业保险基金必须在全社会范围内进行统筹管理。劳动服务公司作为一种新型的社会劳动组织，已经在管理待业人员、统筹安置就业、开展培训、举办经济事业等方面发挥了巨大的作用，积累了一定的经验，并且在安置企业富余职工，调节、吞吐社会劳动力方面做了不少工作，所以，由劳动服务公司再来担负待业保险的管理和实施的任务，是可行的。当然对劳动服务公司来讲，待业保险的管理毕竟是一项新的工作，为适应新形势的要求，地方人民政府及其有关部门还要从各方面帮助和指导劳动服务公司做好各项准备，加强自身建设。第一，建立专门机构，配备专职管理人员，从组织上保证待业保险管理工作的实施。第二，根据国家统一的待业保险法规，结合本地的实际情况，制定实施细则，对待业保险制度的建立和实施作出总体规划和具体安排；此外，对待业保险基金的管理使用，对待业救济人员的登记和组织等也应分别制定具体的办法，为劳动服务公司承担管理待业保险的任务提供法律和政策上的保证。第三，进一步扩展劳动服务公司培训和就业基地，提高培训质量和安置效果，建立与待业救济相联系的职业介绍所，使劳动服务公司吞吐、调节社会劳动力的能力不断增强，为待业保险工作的全面铺开奠定坚实的基础。

完善农村社会保障制度

（崔乃夫，《经济日报》，1991 年 1 月 22 日）

要建立具有中国特色的农村社会保障制度，必须从我国实际出发。一是不富裕或不很富裕是我国多数地区农村的基本状况。二是乡镇企业异军突起，大量农民转入或部分转入非农业生产劳动，使农村劳动结构发生变化，增加了竞争中的风险和收入的不稳定性。三是家庭小型化、人口老龄化的发展使农村过去一家一户承担的赡养老人的责任，将越来越依赖于社会共同承担。

基于上述情况，我认为建立新的农村社会保障制度应注意以下几项原则：1.处理好发展生产与社会保障的关系。2.处理好公平与效益的关系。3.处理好个人、集体、国家三者的关系。4.处理好不同地区之间的关系。

关于完善我国失业保险制度的研究

（劳动部失业保险制度改革研究小组，《经济研究参考》，1992年Z2期）

失业保险的根本目的是通过对暂时闲置的企业劳动力的救济，维护其基本生活费用，进而通过开展转业训练、生产自救、组织就业等使其变成现实的生产力。这项工作涉及社会经济的发展和千百万劳动者的利益，是一项适应市场机制，为企业和劳动者双方服务的社会服务性产业，是就业服务业的重要组成部分。当前国家已把就业服务列入国家第三产业发展规划，作为一项重要的社会产业予以重点发展。基于失业保险应作为社会服务性产业的认识，应将失业保险纳入国家社会经济发展的整体战略，并与国民经济其他产业和国家的各项事业规划相衔接。

失业保险是国家立法强制实行的，其作为一项社会服务性产业，国家必须颁布必要的法律和规章制度，以确保其在国民经济发展中的地位、作用。同时，失业保险立法还将起到促进失业保险管理机构的各项工作规范、有序，保证失业保险基金的筹集和保障失业人员的合法权益等作用。为此，要通过制定《劳动就业促进法》，明确失业保险在就业服务业中保证劳动者基本生活、促进就业的重要功能。“八五”末期要通过颁布《失业保险条例》来强化失业保险的上述功能，以适应我国多种经济形式、多种经营方式长期并存的客观情况，并满足各类不同的失业人员的实际需要。

对失业保险这项社会服务性产业，国家要对其实行稳定的资金投入和长期支持等项政策，在失业保险基金正常筹集入不敷出时，地方和国家要通过财政拨付使失业保险基金得到补充和保证。除资金的投入外，国家还要制定相应的产业政策，在税收、物资、场地等方面对失业保险工作给予优惠，以利于失业保险工作的开展，使失业人员通过开展转业训练和生产自救尽快实现再就业。

（二）要通过转变企业经营机制，强化劳动制度改革，为失业保险发展提供外部环境。

长期以来，我国在产品经济和高度集中计划管理的体制下，企业实行的是固定工制度。在这种制度下企业不能自主用工，劳动者不能合理流动就业无须服务，劳动者无险可保。随着经济体制的改革，企业由国家的附属物变成相对独立的商品生产经营者。经营机制的转变要求企业实现自主用工，劳动者与生产资料相应合理配置。劳动制度的改革正是适应了这种需要，并初步为劳动力正常流动建立了市场调节机制，这些都有利于失业保险机制的建立和发展。失业保险制度的发展又作用于社会和企业，因而促进了企业经营机制的转变和劳动制度改革的深化。但是，目前劳动力流动的市场机制还很脆弱，“铁饭碗”制度并未完全破除，企业配置劳动力的自主权尚未真正落实，就业市场化、失业公开化还没有实现，所有制的划分还在影响着劳动者的正常流动，这些都在客观上限制了失业保险机制的发育。长此下去，企业经营机制不能尽快转变，作为为之服务的失业保险制度也将很难发展，甚至会逐渐萎缩进而自生自灭。因此必须进一步转变企业经营机制，健全市场就业机制，推行全员劳动合同制，为失业保险制度改革提供客观生存空间。

当前在大批企业经营不景气、产销不对路、内部冗员较多的情况下，应按经济规律办事，该关的关、该停的停、该转的转，并允许这类企业的职工在国家宏观导向下流向社会，形成一种人员动态流动的环境。通过发展和完善失业保险制度，促进国家产业结构、企业产品结构的调整。

（三）要完善就业服务体系，强化各项功能，使失业保险与之互为依托、共同发展。

就业服务体系是各项就业服务工作有机结合的整体。职业介绍、就业训练、失业保险和生产自救共同构成了就业服务体系的4大支柱。在体系内它们各具功能，又相互促进共同发挥体系的整体作用。职业介绍是失业人员再就业的重要手段。职业介绍通过将合格劳动力输送到企业，对一些须提高素质的实行训练培训，使一些条件困难的流向劳动服务企业进行生产自救，实现了对劳动力的分流。转业训练通过对劳动者素质的提高，增强了其就业的竞争能力，是失业人员实现再就业的“促进转化器”。生产自救则直接是失业人员就业的一种重要载体，特别是对那些竞争能力较差和特殊群体人员来讲，生产自救基地将为他们提供和开辟多种形式的临时就业和长期就业的渠道、门路、场所。而失业保险作为一种保障机制，反过来对上述这些服务也起着重要的推动作用。失业保险功能发挥离不开转业训练、职业介绍、生产自救，同时又对转业训练、生产自救和职业介绍以物质的投入，推动了各项服务工作的发展。因此要从完善就业服务体系，发挥其整体功能出发，促进失业保险手段的强化和失业保险工作的发展。

（四）要筹集、管理和使用好失业保险基金，为失业保险发展提供基础。

失业保险基金是失业保险制度建立的基础，管理和使用好失业保险基金，对这项工作的顺利开展具有十分重要的意义。

1. 现行的失业保险基金筹集，是通过规定标准提取比例向企业收缴的。这种筹集方法由于收缴比例固定，即使基金入不敷出或基金结余较多，也不能相应提高或下调比例，这样既可能造成财政为失业保险支出过大，也可能给企业增加负担。采取浮动收缴比例，实行现收现付的方法，根据失业保险基金支出的情况调整收缴比例，并当收缴比例的调整使企业难以承担时，再由地方财政给予补贴则比较实际合理。“八五”期间失业保险基金的筹集应力求按上述办法实行，在相对稳定的前提下，实行浮动提取比例，采取现收现付的办法，避免基金的畸多畸少，保证基金的正常筹集使用。

2. 目前的失业保险基金在提取比例不灵活的同时，收缴手段软弱是造成基金难于保证和出现许多具体问题的主要原因。因此，需要制定相应政策强化基金收缴手段。为保证基金的足额收缴，应尽快制定全国统一的职工失业保险基金收缴凭证，通过银行系统的配合，在各类资金往来业务中，优先扣缴企业应缴纳的职工失业保险基金。对个别不按规定缴纳的企业，银行系统有权在企业支取工资时，根据劳动部门开具的职工失业保险收缴凭证强行扣缴。

3. 提高社会保险的社会化程度是深化社会保险制度改革必须

坚持的原则之一。从保险本身看，大数法则决定分散使用的范围越大，则负担越平均，因此保险基金社会化程度越高，制度也越完善。目前我国的失业保险基金多由市县掌握，应付保险能力较差。而由于目前财政体制的分灶吃饭，单从失业保险本身出发追求基金的高社会化又是不现实的。因此今后失业保险基金的统筹，应逐步由地市统筹向省级统筹过渡，并在此基础上建立国家统筹调剂金。“八五”期间可先行在一些地区试点。

4．随着制度完善，失业保险范围将扩大到各类企业。“八五”期间将在全民所有制企业建立失业保险制度的基础上，在城镇集体、私营、外商投资企业中实行失业保险；而各类所有制企业情况各异，基金筹集方法也将有所不同，所以应在一段时间内采取分账管理、统一使用、财政兜底的管理办法，使失业保险基金发挥最大效益。

5．为了加强对失业保险基金的管理。要尽快制定失业保险基金的财务管理的制度，以保证基金的合理使用，并建立劳动部门失业保险基金，专户基金不参加地方财政平衡，以确保职工失业保险基金不外流，不被挪用。

6．失业保险作为就业服务业中的重要组成部分，要充分体现其促进就业的作用。而失业保险促进就业的作用主要通过转业训练、生产自救体现，因此要完善提取和使用生产自救费和转业训练费的制度。要在年度收缴失业保险基金总额中足额提取“生产自救费和转业训练费”（根据这几年工作及目前各地情况以不低于20%为宜），设专账管理，专款专用。

（五）要制定优惠政策，促进失业人员再就业，加强失业人员的管理。

对失业人员实行失业保险的最终目的是促进其尽快再就业。失业职工是一个非常复杂的群体，他们失业的原因不尽相同，自身素质相对偏低，面临着再就业等困难，为此国家要尽快制定优惠政策。“八五”期间对招用这类人员的企业，可从职工失业保险基金中支付给企业一定数额的工资补贴金或给予一定数额的借贷资金支持，以鼓励企业招用失业人员。此外，还可考虑企业招用失业人员不受劳动计划指标的限制，在同等条件下优先录用等措施，促进失业人员再就业。同时，在有条件的地区，认真研究加强失业人员管理的各项手段和措施。

（六）要加强对失业保险工作的管理。

各地就业服务机构中设立的失业保险专职机构，要随着失业保险范围的扩大，业务量的增加，相应充实力量。人员编制由地方政府予以解决。要不断改善管理手段，有条件的地区要尽快配备微机等现代化设备，以保证工作效率；所需经费由地方财政解决，不足部分从失业保险基金中补充。劳动部是全国失业保险工作的行政管理部门，担负着研究制定失业保险政策，指导并监督各地管理和使用失业保险基金的任务，工作量大，但管理人员明显不足，力量十分薄弱，亟待加强。建议成立专职管理机构或增设失业保险基金管理办公室，并实现科学化管理，以适应工作的需要。

关于养老保险实行统帐结合的几点意见

（宋晓梧，《首都经济贸易大学学报》，1999 年 03 期）

我国养老保险实行统帐结合的制度创新，对于新制度实施前参加工作的“老人、中人”来说，过去没有个人帐户积累，产生了政府的养老金隐性债务，也可以说，这是养老保险制度创新必须付出的成本。这一成本不能再由代际转移来支付，只能由国家公共财产转移支付。我想就此做一些补充。

中国在设计养老保险制度改革时，对隐性债务采取了先搞个人帐户“空帐”，再逐步补实的设想。现在隐性债务实际靠提高企业缴费率来部分弥补，从而形成企业既养退休人员，又为在职职工积累养老金的双重负担。加上现行制度下社会统筹基金和个人帐户基金是“混帐”管理，各地为了减轻企业的双重负担，采用了社会统筹基金向个人帐户基金透支的办法，结果形成个人帐户“空帐”。这实际是用未来的基金风险减轻当前的基金压力，而在“混帐”管理的情况下，基金总量的结余又掩盖了个人帐户“空帐”的严重性。

从长远看，个人帐户基金“空帐”及其和社会统筹基金的“混帐”很可能导致改革的初衷落空。按照国务院《关于建立统一的企业职工基本养老保险制度的决定》，1998 年起，按职工工资的 11% 建立个人帐户，仅以 1997 年的参保人数匡算，近年内每年应有近 500 亿元的个人帐户积累。在这种情况下，如要做到个人帐户实积累，势必大幅度提高企业缴费率，这将给国有企业雪上加霜，并影响非公有制企业参加基本养老保险制度。如个人帐户长期“空帐”运行，由于“混帐”问题，社会统筹基金将继续向个人帐户基金大量透支，最终使“统帐结合”蜕变为养老金的一种计发办法，部分积累制名存实亡。1998 年，国务院加快了基本养老保险的省级统筹和属地管理步伐，这对于扩大基金的共济性，解决一些地方养老金发放困难起了积极作用。但是，在现制度范围内，通过省级统筹或属地管理等方式，以一些地区或行业历年滚存结余基金来缓解当前养老金拖欠问题，从整体和从长远看，仍是向个人帐户积累基金透支。长期拖下去，有可能引起更大的基金支付风险。

从根本上解决隐性债务，完善养老保险制度，是一个对国民经济有长远影响的十分复杂的问题。借鉴国外经验，考虑到与国务院颁布的统一的企业职工基本养老保险制度相衔接，我认为，应当从建立多层次养老保险体系的角度考虑统帐结合问题，在补实个人帐户的基础上，把个人帐户基金从基本养老保险中分离出来，纳入企业补充保险，使个人帐户和社会统筹基金各自的作用更加明确。第一层次是政府举办的基本养老保险。可由政府通过征税的方式强制收缴基金，纳入社会保障预算，覆盖全社会。这一层次构成最低养老保障的社会安全网，与 1997 年国发 26 号文件相衔接，替代率为社会平均工资的 20%左右。如考虑这一替代率过低，也可将企业为个人帐户缴纳的 3%调整到这一层次，这样，按当前赡养比，替代率约在 31%左右。第二层次是企业补充养老保险，采取个人帐户储存积累模式。可考虑对这一层次中的某一部分，例如缴费工资 11%的个人帐户部分实行强制实施，类似国外的强制性企业年金，而对超过工资 11%的个人帐户部分采用税收优惠的办法鼓励实施（如将企业为个人帐户缴纳的 3%调整到第一层次，则第二层次的强制实施部分相应调整为 8%，全部由职工个人缴纳）。这一层次中，强制实施部分的替代率约在 40%左右（若强制部分调整为 8%，则替代率将下降到 30%以下）。企业自行开展的部分则因经营状况有所差别。个人帐户基金营运管理应进入市场，由职工、企业代表组成基金理事会，通过招标委托商业性保险、信托、投资金融机构营运管理。第三层次是个人储蓄性养老保险，由商业保险公司经办，职工个人自愿投保，政府给予一定的税收优惠。

社会养老保险私有化反思

（李珍，《中国社会保障》，2010 年 01 期）

重视适当的总和生育率和劳动生产率对养老制度的影响。养老保险制度无论是公共的或是私人的，说到底是劳动者与退休者的对比关系，是生产与消费的对比关系。这两个对比关系失调的话，无论是公共的或私有的，养老金制度都是无以为继的。没有宏观环境的配合，养老金制度孤军战斗是不能取胜的。

重新思考“公共悲地”理论在社会保险领域的局限性。保险机制之所以起作用，是因为它在众多被保险人之间分散风险，“一私就灵”在分散风险领域是不适用的。

参量改革，完善公共年金制度。现收现付的公共年金制度的确面临长期内财务不可持续的问题，需要对其进行参量改革。提倡基本生活保障、提高法定退休年龄、提高获取养老金资格的缴费年限等都是行之有效的办法。不进行参量改革，即使私有化社会保险制度也是不可持续的。

慎重选择个人账户制度。强制性个人账户制度不是改革现收现付制度的必然选择。如果一个国家、一个地区或者某个人群还没有选择强制性个人账户制度，建议认真评估一国的社会价值观、社会政策的目标、人口结构、经济增长速度等因素，慎重选择个人账户制度。尤其是没有零支柱的国家，第一支柱中引入个人账户尤其应该慎重。

个人账户积累基金应该实施市场化管理和严格的监管制度。如果一国已经选择了个人账户积累制度，则应该真实积累资产并进行市场化管理，市场化管理意味着资本的市场配置和分享经济增长的成果，非市场化管理则会引起资本的误配置和较低的收益率。市场化管理同时也意味着更大的风险，严格的监管制度和资产配置政策是必须的，尤其是在金融市场不完善的国家。

我国残疾人社会福利的发展模式与路径选择

（谈志林，《残疾人研究》，2011 年 01 期）

当前我国残疾人社会福利正处于嬗变之际，必须针对当前的残疾人社会福利发展存在的问题，充分认识我国残疾人社会福利事业由慈善福利型向制度福利型转型的发展趋向，科学确立与国情相适应的残疾人社会福利发展战略。选择适度普惠型的残疾人社会福利发展模式，通过推进残疾人社会福利的理念变革，构建以需求为导向的残疾人社会福利体系，推进残疾人社会福利的均等化，发展政府、非营利组织与市场合作协商的社会福利供给模式，大力发展涉残疾人社会福利路径，逐步构建有中国特色的残疾人社会福利体系，努力提升残疾人的社会福利水平。

加快建立更加公平可持续的养老保险制度

（胡晓义，《求是》，2014 年 08 期）

党的十八届三中全会提出建立更加公平可持续的社会保障制度。养老保险涉及数以十亿计的人民群众切身利益，是社会保障制度改革、完善的重中之重，必须认真总结已有实践经验，充分借鉴国际经验教训，科学分析未来经济社会发展变化趋势，加强顶层设计，明确改革发展的总体目标、基本原则、重点任务和实施步骤，坚定不移、循序渐进地加以推进。

机关事业单位养老金并轨改革：从“碎片化”到“大一统”

（郑秉文，《中国人口科学》，2015 年 01 期）

机关事业单位养老金并轨改革意义深远。首先，有利于促进公共部门与私人部门的劳动力流动。财政供养式的退休制度显然不利于机关事业单位与企业部门之间劳动力的流动，不利于根除公共部门人员向私人部门流动时“视同缴费”遇到的各种道德风险带来的变相歧视，改革后将彻底消除这些制度鸿沟。其次，有利于保护机关工作人员的权益。改革后，所有机关事业单位人员均获得独立于供职机构的养老权益和养老资产，并且终生属于个人。无论发生任何变故，个人账户形成的养老资产和社会统筹形成的未来权益均受法律保护。这有利于保护机关事业单位工作人员的权益，有利于建立健全惩治和预防腐败体系、加强党的执政能力建设和提高政府工作效率。再次，有利于推进国家治理体系和治理能力现代化建设。机关公务员和事业单位这两个群体是国家机器运转的重要载体、公共服务的供给系统、科学技术进步的承载主体；这两个群体参加现代社会保险制度是社会进步的表现，是经济发展到一定阶段的必然结果，它将有利于推进国家治理体系和治理能力现代化建设。最后，有利于促进社会公平正义。机关事业单位目前实行的是财政供养型退休制度，在世界各国已十分罕见，而前文所述欧洲“碎片化”特权制度均为缴费型保险制度，因此，中国式“碎片化”特权养老金制度的改革更显急迫，它指向的不仅是替代率问题，还涉及起点公平和政策公平问题。

中国道路与中国特色福利制度建设研究

（潘屹，《社会科学辑刊》，2018 年 05 期）

当前，我们对福利和福利制度、福利国家等相关概念在理论理解和实践操作上仍存在某种程度的误解，这种认知上的错位在实践中严重阻碍了我国社会建设和发展的进程，因此澄清福利国家的概念并探讨其与中国道路的关系以及如何建成中国特色福利制度，在当下的社会建设中显得非常重要。中国特色福利制度是一个关涉人民福祉的制度设计，它和我国“两个一百年”的发展道路一致。对福利国家的政策解读和小康社会的“人民为主体的国家”及“共享的发展理念”的社会目标相一致。福利制度对社会的投资将培养有尊严的劳动者、促进经济持续增长和社会和谐发展视为根本宗旨。究其实质而言，中国梦就是要构建一个国家富强、人民幸福、社会和谐、政治民主、经济可持续和绿色发展的现代化社会主义福利制度健全的国家。社会福利制度建设不仅是“十三五”期间人民关注的热点和为人民谋福利的重要举措，也是小康社会实现的保障，而全面建成中国特色的福利制度则是我国第二个一百年的发展方向。

回忆失业保险条例的发布施行

（毛健，《中国就业》，2018 年 12 期）

在平稳顺利完成并轨之后，失业保险制度很好地发挥了保障失业人员基本生活、促进再就业的作用。近年来，这项制度又有所创新，在应对金融危机、重特大自然灾害、调整优化产业结构、化解过剩产能的重大经济社会活动中，将失业保险的功能定位扩展到预防失业，服务大局的成效更加显著。《失业保险条例》的发布施行已走过 20 年的历程，实践成果不断丰富着制度的建设，相信条件成熟时，一部更能指导和规范失业保险工作的行政法规将出台，为实现更高质量和更充分就业做出贡献。

我国社会福利 70 年发展历程与总体趋势

（林闽钢、梁誉，《行政管理改革》，2019 年 07 期）

新中国成立 70 年来，我国社会福利大概经过了新中国成立初期的救济福利、计划经济时期城镇的单位福利、农村的集体福利与民政福利等几个阶段。改革开放以来在社会福利社区化和社会化探索的推动下，社会福利的内容与范围不断拓展，构建起了具有中国特色的社会福利体系，并形成了“适度普惠”的发展理念，在社会福利供给多元化、社会福利对象普遍化、社会福利内容体系化三个方面全面拓展了社会福利范围，并提高社会福利项目水平。未来我国社会福利发展的总体趋势，将建立以“美好生活”为核心的社会福利制度，建立国家主导型社会福利制度。

中国养老金：制度变革、问题清单与高质量发展

（郑功成，《社会保障评论》，2020 年 01 期）

中国养老金制度经过 30 多年来的深刻变革，从自我封闭的单位保障制走向开放式的社会保险制、从少数人的专利发展成为全体老年人的共同福祉、从单一责任主体走向多方分担责任、从单一层次走向多层次化，成为惠及所有老年人的社会保障制度，符合全球养老金制度发展的潮流与客观规律。但目前存在的理论认识误区、制度不统一、政策参数僵化、补充层次缺失及其导致的筹资失衡、待遇不公、预期紊乱、可持续性弱化和社会风险累积等问题正在日益显性化。这表明其仍是质量不高的制度安排。因此，中国养老金制度亟待走出逻辑混乱的思维定式与传统的路径依赖，通过明确公平建制理念、加快制度统一步伐、调适筹资责任分担机制、赋予相关参数弹性空间、理性推动多层次化等举措来为参与主体各方提供清晰稳定的预期，实现制度定型和高质量发展。

加快建设中国特色第三支柱个人养老金制度：理论探讨与政策选择

（董克用、施文凯，《社会保障研究》，2020 年 02 期）

第三支柱个人养老金是国家养老金体系的重要支柱，也是中国特色养老金融体系的有机组成部分。建立和发展个人养老金制度有利于缓解养老金领域发展不平衡不充分问题，夯实应对人口老龄化的社会财富储备。个人养老金的核心特征是个人主导和享受财税政

策支持。从功能上看，个人养老金是养老金制度补充和收入补充，推动投资养老理念形成并促进资本市场完善。目前的第三支柱个人养老金试点政策在覆盖人群、税优设计和运行流程等方面存在问题，未来应统筹国家三支柱养老金体系建设，重视政府作用的发挥，制定与我国财税体制改革相适应、公平有效的财税政策，充分调动金融机构的积极性，并加强养老金融教育。

新农合发展与启迪
——访卫生部基层卫生与妇幼保健司原司长李长明

（李长明，内部资料）

我国的合作医疗诞生于 20 世纪 50 年代，20 世纪 50 年代中国农村在搞什么？搞互助服务，搞合作社。最初受到互助组的影响，农民在医疗上也互通合作。例如，1955 年山西省高平县，在我国农业社的保健站中，采取动员群众出保健费，与发起生产合作社公益性组织相结合的办法建立起合作医疗。最开始社员出保健费，当时是 5 分钱，同时集体经济出一些公积金，合在一起，那么看小病在村里就解决了。那时，有了初步的合作医疗形式，在基层就是一根针、一把草，主要靠中医。

在集体经济的支撑下，老百姓自己再出些钱成立了合作医疗。1962 年，合作医疗在全国覆盖率接近 50%。1968 年，湖北长阳县有位赤脚医生，名叫覃祥倌。“文化大革命”时期，调他到湖北省卫生厅担任革委会副主任，他不愿意，还是回去做赤脚医生。生产队给他二十几亩地，种中草药，除了给本地农民看病使用之外，剩下的中草药就卖给别人。所以，集体经济也不都是给钱；在农村，更多的是给土地，用土地来支撑（代替拨款资助）。当年，毛主席看了关于湖北长阳县覃祥馆的报道之后，批了五个字：合作医疗好。有了毛主席的批示，合作医疗覆盖面从20世纪60年代的50%扩大到20世纪70年代的90%。

1978年12月，卫生部、农业部和财政部出台了《农村合作医疗章程（试行草案）》，合作医疗走向全国，进入发展快速时期。农村人有了三大法宝，第一是合作医疗；第二是三级网，即县医院、乡卫生院、村卫生室，合作组成三级网，农民通过三级网就可以把基本医疗问题解决在基层；第三就是赤脚医生。

合作医疗和当时农村的生产组织方式相吻合。中国作为一个发展中国家，那么多的农民，怎么解决医疗问题呢？主要通过这三大法宝，20世纪70年代，世界卫生组织在中国开会，谈到所有发展中国家应该学习中国的赤脚医生制度。在当时的条件下，不需要大学毕业生，不需要进行规范化培养。合作医疗就是在这样的背景下，从20世纪50年代到70年代，逐渐快速发展。

改革开放以后，以人民公社为代表的集体经济组织形式开始瓦解，靠集体经济作为支撑的合作医疗受到很大影响。我刚才讲了，赤脚医生是记工分的。一个瘦小的社员干活，可能就给记6分或7分；但他要当赤脚医生，可能就记10分。赤脚医生的待遇不低。集体经济对赤脚医生有很大的支持。农村实行土地承包责任制后，集体经济弱化了；没有集体经济支撑，光靠农民之间的互助，合作医疗就维持不下去了。

20世纪80年代，土地承包责任制开始实行后，农民的生活水平上来了，但一旦生病，“救护车一响，一头猪白养”。农民因病致贫、因病返贫的问题开始凸显。在这种情况下，20 世纪 90 年代又想重新恢复合作医疗，但困难重重。我的看法：一是家庭联产承包责任制实行以后，集体经济弱化，传统的合作医疗失去经济基础。二是如何看待合作医疗，要不要办，怎么办合作医疗？相关部门的认识存在分歧，政策不协调。那时，农业部认为这是在乱收费，有的部门认为合作医疗是“左”的产物；当时，财政部坚决反对恢复合作医疗。三是农村合作医疗自身存在的管理缺陷。例如，在乡村，乡干部、村干部就可能搞特殊化，也有管理不善的问题存在。相关部门没有形成统一的认识，基层干部信心也有所欠缺。而且，农村老百姓也持观望态度，热情不够。所以，20 世纪 90 年代，合作医疗也未能恢复。当时，合作医疗在农村覆盖率不到 10%。我认为，这是“号而不召，呼而不应，基本不成功”。

针对农村日益凸显的农民因病致贫、因病返贫的问题，在 20 世纪 90 年代中后期，党中央把农村的卫生工作提到重要议事日程。1999 年底，李岚清在全国政协把一份题为《关于进一步加强乡镇卫生院建设的建议》的文件交给国务院体改办、卫生部，并认为我国有九亿人口生活在农村，对广大农民提供有效医疗服务是个大问题，要求组织力量对农村医疗体制进行调查研究、提出建议。国务院体改办、卫生部、农业部、财政部等部门组成联合调研组，先后到浙江、云南、河南、陕西、四川、湖南、广西、天津等经济发展水平不同的农村地区进行了医疗卫生体制专题调研。调研班子由国务院体改办牵头。我感觉，国务院体改办没有部门利益，便于协调其他部门的同志。有的部门认为合作医疗会加重农民的负担，后来也逐渐转变观念，积极赞成推广新型合作医疗。有的部门认为，城镇职工医疗保险还未发展成熟，就搞农村合作医疗，时间太早，后来也转变了观念。

1998年，我任卫生部基层卫生与妇幼保健司司长。当时。农村卫生、城市社区卫生、妇幼保健、健康教育都归我们管，这四方面都面对着弱势群体。其中，农村的问题很突出。1989年到1992年，农民收入增幅高于医疗费用增幅，这是为什么呢？土地承包了，农民劳动积极性上来了，收入也上来了。因为，我们刚脱离计划经济时期，市场化还不明显，所以医疗费用还处在比较低的状态。所以，这个时候还比较相适应。然后，随着市场化进程加快，医疗费用猛增，到2003年，住院病人平均医疗费用达4000元。同时，农民收入从20世纪90年代中期以后，基本没有提高。所以，这个矛盾就显得很突出。

2003年，全国卫生服务调查，农民两周未就诊率是45.8%；1998年却是33.2%。农民为什么生病不去就诊呢？因为没钱、没保障。所以，应该就诊但未就诊的人数就增多了。未住院率是多少？30.3%。三分之一的患病农民应该住院却不住院，31.4%的农民生病后没去医院治疗，而1998年这个占比是21.4%。为什么农民生病不去医院？还是因为没钱看不起病。

在农村贫困户中，2003年因为疾病损伤导致贫困的占1/3，1998年这个占比是21.6%。因病致贫大幅度增加。可以说，农民没有医疗保障，劳动成果是保不住的。2000年，世界卫生组织在191个成员国的卫生总绩效评价中，中国被评为第144位，在公平性评价中排第188位。中国城乡卫生水平差距过大，是主要原因之一。只有城市的公务员有公费医疗，职工当时也开始建立医保制度。农村的婴儿死亡率、孕产妇死亡率、人均预期寿命，都比城镇差得远。今天，我们比那时候要好多了，根本的原因是加强了农村的卫生体系建设。

经过调研，相关部门对加强农村卫生工作的紧迫性有了共识，对建立新型农村合作医疗的基本原则达成一致，但在具体政策措施方面仍然争论激烈。例如，国家财政在建立新农合方面的引导资金，国家体改办和卫生部提出财政方面先出 10 元；但有的部门不同意。经过两年多的调研，改善农村卫生落后状况的紧迫性各部门达成了一致的意见，中央领导高度重视，最终在 2002 年 10 月出台了《中共中央、国务院关于进一步加强农村卫生工作的决定》。

现在回想，我认为我国新农合制度的建立有其深层原因。那就是我国经济社会发展进入了城市反哺农村、工业反哺农业的新阶段。另外，我们从长期以GDP为中心转变到科学发展观和新的发展理念。经济发展到底为了什么？提出以人为本，协调发展。城乡协调发展、城乡统筹发展是我们农村建立新农合的政治基础。没有这样的大环境，新农合还是建立不起来。

这是新农合的缘起，再讲一下新农合的发展历程。新农合的发展历程分成三个阶段，2003 年到 2006 年是试点阶段，2007 年到 2008 年是全面推进阶段，2009 年到 2010 年是巩固发展阶段。到了 2019 年，新农合并入城乡居民医保，由医保局统一管理，卫生部门的历史使命就结束了。

2003 年 11 月，国务院新农合部际联席会议办公室成立，并在新农合的建设中发挥了作用。为什么呢？各部门意见不一致，吴仪就把他们召集起来，成立一个办公室，由其来统一负责。2003 年 7 月，确定了四个试点省份，东部地区是浙江省、中部地区是湖北省、西部地区是云南省，后来为振兴东北，又加了吉林省。新农合是从 333 个县开始试点的；从 2003 年起，连续 5 年召开新农合试点工作会议。在每年的会议上，各省要报告新农合医疗进展情况和发现的问题，吴仪逐个做指示，新农合工作落实得非常彻底。

2007 年到 2008 年是新农合的推进阶段。在推进阶段，一是中央政府给各地政府推进新农合施加了一定的压力。2000 年底，中央经济工作会议提出要解决三农问题，作为全党工作重中之重，要求新农合推进全面提速，2007 年要实现覆盖全国 80%以上县市。而且各省将新农合覆盖率作为约束性指标，可以看出中央高度重视。2008 年 2 月，提出新农合是我国农村卫生改革一项重大的制度创新，是现阶段我国农民基本医疗保障一个重要的实现形式。这里所指的制度创新就是支持医疗服务需求方。2008 年 9 月，温家宝在联合国千年发展目标高级会议上宣布，中国政府为 8 亿农民建立了以政府投入为主的新农合制度。

2009 年之后是新农合的巩固和发展阶段。2009 年，中共中央、国务院发布《深化医疗卫生体制改革的意见》，提出了四项改革，其中之一是医疗保障体系的建设。在新农合完善阶段，按照《深化医疗卫生体制改革的意见》要求，新农合制度建设从以下四个方面进行了探索。

首先，努力实现医改各项任务，其中把参合率、各级财政补助、补偿水平、最高支付标准，门诊统筹、支付方式改革，即时结报，重大疾病医疗保障，都统统纳入医疗卫生体制改革当中。

其次，关于提高新农合统筹层次，对此我有不同的看法。关于提高统筹水平，就我的本意来讲，一是新农合不要盲目提高统筹层次。二是城乡居民统筹是否有利。

再次，推行新农合重大疾病的保障试点，把重大疾病，如儿童的白血病等都纳入新农合重大疾病保障，这些怎么办？中央财政不单独再设立重大疾病保险，设在新农合之中。其实各国重大疾病保险都应该另设，把它和新农合设在一起，问题在哪儿呢？例如，100位农民交的钱，得大病的、得罕见病的总是少数，但占的医疗资源很多。把重大疾病放在新农合筹资的钱中，新农合的钱给大病用了，那么其他人能够享受的医疗服务资源就少了，住院报销率一直停留在50%左右，上不去。这个问题，削弱了普通农民受惠的程度，所以农民现在参合的积极性意愿已经不如刚成立的时候。住院报销率不涨，农民交的钱却年年都在增加。因为，政府给加钱，农民也要加钱。有些农民虽然脱贫了，但还在贫困边缘上，这个钱对他来讲，还是很多，他交不起。

最后，我再谈谈新农合之后对医改的借鉴和启迪。一是不务虚名，不做虚功，扎扎实实为农民办实事。二是重大改革先试点，取得初步经验，培养初步管理队伍之后，再逐步推进。三是专家和基层实际工作相结合。四是集中力量抓主要矛盾。农村卫生那么多的问题，不能“胡子眉毛一把抓”，要抓主要矛盾，其他一些次要矛盾就迎刃而解了。农民健康了，经济收入就会增加，经济收入增加了，就有更多的钱去买医疗服务，这是一个良性循环。五是领导统筹全局，统一部门认识。六是不搞哗众取宠，不先高期许，先干后说，边干边说。因为基层服务提供的是最简单的服务，让老百姓多得一点，在实践中去摸索，实际上农民愿意参加的，就是对政策的最大肯定。

关于农民医疗保障，我还想提几个问题。一是农民看病住院自费比例，自付比例仍然比较高。二是东中西发展不平衡，上海地区农民跟贵州地区农民是不一样的，享受的医疗服务差别大。三是城乡居民医保建立的地区存在着穷帮富，虹吸农民利益的情况。四是农村医疗服务能力低。农民往县以上医疗机构就诊的比例逐年提升。我们统计过县医院比乡卫生院花的钱至少多一倍以上，地市级医院要比县医院多一倍以上，新农合资金存在大量流失。而且农民个人负担也增加了。农民愿意进城看病吗？其实他不想，进城看病需要人陪，陪的人又不能住在医院里，需要在外面住旅馆，还要吃饭，这些都需要花钱。所以，农民保障的出路在于解决提高县域医疗卫生服务能力。县级医院建好了，农民看病不用出县，负担就大大减轻了。所以，光在城里建大医院，解决不了中国现有的卫生问题。说实话，我们国家把重点放在基层，保基本、强基层、建机制，但始终没有真正落实下来。

我觉得农村的医保制度建设是一项长期艰巨的工作，从2003年新农合试点开始到2014年新农合逐渐与城市居民医保合并，新农合制度实施差不多10年的时间，10年成功不意味着永远的成功。新农合值得纪念，值得总结，但不值得骄傲。我曾经跟德国和日本专家就农民的医疗保障问题座谈过，德国和日本在建立农民的医疗保障方面都经历了较长的时间，德国从俾斯麦当总理的时候，就开始建立社会医保、农民医保。但实际情况是，农民大多进城，变成了工人，农村变成了工厂，农村人口只占全国人口5%或6%，也是在这个时候建立的全国统一医保。日本是在农村分别建立了很多株式会社，有的株式会社是搞销售的，有的是搞种子的，有的是搞农耕器具的，还有一部分农户是管种植的，这些株式会社把农民当作工人管理，然后就像职工一样缴费，雇主交工资的6%，雇员交工资的2%，这就是农业工人。日本这样发展了四五十年，才建成农民医保。因此，建立全民医保一定要一蹴而就，农民的医疗保障问题必须实事求是，不能好大喜功。

著作介绍

《中国社会保障体制改革与发展报告》

（宋晓梧著，中国人民大学出版社 2001 年出版）

本书是关于中国社会保障制度和政策的研究报告。全书由主报告、分报告、考察报告、法规文件和统计资料五部分组成。主报告对中国社会保障体制改革的进展情况进行了概括性总结，分析了中国社会保障体制改革面临的严峻形势，并提出了进一步改革现行社会保障制度的近期和中长期建议；分报告对中国社会保障体制重点项目进行了研究，覆盖面是国内同类研究文献中较为宽泛的，既包括了城乡社会保障体系的各主要项目，也包括基本保险、补充保险和个人储蓄性保险等各个层次，还包括社会保障的管理体制以及社会保障基金的管理、营运与监管等各种模式；考察报告收录了部分作者在课题研究期间出国考察的研究报告；法规文件和统计资料收录了有关中国社会保障的政策文件和主要数据。

《社会福利》

（陈银娥主编，中国人民大学出版社 2004 年出版）

本书阐述了社会福利与社会保障之间的关系，将社会保障看作社会福利制度的一个子系统。在此基础上，全书分上、中、下三编对社会福利进行了全面、系统、概括的梳理。上编“社会福利概论”介绍了社会福利的基本理论、社会福利制度的演变及社会福利制度的基本内容，探讨了社会福利制度赖以存在的经济基础，社会福利水平及其测定、社会福利基金及其管理。中编“社会福利分论”分别阐述了老人社会福利、妇女儿童社会福利、残疾人社会福利、职业福利等。下编“改革与发展”（9—12 章）研究了社会福利与贫困、社会福利的社会化服务与管理、发达国家以及中国社会福利制度的改革等问题。

《失业保险》

（毛健主编，中国劳动社会保障出版社 2004 年出版）

本书作者作为劳动社会保障部失业保险司第一任司长，详细介绍了失业保险和失业保险制度的基本概念、基本原理、基本原则，我国失业保险制度的建立和发展，失业保险基金的筹集、管理和使用、失业保险基金预决算等内容。

《工伤保险法律制度研究》

（郑尚元著，北京大学出版社 2004 年出版）

本书就职业伤害受害人权利救济从私法向社会法的跨越入手，分析了两个法律门类之间属性的差异，随后就工伤保险法的基本原理、具体法律制度的架构，如工伤认定、劳动能力鉴定，工伤保险待遇、工伤保险基金、工伤保险程序法等进行了比较深入的分析与阐述。分析过程中，既对现行制度的利弊进行了相应的评析，也依据工伤保险法律制度的社会法属性进行了理论前瞻。同时，也对工伤保险法律制度中的重要组成部分——职业康复和工伤预防进行了相应的阐述，这一部分正是对传统私法局限的重大补救。最后，鉴于我国工伤保险法律制度尚属初创，制度的实施有一个渐进过程，本书就未参加工伤保险的用人单位中的职工遭受职业伤害后如何进行权利救济进行了相关研究，也印证了从传统私法向社会法跨越和职业伤害赔偿、补偿结构调整总有一个渐进过程的立论。

《回顾与前瞻：中国医疗保险制度改革》

（王东进著，中国社会科学出版社 2008 年出版）

本书概述了世界各国的医疗保险的主要模式，分析了世界医疗保险的发展趋势，并作出基本的结论，提出建立医疗保险制度是经济发展和社会进步的必然趋势，医疗保险模式的选择必须结合各国国情。此外，全书还用翔实的材料和数据，阐述了我国先期实行的公费、劳保医疗制度的形成与发展、探索的历程，指出了“革故鼎新、势所必然”的趋势，即探索建立与社会主义市场经济体制相适应的医疗保险制度。

《走向和谐：中国社会保障发展60年》

（胡晓义主编，中国劳动社会保障出版社2009年出版）

本书主要介绍了中国社会保障的发展过程，对社会保障发展的规律进行了总结，从养老保险、农村保障、医疗保险、失业保险、工伤保险、生育保险等方面对社会保障发展历程、取得的成就和现行制度框架进行了介绍，并结合中国社会保障发展面临的挑战，阐述了新时期社会保障所肩负的历史使命，提出了完善中国社会保障体系的思路、目标和原则。本书还附有社会保障60年大事记，列举了1949年10月至2009年8月我国社会保障发展史上的重大历史事件和重要法律法规、文件。

《中国儿童福利前沿问题》

（尚晓援、王小林、陶传进著，社会科学文献出版社2010年出版）

本书对中国儿童福利发展面临的一些重大的全局性问题进行深入的探索和研究，内容包括：对中国儿童福利筹资制度的研究、国有儿童福利院改革研究、对中国农村非正式的亲属养护孤儿制度的研究和对非政府儿童福利组织的研究。所有的研究基于北京师范大学师生和实际工作者实地调查的第一手资料。

《中国职业风险与工伤保障——演变与转型》

（乔庆梅著，商务印书馆 2010 年出版）

本书以转型期为背景，分析了中国职业风险的变化和工伤保障制度的改革与发展。作者认为，与计划经济时期相比，我国的职业风险发生了巨大的变化，工伤保障制度也随着经济体制改革和职业风险的变化进入了改革期。该书对转型期的职业风险变化进行了全面系统的总结，对我国工伤保障的演变、改革进行了分析与评价，并从制度目标、结构框架、组织管理和国际借鉴等方面勾画了我国工伤保障的发展前景。

《中国残疾人社会保障制度》

（杨立熊、兰花著，中国人民出版社 2011 年出版）

本书是中国残疾人事业发展研究系列之一，从广义的视角理解残疾人社会保障，不仅涵盖残疾人作为正常人所能享受到的社会救助、社会保险和社会福利等项目，还包括残疾人康复、教育、就业、扶贫等制度。

《中国社会保障改革与发展战略（养老保险卷）》

（郑功成主编，人民出版社 2011 年出版）

本书立足于养老保险制度顶层设计，以实现“人人老有所养”

为战略目标，从全局与长远的发展视角，分析了中国养老保险制度建设现状及所面临的挑战与任务，阐述了我国养老保险制度改革与发展的宏观思路与目标体系，从理论上规划了养老保险制度渐进的发展阶段与推进步骤，对关键性问题作出了理论回应。内容包括老有所养及其实现路径、覆盖城乡居民养老保险体系建设、职工基本养老保险全国统筹方案、公职人员养老保险、农民养老保险、职业年金、基本养老保险财政投入、养老保险中的中央与地方关系、养老保险基金投资、退休年龄延长方案等。

《中国新型农村合作医疗发展报告（2002—2012年）》

（陈竺、张茅主编，人民卫生出版社2013年出版）

本书包括主题报告篇和地区报告篇两大部分，其中主题报告篇立足于全国新农合制度建设情况，回顾了新农合从传统合作医疗演变发展而来的历史背景和实践基础；介绍了新农合从试点（2002—2006年）、全面推进（2007—2008年），到巩固、提高、完善（2009—2012年）等各个阶段的发展过程；分析了新农合制度建立以来快速实现全面覆盖、参合率连年超过95%、筹资水平逐步提升、保障能力不断增强、保障范围逐渐扩大、农民群众持续受益等运行成效；总结了新农合制度建设坚持政府主导、坚持以人为本、坚持从实际出发、坚持试点先行、坚持统筹管理、坚持严格监管的基本经验；对新阶段新农合制度面临的问题和挑战进行了剖析，并对其未来发展进行了展望。地区报告篇分别呈现了全国31个省（区、市）新农合制度的基本运行情况、主要做法和特点。本书还对新农合10年发展中的重大事件进行了梳理和记录，并附录新农合重要政策文件目录。

《工伤保险法体系——从理念到制度的重塑与回归》

（郑晓珊著，清华大学出版社2014年出版）

本书以现实需求下，工伤保险法律体系的理性重构为关键点，具体内容横跨了从理念到制度的多角度探索。全书分三编，上编从理念层面宏观勾勒工伤保险法之应有定位；中编以工伤认定为核心，在具体问题层面探讨其法律构造；下编则以制度体系为目标，旨在完善工伤保险法内里各环节的平衡与联动，是以重塑。

《中国积极的失业保险政策》

（田大洲著，社会科学文献出版社2018年出版）

本书将《实业保险条例》定义为积极的失业保险政策，即通过政策的合力作用共同发挥“保生活、防失业、促就业”制度功能。全书主要论述积极的失业保险政策的概念和政策框架、理念和实践探索、内容和发展方向，为我国失业保险制度的完善和发展，以及其向就业保险或就业保障的转化提出政策建议。

《中国工伤保险制度建设与发展研究》

（张军著，中国劳动社会保障出版社 2018 年出版）

本书在尊重我国工伤保险制度发展历史、借鉴国际经验的基础上，对我国工伤保险制度建设与发展问题作了一些思考；提出此后一段时期我国工伤保险制度应以建立工伤预防、待遇补偿和工伤康复相结合的多层次工伤保障制度体系为发展方向和目标，努力实现广大职业劳动者都有相应的工伤保险制度保障，进一步优化工伤待遇保障结构，切实保证工伤人员得到及时的医疗救治和基本的生活保障，增强工伤人员的获得感和幸福感，为促进社会和谐稳定和经济发展发挥积极作用。

《新中国社会保障和民生发展 70 年》

（宋晓梧主编，人民出版社 2019 年出版）

本书全面梳理新中国成立以来教育、劳动就业、收入分配、社会保障、医疗卫生、养老服务、基本公共服务的政策演变，重点总结这些领域改革与发展取得的重大成就，以及存在的主要问题和原因，提出这些领域进一步改革发展的方向的政策建议。每一领域的内容既包括对发展阶段的划分、对发展取得成绩的综述，又包括对发展过程中所面临问题的剖析，还对今后发展进行了展望。

《新中国社会保障发展史》

（胡晓义著，中国劳动社会保障出版社、
中国人事出版社 2019 年出版）

本书采用“横断面”式记述了新中国成立以来六个时段社会保障发展的概貌，鲜明地体现了各历史阶段社会保障制度的特点及与之相关的经济社会背景。全书以“讲故事”的叙事风格、史实与史论相结合的方法，记录了我国社会保障制度沿革、政策演变、机构变更以及学术发展；不仅反映法律规制和行政举措，也反映社会现象；不仅展现宏观样貌，也列举了一些地方案例和典型事件；不仅叙说我国的前行脚步，也穿插了相关国际动向，借此描绘了中国社会保障发展丰富、生动的多维度全景图。

《社会福利与社会救助》

（唐丽娜编著，清华大学出版社 2020 年出版）

本书对社会福利和社会救助进行了完整的表述，特别是对改革开放以来，中国的社会救助与社会福利在体制改革、制度创新和体系建构方面作重点说明。全书分为上下两篇：上篇是基础理论篇，介绍社会福利与社会救助的内涵外延、历史演变、理论基础、管理体制与模式等；下篇是社会福利与社会救助专项介绍，包括项目内容、政策实务、国外借鉴以及案例分析。

《失业保险改革探索：兼论国际比较》

（郑秉文、张盈华主编，经济管理出版社 2021 年出版）

本书介绍了我国失业保险制度的建立和发展，回顾失业保险制度的初建、成型、规范、调整等四个历史阶段，分别以 1986 年、1999 年和 2011 年为时间节点。同时详细介绍了东部七省（市）扩大失业保险支出范围试点政策的形成与试点过程，分析试点遇到的问题，总结了试点在推动失业保险发挥促进和稳定就业功能上的经验。并与国外失业保险制度和改革动态进行了比较。

本书对我国失业保险制度的事件探索过程进行回顾梳理，结合失业保险制度改革的经验和就业形式的多样性，针对问题提出具有建设性的意见。

《中国工伤保险发展报告（2004—2020 年）》

（陈刚主编，中国劳动社会保障出版社 2021 年出版）

本书全面展现我国工伤保险制度的历程，系统总结了工伤保险制度的改革发展历程，并介绍了国家行政主管部门、重点省份的工伤保险阶段性工作经验、教训、成果与发展方向，同时结合国际工伤保险制度的研究提出了我国工伤保险制度改革发展的建设性建议。全书内容几乎贯穿了我国工伤保险改革发展全过程，涉及内容全面，涵盖了工伤保险制度、工作内容的各个重要组成部分；首次较全面地从世界上工伤保险起源与发展以及对我国有关工作的影响出发，进而也可以比较出我国优越的制度背景下，工伤保险改革发展的方向和速度。

重要文献索引

▼

政策文件

《民政部 财政部关于对革命烈士家属、因公牺牲军人家属、病故军人家属发给定期抚恤金的通知》,《中华人民共和国国务院公报》，1985年03期。

《国务院批转卫生部关于卫生工作改革若干政策问题的报告的通知》,《中华人民共和国国务院公报》，1985年13期。

《卫生部 劳动人事部 全国总工会 全国妇联关于印发〈女职工保健工作暂行规定（试行草案）〉的通知》,《中华人民共和国国务院公报》，1986年21期。

《国务院批转卫生部等部门关于改革和加强农村医疗卫生工作请示的通知》,《中华人民共和国国务院公报》，1991年03期。

《国务院批转国家体改委关于一九八九年经济体制改革要点的通知》,《中华人民共和国国务院公报》，1991年23期。

《国务院关于企业职工养老保险制度改革的决定》,《中华人民共和国国务院公报》，1991年27期。

《上海市城镇职工养老保险制度改革实施方案》，上海人力资源和社会保障局网站，1993年2月5日。

《关于职工医疗保险制度改革试点的意见》,《中国劳动科学》,1994年01期。

《镇江市职工医疗制度改革实施方案》,《卫生软科学》,1995年02期。

《企业职工生育保险试行办法》,《中国劳动科学》,1995年03期。

《国务院关于深化企业职工养老保险制度改革的通知》,《中华人民共和国国务院公报》,1995年05期。

《国务院办公厅转发民政部关于进一步做好农村社会养老保险工作意见的通知》,《中华人民共和国国务院公报》,1995年26期。

《关于企业职工基本养老保险基金转移问题》,《中国劳动科学》,1996年07期。

《国务院办公厅转发国家体改委等四部委关于职工医疗保障制度改革扩大试点意见的通知》,《中华人民共和国国务院公报》,1996年15期。

《国务院关于建立统一的企业职工基本养老保险制度的决定》,《中华人民共和国国务院公报》,1997年28期。

《国务院关于在全国建立城市居民最低生活保障制度的通知》,《中华人民共和国国务院公报》,1997年31期。

《中共中央国务院关于切实做好国有企业下岗职工基本生活保障和再就业工作的通知》,《光明日报》,1998年6月23日。

《国务院关于实行企业职工基本养老保险省级统筹和行业统筹移交地方管理有关问题的通知》,《中华人民共和国国务院公报》,1998年21期。

《国务院关于建立城镇职工基本医疗保险制度的决定》,《中华人民共和国国务院公报》,1998年33期。

《关于加强城镇职工基本医疗保险费用结算管理的意见》,《中国劳动》,1999年08期。

《国务院办公厅转发民政部等部门关于加快实现社会福利社会化意见的通知》,《中华人民共和国国务院公报》，2000 年 11 期。

《国务院办公厅转发国务院体改办等部门关于城镇医药卫生体制改革指导意见的通知》,《中华人民共和国国务院公报》，2000 年 11 期。

《民政部关于在全国推进城市社区建设的意见》,《光明日报》，2000 年 12 月 13 日。

《国务院关于印发完善城镇社会保障体系试点方案的通知》，中国政府网，2000 年 12 月 25 日。

《国务院关于切实做好企业离退休人员基本养老金按时足额发放和国有企业下岗职工基本生活保障工作的通知》,《中华人民共和国国务院公报》，2000 年 20 期。

《中共中央 国务院关于进一步加强农村卫生工作的决定》,《中华人民共和国国务院公报》，2002 年 33 期。

《国务院办公厅转发卫生部等部门关于建立新型农村合作医疗制度意见的通知》,《中华人民共和国国务院公报》，2003 年 06 期。

《中共中央、国务院关于进一步做好下岗失业人员再就业工作的通知》，载中华人民共和国劳动和社会保障部编,《中国劳动和社会保障年鉴（2003）》，中国劳动社会保障出版社，2003 年版，第 173–178 页。

《国务院办公厅转发卫生部等部门关于进一步做好新型农村合作医疗试点工作指导意见的通知》,《中华人民共和国国务院公报》，2004 年 08 期。

《民政部 卫生部 财政部关于实施农村医疗救助的意见》,《中华人民共和国国务院公报》，2004 年 24 期。

《县级农村社会养老保险基本方案（试行）》，中国政府网，2005 年 8 月 4 日。

《国务院关于进一步加强就业再就业工作的通知》,《中华人民共和国教育部公报》，2006 年Z1 期。

《国务院关于完善企业职工基本养老保险制度的决定》,《中华人民共和国国务院公报》，2006 年 03 期。

《关于实施农民工“平安计划”加快推进农民工参加工伤保险工作的通知》，中国政府网，2006 年 5 月 17 日。

《国务院关于开展城镇居民基本医疗保险试点的指导意见》,《中华人民共和国国务院公报》，2007 年 24 期。

《国务院关于在全国建立农村最低生活保障制度的通知》,《中华人民共和国国务院公报》，2007 年 24 期。

《国务院关于开展城镇居民基本医疗保险试点的指导意见》,《中华人民共和国国务院公报》，2007 年 24 期。

《劳动和社会保障部、财政部关于适当扩大失业保险基金支出范围试点有关问题的通知》，载中华人民共和国劳动和社会保障部编,《中国劳动和社会保障年鉴（2007）》，中国劳动社会保障出版社，2008 年版，第 177–178 页。

《国务院关于开展新型农村社会养老保险试点的指导意见》,《中华人民共和国国务院公报》，2009 年 26 期。

《国务院办公厅转发中国残联等部门和单位关于加快推进残疾人社会保障体系和服务体系建设指导意见的通知》,《中国残疾人》，2010 年 04 期。

《国务院关于印发完善城镇社会保障体系试点方案的通知》，中国政府网，2010 年 11 月 12 日。

《人力资源社会保障部、财政部关于延长东部 7 省（市）扩大失业保险基金支出范围试点政策有关问题的通知》，载人力资源社会保障部编,《中国人力资源和社会保障年鉴（文献卷）(2010)》，中国劳动社会保障出版社、中国人事出版社，2010年版，第393页。

《关于进一步推进医疗保险付费方式改革的意见》,《中国人力资源社会保障》，2011年07期。

《关于做好国有企业老工伤人员等纳入工伤保险统筹管理有关工作的通知》，中国政府网，2011年1月20日。

《关于开展城乡居民大病保险工作的指导意见》,《中国人力资源社会保障》，2012年10期。

《国务院关于印发“十二五”期间深化医药卫生体制改革规划暨实施方案的通知》,《中华人民共和国国务院公报》，2012年10期。

《国务院关于加快发展养老服务业的若干意见》，中国政府网，2013年9月13日。

《关于职工医疗制度改革的试点意见》，中国政府网，2013年10月22日。

《人力资源社会保障部、财政部、卫生部关于开展基本医疗保险付费总额控制的意见》，载人力资源社会保障部编,《中国人力资源和社会保障年鉴（文献卷）(2013)》，中国劳动社会保障出版社、中国人事出版社，2013年版，第306–308页。

《国务院关于建立统一的城乡居民基本养老保险制度的意见》，中国政府网，2014年2月16日。

《人力资源社会保障部 财政部关于印发〈城乡养老保险制度衔接暂行办法〉的通知》，人社部网站，2014年2月24日。

《国务院关于全面建立临时救助制度的通知》，中国政府网，2014年10月24日。

《国务院关于机关事业单位工作人员养老保险制度改革的决定》，

人民出版社，2015 年版。

《国务院关于全面建立困难残疾人生活补贴和重度残疾人护理补贴制度的意见》，中国政府网，2015 年 9 月 25 日。

《国务院办公厅关于全面实施城乡居民大病保险的意见》，《中华人民共和国国务院公报》，2015 年 23 期。

《国务院印发关于基本养老保险基金投资管理办法的通知》，《中华人民共和国国务院公报》，2015 年 26 期。

《国务院关于进一步健全特困人员救助供养制度的意见》，中国政府网，2016 年 2 月 17 日。

《国务院关于整合城乡居民基本医疗保险制度的意见》，《中华人民共和国国务院公报》，2016 年 03 期。

《国务院关于加强农村留守儿童关爱保护工作的意见》，《中华人民共和国国务院公报》，2016 年 06 期。

《人力资源社会保障部办公厅关于开展长期护理保险制度试点的指导意见》，人社部网站，2016 年 6 月 27 日。

《人力资源社会保障部财政部城镇企业职工基本养老保险关系转移接续暂行办法的通知》，人社部网站，2016 年 11 月 28 日。

《国务院办公厅转发民政部等部门关于做好农村最低生活保障制度与扶贫开发政策有效衔接指导意见的通知》，《辽宁省人民政府公报》，2016 年 21 期。

《关于进一步做好基本医疗保险异地就医医疗费用结算工作的指导意见》，载中国社会科学院人口与劳动经济研究所编，《中国人口年鉴 2015》，中国社会科学出版社，2016 年版，第 83–85 页。

《关于加强基本医疗保险基金预算管理发挥医疗保险基金控费作用的意见》，中国政府网，2017 年 2 月 25 日。

《人力资源社会保障部、财政部关于失业保险支持参保职工提升职业技能有关问题的通知》，人社部网站，2017 年 5 月 18 日。

《人力资源社会保障部、财政部关于调整失业保险金标准的指导意见》，《山东人力资源和社会保障》，2017 年 10 期。

《人力资源社会保障部印发〈关于工伤保险待遇调整和确定机制的指导意见〉》，中国政府网，2017 年 8 月 20 日。

《国务院办公厅关于进一步深化基本医疗保险支付方式改革的指导意见》，《中华人民共和国国务院公报》，2017 年 20 期。

《民政部、财政部关于进一步加强和改进临时救助工作的意见》，《中国民政》，2018 年 07 期。

《人力资源社会保障部办公厅关于实施失业保险支持技能提升"展翅行动"的通知》，中国政府网，2018 年 12 月 31 日。

《关于开展个人税收递延型商业养老保险试点的通知》，中国政府网，2018 年 12 月 31 日。

《人力资源社会保障部、财政部关于建立城乡居民基本养老保险待遇确定和基础养老金正常调整机制的指导意见》，中国政府网，2018 年 12 月 31 日。

《国务院关于建立企业职工基本养老保险基金中央调剂制度的通知》，《中华人民共和国国务院公报》，2018 年 18 期。

《养老目标证券投资基金指引（试行）》，《中华人民共和国国务院公报》，2018 年 19 期。

《关于解决部分退役士兵社会保险问题的意见》，人民出版社，2019 年版。

《退役军人部、中央组织部、中央政法委、教育部、公安部、民政部、财政部、人力资源社会保障部、国资委、税务总局、国务院扶贫办、中央军委政治工作部关于促进新时代退役军人就业创业工作的意见》,《中华人民共和国国务院公报》，2019 年 01 期。

《国务院办公厅关于印发国家组织药品集中采购和使用试点方案的通知》,《中华人民共和国国务院公报》，2019 年 03 期。

《人力资源社会保障部、财政部、国家发展改革委、工业和信息化部关于失业保险支持企业稳定就业岗位的通知》，人社部网站，2019 年 3 月 11 日。

《民政部关于进一步加强生活困难下岗失业人员基本生活保障工作的通知》，民政部网站，2019 年 3 月 15 日。

《关于进一步健全农村留守儿童和困境儿童关爱服务体系的意见》,《中华人民共和国教育部公报》，2019 年 05 期。

《国务院办公厅关于全面推进生育保险和职工基本医疗保险合并实施的意见》,《中华人民共和国国务院公报》，2019 年 10 期。

《国务院办公厅关于推进养老服务发展的意见》,《中华人民共和国国务院公报》，2019 年 12 期。

《关于改革完善社会救助制度的意见》，人民出版社，2020 年版。

《中共中央、国务院关于深化医疗保障制度改革的意见》,《人民日报》，2020 年 3 月 6 日。

《人力资源社会保障部、财政部关于扩大失业保险保障范围的通知》，人社部网站，2020 年 5 月 29 日。

《人力资源社会保障部、财政部、税务总局关于延长阶段性减免企业社会保险费政策实施期限等问题的通知》，中国政府网，2020 年 6 月 25 日。

《国家医疗保障局办公室关于印发区域点数法总额预算和按病种分值付费试点工作方案的通知》，中国政府网，2020 年 11 月 5 日。

《民政部 财政部关于进一步做好困难群众基本生活保障工作的通知》,《中华人民共和国国务院公报》，2020年29期。

《中共中央国务院关于加强新时代老龄工作的意见》，人民出版社，2021年版。

《中国银保监会办公厅关于开展专属商业养老保险试点的通知》，中国政府网，2021年5月16日。

《中国银保监会办公厅关于开展养老理财产品试点的通知》，中国政府网，2021年9月10日。

《国务院关于发布改革劳动制度四个规定的通知》，中国政府网，2021年9月21日。

《国务院办公厅关于推动个人养老金发展的意见》,《中华人民共和国国务院公报》，2022年13期。

规划纲要

《国务院关于下达〈九十年代中国儿童发展规划纲要〉的通知》,《中华人民共和国国务院公报》，1992年03期。

《中国儿童发展纲要（2001—2010年）》,《浙江人民政府公报》，2001年29期。

《国务院批转中国残疾人事业“十一五”发展纲要的通知》,《中华人民共和国国务院公报》，2006年22期。

《中国儿童发展纲要（2011—2020年）》，人民出版社，2011年版。

《人力资源社会保障部办公厅、中国残疾人联合会办公厅关于实施〈残疾人职业技能提升计划（2016—2020年）〉的通知》，中国政府网，2016年6月22日。

《民政部、国家发展改革委印发民政事业发展第十三个五年规划》，中国政府网，2016 年 7 月 6 日。

《国务院关于印发"十三五"加快残疾人小康进程规划纲要的通知》，中国政府网，2016 年 8 月 17 日。

《国务院印发〈中国儿童发展纲要（2021—2030 年）〉》，《儿童与健康》，2021 年 10 期。

《国务院关于印发"十四五"残疾人保障和发展规划的通知》，《中华人民共和国国务院公报》，2021 年 22 期。

法律规章

《革命烈士褒扬条例》，《中华人民共和国国务院公报》，1980 年 06 期。

《国营企业实行劳动合同制暂行规定》，《中华人民共和国国务院公报》，1986 年 25 期。

《国营企业招用工人暂行规定》，《中华人民共和国国务院公报》，1986 年 25 期。

《国营企业辞退违纪职工暂行规定》，《中华人民共和国国务院公报》，1986 年 25 期。

《国营企业职工待业保险暂行规定》，《中华人民共和国国务院公报》，1986 年 25 期。

《女职工劳动保护规定》，《中华人民共和国国务院公报》，1988 年 16 期。

《广东省人民政府颁布〈广东省企业职工社会工伤保险规定〉的通知》，《广东省人民政府公报》，1992 年 01 期。

《国有企业职工待业保险规定》，《中华人民共和国国务院公报》，1993 年 08 期。

《九江市职工医疗社会保险暂行规定》，《卫生软科学》，1995 年 02 期。

《伤残抚恤管理暂行办法》,《中国民政》, 1998 年 02 期。

《失业保险条例》,《中华人民共和国国务院公报》, 1999 年 03 期。

《社会保险费征缴暂行条例》,《中华人民共和国国务院公报》, 1999 年 04 期。

《社会保险登记管理暂行办法》,《中华人民共和国国务院公报》, 1999 年 13 期。

《社会保险费申报缴纳管理暂行办法》,《中华人民共和国国务院公报》, 1999 年 13 期。

《社会保险费征缴监督检查办法》,《中华人民共和国国务院公报》, 1999 年 13 期。

《关于印发城镇职工基本医疗保险定点零售药店管理暂行办法的通知》,《中华人民共和国国务院公报》, 1999 年 20 期。

《关于印发城镇职工基本医疗保险用药范围管理暂行办法的通知》,《中华人民共和国国务院公报》, 1999 年 20 期。

《城市居民最低生活保障条例》,《中华人民共和国国务院公报》, 1999 年 33 期。

《深圳经济特区工伤保险条例》, 深圳政府网, 2000 年 1 月 11 日。

《失业保险金申领发放办法》,《中华人民共和国国务院公报》, 2001 年 02 期。

《社会保险稽核办法》,《中华人民共和国国务院公报》, 2003 年 24 期。

《企业年金试行办法》,《山东省人民政府公报》, 2004 年 09 期。

《企业年金基金管理试行办法》,《中华人民共和国国务院公报》, 2004 年 29 期。

《军人抚恤优待条例》,《中华人民共和国国务院公报》, 2004 年 29 期。

《残疾人就业条例》,《中华人民共和国国务院公报》, 2007 年 11 期。

《中华人民共和国收养法》，法律出版社，2008 年版。

《部分行业企业工伤保险费缴纳办法》，《海南省人民政府公报》，2011 年 12 期。

《企业年金基金管理办法》，《海南省人民政府公报》，2011 年 19 期。

《社会保险基金先行支付暂行办法》，《中华人民共和国国务院公报》，2012 年 07 期。

《社会救助暂行办法》，《人民日报》，2014 年 2 月 28 日。

《工伤职工劳动能力鉴定管理办法》，《中国劳动》，2014 年 04 期。

《关于进一步做好建筑业工伤保险工作的意见》，《四川劳动保障》，2015 年 01 期。

《国务院办公厅关于印发机关事业单位职业年金办法的通知》，《中华人民共和国国务院公报》，2015 年 11 期。

《中华人民共和国社会保险法》，中国法制出版社，2019 年版。

《中华人民共和国职业病防治法》，中国法制出版社，2019 年版。

《中华人民共和国老年人权益保障法》，法律出版社，2019 年版。

《中华人民共和国未成年人保护法》，法律出版社，2020 年版。

《中华人民共和国退役军人保障法》，法律出版社，2020 年版。

《养老机构管理办法》，《中华人民共和国国务院公报》，2020 年 33 期。

《工伤保险条例》，中国劳动社会保障出版社，2021 年版。

《中华人民共和国人口与计划生育法》，法律出版社，2021 年版。

报刊文章

魏礼群、李铁军，《改革和健全退休、养老保险制度的初步设想》，《计划经济研究》，1982 年 33 期。

张小建，《待业保险刍议》，《中国劳动科学》，1986 年 10 期。

王忠民,《企业承担社会保障职能的弊病及其改革》,《中国工业经济研究》,1988 年 5 期。

路风,《单位:一种特殊的社会组织形式》,《中国社会科学》,1989 年 01 期。

李贵元、张子扬,《建立具有中国特色的工伤社会保险制度——对工伤保险改革的探讨》,《中国劳动科学》,1990 年 06 期。

崔乃夫,《完善农村社会保障制度》,《经济日报》,1991 年 1 月 22 日。

曾宪树,《关于企业工伤保险制度及其改革》,《中国劳动科学》,1991 年 02 期。

劳动部失业保险制度改革研究小组,《关于完善我国失业保险制度的研究》,《经济研究参考》,1992 年Z2 期。

隋东升,《中国优抚制度的建立和发展》,《军事历史》,1995 年 03 期。

宋晓梧,《关于养老保险实行统帐结合的几点意见》,《首都经济贸易大学学报》,1999 年 03 期。

王延中、沈志渔、杜莹芬,《医疗保险制度改革中的“两江”模式》,《中国工业经济》,1999 年 07 期。

刘华锋,《经济调查在完善最低生活保障制度中的作用》,《社会》,2003 年 11 期。

杨立雄,《中国城镇居民最低生活保障制度的回顾、问题及政策选择》,《中国人口科学》,2004 年 03 期。

慈勤英,《失业者的再就业选择——最低生活保障制度的微观分析》,《社会学研究》,2006 年 03 期。

林志伟,《我国城市居民最低生活保障标准实证研究》,《人口与经济》,2006 年 06 期。

王有捐,《对城市居民最低生活保障政策执行情况的评价》,《统计研究》，2006 年 10 期。

杨宜勇，《构建城乡统筹的最低生活保障体系》，《中国人口科学》，2006 年 06 期。

关信平，《论建立农村居民最低生活保障制度的条件、原则及运行机制》，《文史哲》，2007 年 01 期。

曹艳春，《我国城市居民最低生活保障标准动态变迁实证研究》，《当代财经》，2007 年 04 期。

尹志刚，《城市最低生活保障家庭收入和财产调查的状况、问题及对策》，《北京行政学院学报》，2007 年 05 期。

刘旭东，《我国最低生活保障制度的历史演进》，《学术界》，2007 年 06 期。

王宁，《各地区城市最低生活保障制度运行有效性分析》，《统计与决策》，2007 年 06 期。

孙绍骋，《努力做好新形势下拥军优抚安置工作》，《求是》，2007 年 09 期。

民政部，《社会福利事业将转为“适度普惠型”》，《政协天地》，2007 年 11 期。

李明、李律成，《浅析中国特色的农村最低生活保障新模式》，《农业经济》，2007 年 12 期。

孙绍骋，《让优抚对象充分共享改革发展成果》，《理论前沿》，2008 年 01 期。

刘继同，《社会福利制度战略升级与构建中国特色福利社会》，《东岳论丛》，2009 年 01 期。

郭健，《劳动保险诞生记》，《中国社会保障》，2009 年 10 期。

管亮，《社会福利和社会保障的关系》，《法制与社会》，2009 年

19 期。

李珍，《社会养老保险私有化的反思》，《中国社会保障》，2010 年 01 期。

姜新生、杜晓娜，《军人优抚制度存在的问题及解决思路》，《军事经济研究》，2010 年 06 期。

谈志林，《我国残疾人社会福利的发展模式与路径选择》，《残疾人研究》，2011 年 01 期。

刘继同、左芙蓉，《中国残障福利政策模式的战略转型与“积极性”残障福利政策框架》，《人文杂志》，2011 年 03 期。

刘爱民，《建国以来军人优抚制度回顾》，《前沿》，2012 年 04 期。

周沛，《积极福利视角下残疾人社会福利政策研究》，《东岳论丛》，2014 年 05 期。

胡晓义，《加快建立更加公平可持续的养老保险制度》，《求是》，2014 年 08 期。

蔡秀云、李雪臣，《我国儿童福利事业发展现状分析》，《经济研究参考》，2017 年 53 期。

宋晓梧，《以更平衡的发展满足人民需求》，《中国经贸导刊》，2018 年 01 期。

潘屹，《中国道路与中国特色福利制度建设研究》，《社会科学辑刊》，2018 年 05 期。

岳经纶、范昕，《中国儿童照顾政策体系：回顾、反思与重构》，《中国社会科学》，2018 年 09 期。

王云斌，《中国社会福利制度的历史考察与发展方向》，《社会福利（理论版）》，2018 年 10 期。

马岚，《改革开放四十年我国社会化养老服务的政策演进和发展趋势》,《重庆社会科学》，2018 年 12 期。

毛健,《回忆失业保险条例的发布施行》,《中国就业》，2018 年 12 期。

吴志忠、张杰、句鹏飞,《退役军人优抚安置工作进入发展新时期》,《光明日报》，2019 年 3 月 2 日。

范慧、范和生、杨程,《共享发展理念下社会福利机制的建构逻辑与实践路径》,《宁夏社会科学》，2019 年 05 期。

林闽钢、梁誉,《我国社会福利 70 年发展历程与总体趋势》,《行政管理改革》，2019 年 07 期。

郑功成,《中国儿童福利事业发展初论》,《中国民政》，2019 年 11 期。

王皓田,《养老服务上半年工作进展、问题及下半年建议》,《中国经贸导刊》，2019 年 15 期。

郑功成,《中国养老金：制度变革、问题清单与高质量发展》,《社会保障评论》，2020 年 01 期。

董克用、施文凯,《加快建设中国特色第三支柱个人养老金制度：理论探讨与政策选择》,《社会保障研究》，2020 年 02 期。

宋晓梧、王新梅,《职工基本养老保险个人账户占比不宜提高——与周小川先生商榷》,《社会保障评论》，2020 年 03 期。

王皓田,《推进儿童普惠性福利体系建设》,《宏观经济管理》，2020 年 04 期。

桂桢,《扛牢新时代赋予失业保险的新使命》,《中国社会保障》，2021 年 5 期。

图书著作

严忠勤主编,《当代中国的职工工资福利和社会保险》，中国社会科学出版社，1987 年版。

劳动部劳动科学研究所劳动法及社会保险研究室编，《失业保险的理论与实践》，中国劳动出版社，1991 年版。

宋晓梧、张中俊主编，《养老保险制度改革》，改革出版社，1997 年版。

宋晓梧、张中俊、郑定铨著，《中国社会保障制度建设 20 年》，中州古籍出版社，1998 年版。

宋晓梧、孔泾源主编，《中国社会保障基金营运管理》，1999 年版。

李建国主编，《社会保险：政策与运作——养老、医疗、失业保险与住房改革》，改革出版社，2000 年版。

宋晓梧主笔，《中国社会保障体制改革与发展报告》，中国人民大学出版社，2001 年版。

宋晓梧著，《中国社会保障制度改革》，清华大学出版社，2001 年版。

郑功成等著，《中国社会保障制度变迁与评估》，中国人民大学出版社，2002 年版。

陈银娥主编，《社会福利》，中国人民大学出版社，2004 年版。

毛健主编，《失业保险》，中国劳动社会保障出版社，2004 年版。

郑尚元著，《工伤保险法律制度研究》，北京大学出版社，2004 年版。

丁建定、魏科科著，《社会福利思想》，华中科技大学出版社，2005 年版。

曹立前主编，《社会救助与社会福利》，中国海洋大学出版社，2006 年版。

郑功成著，《科学发展与共享和谐：民生视角下的和谐社会》，人民出版社，2006 年版。

华迎放主编，《社会保障》，中国劳动社会保障出版社，2007年版。

王东进著，《回顾与前瞻：中国医疗保险制度改革》，中国社会科学出版社，2008年版。

彭华民著，《社会福利与需要满足》，社会科学文献出版社，2008年版。

顾昕著，《走向全民医保：中国新医改的战略与战术》，中国劳动社会保障出版社，2008年版。

郑功成著，《中国社会保障30年》，人民出版社，2008年版。

郑功成主笔，《中国社会保障改革与发展战略：理念、目标与行动方案》，人民出版社，2008年版。

董克用主编，《中国经济改革30年（社会保障卷）》，重庆大学出版社，2008年版。

胡晓义主编，《走向和谐：中国社会保障发展60年》，中国劳动社会保障出版社，2009年版。

郑功成著，《论中国特色的社会保障道路》，中国劳动社会保障出版社，2009年版。

郑功成著，《从企业保障到社会保障：中国社会保障制度变迁与发展》，中国劳动社会保障出版社，2009年版。

陈良瑾主编，《社会救助与社会福利》，中国劳动社会保障出版社，2009年版。

尚晓援、王小林、陶传进著，《中国儿童福利前沿问题》，社会科学文献出版社，2010年版。

乔庆梅著，《中国职业风险与工伤保障——演变与转型》，商务印书馆，2010年版。

杨立熊、兰花著，《中国残疾人社会保障制度》，中国人民出版社，

2011 年版。

郑功成主编,《中国社会保障改革与发展战略（养老保险卷）》，人民出版社，2011 年版。

郑功成主编,《中国社会保障改革与发展战略（医疗保障卷）》，人民出版社，2011 年版。

郑功成主编,《中国社会保障改革与发展战略（救助与福利卷）》，人民出版社，2011 年版。

胡晓义主编,《安国之策：实现人人享有基本社会保障》，中国劳动社会保障出版社，2011 年版。

杨立熊、兰花著,《中国残疾人事业发展研究系列》，中国人民出版社，2011 年版。

韩晶晶著,《儿童福利制度比较研究》，法律出版社，2012 年版。

陈竺、张茅主编,《中国新型农村合作医疗发展报告（2002—2012 年）》，人民卫生出版社，2013 年版。

国家应对人口老龄化战略研究养老保险制度改革与发展研究课题组著,《养老保险制度改革与发展研究》，华龄出版社，2014 年版。

郑晓珊著,《工伤保险法体系——从理念到制度的重塑与回归》，清华大学出版社，2014 年版。

宋晓梧主编,《构建共享型社会：中国社会体制改革 40 年》，广东经济出版社，2017 年版。

田大洲著,《中国积极的失业保险政策》，社会科学文献出版社，2018 年版。

张军著,《中国工伤保险制度建设与发展研究》，中国劳动社会保障出版社，2018 年版。

胡晓义著,《社会保障与社会进步》，中国文史出版社，2018 年版。

宋晓梧主编,《新中国社会保障和民生发展 70 年》，人民出版社，2019 年版。

胡晓义著,《新中国社会保障发展史》，中国劳动社会保障出版社、中国人事出版社，2019 年版。

金维刚、李珍等著,《中国社会保障 70 年》，经济科学出版社，2019 年版。

唐丽娜编著,《社会福利与社会救助》，清华大学出版社，2020 年版。

郑秉文、张盈华主编,《失业保险改革探索：兼论国际比较》，经济管理出版社，2021 年版。

陈刚主编,《中国工伤保险发展报告（2004—2020 年）》，中国劳动社会保障出版社，2021 年版。

严运楼著,《中国社会福利事业研究（1949—2019）》，上海社会科学院出版社，2021 年版。

中国社会保障改革大事记

▼

1978年

3月5日，五届全国人大一次会议通过修改后的《中华人民共和国宪法》，对劳动者的福利，劳动者在年老、疾病或者丧失劳动能力时的物质帮助，革命残疾军人、革命烈士家属等的生活保障问题作出了原则规定。同时还恢复原内务部有关职能，设立民政部，建立农村社会救济司和城市社会福利司，全国社会救助建设和管理有了主管部门。

6月2日，国务院发布《关于安置老弱病残干部的暂行办法》和《关于工人退休、退职的暂行办法》，是对1958年颁布的《国务院关于工人、职工退休处理的暂行规定》的全面修订，是“文化大革命”结束后国家重建退休制度的重要标志。

7月11日，中共中央组织部老干部管理局印发《关于贯彻执行〈国务院关于安置老弱病残干部的暂行办法〉的若干问题的处理意见（草案）》。

8月19日，交通部、财政部、国家劳动总局印发《关于集体所有制企业劳动保险金和福利金提取、列支问题的通知》。

9月16—27日，第七次全国民政会议在北京召开，民政部部长程子华作了题为《以揭批“四人帮”为纲，努力做好民政工作，为实现新时期的总任务而奋斗》的报告。

1979 年

2月13日，民政部、财政部发布《国家机关、事业单位工作人员死亡后遗属生活困难补助暂行规定》。

4月17日，民政部、财政部、国家劳动总局发布《关于解决部分老红军、老干部工资过低和生活困难补助问题的通知》。

1980 年

6月4日，国务院办公厅发出《关于请有关部门协助民政部做好复员退伍军人安置工作的通知》。

同日，国务院发布《革命烈士褒扬条例》，这是我国第一部专门的烈士褒扬法规条例。

1981 年

2月12日，国务院成立退伍军人和军队退休干部安置领导小组，领导小组办公室设在民政部。

4月13日，经国务院批准，民政部设立退伍军人和军队退休干部安置局。

7月24日，民政部、总政治部印发《关于当前军队干部退休工作中一些问题的处理意见》。

10月13日，国务院、中央军委发布《关于军队干部退休的暂行规定》。

1982 年

1 月 4 日，国务院、中央军委发布《关于军队干部离职休养的暂行规定》，军队离休制度由此确立。

2 月 1 日，民政部颁发《革命残废军人休养院管理工作暂行办法（草案）》《复员军人慢性病疗养管理工作暂行办法（草案）》《复员、退伍军人精神病管理工作暂行办法（草案）》《光荣院管理工作暂行办法（草案）》。

5 月 4 日，五届全国人大常委会第二十三次会议审议通过《全国人民代表大会常务委员会关于国务院部委机构改革实施方案的决议》，将国家劳动总局、国家人事局、国务院科学技术干部局、国家编制委员会合并成立劳动人事部。

8 月 5 日，民政部、劳动人事部、总参谋部、总政治部、总后勤部印发《关于做好军队编内和编外退休、退职工作的通知》。

9 月 13 日，公安部、民政部印发《关于人民武装警察部队优待抚恤工作有关问题的通知》。

10 月 26 日，民政部、总政治部印发《关于移交安置军队退休干部的通知》。

12 月 4 日，五届全国人大五次会议通过《中华人民共和国宪法》，第四十五条规定：“中华人民共和国公民在年老、疾病或者丧失劳动能力的情况下，有从国家和社会获得物质帮助的权利。国家发展为公民享受这些权利所需要的社会保险、社会救济和医疗卫生事业。”

1983 年

2 月 3 日，国务院、中央军委发布《中国人民解放军志愿兵退出现役安置暂行办法》。

4月9日，第八次全国民政会议在北京召开，提出了社会福利社会办的基本思想。

8月17日，劳动人事部、全国总工会、财政部发布《关于在经济体制改革中要注意保障企业职工的劳动保险、福利待遇的意见》。

12月24日，劳动人事部印发《中外合资经营企业劳动管理规定实施办法》，明确合营企业职工的劳动保险和福利待遇，按照我国政府对国营企业的有关规定执行。

1984年

3月10日，中国残疾人福利基金会成立，负责管理和使用残疾人福利基金，举办残疾人福利事业。

5月30日，中华人民共和国批准承认《各种矿井下劳动使用妇女公约》《确定准许使用儿童于工业工作的最低年龄公约》等14个国际劳工公约。

11月22—27日，民政部在福建漳州召开全国城市社会福利事业单位改革整顿工作经验交流会议，首次提出"社会福利社会办"的指导思想。

12月3日，国务院、中央军委批转民政部、总政治部《关于做好移交地方的军队离休退休干部安置管理工作的报告》。

1985年

1月10日，民政部、财政部印发《关于对革命烈士家属、因公牺牲军人家属、病故军人家属发给定期抚恤金的通知》。

1986 年

1 月 6 日，国务院成立住房制度改革领导小组。

4 月 16 日，财政部、民政部印发《关于进一步做好定期定量补助工作切实解决在乡复员军人生活困难的通知》。

6 月 25 日，财政部印发《关于事业单位人员因公牺牲、病故一次抚恤金标准的通知》。

7 月 12 日，国务院发布《国营企业实行劳动合同制暂行规定》《国营企业招用工人暂行规定》《国营企业辞退违纪职工暂行规定》《国营企业职工待业保险暂行规定》四个政策文件，建立了失业保险制度。

11 月 10 日，劳动人事部发布《关于外商投资企业用人自主权和职工工资、保险福利费用的规定》。

1987 年

3 月 28 日，民政部、财政部印发《关于移交地方管理的军队离休退休干部各项经费开支范围的规定的通知》，对离休费、退休费、事业单位经费分别作了规定。4 月 24 日，劳动人事部发布《关于退休养老基金和职工待业保险基金管理问题的通知》，对两项基金的存储和管理作了具体规定。

6 月 3 日，中国社会福利有奖募捐委员会成立，负责筹集社会福利基金。

9 月 5 日，六届全国人大常委会第二十二次会议批准中国加入国际劳工组织，于 1983 年 6 月 20 日通过《残疾人职业康复和就业公约》。

12 月 12 日，国务院发布《退伍义务兵安置条例》。

1988 年

1 月 15 日，国务院召开第一次全国住房制度改革工作会议。

2 月 25 日，国务院发布《关于在全国城镇分期分批推行住房制度改革的实施方案》，正式揭开了中国住房福利制度改革的序幕。

3 月 11 日，中国残疾人联合会成立。

4 月 9 日，七届全国人大一次会议决定，撤销劳动人事部，分别组建人事部、劳动部。

5 月 28 日，民政部、公安部、总参谋部、总政治部发布《关于义务兵退出现役的暂行规定》。

7 月 18 日，国务院发布《军人抚恤优待条例》，自 1988 年 8 月 1 日起施行。

同日，民政部、财政部印发《关于军队退休干部生活待遇问题的通知》。

10 月 6 日，国家机构编制委员会发出《关于中国老龄问题全国委员会归口管理问题的批复》，同意中国老龄问题全国委员会挂靠民政部。

12 月 17 日，在全国劳动厅局长会议上，时任劳动部部长罗干作了题为《认真治理、整顿、积极稳妥地推进劳动、工资、保险制度改革》的报告，在讲到次年保险制度改革的重点时，指示“要做好工伤保险改革的准备工作”。会上对劳动部拟订的《关于企业职工保险制度改革的设想（讨论稿）》征求了意见。

1989 年

3 月 4 日，国务院批转国家体改委《1989 年经济体制改革要点》，提出在辽宁丹东、吉林四平、湖北黄石、湖南株洲进行医疗保险制度改革试点，同时在深圳、海南进行社保制度综合改革试点。

4 月 21 日，劳动部发布了《国营企业职工待业保险基金管理办法》，对失业保险基金筹集、管理等作出了细化规定。

8 月 17 日，民政部、劳动部、中国残疾人联合会发布《社会福利企业招用残疾人的暂行规定》。

11 月 26 日，民政部发布《军队评定伤残等级工作管理办法》。

12 月 26 日，七届全国人大常委会第十一次会议讨论通过的《城市居民委员会组织法》，将“社区服务”以法律条文的形式规定下来。

1990 年

3 月 23 日，劳动部发布《关于使用职工待业保险基金解决部分关停企业职工生活问题的通知》，对治理整顿期间关停企业的职工生活进行了妥善安排。

4 月 24 日，深圳市政府发布《深圳经济特区工伤保险暂行规定》。

7 月 18 日，民政部发布《军队离休退休干部休养所暂行规定》。

7 月 26 日，佛山市政府发出《关于实行固定职工个人缴纳少量退休养老保险费的通知》，将个人缴费范围扩大至参加退休费社会统筹的市属企业、事业单位（含三资、承包、联营企业及省属驻市单位）的所有在职固定职工。

12 月 28 日，七届全国人大常委会第十七次会议通过《中华人民共和国残疾人保障法》。

1991 年

6 月 7 日，国务院印发《关于继续积极稳妥地进行城镇住房制度改革的通知》。

6月26日，国务院发布《关于企业职工养老保险制度改革的决定》，这是我国养老保险改革中第一个里程碑式的文件。

12月20日，劳动部、国务院生产办公室发出《关于对关停企业被精简职工实行待业保险的通知》。

1992年

2月1日，国务院批转民政部、劳动部、总参谋部《关于进一步做好伤病残义务兵退伍和安置工作的意见》。

2月16日，国务院下发《九十年代中国儿童发展规划纲要》。

3月9日，劳动部、卫生部、中华全国总工会颁布《职工工伤与职业病致残程度鉴定标准（试行）》。

9月7日，劳动部发布《关于试行职工大病医疗费用社会统筹的意见的通知》，提出开始探索建立统筹基金制度以保证职工的大病医疗。

1993年

2月5日，上海市九届人大常务委员会第41次会议原则批准《上海市城镇职工养老保险制度改革实施方案》。

4月12日，国务院发布《国有企业职工待业保险规定》。

8月27日，民政部、国家计委、国家体改委、国家教委、财政部、人事部、劳动部、卫生部、国家体委、国家计生委、中国人民银行、国家税务总局、中国老龄委发布《关于加快发展社区服务业的意见》。

8月30日，民政部发布《社会福利业发展规划》。

10月8日，劳动部发布《关于职工医疗保险制度改革的试点意见》，提出试点建立社会统筹和个人账户相结合的社会医疗保险。

11月14日，党的十四届三中全会通过《中共中央关于建立社会主义市场经济体制若干问题的决定》，提出建立多层次社会保障体系，城镇职工养老和医疗保险金由单位和个人共同负担，实行社会统筹和个人账户相结合；普遍建立企业工伤保险制度。

12月24日，深圳市一届人大常委会第二十次会议通过全国第一个工伤保险单项立法的地方性法规——《深圳经济特区工伤保险条例》。

1994年

1月23日，我国第一部关于农村五保供养的行政法规《农村五保供养工作条例》出台，农村五保供养开始走上规范化、法制化管理轨道。

5月12—16日，第十次全国民政工作会议在北京召开，将“对城市社会救济对象逐步实行按当地最低生活保障线标准进行救济”列入民政工作的发展目标，并着手积极推进城市低保制度试点工作。

7月5日，八届全国人大常委会第八次会议通过《中华人民共和国劳动法》。

7月18日，国务院发布《关于深化城镇住房制度改革的决定》，建立住房公积金制度是住房分配货币化的起点。

11月23日，财政部、国务院住房制度改革领导小组、中国人民银行发布《建立住房公积金制度的暂行规定》。

12月15日，建设部发布《城镇经济适用住房建设管理办法》。

1995年

2月6日，国务院办公厅印发《国务院住房制度改革领导小组国家安居工程实施方案》，安居工程正式开始运行。

3月17日，国务院出台《关于深化企业职工养老保险制度改革的通知》。

11 月 9 日，劳动部、总后勤部印发《关于军队企业职工养老保险问题的通知》。

1996 年

3 月 14 日，劳动部、卫生部发布《职工工伤与职业病致残程度鉴定标准》。

5 月 5 日，国务院办公厅转发国家体改委等四部委《关于职工医疗保障制度改革扩大试点的意见》，将医保改革试点范围扩大到 20 多个省区的 40 多个城市。

8 月 1 日，劳动部颁布《企业职工工伤保险试行办法》。

8 月 29 日，八届全国人大常委会第二十一次会议审议通过《中华人民共和国老年人权益保障法》。

10 月 4 日，中央机构编制委员会印发《关于中国老龄协会机构编制方案的通知》，中国老龄协会成立，其为国务院所属事业单位，由民政部代管。

1997 年

1 月 15 日，中共中央、国务院发布《关于卫生改革与发展的决定》，明确我国卫生事业的性质是实行一定福利政策的社会公益事业。

4 月 1 日，民政部发布《伤残抚恤管理暂行办法》。

6 月 9 日，中共中央、国务院发出《关于切实做好国有企业下岗职工基本生活保障和再就业工作的通知》，文件特别强调要建立再就业服务中心。再就业服务中心资金来源由财政、企业和失业保险基金共同承担。

9 月 2 日，国务院印发《关于在全国建立城市居民最低生活保障制度的通知》，提出在全国建立城市居民最低生活保障制度的时间表，这是我国城市低保制度从探索阶段进入全面推广实施阶段的重要标志。

1998 年

7 月 3 日，国务院印发《关于进一步深化城镇住房制度改革加快住房建设的通知》，宣告了福利分房制度的终结和新的住房制度的开始。

7 月 6 日，中国解放军总参谋部、总政治部、总后勤部、总装备部发布《军人保险制度实施方案》，中国军人保险制度正式启动。

7 月 9 日，中国人民解放军军人保险委员会成立。

8 月 1 日，中国人民解放军军人伤亡保险正式施行，是国家出台《军人保险制度实施方案》后率先施行的第一个军人保险险种。

12 月 14 日，国务院发布《关于建立城镇职工基本医疗保险制度的决定》，提出在全国建立统一的城镇职工基本医保制度。职工基本医保制度的建立，标志着实施了 40 多年的公费、劳保医疗制度的终结，我国从单位医疗保障开始向社会医疗保障转变。

1999 年

1 月 22 日，国务院颁布《失业保险条例》。

4 月 3 日，国务院颁布《住房公积金管理条例》。

8 月 30 日，劳动和社会保障部、财政部、人事部联合发布了《关于事业单位参加失业保险有关问题的通知》，明确了事业单位贯彻执行《失业保险条例》的有关问题。

9 月 28 日，国务院颁布《城市居民最低生活保障条例》，对城市居民最低生活保障制度的保障原则、保障对象、管理部门及其职责、资金来源及管理等相关内容作出规定，这标志着我国城市居民最低生活保障工作步入法制化轨道。

10月22日，经中共中央、国务院批准，全国老龄工作委员会成立，办公室设在民政部，与中国老龄协会合署办公。

2000年

2月27日，国务院办公厅转发民政部等部门《关于加快实现社会福利社会化的意见》。

4月12—15日，民政部在广东省召开全国社会福利社会化工作会议。

5月25日，劳动和社会保障部发布第一版《国家基本医疗保险药品目录》，要求严格基本医疗保险用药管理，保障职工的基本用药需求，合理控制药品费用支出。

8月19日，中共中央、国务院颁布《关于加强老龄工作的决定》。

8月26—28日，国务院在北京首次召开全国老龄工作会议。

10月10日，劳动和社会保障部颁布《失业保险金申领发放办法》，明确了失业保险金申领、发放，失业保险关系转迁等问题。

11月19日，中共中央办公厅、国务院办公厅转发民政部《关于在全国推进城市社区建设的意见》。

12月25日，国务院下发了《关于完善城镇社会保障体系的试点方案》，试点的主要内容之一是逐步实现下岗职工基本生活保障与失业保险的并轨。

2001年

5月22日，国务院颁布《中国儿童发展纲要（2001—2010年）》。

5月31日，民政部印发《“社区老年福利服务星光计划”实施方案》

7月22日，国务院颁布《中国老龄事业发展“十五”计划纲要》。

10月28日，全国第一家工伤康复专门机构——广州市社会劳动康复中心成立，后改为广东省工伤康复中心。

2002 年

3 月 6 日，民政部印发《关于进一步加强城市居民最低生活保障信息系统建设的通知》，要求将低保对象信息全部纳入计算机管理。

9 月 30 日，中共中央、国务院发布《关于进一步做好下岗失业人员再就业工作的通知》，提出建立失业预警机制，在下岗失业总量接近或超过警戒线时，各级政府要及时采取措施缓解矛盾。

2003 年

1 月 16 日，国务院办公厅转发卫生部、财政部、农业部《关于建立新型农村合作医疗制度意见的通知》，提出建立新型农村合作医疗制度。

4 月 16 日，国务院第五次常务会议讨论通过《工伤保险条例》，自 2004 年 1 月 1 日起施行。

5 月 26 日，劳动和社会保障部办公厅发布《关于城镇灵活就业人员参加基本医疗保险的指导意见》，灵活就业人员被纳入医疗保险保障范畴。

10 月 27 日，民政部出台《家庭寄养管理暂行办法》。

11 月 18 日，民政部、卫生部、财政部发布《关于实施农村医疗救助的意见》，我国开始在农村建立医疗救助制度。

2004 年

1 月 13 日，国务院办公厅转发卫生部、民政部等 11 部门《关于进一步做好新型农村合作医疗试点工作的指导意见》，开始部署相关试点工作。

3月2日，劳动和社会保障部工伤保险司成立。

3月18—19日，在全国失业保险工作座谈会上，劳动和社会保障部明确提出了失业调控的思路、方法。

4月15日，劳动和社会保障部发出《关于进一步做好失业调控工作的意见》，提出了失业调控的基本目标、任务、措施。

5月9日，民政部发布《关于印发〈“全国残疾孤儿手术康复明天计划”实施方案〉的通知》，决定在全国启动“全国残疾孤儿手术康复明天计划”。

6月1日，劳动和社会保障部颁布《关于农民工参加工伤保险有关问题的通知》，对农民工参加工伤保险和工伤认定等作出特别规定。

8月1日，国务院、中央军事委员会公布《军人抚恤优待条例》。

2005年

6月27日，劳动保障部、民政部、财政部、国家税务总局、国家工商行政管理总局、国资委、总政治部印发《关于认真做好军队复员干部就业再就业和社会保障工作有关问题的通知》。

11月16日，民政部出台《关于支持社会力量兴办社会福利机构的意见》。

2006年

1月11日，劳动和社会保障部、财政部发出《关于适当扩大失业保险基金支出范围试点有关问题的通知》，在北京、上海、浙江、江苏、福建、山东、广东东部7省市开展扩大失业保险基金促进就业支出试点工作。

同日，国务院第121次常务会议通过《农村五保供养工作条例（修订草案）》。修订后的条例规定了农村五保供养的资金渠道，完善了供养待遇的申请、审批程序，强化了供养工作的监督管理。

2月9日，国务院办公厅转发全国老龄委办公室和国家发改委等部门《关于加快发展养老服务业的意见》。

3月29日，民政部会同国家发改委、财政部等十四个部门联合印发《关于加强孤儿救助工作的意见》。

5月17日，劳动和社会保障部发布《关于实施农民工“平安计划”加快推进农民工参加工伤保险工作的通知》，加快推进农民工特别是矿山、建筑等高风险企业农民工参加工伤保险工作。

10月11日，党的十六届六中全会审议通过《中共中央关于构建社会主义和谐社会若干重大问题的决定》，首次提出在全国“逐步建立农村最低生活保障制度”的要求。

11月2日，国务院颁布《劳动能力鉴定职工工伤与职业病致残等级》。

2007年

2月14日，国务院第169次常务会议通过《残疾人就业条例》，本条例是对《中华人民共和国残疾人保障法》的细化。

4月3日，劳动和社会保障部办公厅印发《关于加强工伤康复试点工作的指导意见》，规范和促进工伤康复试点工作的健康开展。

6月26日，国务院召开全国建立农村最低生活保障制度工作会议，研究部署农村最低生活保障工作。

7月10日，国务院发布《关于开展城镇居民基本医疗保险试点的指导意见》，城镇居民基本医疗保险开始试点。

7月11日，国务院印发《关于在全国建立农村最低生活保障制度的通知》，对农村低保标准、保障对象、规范管理、资金落实等内容作出明确规定，这标志着农村低保制度完成试点探索过程，进入全面推进的新阶段。

8 月 30 日，十届全国人大常委会第二十九次会议通过了《中华人民共和国就业促进法》，明确规定国家建立健全失业保险制度，依法确保失业人员的基本生活，并促进其实现就业。

2008 年

3 月 11 日，劳动和社会保障部公布《工伤康复诊疗规范（试行）》和《工伤康复服务项目（试行）》。

4 月 24 日，十一届全国人大常委会第二次会议修订通过《中华人民共和国残疾人保障法》。

6 月 21 日，人社部下发《关于开展建立失业动态重点监测报告制度试点工作的通知》，决定在吉林、江苏、浙江、福建、河南、广东 6 省 18 个城市开展建立失业动态重点监测报告制度试点工作。

12 月 20 日，人社部等三部门下发《关于采取积极措施减轻企业负担稳定就业局势有关问题的通知》，实施“五缓四减三补贴”政策，并使用失业保险基金帮助困难企业稳定就业岗位（社保补贴、岗位补贴和培训补贴）。

2009 年

1 月 9 日，民政部、财政部联合召开视频会议，安排部署城乡困难群众、优抚对象等人员一次性生活补贴发放工作，中央财政首次向 7000 多万名困难群众发放一次性节日生活补助。

2 月 19 日，民政部办公厅印发《关于制定孤儿最低养育标准的通知》。

4 月 10 日，人社部发出《关于做好老工伤人员纳入工伤保险统筹管理工作的通知》，要求妥善解决老工伤人员纳入工伤保险统筹管理问题。

5月22日，中共中央办公厅、国务院办公厅印发《关于完善村级组织运转经费保障机制促进村级组织建设的意见》，明确要求将农村五保供养经费纳入县乡财政预算专项保障，不再列为村级组织运转经费保障范围。农村五保供养制度实现了从集体供养向财政供养的历史性转变。

8月21日，人社部办公厅印发《关于开展工伤预防试点工作有关问题的通知》，选择河南省郑州、洛阳、安阳和三门峡市，广东省广州、深圳、珠海和东莞市，以及海南省本级、海口市、昌江黎族自治县和儋州市作为工伤预防试点城市。

11月18日，人社部发出《关于做好失业动态监测工作有关问题的通知》，决定在全国建立失业动态监测制度。

2010年

3月10日，国务院办公厅转发中国残联等部门和单位《关于加快推进残疾人社会保障体系和服务体系建设的指导意见》。

9月17日，人社部下发《关于进一步提高失业保险统筹层次有关问题的通知》，要求各地充分认识失业保险统筹层次提升的重要意义，2011年底在全国范围内基本实现失业保险市级统筹。

10月28日，十一届全国人大常委会第十七次会议审议通过《中华人民共和国社会保险法》。

11月16日，国务院办公厅印发《关于加强孤儿保障工作的意见》。

12月8日，国务院第136次常务会议通过《关于修改〈工伤保险条例〉的决定》，对《工伤保险条例》进行修订。

12月31日，人社部颁布《部分行业企业工伤保险费缴纳办法》，明确规定建筑施工企业等可以实行按项目参保。

2011 年

1月20日，人社部、财政部、国务院国资委、监察部印发《关于做好国有企业老工伤人员等纳入工伤保险统筹管理有关工作的通知》，要求彻底解决国有企业老工伤人员等工伤统筹问题。

7月26日，国务院颁布《烈士褒扬条例》。

7月29日，国务院、中央军事委员会发布修改后的《军人抚恤优待条例》。

7月30日，国务院出台了《中国儿童发展纲要（2011—2020年）》。

12月16日，国务院办公厅印发《社会养老服务体系建设规划（2011—2015年）》。

2012 年

2月13日，民政部发布《关于开展“社会养老服务体系建设推进年”活动暨启动“敬老爱老助老工程”的意见》。

3月8日，民政部、财政部、人社部、卫生部发布《关于开展重特大疾病医疗救助试点工作的意见》，我国开始探索实施重特大疾病医疗救助。

5月19日，民政部在北京举行“福康工程”启动暨国家康复辅具研究中心附属康复医院开业仪式。

8月24日，国家发改委、卫生部、财政部、人社部、民政部、中国保监会发布《关于开展城乡居民大病保险工作的指导意见》，我国开始建立城乡居民大病保险制度。

9月1日，国务院印发《关于进一步加强和改进最低生活保障工作的意见》，明确了户籍状况、家庭收入和家庭财产三个认定低保对象的基本条件，明确要求“加快建立跨部门、多层次、信息共享的救助申请家庭经济状况核对机制，健全完善工作机构和信息核对平台”。

2013 年

6 月 19 日，民政部发布《关于开展适度普惠型儿童福利制度建设试点工作的通知》。

9 月 13 日，国务院印发《国务院关于加快发展养老服务业的若干意见》。

10 月 30 日，李克强主持召开国务院常务会议，讨论建立健全社会救助制度，推进以法治方式织牢保障困难群众基本生活的安全网。

12 月 25 日，李克强主持召开国务院常务会议，听取最低生活保障政策落实督查情况汇报，部署进一步加强和改进低保工作，决定将《社会救助暂行办法（草案）》向社会公开征求意见。社会救助进入规范化、法制化、科学化发展轨道。

2014 年

2 月 21 日，我国首部社会救助行政法规《社会救助暂行办法》出台，正式确立了我国社会救助“8+1”的制度体系框架，为社会救助事业的长远发展提供了法制遵循，成为社会救助事业发展的重要里程碑，标志着我国综合性社会救助体系基本建立，并进入了定型发展新阶段。

3 月 21 日，在中国残疾人福利基金会成立 30 周年之际，习近平总书记致贺信。

4 月 30 日，民政部发出《关于进一步开展适度普惠型儿童福利制度建设试点工作的通知》。

7月31日，民政部、国家发改委启动新一轮“蓝天计划”，部署县级儿童福利机构建设任务。

9月3日，国务院颁布《劳动能力鉴定职工工伤与职业病致残等级》。

9月14日，民政部部务会议通过《家庭寄养管理办法》。

10月3日，国务院印发《关于全面建立临时救助制度的通知》，部署在全国范围内全面建立临时救助制度，进一步发挥社会救助“托底线、救急难”作用。

11月6日，人社部、财政部、国家发改委、工信部联合印发《关于失业保险支持企业稳定岗位有关问题的通知》，对在兼并重组、化解产能过剩、淘汰落后产能中采取措施稳定职工队伍的企业，由失业保险基金给予稳岗补贴。

2015年

1月20日，国务院印发《关于加快推进残疾人小康进程的意见》。

2月27日，人社部、财政部发布《关于调整失业保险费率有关问题的通知》，自2015年3月1日起，失业保险费率暂由现行条例规定的3%降至2%。

3月27日，人社部办公厅印发《关于开展建筑业“同舟计划”——建筑业工伤保险专项扩面行动计划的通知》，提出用3年左右时间，全面推进建筑业从业人员参加工伤保险。

5月17日，人社部办公厅、中国残联办公厅印发《关于实施残疾人职业技能提升计划（2016—2020年）的通知》。

7月8日，民政部办公厅、财政部办公厅印发《关于确定全国“救急难”综合试点单位的通知》，确定北京市、江苏省南京市等11个地级市、天津市河西区等288个县（市、区），共计300个单位为全国“救急难”综合试点单位。

7月22日，人社部、财政部印发《关于调整工伤保险费率政策的通知》，根据行业工伤风险将工伤保险行业基准费率划分为8档，要求根据用人单位工伤保险费使用、工伤发生率、职业病危害程度等因素，确定工伤保险费率并进行浮动。

9月22日，国务院印发《关于全面建立困难残疾人生活补贴和重度残疾人护理补贴制度的意见》。

10月16日，民政部召开“百县千村”基层儿童福利服务体系建设试点工作启动视频会议。

11月12日，人社部办公厅公布《关于设立公布第一批区域性工伤康复示范平台名单有关问题的通知》，认定首都医科大学附属北京康复医院、上海市养志康复医院（上海市阳光康复中心）、广东省工伤康复医院（广东省工伤康复中心）、重庆西南医院为第一批区域性工伤康复示范平台。

11月18日，国务院办公厅转发卫生计生委、民政部、国家发改委、财政部、人社部、国土资源部、住房城乡建设部、全国老龄办、中医药局《关于推进医疗卫生与养老服务相结合的指导意见》。

11月29日，中共中央、国务院发出《关于打赢脱贫攻坚战的决定》，提出实行农村最低生活保障制度兜底脱贫，对无法依靠产业扶持和就业帮助脱贫的家庭实行政策性保障兜底。

2016年

1月3日，国务院发布《关于整合城乡居民基本医疗保险制度的意见》，提出建立城乡统一的居民医疗保险制度。

2月4日，国务院印发《关于加强农村留守儿童关爱保护工作的意见》。

2月16日，人社部、民政部、国家卫计委联合颁布《工伤保险辅助器具配置管理办法》。

3月16日，十二届全国人大四次会议通过《中华人民共和国国民经济和社会发展第十三个五年规划纲要》，提出将医疗保险和生育保险合并。

6月13日，国务院印发《关于加强困境儿童保障工作的意见》。

6月27日，人社部办公厅发布《关于开展长期护理保险制度试点的指导意见》，开始进行长期护理保险试点。

8月3日，国务院印发《"十三五"加快残疾人小康进程规划纲要》，进一步把残疾人兜底保障、就业增收和脱贫解困摆在重中之重，推动残疾人民生保障和基本公共服务实现"三大转变"。

9月17日，国务院办公厅转发民政部、国务院扶贫办、中央农办、财政部、国家统计局、中国残联《关于做好农村最低生活保障制度与扶贫开发政策有效衔接的指导意见》。

10月12日，国家发改委、民政部等七部门联合印发《基层残疾人综合服务能力建设"十三五"实施方案》。

11月8日，民政部、中央综治办、最高人民法院等八部门联合印发《关于在全国开展农村留守儿童"合力监护、相伴成长"关爱保护专项行动的通知》，在全国联合开展以"合力监护、相伴成长"为主题的农村儿童关爱保护专项行动。

12月22日，中国残联、国务院扶贫办等26个部门和单位共同制定《农村残疾人扶贫开发纲要（2011—2020年）》。

2017年

2月23日，国务院公布修订后的《残疾人教育条例》。

5月15日，人社部、财政部印发《关于失业保险支持参保职工提升职业技能有关问题的通知》，规定依法参加失业保险并累计缴纳失业保险费36个月及以上的企业职工，自2017年1月1日起取得初级（五级）、中级（四级）、高级（三级）职业资格证书或职业技能等级证书，可按规定申领技能提升补贴。

6月20日，国务院印发《关于进一步深化基本医疗保险支付方式改革的指导意见》，要求全面推行以按病种付费为主的多元复合式支付方式。

6月22日，人社部、财政部印发《关于工伤保险基金省级统筹的指导意见》。

7月28日，人社部印发《关于工伤保险待遇调整和确定机制的指导意见》，作为调整和确定工伤保险待遇水平的政策依据。

8月17日，人社部、财政部、国家卫计委、安全监管总局印发《工伤预防费使用管理暂行办法》，明确工伤预防费从工伤保险基金列支的标准以及使用范围。

9月13日，民政部、国务院扶贫办联合下发《关于进一步加强农村最低生活保障制度与扶贫开发政策有效衔接的通知》，指导各地正确处理、准确把握建档立卡贫困人口和农村低保对象重合、贫困发生率和农村低保覆盖面、国家扶贫标准与农村低保标准、脱贫攻坚相关考核评估、激发困难群众脱贫内生动力等问题。

9月15日，民政部、中央编办等四部门出台《关于积极推行政府购买服务加强基层社会救助经办服务能力的意见》，提出采取有力措施切实加强基层社会救助经办服务能力。

9月20日，人社部、财政部联合下发《关于调整失业保险金标准的指导意见》，指导各省要在确保基金可持续前提下，随着经济社会的发展，适当提高失业保障水平，分步实施，循序渐进，逐步将失业保险金标准提高到最低工资标准的90%。

2018年

1月2日，人社部等六部门联合印发《关于铁路、公路、水运、水利、能源、机场工程建设项目参加工伤保险工作的通知》，要求将在铁路、公路、水运、水利、能源、机场等各类工程建设项目中流动就业的农民工纳入工伤保险保障范围。

4月16日，退役军人事务部挂牌成立。

5月3日，国务院印发《关于推行终身职业技能培训制度的意见》。

5月31日，国家医疗保障局正式挂牌成立。作为国务院直属机构，国家医疗保障局整合了人社部的城镇职工和城镇居民基本医疗保险、生育保险职责，国家卫生和计划生育委员会的新型农村合作医疗职责，国家发展和改革委员会的药品和医疗服务价格管理职责，民政部的医疗救助职责。

7月16日，民政部、财政部、国务院扶贫办印发《关于在脱贫攻坚三年行动中切实做好社会救助兜底保障工作的实施意见》，要求对未脱贫建档立卡贫困户中的靠家庭供养且无法单独立户的重度残疾人、重病患者等完全丧失劳动能力和部分丧失劳动能力的贫困人口，经个人申请，可参照单人户纳入农村低保范围。

7月27日，退役军人事务部等12个部门联合印发《关于促进新时代退役军人就业创业工作的意见》。

9 月 18 日，国务院修订《残疾预防和残疾人康复条例》。

11 月 15 日，经国家医保局同意，上海阳光医药采购网正式发布了《4+7 城市药品集中采购文件》，规定将北京、天津、上海、重庆和沈阳、大连、厦门、广州、深圳、成都、西安 11 个城市作为试点城市，指定已有的生产厂家通过仿制药一致性评价的 31 个品种（指定规格）的药品作为试点药品，在约定采购量的基础上进行带量采购。

12 月 7 日，国务院召开国家组织药品集中采购和使用试点启动部署会，

同日，上海阳光医药采购网发布“4+7”城市集采拟中选结果，与试点城市 2017 年同种药品最低采购价相比，25 种药品中选价格平均降幅 52%。

12 月 31 日，中共中央办公厅、国务院办公厅印发《民政部职能配置、内设机构和人员编制规定》，设置养老服务司、儿童福利司。

2019 年

1 月 1 日，国务院办公厅发布《国家组织药品集中采购和使用试点方案》，提出探索完善药品集中采购机制和以市场为主导的药品价格形成机制。

3 月 2 日，国务院修订《烈士褒扬条例》，调整了烈士褒扬金和烈士遗属的抚恤优待。

同日，国务院修订《军人抚恤优待条例》。

3 月 11 日，人社部等四部门发布《关于失业保险支持企业稳定就业岗位的通知》，对援企稳岗政策实施的基本条件、资金使用、审核认定等规定进一步明确。

3 月 29 日，国务院办公厅印发了《关于推进养老服务发展的意见》。

4月25日，民政部与财政部、国家卫健委、国务院扶贫办、中国残联印发的《关于在脱贫攻坚中做好贫困重度残疾人照护服务工作的通知》。

4月30日，民政部等十部门联合印发《关于进一步健全农村留守儿童和困境儿童关爱服务体系的意见》。

5月20日，国家医疗保障局召开疾病诊断相关分组（DRG）付费国家试点工作启动视频会议，公布DRG付费国家30个试点城市名单，介绍了DRG付费国家试点工作的筹备情况和主要内容。

6月18日，民政部等12部门联合印发《关于进一步加强事实无人抚养儿童保障工作的意见》。

8月22日，民政部、财政部、国家卫健委、国务院扶贫办、中国残联联合召开电视电话会议，研究部署在脱贫攻坚中做好贫困重度残疾人照护服务工作任务，助力贫困重度残疾人精准脱贫。

11月21日，中共中央、国务院印发《国家积极应对人口老龄化中长期规划》。

12月12日，人社部联合国家卫健委下发《关于做好尘肺病重点行业工伤保险有关工作的通知》。

2020年

1月23日，人社部联合财政部、国家卫健委发布《关于因履行工作职责感染新型冠状病毒肺炎的医护及相关工作人员有关保障问题的通知》。

2月25日，中共中央、国务院印发《关于深化医疗保障制度改革的意见》，提出“1+4+2”总体改革框架。

5月29日，人社部、财政部发布《关于扩大失业保险保障范围的通知》。

7月12日，由国家医保局指导、国家医保研究院主办的基于大数据的病种（DIP）分值付费专家论坛在北京举行，对DIP支付体系所涉及的多个方面进行了系统介绍和研讨。

9月10日，国家医保局、财政部发布《关于扩大长期护理保险制度试点的指导意见》，进一步扩大长期护理保险试点。

10月19日，国家医保局印发《区域点数法总额预算和按病种分值付费试点工作方案》，提出以地级市统筹区为单位开展试点工作，用1至2年的时间，将统筹地区医保总额预算与点数法相结合，实现住院以按病种分值付费为主的多元复合支付方式，到2021年底前，全部试点地区进入实际付费阶段。

11月5日，首次国家组织高值医用耗材集中带量采购在天津开标。作为推进治理高值医用耗材改革的首个产品，冠脉支架从均价1.3万元左右下降至700元左右。

11月11日，十三届全国人大常委会第二十三次会议通过《中华人民共和国退役军人保障法》，这是我国退役军人事务领域的第一部专门法律，标志着退役军人保障工作进入了法治化的新阶段。

11月18日，中共中央、国务院印发出台《关于加强新时代老龄工作的意见》。

12月18日，人社部等八部门联合印发《工伤预防五年行动计划（2021—2025）》。

2021年

1月15日，国务院公布国家医疗保障系统第一部行政法规《医疗保障基金使用监督管理条例》。

4月13日，国务院发布《关于建立健全职工基本医疗保险门诊共济保障机制的指导意见》，要求建立完善职工医保门诊共济保障机制，改革个人账户。

12 月 20 日，人社部发出《关于进一步加强工伤医疗管理服务工作有关问题的通知》，对医保职能划转等新形势下工伤医疗管理服务工作提出了明确要求。

12 月 31 日，人社部办公厅、国家邮政局办公室发出《关于推进基层快递网点优先参加工伤保险工作的通知》，允许用工灵活、流动性大的基层快递网点优先参加工伤保险。

2022 年

2 月 20 日，中共中央办公厅、国务院办公厅、中央军委办公厅印发《“十四五”退役军人服务和保障规划》，为“十四五”期间推动退役军人工作高质量发展提供了行动指南。

2 月 22 日，人社部对外宣布，自 1 月起企业职工基本养老保险启动实施全国统筹，这是我国社会保障领域的重大事件，具有里程碑意义，将对国家的经济发展和社会进步产生积极影响。

4 月 8 日，国务院办公厅印发《关于推动个人养老金发展的意见》。

10 月 26 日，人社部、财政部、国家税务总局、银保监会、证监会联合印发《个人养老金实施办法》。

11 月 25 日，人社部办公厅、财政部办公厅、国家税务总局办公厅发布《关于公布个人养老金先行城市（地区）的通知》，公布了 36 个先行城市（地区）名单，个人养老金制度开始在先行城市（地区）实施。为我国养老保障体系补上了一块短板。

图书在版编目（CIP）数据

社会保障体制改革 / 宋晓梧，邢伟主编. — 北京：
中国工人出版社，2024.1
ISBN 978-7-5008-8028-8
Ⅰ. ①社… Ⅱ. ①宋… ②邢… Ⅲ. ①社会保障体制
—体制改革—中国 Ⅳ. ①D632.1
中国国家版本馆CIP数据核字（2024）第005922号

社会保障体制改革

出 版 人 董 宽
责任编辑 王晨轩 李滢洁
责任校对 张 彦
责任印制 栾征宇
出版发行 中国工人出版社
地　　址 北京市东城区鼓楼外大街 45 号 邮编：100120
网　　址 http://www.wp-china.com
电　　话 （010）62005043（总编室）
（010）62005039（印制管理中心）
（010）62382916（工会与劳动关系分社）
发行热线 （010）82029051 62383056
经　　销 各地书店
印　　刷 北京印刷集团有限责任公司
开　　本 710 毫米 × 1000 毫米 1/16
印　　张 42.75
字　　数 500 千字
版　　次 2024 年 6 月第 1 版 2024 年 6 月第 1 次印刷
定　　价 122.00 元